Sur la route du Danube

Du même auteur

Halte à Yalta, Jbz & Cie, 2010.
Kaddish pour un orphelin célèbre et un matelot inconnu, éditions du Sonneur, 2013.
La Ligne des glaces, Rivages, 2014 ; Rivages Poche, 2016.
Icecolor, Le Réalgar, 2014.
Dans les ruines de la carte, Le Vampire actif, 2015.
Jérusalem terrestre, Inculte, 2015.
Sous les serpents du ciel, Rivages, 2017.
Terminus Schengen, Le Réalgar, 2018.
Le Cœur de l'Europe, La Contre Allée, 2018.

Emmanuel Ruben

Sur la route du Danube

Rivages

Retrouvez l'ensemble des parutions
des Éditions Payot & Rivages sur

payot-rivages.fr

À Benjamin

« *Da Oriente a Occidente in ogni punto è divisione.* »

LÉONARD DE VINCI

RÉP.
TCHÈQUE
ALLEMAGNE
STRASBOURG
FRANCE
Fribourg-en-Brisgau
Donaueschingen
Geisingen
Sigmaringen
Ulm
Guntzbourg
Neubourg
Bad Gögging
Passau
Linz
Ybbs
Krems
VIENNE
BRATISLAVA
SLOVAQUIE
Györ
Esztergom
BUDAPES
AUTRICHE
VADUZ
SUISSE
LJUBLJANA
SLOVÉNIE
ZAGREB
Drave
Baja
Zmajevac
Vukovar
Novi Sad
CROATIE
ITALIE
BOSNIE-HERZÉGOVINE
SARAJEVO
BELGR
MONTÉNÉGRO
PODGORICA
MER LIGURIENNE
MER ADRIATIQUE
100km

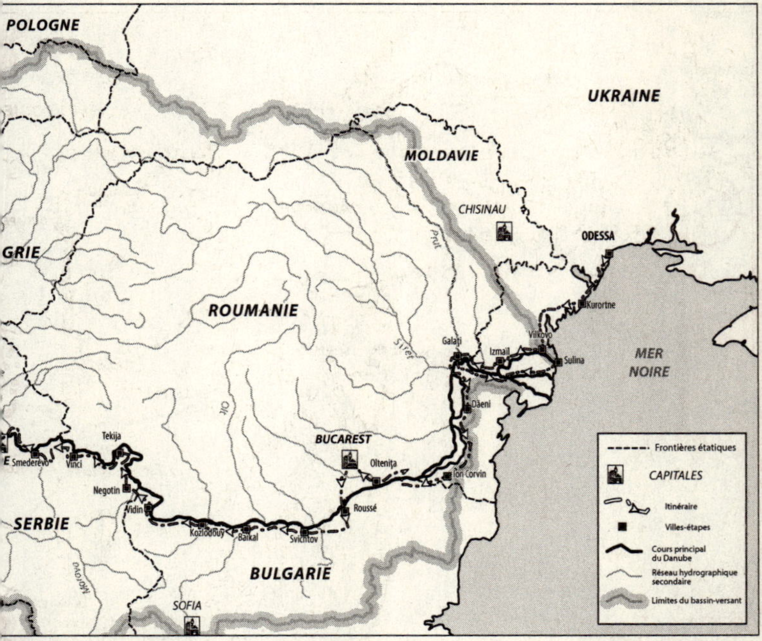

POLOGNE
UKRAINE
MOLDAVIE
CHISINAU
ODESSA
Prut
GRIE
ROUMANIE
Kurortne
Siret
Vilkovo
Galați
Izmaïl
Sulina
MER
NOIRE
Dăeni
Olt
Tekija
BUCAREST
Smederevo
Vinci
Oltenița
Ion Corvin
Negotin
Vidin
Roussé
SERBIE
Kozlodouy
Baikal
Svichtov
BULGARIE
Morava
SOFIA
Frontières étatiques
CAPITALES
Itinéraire
Villes-étapes
Cours principal
du Danube
Réseau hydrographique
secondaire
Limites du bassin-versant

Prologue

Quitter Paris

Le plus dur, c'est de trouver le bon rythme, disait Vlad, si tu ne trouves pas d'emblée ton propre rythme, c'est fichu, tu chopes un point de côté, tu te mets dans le rouge, il faut savoir doser, ne pas se griller d'avance, mouliner sans forcer, en garder sous la pédale comme on dit – j'écris sous sa dictée, j'essaie de retrouver le tempo de son phrasé, le grain de sa voix, le tranchant de son accent, sa façon si particulière de rouler les r, *il m'avait dit ça, une nuit, à Paris, alors que nous avions les flics aux trousses, je le revois pédalant à mes côtés, haletant à mes côtés, je revois sa manière unique de tenir son guidon, d'empoigner le taureau par les cornes, mains fermement agrippées aux cocottes de frein, dos cambré, buste jeté en avant, cou rentré dans les épaules, j'aurais pu le reconnaître de loin, il nous arrivait de nous croiser par hasard du temps où il vivait dans un squat à Pantin et moi dans un ancien bordel au métro Danube – un jour, je m'en souviens, c'était en avril, un des premiers soirs qui voient s'égayer la ville, je sors d'un bar un peu éméché, je vais décrocher mon vélo, j'aperçois un type aux cheveux blonds noués en catogan qui dodeline des épaules en grimpant la rue de Ménilmontant, je me dis ça doit être lui, c'est bien son style à lui, j'enfourche ma monture, je me dresse sur mes étriers, j'attaque la pente en danseuse, lui est déjà loin, loin, loin – je le vois filer comme si les feux, les néons, les enseignes, les réverbères, toutes les lumières de la capitale le halaient vers le ciel aimanté ; sous son barda de coursier, sa veste noire flotte dans son dos, et lorsqu'il dévale les rues de Belleville on entend claquer les pans de cuir,* flap flap flap, *petites ailes de corbeau ivre de traverser la ville ainsi, sur le fil de fer de son seul désir – tout est une question de rythme, disait Vlad, pas seulement de souffle mais de tempo, pas tant de vitesse mais de pulsation, les cuisses et les poumons ne suffisent pas : ce qui compte,* c'est le cœur *; les jambes on s'en fout, elles suivront bien, les jambes, et si la cadence va trop vite ou si le développement est trop grand, il y a un dérailleur pour ça, un coup de pouce et tu changes de braquet – en revanche, le cœur, lui, s'il s'emballe, c'est terminé, tu vois rouge, le sang te monte à la gorge, tu as l'impression qu'on t'enfonce une dague en travers de la gueule, tu as ce goût de fer sur la langue et tu peux t'arrêter net, y rester, j'ai vu un type foudroyé comme ça, c'était dans les Vosges, en VTT, il a attaqué un raidard un peu fort, sur la plaque, et il a claqué – quarante ans, trois enfants –, depuis ce jour-là, j'ai raccroché mon VTT, l'effort est trop bref et trop violent ; moi, c'est l'endurance que j'aime, l'endurance et la vitesse dans le soleil et le vent, les longues distances à toute allure le long* *des fleuves, des rivières et des canaux de France et d'Europe ; un bon vélo comme un bon livre doit servir à retrouver sa respiration, disait Vlad – surtout, tu dois te concentrer dans ta course, apprendre à surveiller ton pouls, écouter les battements de ton cœur, reconnaître les systoles et les diastoles, tu dois savoir quand tu dépasses les bornes, quand tu risques la crampe mais aussi quand tu n'es pas dans le coup, quand tu ne peux rien de bon, quand tu es vidé – enfin, tu dois toujours être sur le qui-vive, attentif au moindre bruit, sans cesse aux aguets, tout ne tient qu'à un fil, le moindre moment d'inattention, le moindre geste de travers et tu es foutu, une bagnole déboule sur la droite, un piéton se jette sous tes roues, le danger te guette à tous les coins de rue, tu dois savoir anticiper, doser les freinages et les à-coups, viser la fluidité ; sur ta selle, tu dois couler de source, ta trajectoire doit être aussi déterminée que le tracé d'un torrent, aussi souple que celui d'une rivière, pas plus que l'eau qui s'écoule dans la plaine, tu ne dois sentir l'effort qui s'imprime dans tes veines, tu dois avoir l'impression de dériver comme dans un rêve – sous la gomme de tes pneus ou de tes boyaux, l'asphalte doit se liquéfier, les pavés doivent te soulever – tant que tu pédales, tu dois te sentir léger comme une plume, au bord de la lévitation, tu dois être toujours prêt à saisir la balle au bond, à relancer la machine, dès que tu te cales un peu trop bien sur ta selle, dès que tu te poses tranquille pépère sur ton derrière, tu prends le risque de te faire choper – si les flics déboulent et te prennent en chasse, ne leur laisse aucun répit, saute de trottoir en trottoir, engouffre-toi dans les ruelles les plus étroites, traverse les passages les plus périlleux, prends les virages à la corde, assure tes dérapages, évite les avenues trop larges, il n'y a jamais de ligne droite à vélo, le cyclisme comme l'écriture n'est qu'une série de méandres, pense à varier les vitesses, improvise ton itinéraire, serpente sur la chaussée – les flics à vélo sont de vieux crocos, si tu te mets à zigzaguer, ils zigzaguent aussi dans ton sillage, pur réflexe de leur part, et n'oublie pas qu'ils ont la trouille au ventre, la trouille de faire une connerie, la trouille de se viander, la trouille des chicanes et des pavés, la trouille d'échouer, de ne pas aller jusqu'au bout de leur mission, de rentrer bredouilles au bercail : la peur, tu ne dois pas la fuir ni la dompter, tu dois l'apprivoiser pas à pas ; l'adrénaline est ta drogue, sans elle tu n'es rien, tu ne vaux rien – si tu trouves le bon rythme, disait Vlad, tu deviens invisible, insaisissable, rien ne peut t'arrêter, une sorte de transe intérieure te gagne, tu peux continuer sur cette lancée des heures et des heures, parcourir des dizaines de bornes sans t'en rendre compte, la route se déroulera d'elle-même sous tes pneus ou tes boyaux, torrent d'images ou film en avance rapide – Paris très vite ne sera plus qu'un lointain souvenir, tu sentiras la ville s'effacer derrière toi – adieu bagnoles, adieu scooters, trottoirs sales, odeur de pisse, platanes lépreux, adieu sirènes des ambulances et des pompiers – si les flics sont à tes trousses, à la vue du périph tu pourras souffler, tu les auras semés, les flics à vélo s'aventurent rarement au-delà du périph – en passant dessous, tu pourras te dire que tu l'as échappé belle, l'Est commencera là-bas, tu seras déjà sur le boulevard de l'Europe, sur la route du Danube, sur la route du vrai Danube, pas la station de métro mais le fleuve…*

I

Balkaniques

(Été)

1

Une odyssée qui commence à Odessa

Odessa (Ukraine), 25 juin

À l'aéroport d'Odessa, seul un militaire armé d'une dague et d'un revolver nous rappelle que nous avons atterri dans un pays en guerre. Je le toise de la tête aux pieds. C'est la deuxième fois que je reviens en Ukraine depuis l'Euromaïdan et chaque fois je me demande comment cette armée de soldats mal fagotés, équipés à la va-comme-je-te-pousse, pourra se défendre contre la Russie de Poutine, la troisième puissance militaire du monde. Tous les hommes croisés dans le hall de l'aéroport me demandent si j'ai besoin d'un taxi, alors je désigne la grande boîte en carton que je traîne derrière moi et je dis :

– *Velosiped !*

– Quoi, un Français venu jusqu'ici avec une bicyclette en pièces détachées ?

– Mais pour aller où ? Jusqu'à Vladivostok ou jusqu'à Sakhaline ?

– Jusqu'à Strasbourg, messieurs.

– Vous avez à peine foutu les pieds ici que vous rebroussez chemin ? Tous ces efforts pour rentrer au bercail ?

– Non, tous ces efforts pour remonter le Danube, messieurs.

– Vous allez rouler à contresens de Napoléon, d'Hitler et de l'expansion européenne, mon pauvre ami ! Et vous avez bien raison quand on pense comment toutes ces aventures ont terminé : la bérézina vous pend au nez !

Oui, c'est pour traverser l'Europe à rebrousse-poil que nous avons débarqué dans cet ancien port russe puis soviétique, aux avenues tracées au cordeau par un Français, et qui n'a d'ukrainien que la langue écrite, celle qui se lit partout mais ne s'entend nulle part, tout le monde parlant, bien sûr, le russe. Oui, nous sommes venus remonter les flots danubiens, tels des Argonautes des temps modernes, des bouches de la mer Noire aux sources de la Forêt-Noire. Pour pédaler à contre-courant des vents dominants et de la plupart de nos congénères. Avec pour horizon un rêve d'enfance enfoui parmi les neiges et les sapins du Wurtemberg. Mais pour l'instant : chut ! pas question de dévoiler ce qui nous attire là-bas car dans un récit d'arpentage, où l'on devine déjà le début et la fin de l'histoire, il faut bien ménager un peu de suspens.

Vlad m'attend sur le parvis de l'aéroport. Il a oublié sa pompe en descendant le Dniepr et n'a pas pu regonfler ses pneus. En une demi-heure et quelques tours de clé Allen, nous assemblons nos bécanes comme de grands legos en aluminium alors que la nuit tombe, implacable, sur la banlieue d'Odessa. Puis nous testons les phares – nos seules balises Argos pour ne pas finir dans la rubrique chiens écrasés d'un canard local. Nous avons à peine quitté le boulevard principal, nous avons à peine enfoncé la poussière de Bessarabie, que les premiers chiens errants surgissent de l'obscurité et nous prennent en chasse ; yeux brillants dans la nuit noire de la mer Noire, babines écumantes de rage, ils jaillissent de toutes les impasses, de tous les côtés, de tous les fossés, et pas une âme pour les maîtriser, personne pour les rappeler à l'ordre ; la banlieue d'Odessa dort, tranquille, sans soupir, à poings fermés ; alors, oubliant tout l'arsenal anticanin que j'ai embarqué à bord, je n'obéis qu'à ce seul réflexe : changer de braquet, mettre la plaque, comme on dit, décamper le plus vite possible, prendre mes pédales à mon guidon.

Et si c'était pour dompter ma peur des chiens errants que j'ai entrepris cette odyssée à travers l'Europe ? Parlez à tous les cyclistes du monde, demandez-leur quelle est leur plus grande crainte : les lacets de l'Alpe d'Huez ou les épingles du Galibier ? Les pavés de l'enfer du Nord ou les pierres qui volent au sommet du mont Ventoux les jours de grand vent ? Le brouillard, le froid, la neige, la canicule ou les furoncles qui coûtèrent à Laurent Fignon, en juillet 1989, sa victoire sur les Champs-Élysées ? Interrogez-les sur leurs plus grandes frayeurs, les cyclistes. Tous vous répondront : Non, ce que nous craignons le plus ce sont les chiens errants, les chiens errants du Pérou, que je revois lancés à nos trousses dans la descente du volcan Misti vers la ville d'Arequipa, les chiens errants de Palestine et de Russie, les chiens errants de Novi Sad, en Serbie, qui me prirent en sandwich, entre une base militaire et un campement rom, une nuit d'été où je revenais d'une fête au bord du Danube ! J'ignore d'où me vient la frousse des chiens errants. Du plus profond de l'enfance, sans doute. Et pourtant, je n'ai jamais été mordu. J'ai donc embarqué tout l'armement indispensable contre ces satanées bestioles : un sifflet ordinaire pour prévenir les bergers, un sifflet de rappel émettant des ultrasons, une bombe à air comprimé censée produire un chuintement dissuasif. J'aurais bien trimballé une grenade lacrymogène ou une bombe au poivre vendue généralement contre les violeurs potentiels, mais ce sont des articles interdits en soute comme en cabine. Et je me suis dit qu'au pire j'achèterais sur la plage d'Odessa un pistolet à eau qu'il suffira de dégainer au moment idoine pour asperger l'assaillant quadrupède.

Nous voilà en piste. Nous entrons dans l'échiquier odessite, un tramway trottine cahin-caha sur ses rails rouillés malgré l'heure tardive, le double fuseau jaune sale de ses feux braqués vers nous, il hoquette tel un ivrogne avec ses deux ou trois passagers à bord et nous frôle de près ; quand on examine un peu l'état des rails et des éclisses, on se demande comment il ne verse pas toute sa cargaison sur le pavé au premier virage venu ; Vlad et moi, nous regardons les enseignes délabrées, les maisons abandonnées, les balcons de guingois, les volets écaillés pendouillant dans le vide : ça nous manquait, le déglingué. Puis vient l'autre élément qui nous manquait tout autant : les coupoles dorées des églises qui scintillent sous la pluie d'or du ciel étoilé. Et les odeurs de moisissure qui se révèlent avec la nuit : toute cette Europe que j'aime, c'est comme si je ne voulais plus quitter la cave des ancêtres. Enfin, se mêlant à cette odeur d'antan, il y a le parfum des platanes, des tilleuls et des marronniers – tous ces arbres aux troncs massifs, aux frondaisons touffues, que l'on ne taille pas comme chez nous tous les mercredis car il faut bien cacher la misère. Sans oublier l'herbe qui pousse partout, l'herbe et la mousse qui reconquièrent la ville, lentement, tranquillement, certaines de venir un jour à bout de nos conneries. Après avoir vécu deux ans en Serbie, après avoir traîné vos guêtres dans tous les anciens pays de l'Est, la France, et plus particulièrement Paris – à l'exception de Belleville et de quelques quartiers dont j'ai oublié le nom –, vous fait l'effet d'une immense maison de retraite dépourvue de clim : tout y est trop clean, on a juste oublié le ventilo, alors les vieux crèvent dès qu'il fait trop chaud. C'est pour ça que j'aime tant revenir ici, dans le *bardak* de l'Europe du Levant – les vieux aussi crèvent, et bien plus tôt que chez nous, pourtant on n'a pas oublié la clim, la clim est partout, sans quoi personne ne survivrait l'été, non, si les vieux crèvent, c'est juste qu'ils sont trop pauvres, que leur retraite ne vaut pas un clou, alors comme ils savent pertinemment que le monde entier les a oubliés, ils boivent.

Les vieux boivent et les jeunes s'en vont, nous confirme Anastasia, que nous rencontrons dans le hall de l'hôtel *Calypso* – cheveux bruns et soyeux, pantalon de lin blanc, grandes lunettes noires et sourire de banquise, Anastasia, qui vient d'une famille bulgare, a des airs de Nana Mouskouri, paraît trente ans mais n'en a pas vingt, et je sens déjà qu'elle nous fait tourner la tête : toute la soirée, Vlad ne lâche pas des yeux ses fesses de déesse aurignacienne et lui propose de nous retrouver demain matin en haut des plus beaux escaliers du monde.

2

Pari en haut d'un escalier

Odessa (Ukraine), 26 juin

En haut des escaliers d'Odessa, devant la statue du duc de Richelieu, sous le regard d'Anastasia, Vlad, qui a la passion du cinéma, me lance un défi : et si nous commencions notre périple ici, en dévalant sur nos deux roues les deux cents marches des fameux escaliers, comme le landau du *Cuirassé Potemkine* ? – Chiche ? J'avoue que le pari est tentant. Je regarde les escaliers zébrés d'ombre et de lumière ; je caresse ma monture, vérifie la pression des pneus, l'état des freins et des suspensions, serre les sangles du duvet plaqué contre le guidon, tâte les sacoches, la tente pliée dans sa toile, le matelas en mousse roulé sur le porte-bagages – tout mon barda de cycliste prêt pour la grande traversée de l'Europe est bien arrimé. C'est parti ! Je fais mine de m'élancer… Anastasia me regarde sous ses grandes lunettes noires, les touristes me regardent à travers l'écran de leurs prothèses oculaires, la perche à *selfie* dressée dans le ciel bleu. Mon pneu avant mord déjà la première marche, le caoutchouc noir s'écrase contre le granit, la roue hésite à basculer dans le vide, comme dans le film d'Eisenstein, quand je me retourne, regarde Vlad et lui dis :

– Toi d'abord, tu sais bien que je ne sais pas descendre !

C'est un petit jeu entre nous : Vlad m'accuse sans cesse de traînasser dans les descentes. Il a un avantage de taille : le poids, pas celui du vélo, mais du bonhomme. Et un don de la nature : il ne connaît pas la peur. L'art de descendre exige du cycliste ces deux qualités : il faut savoir se faire boulet, or un boulet n'hésite jamais, un boulet n'a pas peur de crever ; moi, je suis trop du genre landau ; sur ma selle, j'ai la frousse et lorsque je me prenais encore pour Virenque, sur les routes vertigineuses du Vercors, je perdais toujours du terrain dans la descente, qu'il fallait rattraper dans l'ascension suivante – remontant les cascadeurs qui ne faisaient plus les mariolles, tirant la langue sur le tire-cul de leur bécane au ralenti…

Et c'est là, devant les escaliers d'Odessa, sous les yeux d'Anastasia, sous les perches à *selfie* des touristes, que j'ai pigé le sens de cette odyssée : quoique j'aie pris seize ans dans les mollets depuis l'époque où je grimpais le Ventoux en une heure trente chrono par la côte de Bédoin, je suis resté un grimpeur dans l'âme, pas un rouleur, pas un sprinteur, pas un cycliste de pente douce. C'est pour cela que je veux remonter le Danube de la mer Noire à la Forêt-Noire : les fleuves sont de très longs escaliers roulants qui descendent par paliers vers la mer ou l'océan. Je peux me draper dans tous les prétextes les plus alambiqués, les plus intellectuels, la vraie raison est là : pas question, pour un ancien grimpeur, de se laisser porter tel un ballot par le courant ; pas question de s'abandonner au cours des choses ; pas question de choisir l'option la plus facile. Et puis je me souviens aussi de ma plus mauvaise chute : à l'époque, j'habitais dans un cagibi sous les toits de Paris, que j'avais choisi pour son adresse, un doux nom qui me fascinait déjà, une vieille histoire qui se nouait entre le fleuve et moi : métro Danube, ancienne place du Danube, devenue place du Rhin-et-Danube en souvenir de la 1re armée française. Un jour de janvier, en dévalant la rue de Crimée, qui permet de rejoindre la place Stalingrad – j'aime comment les noms des rues parisiennes sont une ode à toutes les Russies –, j'ai fait un magnifique vol plané qui m'a laissé K.-O. sur le pavé ; j'entends encore le crissement des freins du taxi pilant dans mon dos pour me laisser la vie sauve ; une fois relevé par le chauffeur dont je n'oublierai jamais les paroles – *Vous avez de la chance, si j'étais un bus, vous y passiez* –, j'ai abandonné le vélo sur place et gagné la gare du Nord à pied, clopin-clopant tel Œdipe ; ce n'est qu'en arrivant au boulot que l'infirmière a soupçonné la fracture, m'a donné une genouillère, une béquille et m'a renvoyé gare du Nord ; en sortant de la gare, j'ai dû héler un taxi : je n'avais même pas la force de traverser le parvis. Verdict de l'hôpital Lariboisière, après une journée et une nuit d'attente aux urgences : rotule en miettes ! Depuis ce jour-là, j'ai compris qu'il valait mieux remonter le Danube que le descendre.

Je rappelle donc à Vlad que nous ne voulons pas descendre le cours du temps mais le remonter, nous rêvons déjà des pentes du Wurtemberg, que nous espérons rejoindre avant l'hiver, avant les premiers frimas et les premières neiges – avant qu'il soit trop tard pour bivouaquer sous les sombres sapins de Forêt-Noire. Oui, nous voulons remonter les rivières, comme dans *Fitzcarraldo*, le film de Werner Herzog. Nous serons les conquistadors de l'inutile, des aventuriers de l'asphalte et des ornières, des petits héros du grand braquet, des condottieres de la poussière. Et puis j'énumère les autres raisons de ce périple à contre-courant qui nous mènera de la mer Noire à la Forêt-Noire *au cœur de nos ténèbres*.

Vlad ne m'écoute pas. Anastasia ne m'écoute pas. Ils contemplent à nos pieds le port d'Odessa. Alors je les imite et regarde de tous mes yeux ce très vieux spectacle. Odessa la bariolée me ramène toujours en pensée à Marseille : c'est une ville que le visiteur adore ou qu'il abhorre, pas de place ici pour les tièdes et les mous, soit vous tombez raide dingue dès les premiers pas, soit ça ne prendra jamais ; on est odessite comme on est marseillais, fier de l'être et jaloux de devoir la partager ; Marseille et Odessa ont en commun d'avoir les plus beaux escaliers du monde, et si à Marseille, l'escalier ne tombe pas directement dans la mer, dans les deux villes les marches de pierre mènent au port, car ces deux villes sont avant tout des ports, ouverts aux réfugiés comme aux aventuriers, tendus vers l'appel du large ou de la terre promise. Là, sous nos yeux, les porte-conteneurs multicolores venus du Bosphore font la queue leu leu pour se ravitailler au port ; la mer Noire n'est pas tout à fait la Méditerranée, c'est plutôt sa petite sœur nordique et orientale, mais Odessa, qui est tournée vers le Midi et le Levant, est une ville quasi méditerranéenne, et le Danube, que nous rejoindrons dans deux jours, dégringole jusqu'à la latitude du Cap Corse et rejoint la mer à la latitude de Venise, ce qui fait de lui un fleuve quasi méditerranéen, un aspect souvent oblitéré par les voyageurs nostalgiques et germanophiles cherchant partout des traces de la Mitteleuropa et regrettant la Kakanie de Musil, les jupons de Sissi, les favoris de François-Joseph et tous les tauliers de cette prison des peuples qui ne valait guère mieux que l'URSS et sans doute bien pire que la Yougoslavie. Mais si Odessa est tout à fait méditerranéenne quand la canicule s'empare des boulevards et jette ses gamins sur les plages de la mer Noire, elle est parfaitement continentale l'hiver. Imaginez donc une Marseille russophone où il neigerait abondamment tous les hivers. C'est le climat drossopontique qui règne ici. Mais en ce jour de juin, l'été, le véritable été de Tauride et de Bessarabie, n'a pas encore pris ses quartiers dans la ville que célébrait Pouchkine dans *Eugène Onéguine* :

Я жил тогда в Одессе пыльной...
Там долго ясны небеса,
Там хлопотливо торг обильный
Свои подъемлет паруса;
Там все Европой дышит, веет,
Все блещет югом и пестреет
Разнообразностью живой.

(Alors, j'étais un Odessite,
Dans la poussière et le ciel bleu ;
À Odessa, la réussite
Rend les voiliers aventureux ;
Là, tout ne vit que par l'Europe,
Le sud luit, vibre et développe
Sa fougue riche et bariolée…)

Sur la plage d'Odessa, où nous avons retrouvé Anastasia et sa copine Tatiana en tenues de bain, se produit un drôle de phénomène climatique : mer glaciale malgré le soleil de plomb. Impossible de s'immerger plus haut que les cuisses. Des nappes de brouillard qui occultaient l'horizon se rapprochent, le liseré de la côte disparaît, les corps nus couchés sur la plage sont biffés en quelques secondes, nous ne voyons plus à dix mètres, puis le brouillard reflue, telle une marée, et revient nous effacer. Nous demandons autour de nous ce qui se passe. Personne ne parvient à nous expliquer cette bizarrerie. Même la Manche au mois de mai était moins froide, nous dit Tatiana qui revient de France, où elle a trouvé un mari sur Internet, pour fuir ce pays de malheur qui s'enfonce dans la guerre civile et le marasme économique. De mon côté je pense : Ah ! si seulement nous étions à Istanbul, là-bas, de l'autre côté ! Ça me reprend chaque fois que je reviens à Odessa : je ne peux m'empêcher de rêver à Istanbul !

Nous avons longtemps hésité, Vlad et moi, lorsque nous avons planifié notre itinéraire, ces derniers mois. Dans quel aéroport atterrir si l'on veut remonter le Danube jusqu'aux sources ? De quelle ville partir ? De Constanţa, en Roumanie ? Ce serait l'option la plus facile, car l'EuroVelo 6, cette piste cyclable de l'Atlantique à la mer Noire, qui n'existe que sur la toile et ne va guère plus loin, sur le terrain, que Budapest, s'achève en théorie dans le grand port roumain. Partir d'Istanbul ? Ce serait la version la plus folle, la plus osée… Mais Istanbul se situe loin du delta, loin du kilomètre zéro, tandis qu'Odessa et Constanţa sont les deux aéroports les plus proches de Sulina, où le Danube finit officiellement son marathon transeuropéen. En fait, oui, nous aurions dû partir d'Istanbul, pour prendre la même route que les guerriers ottomans, la même route que ces réfugiés syriens, kurdes, afghans, irakiens que nous avons la bêtise d'appeler des *migrants*. Mais Vlad est ukrainien, passionné d'histoire ancienne, et il m'a assez bassiné avec les Scythes, les Sarmates, les Coumans, les Huns, les Petchenègues, les Avars, pour ne pas choisir l'itinéraire des invasions barbares. Et puis, partir d'Odessa, c'était pour lui l'occasion de rendre une ultime visite à sa grand-mère octogénaire, la dernière survivante de la famille qui sût encore quelques mots de serbe : les ancêtres de Vlad étaient des émigrés serbes envoyés peupler la Nouvelle Russie à l'époque de Catherine II.

Hier, dans l'avion plongeant vers Istanbul, où je faisais escale, j'ai regardé à travers le hublot le Bosphore et ses forteresses, Rumeli et Anadolu Hisarı, phares d'Europe et d'Asie, j'ai regardé ce grand canyon bleu cobalt qui s'ouvre entre les deux continents, ce grand canyon bleu cobalt que j'avais sillonné il y a douze ans au bras d'une femme qui s'appelait Deniz, le mot turc pour dire *mer*, je la surnommais Kara Deniz, ma muse de la mer Noire, car elle avait les cheveux très bruns et les yeux d'un noir tantôt farouche, tantôt rieur ; oui, dans l'avion je pensais à Kara Deniz, à ma muse de la mer Noire qui se moquait de mon catogan, de mes moustaches trop fines et de mon désir de passer partout pour un Turc, elle avait horreur du nationalisme, horreur du drapeau rouge et du croissant blanc qui s'agitaient dans les manifestations, les jours de match – je me demandais ce qu'elle était devenue dans la Turquie muselée d'Erdoğan, à quoi pouvait bien ressembler sa vie d'artiste confisquée depuis le putsch manqué, je me disais qu'elle avait dû fuir son pays comme tant d'autres, j'étais inquiet de la savoir restée là-bas, sous la férule de ce djihadiste à moustaches qui avançait plus masqué que les Barbures de Daech ; en 2005, Erdo˘gan ne faisait peur à personne, à l'époque la question de l'intégration de la Turquie dans l'Union était sur toutes les lèvres, tout le monde y croyait, un t-shirt circulait même où l'on voyait la Turquie et l'Ukraine, les deux rives de la mer Noire, s'embrasser telles deux lèvres, et puis le vent avait tourné en France et en Europe, avec l'élection de Sarkozy, la grande révolution conservatrice avait gangréné tous les membres de l'Union, l'homme malade de la planète, et la rancœur s'était emparée des Turcs, ils votaient pour celui qui restaurerait leur fierté perdue, après tant d'années où nous leur avions promis de rejoindre le club.

En survolant le Bosphore je me demandais quand je pourrais revenir vivre en Turquie, je me disais que la Sublime Porte était une belle échancrure vue du ciel, une belle échancrure d'un bleu plus bleu que le bleu de la mer, le Bosphore était autrefois une gorge montagneuse entre l'Anatolie et les Balkans, et je repensais aux petits seins blancs de Kara Deniz, à leurs mamelons drus et noirs, et je regrettais déjà de ne pas avoir fait escale à Istanbul – j'aurais cherché sur la toile son numéro, je l'aurais appelée, elle m'aurait donné rendez-vous à Cihangir ou Ortaköy, au bord du Bosphore, nous aurions pris le ferry pour nous promener sur la rive asiatique, devant la tour de Léandre, que les Turcs appellent Kız Kulesi, *la tour de la jeune fille*, nous aurions remonté le Bosphore jusqu'à la mer Noire, et là, nous serions allés nous baigner comme autrefois, dans les vagues effervescentes, sur la plage de Riva.

Avant que l'avion ne vire de bord et ne s'apprête à plonger vers la mer de Marmara, je me suis demandé si le Bosphore n'était pas l'ultime résurgence du Danube et j'ai pensé aux sultans qui rêvaient de détourner le fleuve jusqu'à Istanbul ; j'ai imaginé le Danube débouchant dans la Corne d'Or, entre les coupoles de Sainte-Sophie et la tour de Galata, que je voyais tous les jours depuis mon balcon, si proche que je pouvais presque la toucher en étendant le bras ; j'ai imaginé ce mélange d'Istanbul et de Budapest, deux de mes villes préférées : alors la plus belle ville du monde se serait retrouvée sur le plus beau fleuve d'Europe et nous aurions pu partir d'Istanbul pour remonter le Danube et relier à vélo la France et la Turquie, les deux finisterres du continent. Mais les sultans n'ont jamais réalisé leur rêve pharaonique, Erdoğan, qui détourne chaque jour un peu plus son pays de l'Europe, n'est pas près de détourner le Danube et de le faire entrer sous la Sublime Porte, Istanbul se situe bien trop loin de Sulina, où le grand fleuve européen rejoint officiellement la mer Noire ; il fallait donc que notre odyssée commence ici, à Odessa.

Cela dit, la Turquie n'est jamais très loin quand on erre dans les rues d'Odessa. En effet, il y a des Turcs partout, nous fait remarquer Anastasia en prenant congé de nous : des Turcs venus pour affaires, en costard-cravate, mallette à la main, imper beige glissé sous le bras ; des Turcs en tablier blanc qui découpent des kebabs ; des Turcs en bleu de chauffe qui réparent la voirie ; des Turcs en baskets et bermuda qui se baladent devant l'opéra – Odessa, à l'ère de la mondialisation achevée, c'est la banlieue aéroportée d'Istanbul, une heure d'avion seulement sépare les deux villes. Alors, comme la Turquie me manque, comme

Vlad regrette ses années de coq en pâte à Bakou, comme je repense à Kara Deniz et lui à son amoureuse azérie qui lui a pourtant joué bien des tours, nous commandons dans un *büfe* turc, de la soupe de tripes et des rognons blancs – suggestion du cuistot lorsque nous lui avons dit que quatre mille bornes nous attendaient sur nos vélos garés là-bas :

– Bouffez des couilles, les gars, vous en aurez besoin !

3

Pourquoi la mer Noire ?

Odessa-Kurortne (Ukraine), 27 juin, 99 km

S'extirper sur deux roues de la jungle pavée d'une métropole qui n'est pas encore soumise aux standards occidentaux est une épreuve que nous avons tendance à oublier, nous, Européens du couchant, habitués de la piste cyclable et de la coulée verte : nous n'avons pas fait cinq cents mètres que, passé la gare d'Odessa, Vlad, qui rêvassait sans doute aux cheveux soyeux et aux hanches prodigieuses de la belle Anastasia, manque de finir écrabouillé sur les pavés du boulevard ; une Volga noire nous taille une jolie queue de poisson, son pare-chocs fait chavirer nos cargaisons ; au lieu de se confondre en excuses, le chauffard ouvre la vitre teintée et nous agonit d'injures en nous montrant les croix de pierre dépassant d'un muret de briques :

– C'est là-bas que vous voulez finir, les gars ?

À notre droite s'étend un immense cimetière, le plus grand de la ville héroïque. Nous traversons les rails du tramway. Des dalles de béton mises bout à bout, jointoyées par la mousse et les herbes folles, crevassées par les racines de bouleaux, font office de trottoir ; deux gamins l'empruntent à VTT, crânant la roue en l'air ; Vlad se glisse dans leur sillage en se gardant bien d'imiter leurs pirouettes.

Passé plusieurs ronds-points chaotiques et autant de carrefours infernaux où nous manquons de finir hachés menu par d'énormes 4 × 4 noirs aux vitres teintées, c'est brusquement la rase campagne et les premiers champs de blé sous le grand ciel bleu – devant nous s'annonce une longue descente, les semi-remorques freinent dans de déchirants cris d'essieux, voici qu'ils font la queue leu leu vers le port de Tchornomorsk, d'où partent les ferries pour Istanbul, Varna, Samsun, Batumi, Poti. Je crie à Vlad :

– T'en as pas déjà ta claque de l'Ukraine ? Ça ne te dirait pas, une petite virée en Turquie ou en Géorgie ? Putain quand je pense qu'en une nuit de ferry, nous serions déjà sur la côte bulgare !

En gueulant ainsi j'avale des lampées de poussière au passage de chaque poids lourd ; une fois traversé l'estuaire du Soukhoï, dans un paysage ravagé par la rouille et sorti tout droit d'un film de Tarkovski, la route attaque de nouveau le coteau ; en point de mire, un fada torse nu se déhanche sur sa bécane, c'est notre premier camarade cycliste, nous le prenons en chasse ; vexé d'être dépassé dans une pente par deux forcenés trimballant leur barda tels des bagnards, il remet un coup de collier, ne veut pas s'avouer vaincu et nous dépose en haut de la bosse.

– Regarde, mon pote ! Regarde !

Vlad me fait observer que nos ombres nous précèdent sur la chaussée, on croirait qu'elles pédalent plus vite que nous, car nous roulons vers l'ouest, à rebours de la rotation terrestre, et nous atteindrons bientôt la steppe, cette satanée steppe, la route est une longue ligne droite filant vers le sud avec vent de face et je me dis que comme toutes les lignes droites, celle-ci doit mener directement à la mort – pressentiment vite confirmé par les nouveaux poids lourds lâchés du port tels des lions dans un cirque ; les mastodontes nous rasent les mollets ; en l'absence de bas-côté, nous sommes deux gladiateurs jetés à poil dans l'arène post-soviétique ; à chaque coup de pédale, nous jouons à la roulette russe ; alors nous faisons une petite pause au premier carrefour, jetons un coup d'œil furtif à la carte achetée hier à Odessa : là-bas, un sentier part vers la gauche, vers la mer ; oui, l'idéal, pour rejoindre les bouches du Danube, ce serait de longer la mer sans la perdre de vue, comme il nous faudra longer ensuite le fleuve à la trace.

Le grand géographe tangérois Ibn Battûta, revenant de Crimée et se rendant à Constantinople, est passé par là, mais la configuration du littoral a dû considérablement évoluer depuis le XIVe siècle et les lieux qu'il décrit dans ses *Voyages* se perdent aujourd'hui dans une brume mythologique comparable à celle qui enveloppe l'*Odyssée* d'Homère. Ibn Battûta raconte sa marche dans les sables, sa fatigue, sa traversée de trois embouchures à gué, décrit des forteresses disparues au bord d'un fleuve inconnu qu'il nomme *Isthafîly* et qui pourrait être aussi bien le Dniestr que le Danube. De nos jours, entre Odessa et le delta du Danube, la côte de Bessarabie est un long cordon dunaire, façonné par les vents et les marées, une longue langue de sable qui capture des morceaux de mer : ce sont les *limans* – des lagunes saumâtres où se déversent des fleuves sinueux, comme le Dniestr qui descend des Carpates, irrigue la Podolie de ses méandres, trace une frontière torturée entre l'Ukraine et la Moldavie avant de séparer celle-ci – frontière plus torturée encore mais non reconnue par l'ONU – de la république autoproclamée de Transnistrie, un des terrains de jeu de Poutine, lequel cherche à retrouver dans ces parages l'accès perdu aux bouches du Danube. Ce cordon n'est entrecoupé que par des graus où se déversent les *limans* – en somme c'est une sorte de Languedoc mâtiné de Courlande.

La piste de sable que nous avons prise débouche en haut de la dune, d'où nous voyons la mer, les ferries et les porte-conteneurs suspendus au fil de l'horizon comme des pinces à linge de toutes les couleurs couchées par le vent. À nouveau, deux gamins à vélo nous indiquent le chemin, droit devant, à travers des baraques en ruine, un parking, un terrain vague, une déchetterie, mais le chemin ne va guère plus loin, s'enfonce dans le sable, se perd dans l'herbe haute, et il nous faut bientôt retourner au loto de la route meurtrière – heureusement, le gros du trafic est passé, à présent nous traversons des villages paisibles, il y a même quelques arbres, toutes sortes de choses à vendre selon les pancartes plantées par les riverains, du miel, du fromage de chèvre, des fruits, de la vodka maison, et des chambres à louer tous les cent mètres : ici se disperse la grande banlieue balnéaire d'Odessa. Une nouvelle piste de sable entre des champs de colza, de betteraves et de coquelicots nous mène au village balnéaire de Sanzhiika, où nous déboulons à l'heure du marché.

Nous avons de la chance pour l'instant : il fait une chaleur tout à fait tolérable pour la région, connue pour ses étés torrides, accablants. Les pentes sont rares et notre seul adversaire est le vent du sud, qui nous souffle en plein pif depuis notre départ son haleine gorgée de mer Noire. C'est un vent frais, des rafales revigorantes qui sèchent instantanément nos gouttes de sueur et réveillent notre ardeur ; un vent qui s'est rafraîchi en caressant les vagues de cette grande étendue d'eau froide ; la mer Noire n'est jamais très chaude et les Turcs avaient raison de voir dans la *mer hospitalière* des mythologies grecques une mer du Nord. Qui ne s'est jamais demandé pourquoi le Pont-Euxin bienveillant des Anciens s'appelle aujourd'hui la mer Noire ? L'énigme toponymique n'en finit pas de diviser les historiens. Pour ma part, je retiens l'hypothèse des points cardinaux : autrefois, les Turcs associaient chaque point cardinal à une couleur ; l'est était *sarı*, jaune, couleur de l'aurore ; l'ouest était *kızıl*, rouge comme le soleil couchant ; le sud était *ak*, blanc, synonyme de pureté et de clarté ; le nord *kara*, noir, domaine de la mort et de l'obscurité. Il y a cinq millions d'années, la mer Sarmatienne allait du bassin de Vienne jusqu'aux rivages orientaux de la Caspienne ; de cet océan eurasiatique, qui formera plus tard la steppe pontique, surnageaient seulement deux grandes îles – le boomerang des Carpates et la machette du Caucase – flanquées de deux îlots en forme de taupinières : Dobroudja et Crimée. Le Danube va du noir au noir, de la mort à la mort, du sombre au sombre. C'est pour arracher le Danube à la couleur du deuil que nous avons entrepris ce voyage et que j'écris ces lignes : il faut faire revenir – intellectuellement, s'entend – le Danube vers la vie, vers la joie, vers le sud et vers l'Orient, qui sont les directions naturelles de son cours.

Sur le marché de Sanzhiika, j'achète une pastèque que j'arrime au porte-bagages et perds Vlad de vue ; je le retrouve un quart d'heure plus tard, tombé sous le charme d'une jolie brune qui pétrit énergiquement une pâte feuilletée – ses seins se balancent sous son tablier – et fait frire des beignets tout en poursuivant une conversation téléphonique – l'appareil coincé entre l'oreille et l'épaule gauches – dans une langue énigmatique. Comme nous n'avons jamais entendu de tels accents, qui rappellent le turc ou le tatar par moments, avec quelque chose de plus chantant, de plus rieur, et parfois des sons gutturaux proches de l'hébreu, le tout entrecoupé de nombreux mots empruntés au russe, nous lui demandons d'où elle vient. Taline est arménienne. Nous lui disons que sa langue est belle ; elle nous retourne le compliment. Elle n'est pas la seule caucasienne du marché ; en face aussi, le vendeur de kebabs est arménien, dit-elle, et son voisin géorgien. Quelques centaines de mètres plus loin, parvenus au bord de la plage, nous constaterons que ce n'est pas seulement le Caucase ou le pourtour de la mer Noire mais toute l'ex-URSS qui s'est donné rendez-vous ici, dans cette petite bourgade balnéaire : guinguettes ouzbeks où l'on sert du *plov* à toute heure, cuisine du Caucase, grillades azéries, mets tatars, alphabet géorgien ou arménien sur les enseignes, premières plaques minéralogiques moldaves… Et nous croiserons même, un peu plus loin, des motards lettons : dire qu'ils avaient parcouru près de deux mille bornes plein sud pour tremper leurs pieds dans une mer plus froide que la Baltique ! Trente ans après la chute du Mur, l'URSS n'est pas tout à fait morte et enterrée : elle survit dans les paysages urbains, dans les infrastructures balnéaires et dans les trajectoires – économiques ou touristiques – des uns et des autres.

Nous sommes encore loin du Danube mais nous avons enfin franchi la passe du Dniestr, sur un pont levant que traverse aussi la voie ferrée. Le Dniestr n'ayant pas la puissance du Danube, il ne construit pas de delta, ne gagne pas de terrain sur la mer, mais s'épanche lascivement dans une lagune marécageuse, sans contours bien nets ; nous avons beau regarder au loin vers le nord, difficile de dire si nous voyons le fleuve – là-bas, les collines violettes que nous apercevons, c'est déjà la Moldavie, pays mystérieux pour nous, et plus mystérieuse encore, la Transnistrie et sa capitale, Tiraspol, la ville rouge restée rouge un siècle après la révolution bolchevique : le drapeau et les armoiries de cet État fantoche de 4 000 kilomètres carrés arborent encore l'étoile, la faucille et le marteau. C'est ici que se déroule un des épisodes les plus marquants de *Capitaine Conan*, de Roger Vercel, c'est ici que la Grande Guerre a joué les prolongations, l'Armée d'Orient envoyée à la rescousse des Roumains et des Russes blancs jouant son baroud d'honneur face à l'Armée rouge. Il y a des descriptions très suggestives de la Bessarabie – cet *autre Sahara* – dans ce roman déjà célinien dans la forme mais qui annonce, à maints égards, *Le Désert des Tartares* ou *Le Rivage des Syrtes* : les personnages englués dans les marais du Dniestr guettent le vide pâle de l'Ukraine et, prévoyant une attaque ennemie, constatent qu'il n'y a « rien, jamais rien que les anciennes hallucinations de guerre qui renaissent ».

Zatoka – littéralement *la baie*, en fait une banale station balnéaire qui s'étire sans fin le long du cordon littoral – n'est pas notre terminus, mais à partir de là, nous ne savons pas quelle direction prendre pour atteindre le village de Kurortne, où nous avons prévu de passer la nuit. Google Maps nous indique une route – une longue flèche blanche et rectiligne – à travers le cordon dunaire mais un doute nous saisit : ce ne serait pas la première fois que Big Brother nous raconte des bobards. Alors nous demandons autour de nous si une telle route existe. Toutes les personnes interrogées s'accordent sur ce point : les Ricains inventent une variante qui n'existe pas ; il n'y a pas de piste de terre, pas de sentier, ce n'est que du sable, rien que du sable et toujours la même poussière qui vous attend là-bas ; vous allez vous enfoncer jusqu'au nombril, les gars ! J'interpelle une patrouille de *Patriots*, comme on nomme dans l'Ukraine en guerre les miliciens volontaires restés fidèles au gouvernement de Kiev ; les types sont formels, si nous voulons rejoindre Kurortne, il nous faut rebrousser chemin, prendre la voie rapide qui passe par la terre ferme et contourne la lagune par le nord, autrement dit faire un détour d'une trentaine de kilomètres au lieu des quinze bornes qui nous attendent si nous filons en ligne droite sur le cordon littoral.

Têtus comme nous sommes, nous décidons d'aller voir, histoire d'en avoir le cœur net : sur l'écran de nos portables, la longue flèche blanche est trop belle pour ne pas être vraie. Au bout de quelques minutes, entre deux rangées d'hôtels et de camps de vacances, le bitume troué d'ornières s'efface au profit d'une piste de terre, la piste de terre se laisse envahir peu à peu par le sable, le sable fait déraper les pneus à chaque tour de pédale, il faut se mettre en danseuse et serrer les dents pour ne pas mordre la poussière, sous le regard amusé de belles naïades en bikini, aux épaules mordorées, qui ondulent de bungalow en bungalow en se demandant jusqu'où ces deux fous furieux vont pousser l'aventure ; passé la dernière paillote, nous zigzaguons entre la mer et la lagune, il y a des flaques de boue, nos pneus patinent puis s'embourbent dans cette épaisse gadoue qui colle aux roues ; bientôt nous sommes cernés par la mer, la lagune, le sable et cette terre noire et gluante, cette mélasse du tchernoziom. Exténué, découragé, je balance mon vélo et sa cargaison sur la plage, me vautre dans le sable, me recroqueville, enlace mes genoux entre mes bras, puis, les premières crampes se déclarant dans les cuisses et les mollets, je m'étire, tandis que Vlad inspecte consciencieusement la zone, à la recherche d'un endroit où planter la tente. Je n'ai pas la force de marcher dans le sable jusqu'à la mer, dont j'entends la rumeur, dont je vois les vagues crêtées d'écume blanche. Je n'ai même pas la force de prendre une photo. Alors je regarde et j'écoute les quenouilles des roseaux qui hochent dans le vent – musique envoûtante et consolatrice.

La route est encore longue jusqu'aux bouches du Danube. Si seulement je pouvais me mettre en boule et rouler dans les commissures du sable comme j'ai roulé ailleurs, dans les Landes, en Courlande, en haut des dunes du Pilat ou de Nida… Mais non, il faudra bientôt remonter sur le chevalet de torture, et reprendre la route. Vlad revient quelques minutes plus tard : il n'y a pas de point d'eau douce, pas moyen de bivouaquer ici, à moins de faire notre toilette et la popote avec de l'eau de mer. Demi-tour, donc, et retour à Zatoka, où nous n'osons pas croiser les regards moqueurs. Dès le premier jour de cette expédition transeuropéenne, le GPS nous démontre qu'il ne ment pas moins que les portulans de nos ancêtres ; au moins ces portulans avaient le mérite d'inventer des îles et des sirènes, de peupler de lions ou de dragons la *terra incognita* ; sur une planète dont nous croyons tout connaître et qui n'a plus de secrets pour nous, Google le grand démiurge nous mène par le bout du nez toute la journée et n'invente rien d'autre que des chemins ne menant nulle part ; incapables de nous passer de lui, nous sommes ses pantins, des pantins privés de légende et condamnés à mourir de froid. Les riverains nous avaient pourtant prévenus que nous n'irions pas plus loin. Désormais, nous décidons de répudier Big Brother et de faire confiance à la sagesse populaire.

La voie rapide d'Odessa à Izmaïl est, comme toutes les grandes routes d'Ukraine, une triste enfilade de lignes droites sans bas-côté où le cycliste intrépide n'est pas le bienvenu ; nous la quittons dès le premier embranchement pour longer la lagune au plus près ; là, l'asphalte se raréfie puis s'efface ; nous quittons le Yedisan pour pénétrer dans le Boudjak, dernier morceau d'Ukraine, coincé entre la Roumanie, la Moldavie et la mer. Le nom de la région, que les Roumains appellent *la vieille Bessarabie*, viendrait du mot turc pour dire *coin*. Eh oui, nous roulons bien dans un coin perdu, reculé, un angle mort de l'empire déchu. Cette quasi-presqu'île, ce grand tombolo de sable et de poussière, n'est relié au reste du pays que par deux routes : au nord, celle qui passe à travers la Moldavie ; au sud, celle que nous avons prise au-dessus de la passe du Dniestr. Il se pourrait qu'un jour ce Boudjak encore multiethnique mais en grande majorité russophone se détache comme la Transnistrie, comme la Crimée, comme le Donbass, lorsqu'une nouvelle étape de la guerre froide 2.0 aura fini de démembrer l'Ukraine – ce pays trop grand, fait de bric et de broc, tiraillé entre l'est et l'ouest, cette nouvelle Yougoslavie soumise à trop de pressions de la part des grandes puissances.

Bilenke, Serhiivka, Chabanske, Kosivka, Popazdra : un chapelet de villages aux toponymes glaiseux s'égrène au bord du liman du Boudjak ; les taureaux s'affrontent dans les prés ; les régiments d'oies traversent la chaussée au pas sans se presser devant les cyclistes au ralenti ; un jars m'attaque en ouvrant le bec et en étirant le serpent blanc de son cou vers mes mollets : ça y est, nous entrons dans la planète Kusturica, l'empire soviétique déchu retourne à l'Afrique des commencements – granges de pisé, charrettes tirées par des mulets, pistes de terre trouées d'ornières. Ici, les monuments aux morts paraissent en meilleur état que les êtres vivants : dans le parc de la maison de la culture de Bilenke, construite en 1965, fermée depuis belle lurette, les seuls habitants que nous croisons, vêtus de hardes et de guenilles, sont complètement clochardisés, mais Vladimir Ilitch Oulianov, *alias* Lénine, blanchi à la chaux, est encore debout, immaculé, sur son piédestal. On voudrait frapper aux portes pour leur annoncer que l'aventure est terminée depuis bientôt trente ans, que le Mur de Berlin est tombé, qu'il n'y aura pas d'avenir radieux !

À Kurortne où nous déboulons à la tombée de la nuit, le karaoké bat son plein, les petits vieux et les petites vieilles dansent en rond sur la musique assourdissante, les Castafiore locales se relaient au micro, voix de casserole et de crécelle, je me bouche les oreilles en mastiquant mes *chachliks*, je voulais des *pelmeni* – les raviolis russes – mais il n'y avait rien d'autre à se mettre sous la dent que ces brochettes de viande trop cuites, pas de féculent pour calmer les crampes qui se réveillent dans tout ce pandémonium électrique. Heureusement, une gamine de dix ans prend la relève. Elle chante la pire des pop russes avec une innocence attendrissante qui nous fait oublier que nous allons nous coucher le ventre quasi vide et le corps perclus de courbatures.

4

Les sirènes du delta

Kurortne-Vilkovo (Ukraine), 28 juin, 127 km

Le monde n'est qu'une grande étendue d'herbe, aurait écrit Strabon, le grand géographe grec, qui naquit de l'autre côté de la mer, à Amasée, Turquie actuelle. De nos jours, ce n'est plus le cas du monde entier, mais il faut croire que sur ce point, la Bessarabie n'a guère changé depuis l'Antiquité. Ce matin, nous avons pris congé de Slava, notre hôte, qui nous a servi au petit déjeuner une omelette et des saucisses rose fluo en nous mettant en garde contre les pastèques dopées au nitrate. Devant nous s'ouvre de nouveau la grande steppe pontique, la *Steppe* du récit de Tchekhov. Les écrivains russes ont l'habitude de dire que la steppe, étendue vacante qui invite à l'errance, est la seule mer baignant vraiment la Russie. Notre itinéraire d'est en ouest, c'est toute la vie de Tchekhov résumée, de la mer Noire à la Forêt-Noire – pauvre Tchekhov qui naquit à Taganrog, sur la mer d'Azov, et s'en alla mourir à Badenweiler, dans le grand cimetière européen que dénonçait déjà Dostoïevski et qui n'était pas encore le grand mouroir actuel. La steppe pontique couvre plus d'un million de kilomètres carrés, s'étend de l'Oural à la Dobroudja, des rivages de la Caspienne aux rives du Danube ; nous ne la quitterons qu'en arrivant à Bucarest.

Rien de mieux, pour exercer ses cinq sens, que ces grandes étendues monotones où tout paraît infini, pétrifié, comme l'écrit Tchekhov, par l'ennui. Cette steppe, c'est l'école de l'écrivain : il faut sans cesse exercer la plus minutieuse attention pour ne pas y mourir d'ennui, pour recueillir les moindres détails, pour lutter contre la mélancolie. Au début du récit, le petit Iégorouchka voit « toujours la même chose – le ciel, la plaine et les collines ». Le même paysage revenant sans cesse, il a l'impression de faire du surplace. Ce n'est que progressivement qu'il apprend à regarder. Cela se fait grâce à des intercesseurs, notamment Vassia, jeune homme à la vue perçante, qui initie l'enfant à l'art de scruter la steppe, « toujours pour lui pleine de vie et d'intérêt ». La steppe s'anime au fur et à mesure du récit : Iégorouchka apprend à discerner les modulations des collines, à écouter les cris des animaux, la steppe devient vivante grâce à son attention grandissante. Il se montre sensible aux stridulations des insectes, il n'y perçoit plus un seul sifflement lancinant mais distingue « les ténors et les sopranos de la steppe ». Mieux encore, en regardant la route épique, l'enfant se met à imaginer la suite et il puise pour cela dans son seul et unique souvenir de lecture : l'Histoire sainte. De même l'imagination du romancier naît du vide de la steppe, elle a pour fonction de peupler cette béance.

De mon côté, c'est l'Ouzbékistan que j'imagine en pédalant ce matin dans le ciel éternellement bleu, le *Bengü Kök Tängri* des tribus turco-mongoles ; cela fait des années que je rêve Ouzbékistan, Kirghizistan,

Samarkand, mais je n'ai pas la force de quitter l'Europe, et c'est en rêvant de Samarkand, il y a quinze ans, que je me suis retrouvé à Istanbul ; quant à Vlad, il a le sentiment d'avoir retrouvé l'Azerbaïdjan de son enfance : comme l'écrit René Grousset, dans *L'Empire des steppes*, « les steppes de la Russie méridionale ne sont pour le géographe qu'un prolongement de la steppe asiatique ». Il en va de même pour l'historien, mais aussi pour l'écrivain, le cycliste, l'arpenteur, le voyageur, le rêveur.

Entre les villages de Bazaryanka et de Tuzli, nous traversons la lagune de Solone sur une chaussée de terre submersible et complètement ravinée par les crues printanières. Encore un de ces limans de la mer Noire, ici débouché de la rivière Alkaliya. On croirait la mer d'Aral. Le paysage est aride, les arbrisseaux rabougris, les chardons cramés, l'herbe calcinée. Quelques poteaux de guingois font passer le courant dans ce quasi-désert et le raccordent tant bien que mal à la civilisation. Peu profonde, asséchée, en voie d'alcalinisation, l'eau saumâtre du liman est bleue, bleue comme le ciel, mais une sorte de mousse inquiétante, sans doute le nitrate qui sert à doper les pastèques, surnage et forme des atolls d'un vert phosphorescent frangés de petits cristaux blancs ; à l'horizon, seul l'ocre jaune des ravins – le fameux lœss détritique – s'interpose entre ciel et mer ; ainsi tout le paysage pavoise aux couleurs du drapeau ukrainien.

De l'autre côté du liman, c'est toujours la même herbe sèche et rase. Un troupeau de chèvres s'affole sur notre passage, le peu d'asphalte qui subsiste sur la chaussée fond sous nos pneus, la canicule s'annonce impitoyable ; alors qu'il faisait encore bon quand nous sommes partis d'Odessa, nous sentons déjà que le mercure gagnera 2 à 3 °C par jour et qu'à ce rythme-là, nous atteindrons la Roumanie complètement cramés ; comme la route mal bitumée est impraticable, comme les camionneurs en ont assez de slalomer entre les ornières, ils ont tracé dans les fossés des pistes de terre alternatives ; les convois de poids lourds s'engouffrent de part et d'autre de la route fantôme, sous le liseré de saules qui se soulève à leur passage, la poussière s'élève en spirales dans le ciel, le tchernoziom noircit nos jambes.

Des panneaux bleus indiquent Tatarbunary, le *puits des Tatars*. Ce nom, je l'avais lu sur la carte, et je me disais qu'il fallait absolument y faire étape : j'ai toujours été fasciné par ce peuple autrefois conquérant, aujourd'hui ballotté par les vicissitudes géopolitiques : après les exactions de l'ère tsariste et de l'époque stalinienne, l'annexion de la Crimée par Poutine a été vécue par les Tatars comme une nouvelle forme, inédite, de déportation. Sur le marché, nous demandons s'il y a encore des Tatars dans les parages. Trois hommes passablement avinés nous répondent : Pas de traces de Tatars. Personne n'a jamais vu l'ombre d'un Tatar, ici. Les Tatars et les Turcs ont servi de monnaie d'échange entre le tsar et le sultan après l'annexion de la Bessarabie par la Russie en 1812, nous renseignent les poivrots. Ils ont été remplacés par des Lipovènes, des Bulgares et des Gagaouzes, trois peuples chrétiens chassés de la Dobroudja restée ottomane. À part le monument aux morts à la gloire des Brigades rouges qui tentèrent, en 1924, de reprendre la Bessarabie aux Roumains, il n'y a rien à voir à Tatarbunary. Alors nous repartons cap au sud. Au village de Borysivka, qui domine le liman Sasyk – vaste étendue vert-de-grisée délimitée par des talus d'argile jaune aux arêtes tranchantes –, l'église des Vieux-Croyants arbore une belle coupole dorée. Quant à Lénine, il a été fraîchement déboulonné et repose dans le fossé : le village a dû connaître récemment son petit Euromaïdan local. Sur le piédestal de béton gris, il ne reste plus du père de la Révolution que les initiales de son prénom, de son patronyme, et les cinq lettres de son pseudonyme : В. И. ЛЕНИН – un nom de plume inspiré du plus grand fleuve de toutes les Russies, la Léna, qu'il avait longée au cours de sa déportation en Sibérie.

Plus loin sur la route, un indice nous annonce que le delta du Danube se rapproche : c'est un monument érigé par les autorités soviétiques à l'emplacement des vestiges supposés du mur de Trajan. Au pied du monument, un vagabond vêtu de hardes et coiffé d'un chapeau de paille paraît monter la garde avec ses trois bergers allemands qui n'inspirent guère confiance : on croirait Cerbère gardant la porte des Enfers, me dit Vlad – on se demande alors si les enfers sont devant nous ou derrière nous, si c'est l'Europe de Bruxelles que nous rejoindrons bientôt, le nouveau monde infernal, ou cette Ukraine en guerre que nous quitterons dans deux jours. L'homme n'a qu'une dent sur deux et parle un russe très guttural à l'accent ukrainien prononcé : il aspire tous les *g*, disant *horod* pour *gorod* (ville), *hranitsa* pour *granitsa* (frontière), et nous raconte la véritable histoire de ce *vallum*, car la légende du monument – qui évoque la vie de Trajan, l'apogée de l'Empire romain et la lutte millénaire entre la civilisation et la barbarie – ne dit pas toute la vérité.

Nous regardons cette steppe sans contours, à l'horizon infini, où l'herbe et la poussière sont toujours les mêmes, et nous sourions à l'idée que la terre du barbare ait le même visage que celle du civilisé, mais nous comprenons aussi, en notre for intérieur, ce besoin puéril de délimiter les domaines. Parallèle au cours du Danube, le tracé du mur, qui va des rives du Prut à l'ouest aux rives du liman Sasyk à l'est, nous dit notre Cerbère, aurait été révélé sur des photos d'espionnage de la guerre froide : une longue ligne droite, un long sillon d'un gris clair, antérieur au cadastre des labours. La controverse est encore vive, entre ceux qui considèrent que le mur date du règne de Trajan, de l'époque byzantine ou des invasions barbares. Il semblerait que la dernière hypothèse soit la plus probable : le mur n'aurait rien à voir avec l'empereur romain ; il aurait été tracé au IVe siècle de notre ère par le roi des Goths Athanaric pour se protéger d'une tribu ennemie, les Huns ou les Visigoths – comme quoi l'on trouve toujours plus barbare que soi : les nomades en voie de sédentarisation n'avaient pas moins besoin de limites que les Romains prétendument civilisés.

On sait que le Danube servit à tracer le *limes* de l'Empire. Avant même de retrouver le Danube, nous butons donc contre le *limes* – comme si le *limes* était l'ombre portée du grand fleuve européen : c'est la preuve que le Danube a toujours été une frontière, mais c'est aussi la preuve que le fleuve ne suffisait pas à borner l'Empire, qu'il fallait ériger – à quelques heures de marche de la bordure liquide et naturelle – une bordure artificielle mais solide, une frontière de pierre, plus infranchissable que la frontière fluviale. Cela dit, la bordure liquide perdure aujourd'hui alors que la frontière de pierre n'est lisible que sur de vieilles photos aériennes. Si l'on y regarde de plus près, poursuit notre Cerbère, qui s'avère un vrai savant malgré ses guenilles, on s'aperçoit qu'il y eut dans la région du delta toute une série de murs parallèles au bras du fleuve – comme si les divagations fluviales d'est en ouest et du nord au sud avaient entraîné les divagations des limites de l'Empire, comme si les Romains n'avaient pas voulu seulement endiguer les invasions des tribus nomades mais aussi les va-et-vient de la rivière, les caprices saisonniers de ses étiages et de ses crues. L'Europe est le plus dense écheveau de frontières de la planète – l'Europe n'est qu'un entrelacs de bordures, et l'Ou-kraïna, mot à mot *le* pays des confins, conclut notre Cerbère, fait bien partie de l'Europe.

Après les dernières bornes dans le Sahara de la Bessarabie, l'entrée dans la région du delta donne au cycliste assoiffé l'impression de pénétrer à l'improviste au cœur d'une jungle équatoriale : le paysage change brusquement ; la verdure et l'ombre envahissent la chaussée ; la qualité de l'air change elle aussi – tout change, le ciel, les nuages, la couleur de la terre, et les coupoles des églises sont plus rondes, plus russes, plus imposantes, signe que nous arrivons sur les terres des Vieux-Croyants. À la place du jaune aride de la steppe s'étend le vert humide des sansouïres, ces prairies inondables où broutent les brebis ; des milliers de roseaux se dressent de part et d'autre de la route ; tout un lacis de chenaux se dessine à l'horizon, on voudrait pouvoir s'envoler sur sa bécane pour admirer ce paysage reverdi depuis le ciel – plus loin, nous retrouvons la félicité des forêts, les troncs rouges des pins maritimes mugissent sur notre passage, les troncs blancs des bouleaux se tortillent dans le vent, nous allons rejoindre enfin le Danube et cette idée nous donne des ailes, alors nous fonçons dans le vent de face avec une ferveur de fusée.

Noirs de sueur, de coups de soleil et de poussière, le front constellé de moucherons morts, l'estomac taraudé par la fringale et la soif, nous voilà parvenus à Vilkovo, où un immense panneau bleu nuit nous annonce que les détenteurs d'un passeport ukrainien – les gars comme toi ! crié-je à Vlad – n'ont plus besoin de visa pour gagner l'Europe de Schengen. Cependant, notre première tentative d'accéder à la rive du Danube est aussitôt déçue : nous tombons sur un poste militaire, il y a partout des barrières et nous constatons que la frontière, une des plus surveillées au monde, est encore bien défendue malgré la fin du régime des visas. Une babouchka refuse de nous loger, une seule nuit, ça ne vaut pas le coup pour elle. Des poivrots que j'ai le don d'attirer nous indiquent le *Pélican*, le seul hôtel de la ville, j'imagine déjà un véritable hôtel sur pilotis, avec balcons sur la mangrove, rocking-chair, parasols, ambiance tropicale et néocoloniale, entre *Au cœur des ténèbres* et *Fitzcarraldo* – bref, j'imagine un Cambodge ou un Venezuela luxuriant qui mettrait un terme à ces deux jours d'errance dans la steppe.

La déception est grande : le *Pélican* n'est qu'un semis de bungalows qui s'égrènent en demi-cercle autour d'une pelouse débouchant sur un petit embarcadère en bois. Nous pouvons planter les tentes dans le gazon, nous dit le gardien. Déception plus grande encore à la vue du Danube tant attendu. Ce n'est pas l'Amazone ni le Mékong ! Large à peine d'une centaine de mètres, il ne s'agit ici que d'un seul défluent du delta, le bras d'Otchakov. À nouveau il faut se battre pour casser la croûte ! On nous avertit d'abord que la cuisine est fermée, Vlad se résigne à cette nuit de disette, mais comme j'entends mon ventre gémir, je déploie tous mes charmes pour apitoyer les cuisinières et obtenir un morceau de poiscaille. Elles finissent par céder, elles vont nous trouver des restes à condition de les gratifier d'un supplément de 20 % car, à cette heure-là, le service est terminé. Nous prenons place autour d'une table en bois. Les assiettes arrivent. Rien d'autre qu'une patate bouillie, un quignon de pain dur et une darne de silure frite il y a bien longtemps et réchauffée au micro-ondes. Les moustiques, eux, sont bien mieux servis : nous leur offrons sur un plateau d'argent deux tas de chair bien luisants de sueur, aux veines dilatées par l'effort. Les voici donc qui rappliquent, attaquent en piqué, tourbillonnent au-dessus de la tristesse de nos assiettes. Dans notre hâte d'atteindre le delta, nous avions oublié que regagner le Danube, cela voulait dire aussi retrouver l'odeur du silure et le vacarme des moustiques. Les bestioles bourdonnent dans nos tympans. Nous dévorent pendant que nous plantons la tente. Vlad fait face stoïquement aux escadrilles et se carapate daredare sous sa moustiquaire. N'ayant pas son calme ni sa dextérité, je me transforme en énorme steak tartare, si bien que je ne tarde pas à craquer ; je cours supplier le gardien de me tirer de ce cauchemar : une chambre, *pojalouista*, s'il vous plaît, par pitié ! Il me dégotte une chambrette sous les toits, dans le seul bâtiment en dur du *Pélican*.

Là, quand je pousse la porte du bâtiment, je suis accueilli par une horde d'adolescents en t-shirts bleus. Ce ne sont pas des scouts mais des volontaires du WWF venus défendre les esturgeons menacés d'extinction. Demain, c'est la journée internationale du Danube et la pêche est interdite ! Une jeune sirène grassouillette vient à ma rencontre, s'excuse à l'avance pour tout le barouf qu'ils vont faire cette nuit, me propose de me joindre à eux, je lui réponds que je suis crevé, que nous avons parcouru plus de cent vingt bornes depuis ce matin, que malgré le boucan, je vais m'écrouler de sommeil sur-le-champ. Sa réponse est cinglante :

– Quoi, tu ne veux pas niquer ?

Je me contente de sourire poliment, dépose mes affaires dans la chambrette. La fenêtre mansardée est munie d'une moustiquaire mais ces satanées bestioles m'ont poursuivi jusque dans mon lit, la moitié écrasée sur mes membres, cadavres accrochés à tous mes poils, l'autre moitié encore vivants et vrombissant dans mes tympans.

Finalement, je cède à l'appel de la musique et décide de me joindre à la joyeuse équipée. Vlad rapplique à son tour. Il y a là, attablés autour d'un grand banquet végétarien, des jeunes gens venus d'Arménie, de Géorgie, de Moldavie, de tous les coins d'Ukraine. Les animateurs sont un couple entre deux âges, originaires de Kherson, aux portes de la Crimée. La femme joue de la guitare et l'homme chante des airs soviétiques archiconnus. En notre honneur, il entonne *Sur la longue route*, d'Alexandre Vertinsky :

Дорогой длинною, погодой лунною,
Да с песней той, что в даль летит звеня,
Да со старинною, да с семиструнною,
Что по ночам так мучила меня.

(Sur la longue route au clair de la lune,
En chantant ces paroles qui s'envolent,

Sur une vieille guitare à sept cordes,
Qui m'a tellement tourmenté la nuit.)

Tous les accompagnent en chœur, et Vlad, qui me traduit les paroles, s'y met aussi. Puis ils fredonnent une chanson folklorique ukrainienne qui fait ricaner toute la tablée. Mais le russe demeure la *lingua franca*, sauf pour les ados boutonneux qui tapent le carton à l'étage ou jouent aux jeux vidéo sur leurs tablettes, loin de la nostalgie post-soviétique. Nous buvons de la vodka maison, du vin de Crimée, de la bière moldave. Irina, une jolie rousse au regard espiègle et au beau cou blanc qui ne laisse pas Vlad indifférent, nous raconte une saga du delta. C'est l'histoire d'une colonie de Tatars de Crimée, auxquels le sultan avait accordé une vaste concession dans le delta. Ils s'installèrent, apprirent le métier de pêcheur mais furent délogés par des essaims de moustiques… Je n'écoute plus la suite car j'ai déjà trop bu, car Vlad et Irina s'embrassent déjà sous la table, car mes crampes se réveillent dans mes jambes et ce n'est plus le Danube que je remonte en pensée mais le temps : je viens de reconnaître la version danubienne de la légende de Kitège qu'une autre sirène rousse me racontait au bord de la Baltique, il y a douze ans – douze ans déjà, je n'en reviens pas comme le temps passe !

5

Les sept bouches de l'oubli

Vilkovo-Izmaïl (Ukraine), 29 juin, 90 km

Hier soir nous étions déçus de constater que le Danube, réduit ici à un seul défluent de son delta, n'était pas le fleuve large et majestueux que nous imaginions depuis notre départ. Mais ce matin, dès le réveil, je me rends sur l'embarcadère du *Pélican*, et là, c'est l'émerveillement : je suis envoûté par la belle ivresse de ces rives ; la surface de l'eau est saturée de soleil, les kyrielles de moustiques se sont évanouies, remplacées par des myriades d'écailles de lumière qui chatoient sur la crête des vagues comme autant de lucioles ; à l'horizon, dans l'air suave et velouté du petit matin, la rive opposée est un épais rideau de peupliers et de saules cendrés aux feuillages touffus qui s'ébrouent dans le vent léger ; deux pêcheurs passent en silence dans leur *lotca* profilée ; un banc de sable mouvant, lance affûtée sous l'aiguisoir des flots, me rappelle mes joies et mes frayeurs au bord du Rhône de mon enfance ; si l'éternité, c'est pour Rimbaud la mer allée avec le soleil, je préfère pour ma part la rivière allée avec le soleil.

Ici, dans cette lumière aquatique, je ressens ce que j'appelle l'extase géographique, qui est ma petite éternité matérielle, éphémère, mon épiphanie des jours ordinaires : oui, l'extase géographique, c'est le bonheur soudain de sortir de soi, de s'ouvrir de tous ses pores, de se sentir traversé par la lumière, d'échapper quelques instants à la dialectique infernale du dehors et du dedans. Pourquoi aimer autant les fleuves et les rivières, pourquoi les aimer davantage que la mer ? La mer, trop frontale, trop vaste, trop calme ou trop violente, nous renvoie toujours à la mort alors que la vue, même éphémère, même fugace, d'un fleuve aux flots vifs nous apaise ou nous dynamise et redonne sens à nos efforts : comme lui, nous savons que nous sommes mortels, mais comme lui nous espérons nous élargir avec l'âge, chaque année nous gagnons en sérénité ; comme lui, nous nous souvenons de notre source sans nous languir pour autant de l'avoir désertée ; comme lui, chaque épreuve nous élargit ; ici le Danube est un vieillard las, divisé, amoindri, qui s'apprête à mourir, mais sa vie était tellement nourrie qu'il y a encore du feu dans son souffle et de l'ardeur dans son regard ; il scintille de toutes les crêtes de ses vagues et il roule ses épaules nues de fleuve, indifférent aux frontières, indifférent à la steppe qui trace la limite extrême de son désir, heureux de savoir que là-bas, bientôt, toujours plus loin vers l'est, la mer saura mettre un terme à ses épreuves.

Le fleuve ne vient pas les bras vides jusqu'au rivage ; il apporte les preuves de son labeur ; il arrive les bras chargés d'alluvions, qu'il offre comme un présent au continent qui le retient et comme un défi à la mer qui le délivre ; chaque jour, il repousse son terme et chaque jour le delta s'agrandit – si bien qu'il faudrait, dans l'idéal, redéfinir tous les dix ans l'emplacement du kilomètre zéro. Devant l'embarcadère du *Pélican*, des pancartes pédagogiques racontent la genèse complexe du delta de Kilia, à l'entrée duquel se situe la petite Venise ukrainienne où nous avons passé la nuit. En 1746, à l'époque où Vilkovo est fondée par des Vieux-Croyants fuyant les persécutions du tsar, le bras de Kilia, qui se jetait jusque-là dans une lagune, commence à peine à atteindre la mer : les schismatiques – ceux que les Russes appelaient péjorativement les *raskolniki* – s'installent sur le rivage, face à un petit chapelet d'îlots, et apprennent le métier de pêcheur : on les appelle aujourd'hui les Lipovènes, où se lit encore le nom de leur patriarche Daniel Filippov, le saint anachorète de Kostroma.

Ce n'est qu'au début du XIXe siècle que le delta se met à bourgeonner dans la mer : fluides et végétaux obéissent au même principe de ramification ; les cartes montrent à quel point l'expansion rapide du delta ressemble à l'éclosion, à la croissance, à la germination d'une feuille – idéalement de ginkgo –, qui s'ouvre, se déploie, se digitalise, avec toute la géométrie fragile et complexe de ses pétioles, de ses nervures et de ses limbes ; en 1871, le delta comptait quatre bras et de nombreuses îles, dont une grande île triangulaire ; Élisée Reclus, dans sa *Nouvelle Géographie universelle*, décrit alors le delta de Kilia comme « un archipel d'îles encore incertaines » et fait remarquer qu'en « dépit de la marche rapide des alluvions au débouché de la Kilia, la ligne normale du rivage se trouve en cet endroit beaucoup moins avancée à l'est qu'à la partie méridionale du delta » ; vers 1900, un cinquième bras surgit vers le sud ; puis c'est un sixième ; depuis l'éclatement de l'URSS, le delta dit secondaire compte sept bras principaux ; durant toutes ces années, la mer ne cesse de prendre ses distances avec l'ancien port de pêcheurs ; désormais ce sont treize bornes à vol d'oiseau qui séparent Vilkovo du rivage. Nulle part sur la planète la géographie n'est aussi versatile, nulle part la forme d'un paysage ne change plus vite que dans le delta d'un fleuve ; les temps géologiques y concurrencent la vitesse et la brièveté de la vie humaine ; un habitant de Vilkovo qui aurait vécu près d'un siècle en exil et reviendrait au pays ne reconnaîtrait pas sa terre natale et chercherait en vain : ici, une île qu'il rêvait de gagner à la nage ; là, une plage où il se baignait avec ses parents ; là-bas, le lac, les étangs ou les marécages infestés de moustiques qu'il craignait enfant.

Vilkovo est une Venise verte sans touristes – on aurait tort de s'en plaindre – et sans monuments – on s'en accommode moins facilement. Mais la lumière est là, et la lumière me suffit. Les lueurs aquatiques et chantantes, troubles et sirupeuses des lagunes et des canaux. Rien ne me charme autant que le reflet changeant de l'eau sur un ponton de bois, sur la coque d'une barque. C'est une Venise enchanteresse, où l'on entend le chant des oiseaux, où l'on sent grimper dans l'air l'odeur du vert. À Vilkovo comme à Venise – où il est d'ailleurs interdit –, le vélo n'est pas le meilleur moyen d'explorer une zone amphibie où les seules routes viables sont des canaux ; ici les voitures appartiennent encore au futur et ce sont des barques étroites, fières et racées – la *lotca*, la gondole lipovène –, qui ont supplanté les charrettes. En quittant le *Pélican*, nous décidons de nous en remettre au sourire d'un grand gaillard sec et costaud. Viktor nous alpague sur la route : Vous voulez faire un tour en bateau, les amis ?

– Vous voulez voir le kilomètre zéro, le vrai kilomètre zéro ?

D'une poigne robuste et autoritaire, que le maniement de la rame a rendue calleuse, il nous serre la main, hisse nos montures et nos bagages à bord de son embarcation – *Nausicaa*, tel est son nom, se tient amarrée sur les rives du canal de Belgorod, qui est à Vilkovo ce que le Canal Grande est à Venise : l'artère vitale de la ville. Viktor est un pêcheur lipovène. Il ne porte pas la barbe de patriarche des Vieux-Croyants, car il n'a pas atteint soixante ans, mais il a gardé de ses ancêtres russes le poil blond et dru, l'œil d'un bleu farouche et l'indépendance d'esprit ; la peau de son visage est tannée par le soleil, son front strié de rides profondes, ses ongles noirs ; la clope au bec, il manie le gouvernail de la main droite en nous racontant l'histoire du delta ; comme la plupart des pêcheurs lipovènes, il a tronqué la poupe de *Nausicaa* pour y loger un moteur car, l'âge venant, il ne puise plus l'énergie nécessaire pour lutter contre le courant d'un fleuve qui se disperse mais n'en reste pas moins vigoureux ; la *lotca* de six mètres de long passe sous le pont principal de Vilkovo, sa proue relevée pointe l'horizon, son étrave écarte les roseaux, le canal décrit un S très stylisé, nous croisons d'autres pêcheurs dans leur barque et soudain nous débouchons dans le bras de Kilia dont l'armée nous défendait hier soir les rives – les Grecs l'appelaient *Lycostoma*, nous dit Viktor, la bouche des loups, et les Romains *Boreum Ostium*, la bouche de Borée.

En face, c'est la Roumanie que Viktor nous pointe du doigt – ici, nous dit Viktor, le principal défluent du Danube, long de 111 kilomètres, mesure un kilomètre de large, son débit est de 4 000 mètres cubes par seconde, il draine plus de la moitié des eaux. Plus jamais par la suite le fleuve ne sera aussi large : à partir d'ici, il ne cesse de se ramifier ; Vilkovo signifie *la fourchette* car la ville est située à l'enfourchure du bras de Kilia qui se divise ici en sept avatars dont les noms et les tracés varient au gré des langues et des époques vu que Vilkovo a été successivement une possession turque, russe, roumaine, soviétique puis ukrainienne. Aujourd'hui nous avons, du nord au sud : le bras de Belgorod, le bras d'Otchakov – lequel se subdivise à son tour en trois bras, Prirva, Potapov et Hneusheve, construisant, encore plus au nord, un delta dans le delta –, le bras d'Ankodin, le bras de Serednii, le bras de Novostambul, le bras de Skhidne, et le bras principal, le bras de Staristambul, lequel trace la frontière avec la Roumanie jusqu'au moment où il se partage lui-même en trois, Musura, Lebdynska et Tsyhanske ; à partir de là, depuis le traité de Paris de 1947, la frontière suit officiellement le bras de Musura qui se jette dans le golfe du même nom, mais les autorités roumaines ne l'entendent pas de cette oreille et contestent ce tracé trop favorable à l'Ukraine en revendiquant l'île infertile et inhabitée de Limba ; plus loin vers le sud, dans le golfe, nul ne peut dire où passe la frontière, car depuis 1947, les forces conjointes de la marée, du fleuve et de la houle ont fait surgir de nouvelles terres, les plus jeunes terres d'Europe, où vont se reproduire les pélicans, et où les hommes n'ont pas encore eu le temps de s'entre-zigouiller. Mais depuis 2010, sur les cartes ukrainiennes, une délimitation unilatérale annexe les pélicans et leurs rejetons.

On dirait que le sept est le chiffre fétiche et porte-bonheur de Viktor. Selon lui, la Venise du delta compte 7 000 habitants répartis sur soixante-dix îles au long de soixante-dix kilomètres de canaux ; cette année, il a pêché sept esturgeons qui lui ont fourni sept kilos de caviar. C'est notre or noir à nous, dit-il, et ça vaut bien plus cher que le pétrole ! Je peux vous faire un prix d'ami si vous voulez ! Lorsqu'il a une petite soif, Viktor se contente de puiser dans le creux de sa main l'eau fluviale, mais il ne fait pas *pouah !* comme dans un film de Kusturica, il boit vraiment, d'une traite – j'ai bu toute ma vie cette eau qui provient de tous les pays d'Europe et je suis encore vivant, alors pourquoi m'arrêter aujourd'hui ?

À travers les canaux, Viktor nous permet d'entrevoir tout ce que nous n'avons pas vu la veille, comme quoi le vélo n'est pas toujours le meilleur moyen d'explorer les recoins d'une ville. Hier soir, la bourgade nous semblait laide, déserte, inhabitée, mais à Vilkovo tout se passe sur pilotis ou sur une barque, entre les saules pleureurs et les roseaux, dans le jeu d'ombre et de lumière distillant une subtile variation de tous les verts : une réunion de pêcheurs taillant la bavette en faisant de grands gestes aériens ; des enfants jouant dans une cabane au bord de l'eau ; une babouchka revenant de son potager insulaire dans sa *lotca* ; comme elle n'a plus la force de ramer à contre-courant, Viktor lui jette une corde qu'elle noue à la proue de sa barque et nous la remorquons jusqu'au canal lui servant de ruelle puis jusqu'au ponton surmonté d'un délicat portail donnant accès à sa datcha des lagunes. Viktor salue tout le monde sur notre passage ; c'est ici que se font toutes les tractations, même les petites annonces que l'on trouve d'ordinaire au bord des routes – *vin*, *miel*, *fromage frais*, *chambre à louer* suivies d'un numéro de téléphone – sont affichées au fil de l'eau ; le microcosme du delta est un monde clos, replié sur lui-même, qu'il faut observer à fleur de fleuve.

Tout est allé trop vite depuis notre départ d'Odessa. Nous apprivoisons peu à peu le charme de la lenteur. Nous profitons enfin du paysage. Le delta ukrainien, nous dit Viktor, est le mieux préservé du monde : nous n'avons pas encore, comme en Roumanie, tous ces touristes, et les armées de moustiques nous en préservent ! Mais c'est une erreur, selon lui, d'y voir le delta *secondaire* du Danube. Secondaire dans le temps et l'espace, il est aujourd'hui primordial dans la vie du fleuve : le delta ukrainien est un delta vivant, dynamique, d'une activité alluvionnaire intense, qui gagne chaque année quarante mètres sur la mer alors que le delta roumain, plus au sud, est un delta statique, figé par les hommes qui n'ont cessé de régulariser les chenaux.

Le microcosme du delta est un jeu de miroirs permanent, une mise en abyme à l'infini : il y a un petit delta dans le grand delta, et un plus petit delta encore dans le petit delta, et ainsi de suite jusqu'à ce que la tête nous tourne ; c'est ici, à Vilkovo, que se déroule l'intrigue de *Strom ohne Ende*, nous dit Viktor, un roman d'Oscar Walter Cisek – aujourd'hui, les bouches du Danube sont revendiquées par deux pays rivaux qui se tournent le dos, de même que ses sources le furent longtemps par plusieurs localités de Forêt-Noire tiraillées par l'esprit de clocher. À vrai dire, selon Viktor, la bouche du Danube n'est pas moins difficile à localiser que sa source ; si l'on en croit les géologues, le fleuve poursuivrait tranquillement sa vie sous-marine au fin fond de la mer Noire, loin du regard des hommes et du bec des pélicans ; durant la dernière glaciation, il n'y a pas si longtemps, quand le Bosphore n'était pas un détroit mais un isthme, quand la mer Noire n'était pas si étendue, le Paléodanube se jetait bien plus à l'est et bien plus au sud qu'aujourd'hui : il y aurait encore, là-bas, au large, pas très loin de l'île des Serpents, que se disputent l'Ukraine et la Roumanie, un canyon du Danube, dont on peut observer le sillage d'un bleu plus sombre que celui de la mer si l'on survole la région en avion.

Tout à coup, dans une trouée de lumière, entre les saules et les roseaux, j'aperçois de grandes feuilles vertes trilobées et des grappes noir satiné que je ne m'attendais pas à rencontrer dans ce monde amphibie. Viktor a saisi mon regard interloqué :

– Eh oui ! il y a aussi des vignes à Vilkovo ! Mais je crois qu'il vaut mieux goûter notre caviar que notre pinard ! On dit que le noah est un cépage qui rend fou.

Sur ces paroles, Viktor a coupé le moteur. La pétarade qui me tapait sur les nerfs cesse dans un dernier sanglot. À présent, pour ne pas déranger les pêcheurs ni les oiseaux nidifiant dans les roselières, Viktor fait avancer *Nausicaa* debout, les jambes écartées, en poussant sur sa perche et en sifflotant d'allégresse. Les eaux sont plus lourdes, les rives plus étroites, le vert plus glauque, l'odeur de vase plus entêtante, les clapotis lénifiants. C'est Charon, le nocher des ombres, qui nous emmène comme Ulysse vers le kilomètre zéro. Je pense au chant XI de l'*Odyssée*, je pense aux cinq fleuves des Enfers, je pense au Styx, le fleuve de la haine ; je pense à l'Achéron, le fleuve du chagrin ; je pense au Cocyte et au Phlégéthon, fleuves faits de larmes ou de flammes ; je pense au Léthé, le fleuve de l'oubli ; je pense à toutes ces rivières mythologiques convergeant dans le monde souterrain vers un vaste marais morbide et pestilentiel. Il faut avoir une vie intérieure riche et foisonnante pour survivre ici, coupé du monde, à l'heure d'Internet. Et il faut sans doute avoir beaucoup de chagrins à tuer, beaucoup de regrets à fuir, pour envisager une odyssée telle que la nôtre, à rebours de notre époque et de la marche de la Terre. Je regarde Vlad. Ses yeux se plissent, les rides de son front se creusent, je sais qu'il pense à sa pauvre mère luttant en ce moment contre le cancer, là-bas, à l'autre bout du continent, dans cet hôpital alsacien où il est parvenu à lui dégotter une place depuis l'abolition des visas. Je sens qu'il voit le visage de sa mère se refléter à la surface des eaux et qu'il formule à nouveau son vœu de pédaler jusqu'à son hôpital pour la délivrer du mal : il l'avait tirée d'affaire il y a trois ans, pédalant de Paris à Kiev, il n'y avait pas de raison que ça ne marche pas dans l'autre sens.

Plus loin, toute une forêt de lianes s'ébouriffe sur nos têtes. On croirait pénétrer au cœur d'une mangrove. Et dans cette jungle paludéenne, il y a, de temps en temps, des clairières qui s'ouvrent, les coupoles d'un monastère qui brillent dans le bleu pulvérulent du ciel, les petites cases multicolores de ruches hissées sur pilotis, quelques arpents de vigne, et des gens qui vivent là, à moitié nus, tels des Jivaros, dans cette Amazonie d'Europe. Désormais, je sais pourquoi nous roulons à contre-courant. Descendre un fleuve, c'est aller vers la mort. « Nos vies sont des fleuves qui vont se jeter dans la mer qu'est la mort » – *ríos que se van*, disent les poètes espagnols. C'est pour échapper à cette mer inéluctable que nous avons entrepris ce voyage à rebrousse-poil. Bachelard écrit quelque part qu'il n'y a pas de nautonier du bonheur. Et pourtant, Viktor, qui nous ramènera tout à l'heure au point d'attache, et sans qui nous passerions cette matinée comme les autres, à pédaler frénétiquement, est un nautonier heureux : il nous fait croire quelques instants qu'il est un lieu, sur terre, où le temps peut être réversible. Ce lieu, ce peut être la source, mais c'est aussi le delta, où le fleuve hésite sur le seuil de l'oubli.

Le soleil est au zénith lorsque nous revenons au port. Ses rayons reflétés comme des lames de couteau par les clapotis des canaux nous cuisent littéralement la peau. La route est encore longue jusqu'à Izmaïl, ce nom de ville qui me fait rêver depuis longtemps sans que je m'en explique la raison. Nous démarrons sans plus tarder. À la sortie de Vilkovo, nous retrouvons la chaussée très lisse de la veille, mais au bout de deux ou trois bornes à peine, il nous faut obliquer sur la gauche quoiqu'un panneau nous conseille de filer tout droit et d'emprunter une déviation. Nous voilà prévenus, mais nous voulons remonter le Danube au pixel près : indiquée sur nos cartes en jaune, la route que nous empruntons s'efface sur le terrain, envahie par le sable ; dans la région du delta, les routes, soumises aux caprices du fleuve, aux embâcles et aux débâcles, aux crues et aux inondations, aux hivers rudes et aux étés torrides, aux alternances du gel et du dégel, ne conservent pas longtemps leur croûte de bitume ; ici, la chaussée fout le camp de partout, des ornières larges comme des cratères d'obus la trouent tous les cinq mètres, parfois le revêtement ne tient plus qu'à un fil étroit, rapiécé, granuleux, qui rabote la gomme noire de nos pneus, fait valdinguer nos cargaisons, tinter nos chromes et manque de nous désarçonner ; en l'absence d'alternative à gauche et à droite, nous sommes condamnés à jouer les équilibristes et nos écarts laissent derrière nous un tracé plus méandreux que celui de bien des rivières.

Mis à part quelques camions que nous croisons quasi à l'arrêt, zigzaguant, mugissant, ballottant leurs remorques, mis à part la *marchroutka* d'un blanc douteux qui assure la liaison régulière Izmaïl-Vilkovo et dessert les patelins sordides et pittoresques du delta en infligeant à ses voyageurs trois heures de rodéo pour couvrir quatre-vingt-dix bornes, nous avons la route pour nous seuls – jusqu'au moment où nous dépasse un 4 × 4 noir ; le conducteur, un barbu entre deux âges, ouvre sa vitre pour nous traiter de tarés : pédaler à l'aube, encore, il comprendrait, mais à cette heure-là, en plein cagnard, c'est du suicide ! Lassés par cette chaussée déglinguée, nous décidons de nous aventurer sur la levée, histoire de vérifier que le fleuve est toujours là, bleu de manganèse dans le vent du sud-est ; mais il nous faut vite faire demi-tour car la levée s'embroussaille ; nous débouchons bientôt dans cette fameuse ville de Kilia qui a donné son nom au bras le plus septentrional du delta, c'est une de ces bourgades mornes et sans intérêt comme on en voit partout en ex-URSS. Rues poussiéreuses tirées au cordeau, blocs d'immeubles tristement décorés, maisons basses aux toits de bardeaux, Kilia ne conserve rien du passé présoviétique car elle fut rasée maintes fois dans son histoire. Aujourd'hui Kilia est un gros patelin de plain-pied étalé en bordure de steppe ; ici aussi, l'accès à la zone portuaire est réglementé, impossible de longer les berges et d'apercevoir, sur la rive d'en face, Chilia Veche, Kilia la vieille, sa jumelle roumaine. Nous demandons notre route à un cycliste, il nous enjoint de le suivre, sa roue superbement voilée nous donne la berlue, on croirait la danse d'un cobra. Plus loin, ravitaillement dans une épicerie. Une mémé ukrainienne descend de sa bicyclette rouillée dans une blouse à fleurs et ressort du boui-boui avec entre ses doigts noueux une pinte de blonde, servie dans un grand verre en plastique.

– On m'appelle Baba Ira, mémé Ira, dit-elle en russe en s'asseyant à nos côtés sur le trottoir.

Elle nous demande d'où nous venons, nous répondons d'Odessa, elle s'exclame qu'elle n'a jamais mis les pieds à Odessa, toute sa vie elle l'a passée au bord du Danube, elle est née dans un village des environs, Stara Nekrasivka, que l'on pourrait traduire par *la vieille moche*, un peu comme moi, dit-elle en souriant, mais quand j'étais jeune, ah quand j'étais jeune… Lorsqu'elle apprend que nous comptons rouler jusqu'en Serbie et de là jusqu'en France, elle manque de tomber dans les pommes. *Boje moï !* Nous devisons de tout et de rien, Baba Ira est veuve depuis trois ans, sa pension lui suffit à peine pour vivre, elle n'a connu que la dèche, ses rides sont des crevasses, à soixante-cinq ans elle en paraît quatre-vingt-quinze, son visage ravagé est à l'image des routes de son pays, ses cheveux gras, ses ongles noirs, mais il y a dans son regard une fébrilité, dans ses petits yeux bleus et rieurs une tendresse coquine qui nous touche. Lorsque nous prenons congé d'elle, Baba Ira se renfrogne, elle voudrait que nous restions ici, à lui raconter nos tribulations et à lui tenir compagnie toute la vie ou plutôt ce qu'il en reste, et puis elle aurait une faveur à nous demander, elle dit cela avec le sourire espiègle d'une gamine qui va faire un caprice :

– Vous ne voudriez pas m'offrir une autre bière ? *Pojalouista !*

Elle insiste très fort sur le *ja* de *pojalouista*, elle nous supplie en souriant de ses yeux clairs et de ses chicots noirs. Vlad se lève et va chercher une autre bière au zinc, il faut bien aider tous ces petits vieux oubliés de la mondialisation à endurer la guerre et la crise. Baba Ira nous parle de sa famille, elle n'a plus de nouvelles, ils vivaient dans le Donbass – Vous savez, là-bas, c'est la guerre, ici, à l'arrière, on ne se rend pas compte, le ciel est toujours sans nuages, le fleuve coule toujours dans le même sens, à part les prix qui augmentent et les pensions qui ne suivent pas, oh, ils ont beau jeu d'avoir obtenu la fin du régime des visas, mais tous les jeunes vont quitter le pays, dans dix ans il n'y aura plus que des petits vieux comme nous…

Nous ne saurons pas si Baba Ira a eu la force de repartir sur son vieux biclou rouillé, Vlad s'en veut d'avoir cédé à son petit caprice, un litron de bière sous ce cagnard quand on se déplace à vélo, ça pourrait la tuer, la vieille, mais nous sommes loin déjà, devant nous s'étale toujours le même paysage, à main gauche les marécages et les roselières très vertes du delta, à main droite l'herbe jaune et sauvage de la steppe, des maisons basses écrasées sous le ciel trop vaste paraissent vouloir rentrer sous terre pour échapper à la torpeur de l'après-midi, au fléau du vent et au marteau du soleil ; au bord de la chaussée ravinée se dressent des chardons géants, des chardons à taille humaine, des bardanes tatares aux belles fleurs jaunes ou mauves, une cigogne atterrit en douceur dans le nid où l'attendent ses petits, des gamins font de grands *ploufs* dans un avatar du Danube aux eaux fangeuses, un garçon d'un blond d'ange, aux jambes agiles et aux bras cuivrés, enfourche une antique bicyclette hollandaise trois fois trop grande pour lui, une carcasse d'autocar jette un peu de couleurs dans toute cette monotonie, le vent du sud-ouest s'est réveillé d'un seul coup, nous pédalons désormais entre l'enclume de la steppe, le marteau du soleil et le rabot du vent, sur la longue ligne droite ourlée de canaux et de rizières, nous fonçons nez dans le guidon, piochons péniblement dans l'air pour maintenir la trajectoire, je vois le vélo de Vlad qui tangue devant moi, il me crie RESTE DANS MA ROUE ! RESTE Dans ma roue, le vent violent disperse ses paroles et finit par le faire taire, nous cherchons en vain l'abri des chardons, des roseaux, des acacias, mais les rares plantes qui n'ont pas été déracinées dansent dans les fossés, toute la végétation se couche sous les grands gestes du vent qui s'infiltre en ronflant, sous le casque, sous les lunettes de soleil, dans les oreillettes, la grande musique éolienne m'emplit les tympans, plusieurs fois je songe à jeter l'éponge, à balancer ma bécane dans le fossé et à céder de tout mon long dans l'herbe à ces bourrasques qui nous harcèlent, mais Vlad m'enjoint de tenir bon, après douze kilomètres interminables s'amorce un long virage, Éole plante à présent ses banderilles contre nos flancs, nous grimpons le rebord de la steppe, quittons la zone humide des rizières, regagnons la zone aride des pacages où l'herbe est jaune et rase – à l'horizon s'étend le lac Kotlabuh qui sur les cartes a la forme d'un trident, l'emblème de l'Ukraine indépendante.

Au bord du lac du trident, petite halte dans une gargote où l'on nous sert un litre de *kvas*, cette boisson très désaltérante à base de pain fermenté. Le paysage qui s'annonce par la suite, un peu plus bucolique que la morne steppe, nous avons le sentiment de l'avoir vu des milliers de fois, les villages ressemblent à s'y méprendre aux villages serbes de Voïvodine, les mêmes couleurs vives, la même géométrie, les mêmes fioritures architecturales – les gens de la steppe ont le démon de l'ornementation car les paysages sont tellement austères qu'il faut que leurs maisons soient gaies, et elles le sont, avec leurs façades criardes, leurs colonnades cannelées, leurs pignons de bois sculptés, alors que les nôtres sont si tristes, en tout cas si grises. Le soleil amorce sa descente lorsque nous parvenons aux portes de la ville, comme le signale une grande ancre de bronze plantée dans la terre, sur laquelle se détachent, peintes en jaune et bleu, les lettres capitales ІЗМАЇЛ et soudain je comprends pourquoi ce nom d'Izmaïl me faisait tant rêver, je le voyais écrit tous les jours sur la coque d'une péniche ukrainienne, il y avait dans le port serbe de Novi Sad une péniche immatriculée à Izmaïl et tous les jours je rêvais de sauter dans cette péniche pour descendre le fleuve impassible, mais à la vue de la grande ancre plantée dans la terre, ce n'est pas à un bateau que je pense, c'est à l'incipit d'un roman – Izmaïl, Izmaïl, je sais maintenant pourquoi ce nom me fait tant rêver, Izmaïl, Ismaël, Ishmael, *Call me Ishmael*, la première phrase de *Moby Dick* me revient en mémoire, c'est en souvenir d'Ishmael que j'ai décidé de jeter l'ancre un beau jour et de remonter le Danube à vélo à défaut de pouvoir le descendre en bateau. La petite reine est l'un des meilleurs remèdes à la mélancolie ; sur une selle, on chasse très bien le cafard, et l'on se purge encore mieux le sang. À bicyclette aussi, on peut prendre le large, remonter les rivières et même traverser l'Europe – voire le monde, certains l'on fait. Et cette soif d'air pur, de routes et de vent remplace tout aussi bien le suicide que l'océan.

6

Cinq minutes en Moldavie, une demi-heure à ses frontières

Izmaïl (Ukraine)-Galaţi (Roumanie),
30 juin, 99 km

Vous prendrez Izmaïl à quelque prix que ce soit ! Tel était l'ordre donné par Potemkine à Souvorov dans la nuit du 21 au 22 décembre 1790. Le commandant turc de la place forte, de son côté, avait prévenu l'assaillant : *Izmaïl tombera lorsque les eaux du Danube couleront à rebours !* Les eaux du Danube coulent toujours d'ouest en est et pourtant cela fait plus de deux siècles qu'Izmaïl est tombée sous l'assaut du général Souvorov, considéré souvent comme le plus grand génie militaire russe de tous les temps. Seulement, quoique la bataille soit encore célébrée à Moscou – c'est même avec Poltava, Borodino ou Stalingrad un des seize jours de gloire de l'armée russe –, Izmaïl n'appartient plus à la Russie mais à l'Ukraine, car entre-temps s'est produite une autre chute qui n'a pas davantage inversé le cours du fleuve : celle de l'empire soviétique.

Des fortifications ottomanes, il ne subsiste pas la moindre pierre. Sur les dix-sept mosquées que comptait jadis la citadelle, il n'en reste aujourd'hui qu'une seule. C'est une jolie petite mosquée du XVIe siècle qui jouxte la plage municipale et se reflète dans le bras de Kilia ; il n'y a plus de muezzin aujourd'hui pour appeler les fidèles à la prière et s'offusquer devant cette foule de grandes nymphes en bikini : privée de minaret, la mosquée est aujourd'hui convertie en musée. Deux souris tristes à lorgnons nous reçoivent sans grand enthousiasme, nous sommes les seuls touristes de la matinée, elles nous font pénétrer dans le *haram* transformé en salle d'exposition, nous font asseoir, nous fournissent des casques audio, éclairent le diorama, enclenchent le son.

Devant nous, le trompe-l'œil – procédé fétiche dans la muséographie d'un pays par ailleurs prodigue en mensonges – est assez bien réussi : les casques réels se confondent avec les casques peints, les pieux réels avec les pieux peints, la roche réelle avec la roche peinte. Habitués que nous sommes à l'image animée, nous regardons pour de bon ce plan fixe : c'est le tableau le plus pompier qui soit. Réalisé dans les années soixante-dix, à l'époque du réalisme socialiste triomphant, tendance brejnévienne, le diorama relate l'histoire du siège d'Izmaïl, popularisée par Lord Byron dans les septième et huitième chants de son *Don Juan,* long poème en vers commencé à Venise en 1818 et laissé inachevé en 1824 après la mort du poète à Missolonghi. La voix de stentor, qui nous raconte la bataille dans ses menus détails et nous décrit les personnages représentés sur la grande fresque avec le sérieux d'un prof de fac, contraste en tout point avec le ton facétieux de Lord Byron, lequel offrait ici à son Don Juan un baptême du feu sur le mode héroï-comique.

Le diorama immortalise l'instant où le lieutenant-colonel Yesouskoï – bicorne noir, casaque bleue, pantalon rouge et gants blancs – traverse sabre au clair le fossé gavé de cadavres et ordonne à ses cosaques de grimper à l'assaut de la tour occidentale ; le lieutenant-colonel sera tué dans l'action quelques minutes plus tard mais le drapeau russe flotte déjà sur la tour orientale : la porte de Kilia vient de céder sous les coups du futur général Koutouzov – celui qui fera reculer Napoléon sur la Bérézina mais qui perd ici, dans l'imprudence la plus totale, de nombreux soldats. Le coup de génie des Russes, le 22 décembre 1790, est d'attaquer Izmaïl par voie d'eau alors que les Turcs les attendent sur la terre ferme. Du côté du fleuve, la rive est ouverte, les remparts moins hauts que partout ailleurs, la forteresse mal défendue. Dans cette bataille, c'est donc le Danube qui joue le rôle clé, et le Danube restera longtemps l'allié naturel et bienveillant des révoltes slaves.

L'homme qui commandait la flottille russe était né à Naples ; fils d'un consul espagnol et d'une aristocrate irlandaise, José Pascal Domingo de Ribas y Boyons gagnera sous les murs d'Izmaïl ses galons d'amiral ; quelques années plus tard, il suggérera à Catherine II de raser le village tatar de Khadjibey et d'implanter un centre de commerce et de navigation de premier plan ; le port serait libre de glaces toute l'année ; la tsarine – qui voulait concurrencer Pierre le Grand, l'inventeur de Saint-Pétersbourg, et ouvrir une fenêtre sur le Proche-Orient pour reconquérir Constantinople et gagner la Terre sainte – ne fut pas longue à convaincre et chargea de Ribas de faire surgir entre mer et steppe cette cité nouvelle ; Odessa – la ville d'Ulysse *alias* Odysseus, le voyageur endurant et rusé de l'Antiquité – apparut sur les cartes en 1795 ; la plus célèbre avenue de la ville se souvient de son inventeur : c'est une longue ligne droite un peu gondolée, bordée de marronniers et de cafés, qui s'appelle *Deribasovskaïa Ulitsa* – où le nom du petit amiral napolitain est noyé, amalgamé, dans la grammaire implacable des langues slaves.

Sous les murs d'Izmaïl, le 22 décembre 1790, parmi les nombreux aristocrates français – émigrés et mercenaires – qui se battaient aux côtés des Russes, se trouvaient le major général de Lacy, le comte de Langeron, Roger de Damas, le Prince de Ligne qui sera blessé au genou, et le duc de Richelieu qui verra son bonnet de loutre troué d'une balle – Armand-Emmanuel-Sophie-Septimanie du Plessis, duc de Richelieu, sera, après la mort de l'amiral de Ribas, le véritable fondateur d'Odessa : c'est en 1803 que le tsar Alexandre Ier le nomme administrateur de la ville, *gradonatchalnik*. Byron, dans son *Don Juan*, se moque pas mal de ces aristocrates français fuyant la guillotine et partis en Russie tenter l'aventure ; il en appelle à Homère, compare la prise d'Izmaïl au siège de Troie et son long poème en vers à l'*Iliade* ; c'est la Grèce qu'il faut imaginer à la place de la Russie et toujours dans le viseur le même ennemi : *our friends the Turks*, belle antiphrase qui donne déjà le *la* de la condescendance occidentale.

En sortant de la mosquée convertie en musée, je repère des canons qui semblent toujours tournés vers le fragile édifice, et Vlad me fait remarquer, sur un panneau, une inscription rapportant les paroles de Souvorov à Potemkine au lendemain du siège. Vlad me traduit la formule : *Il n'y eut pas de forteresse plus forte ni de défense plus acharnée que celle d'Izmaïl, tombée devant le trône de sa majesté l'impératrice Catherine dans un assaut sanglant* ; suivaient les salutations du général à la tsarine. Assaut sanglant, en effet. Le 22 décembre 1790 et les jours suivants, toute la garnison de la forteresse, ainsi qu'une grande partie des civils turcs et tatars furent massacrés : les cosaques de Souvorov se montrèrent sans pitié. En revenant vers la plage, où nous avons garé les vélos, je regarde tous les baigneurs allongés sur le sable, écarlates sous le soleil, j'ai l'impression que les corps se diffractent dans la lumière, que les silhouettes se démultiplient, ce sont les corps des civils turcs et tatars qui se réveillent ; écorchés vifs, amputés d'une jambe ou d'un bras, ils surgissent dans les plis du sable, le Danube les recrache sur la grève, ils grouillent dans des rivières d'entrailles, de merde et de sang, ils se tordent de douleur, ils appellent à l'aide, je les entends gémir dans le vent, gémir dans la lumière – en enfourchant nos vélos, c'est leurs cris que nous fuyons ; de la Forêt-Noire à la mer Noire, le fleuve fatal roule toujours ses flots de cadavres ; remonter les rivières, ce n'est pas rechercher l'origine du monde mais tenter de le réparer, le monde, oublier les massacres à répétition, oublier les racines chrétiennes et les traités inégaux, réécrire l'Europe sur ses rives intérieures, faire l'éloge du continu, car le fleuve est le fil bleu de nos provenances, nous venons tous de l'Orient, nous ne sommes pas seulement celtes, francs, romains, wisigoths, nous ne sommes pas seulement du Ponant, nous sommes aussi du Levant, nous les Européens, nous fûmes aussi tatars, turcs, khazars, bulgares, huns, scythes, coumans et petchenègues ; Istanbul, Kiev ou Moscou ne sont pas moins importantes qu'Athènes, Rome ou Jérusalem pour comprendre l'Europe, et c'est toute cette géographie des steppes que nous portons en nous.

Izmaïl est à présent derrière nous, avec ses récits de bataille, ses forêts de grues métalliques et toutes les épaves rouillées de ses cargos – la route, la seule route possible passe entre deux anciens limans reliés l'un à l'autre par un chenal vaseux ; depuis que le Danube, il y a plusieurs milliers d'années, a entrepris de bousculer la géométrie du rivage par son long travail de sape du cordon littoral et de comblement de son delta, les deux lacs ne communiquent plus avec la mer ; leurs rives ont perdu leur salinité mais conservent encore quelque chose de l'air marin, la couleur, le vent, les mouettes, comme si la marée venait tout juste de se retirer – au loin, derrière les roselières et la vaste étendue ponctuée d'îlots aux bords flous et aux formes flottantes, l'horizon se met soudain à trembler, on croirait d'abord un mirage, puis le tremblement se précise, on devine pour la première fois une ligne d'ombre un peu plus haute, d'un bleu légèrement plus sombre que le ciel, un bleu violacé qui se confond avec celui du lac : ce sont les collines de Dobroudja ; voici donc la Roumanie dans notre ligne de mire ; un relief auquel accrocher son regard ; l'empire des steppes aura une fin, nous ne sommes pas condamnés à pédaler pour toujours dans ce monde plat, venté, monotone, poussiéreux – soulagé, l'œil peut alors se régaler une dernière fois de ce paysage qui est d'une grande beauté si l'on consent à s'abandonner, comme le petit Iégorouchka de Tchekhov, au charme de la contemplation : les hérons, le cou rentré, font des vols planés, les pêcheurs ont disposé leurs cannes sur le parapet, des oiseaux gazouillent dans les roseaux, la route est peuplée d'âmes ensoleillées, je peux retirer mes oreillettes, laisser Freddie Mercury s'égosiller dans le vide et emplir mes tympans du chant des oiseaux.

Au village de Novosilske, où l'antique station-service sort tout droit d'un tableau d'Edward Hopper, où l'on entend pour la première fois la langue moldave, où l'épicière utilise une balance antédiluvienne et fait ses comptes sur un boulier, nous décidons de bifurquer sur la gauche car depuis notre départ d'Izmaïl nous n'avons pas encore vu le Danube. Il serait donc temps de retrouver le fil rouge du voyage. N'osant plus nous fier à Google, car nous savons désormais que le géant ment, nous filons vers le sud-ouest et le soleil, confiants dans notre bonne étoile ; tout autour de nous, des étangs, des marécages, des bras morts, dessinent un dédale terraqué ; un passant tente de nous dissuader d'aller plus loin mais il est déjà trop tard pour rebrousser chemin, nous laissons sur notre droite une usine mystérieuse avec de grandes cuves scintillantes, nous franchissons un petit ponton sur un ancien méandre, la chaussée perd de nouveau sa croûte de bitume, des traces de pneus nous aiguillent ; passé une dernière ferme et de très hauts pylônes vrombissant au-dessus de nos têtes, comme un avertissement de ne pas aller plus loin, le chemin se resserre, l'herbe haute l'envahit, les roseaux, les ronces, les orties, les chardons nous submergent, nos roues ripent sur des mottes de terre sèche, les brindilles mitraillent nos rayons, *tlilctlictlic*, *tlilctlictlic*, les herbes folles nous fouettent les mollets, nous zigzaguons pour éviter les griffes des chardons, nous avançons tête baissée sous le casque et les lunettes de soleil, mais il n'y a plus de chemin à proprement parler, ce ne sont plus que deux traces qui s'étiolent dans la fournaise broussailleuse de l'été ukrainien, partout les herbes folles et les insectes nous jouent leur sarabande endiablée, ça crisse, ça siffle, ça persifle, ça grésille, ça stridule dans tous les coins, ça fait *krskskkdskksss*, nous roulons au ralenti, en danseuse, je ne veux pas poser pied à terre à cause de tous les serpents qui doivent pulluler dans la contrée, je pense aussi à la tique de Biélorussie qui doit sévir jusqu'ici, nous suons à grosses gouttes, je veux faire demi-tour mais Vlad persiste, il tient à poursuivre vers le fleuve, j'imagine le moment où il nous faudra pousser les vélos, je nous vois déjà patauger dans le gué vaseux d'un bras mort, je sens revenir toutes les petites terreurs de l'enfance ; bientôt, les empreintes incertaines que nous suivons tant bien que mal bifurquent et se perdent dans le paysage : à droite, le chemin disparaît dans l'immense paillasson doré d'un champ de blé fraîchement moissonné ; à gauche, il s'engouffre entre deux haies, l'une de roseaux, l'autre de chardons, qui joignent leurs cimes à hauteur d'homme.

L'inquiétude des carrefours s'ajoute à la fatigue pour nous décourager. Il nous faut désormais choisir : soit couper à travers le grand paillasson, droit devant ; soit nous engouffrer là, sur la gauche, sans savoir où nous mènera cet obscur sentier. Nous optons d'abord pour la voie en apparence la plus facile, la clé des champs sous le soleil, mais c'est pour constater qu'il est impossible d'entraîner à la force des mollets quinze kilos d'aluminium chargés de quinze kilos de bagages sur des kilomètres de mottes de terre et d'éteules. Pousser nos bêtes de somme sous le cagnard ? Impossible. Capituler et faire demi-tour ?

Pas question : nous devons arriver à Galaţi avant la nuit, et nous avons encore soixante bornes à parcourir et deux frontières à franchir ! Une idée germe alors dans la cervelle de Vlad – qui se révèle d'une sagacité à toute épreuve : d'après la carte, les rives du Danube se trouvent à cinq cents mètres à peine à vol d'oiseau. Qui dit Danube dit frontière. Et pas n'importe quelle frontière : la frontière ukraino-roumaine, une des plus surveillées d'Europe. Donc il doit y avoir, sur la rive, des patrouilles qui passent de temps en temps. Et ces patrouilles doivent bien laisser derrière elle un sillage quelconque, une empreinte humaine à défaut d'une preuve d'humanité. Inutile, donc, de poursuivre vers l'ouest, c'est vers le sud qu'il faut avancer. Ce qui signifie foncer à travers chardons et roseaux, tracer notre route dans la sombre verdure, là-bas, jusqu'au moment où nous gagnerons la rive du fleuve.

C'est parti ! Nous prenons un peu d'élan, bandons nos muscles, baissons la tête, serrons les mâchoires, fonçons à toute blinde, pédalons tels des possédés, dans la végétation aveugle et profuse, sur le sentier retourné à l'état sauvage, tâchons d'éviter les griffes des chardons, rasons de près les roseaux, leurs feuilles aiguisées nous giflent le visage, les bras et les jambes… Après quelques minutes de lutte acharnée, pari gagné : la broussaille s'éclaircit, des barbelés nous indiquent que nous avons atteint le cordon frontalier ; désormais nous suivons bien le Danube, nous sentons confusément sa présence, son odeur ; nous percevons son ronflement feutré par les feuillages ; pas de traces de pneus au sol mais l'herbe est moins haute, moins touffue ; orties, roseaux, chardons et ronces baissent la garde et s'écartent de part et d'autre ; c'est loin d'être un vrai chemin mais c'est toujours mieux que rien, la dernière patrouille a dû passer dans les parages à la fonte des neiges.

Au bout de quelques bornes le long de ces barbelés qui cadenassaient autrefois l'URSS et servent désormais à verrouiller la forteresse Europe, nous sommes récompensés de nos frayeurs et de nos écorchures : à la faveur d'une trouée soudaine dans la forêt rivulaire, le Danube se dévoile enfin dans toute son emphase ; à présent, c'est le fleuve en entier, un vrai bras de mer qui avance très vite, plus large que bien des lacs, évoquant plutôt l'image d'un détroit ou d'un énorme tapis roulant d'un calme olympien en surface mais qui gargouille dans ses entrailles en charriant ses alluvions sous la nasse opaque de ses eaux turquoise. C'est ici très précisément, d'après nos cartes, que le fleuve atteint sa plus grande largeur naturelle – 1 250 mètres – avant de se ramifier dans le triangle de son delta. De l'autre côté, sur la rive lointaine et vaporeuse, la trouée dans le paysage nous offre aussi notre premier aperçu d'une ville roumaine qui paraît imaginaire tant elle est lointaine : c'est Isaccea ; les toits de ses maisons dispersées dans la verdure, étagées à flanc de coteau, rutilent sous le soleil ; en écarquillant les yeux, nous pouvons apercevoir le minaret fragile de sa mosquée s'élevant au-dessus des collines de Dobroudja, lesquelles ne sont plus un rêve lointain ou un mirage bleuâtre mais acquièrent la consistance épaisse de vraies collines, boisées dans les creux, pelées sur les sommets. Vlad connaît bien la Roumanie, il a vécu un an à Bucarest, mais moi, je n'y ai jamais mis les pieds – sur le moment, je ne saurais dire si cela retranche ou ajoute au mystère de voir le pays apparaître ainsi, dans une trouée, derrière un fleuve si large, à travers des barbelés, au bout de tant d'efforts. C'est cette image que je garde encore de la Roumanie dans mon esprit, cette image vaporeuse qui m'obsède : Danube large comme un lac et défilant comme un film, collines atteintes de calvitie, minaret gracile. Plus loin en amont, le fleuve s'étrécira tandis que le minaret s'épaissira pour prendre la forme moins délicate d'un clocher d'église.

En flânant sur la toile avant notre départ, Vlad s'est enflammé à l'idée d'un bac fantôme qui assurerait de façon saisonnière la liaison entre Isaccea et le village le plus proche sur la rive ukrainienne : Orlivka. Nous cherchons en vain le bac fantôme et son nautonier. S'il y a bien un petit port sur la rive opposée, ici, il n'y a pas l'ombre d'un ponton. Seuls signes d'une présence humaine : un panneau dissuade en langue ukrainienne les aventuriers de tenter la traversée à la nage ; un mirador abandonné – vestige de la quasi-guerre froide que se livraient l'URSS et la Roumanie de Ceauşescu – garde un œil mi-clos sur la frontière. Il n'y a aucun moyen, trente ans après l'effondrement des régimes communistes, d'aller d'Ukraine en Roumanie par la voie légale. Aucun pont, aucun bac sur le Danube. Et les litiges frontaliers entre les deux pays sont trop nombreux pour espérer un dégel prochain de la situation. Le seul moyen de joindre les deux bouts, c'est de traverser la Moldavie – État-tampon s'il en est. Ici, sur une distance de cent soixante-cinq kilomètres, le fleuve est encore un *limes danubianus*, non plus *limes* de l'Empire romain face aux Barbares mais *limes* de l'Europe de Bruxelles face à *l'Autre Europe*, qui *est* l'Europe à part entière et non pas une Tiers-Europe, plus foutraque, moins démocratique ou moins policée ; la guerre russo-ukrainienne récente est le dernier épisode de la longue guerre de Troie européenne qui se perpétue ailleurs par d'autres moyens, notamment en Grèce sous la forme économique.

Enfin, nous retrouvons la route bitumée, la seule route possible puisqu'il nous faut de nouveau passer entre fleuve et lac ; nez plongé dans le guidon, reins creusés à l'horizontale, position aérodynamique étudiée, nous rattrapons le temps perdu dans les errances buissonnières et les fourrés de la frontière en fonçant comme des fusées sur la route qui file vers le nord-ouest, direction Reni, dernière ville avant la Moldavie, premier port ukrainien sur le Danube, qui se targue, allez savoir pourquoi, d'être un port maritime, oui, oui, c'est écrit en grosses lettres bleues perchées sur la triste baraque de la capitainerie, *МОРСКОЙ ПОРТ*, comme à Kilia, comme à Izmaïl, comme à Odessa, alors que nous sommes désormais à plus de cent cinquante bornes de la mer.

Le fameux *chaudron danubien* n'est pas qu'une métaphore géopolitique : le mercure est à son zénith quand nous atteignons la ville-frontière dont les coupoles dorées nous aveuglent tels des astres en fusion. Rues désertes sous le soleil de plomb bouillant. Gamins se gavant de pastèques à l'ombre d'un auvent. Vieillard fuyant la canicule sous le feuillage clairsemé d'un acacia. Lycéennes se rendant au bal de fin d'année en minijupes, claquettes et débardeur ; la robe rose bouffante et les talons aiguilles trimballés dans un sac en carton. Une maraîchère au large sourire édenté nous désaltère en nous servant une pinte de *kvas* et une livre de cerises. Nous faisons la causette. Elle dit que demain il fera encore plus chaud : on annonce 42 °C à l'ombre. Elle parle russe avec un drôle d'accent, pire que les Ukrainiens. Et pour cause : elle est gagaouze comme une bonne partie des paysans des environs ; les Gagaouzes sont un peuple turcophone converti à l'orthodoxie ; ici, à la frontière, les Ukrainiens sont très minoritaires, ceux qui ne sont pas gagaouzes sont moldaves, russes ou bulgares.

À la sortie de la ville, c'est une longue rampe de bitume rapiécé qui nous mène entre des champs de blé vers la zone frontière ; après quatre cents bornes de morne steppe, nous avons oublié l'art de la danseuse ; je me tortille sous le cagnard en m'aspergeant des dernières gouttes de ma gourde ; c'est donc en ruisselant de sueur et d'eau mêlées que je me pointe devant la sentinelle ukrainienne plantée sous un panneau de recrutement de volontaires, dernier indice que nous quittons un pays en guerre. De là, le panorama sur les boucles du Danube et sur les hauteurs de Dobroudja est envoûtant : sous le vibrato des collines, le fleuve apparaît, disparaît, reparaît, c'est un lasso géant, un énorme python qui se mord la queue et se fond dans le paysage avec des dons de caméléon. En examinant la carte, je comprends pourquoi nous voilà perchés sur le plateau moldave, très en retrait du fleuve : comme la Moldavie n'a obtenu de ses deux voisins qu'un demi-kilomètre de rive danubienne, comme cela ne suffit pas pour implanter deux postes-frontières, la route doit s'écarter des berges et s'enfoncer dans l'hinterland. Là, les douaniers nous rappellent que les frontières n'ont pas que des avantages : aiguiller deux cyclotouristes en perdition dans des marécages, c'est bien beau, mais une frontière, ça sert d'abord à faire chier le monde et à trier les hommes, à commencer par les camionneurs, et pourquoi pas les cyclistes. Et comme j'ai eu le malheur de prendre des photos des boucles du Danube depuis le check-point, ignorant la mise en garde – pictogramme noir barré d'un trait rouge –, je me fais engueuler par le flic ukrainien qui jaillit de sa guérite et me demande d'effacer la photo illico presto – j'ai beau protester que c'est le paysage qui m'intéresse, il ne veut rien savoir.

Alignés en rang d'oignons, sur un banc, entre deux camionneurs en marcel blanc, ventripotents, boule à zéro, bras tatoués, dents qui foutent le camp, nous attendons le retour de nos passeports, qui font la navette entre flics ukrainiens et moldaves. Entre-temps, deux douaniers en uniforme noir, lampe torche à la main, surgissent de leur casemate préfabriquée et nous dressent la liste des articles prohibés ou tolérés en quantité limitée : bombes lacrymogènes, électrochocs, *taser*, cartouches de cigarettes, bouteilles d'alcool, cochonnailles, etc. Dans leur zèle de types qui s'emmerdent toute la sainte journée, les douaniers, peut-être en quête d'amphétamines ou, qui sait, d'EPO, entreprennent de fouiller nos sacoches, reniflant ma blague à tabac, déballant ma trousse de toilette, explorant ma boîte d'aquarelle, inspectant jusqu'aux doublures de nos cuissards ! Une demi-heure de perdue : les chances d'arriver à Galaţi avant la nuit se réduisent. Puis c'est la traversée du pays : deux kilomètres et demi de descente en cinq minutes chrono, le temps de prendre une photo du *PORTUL INTERNATIONAL GIURGIULEŞTI operated by DANUBE LOGISTICS SRL.* En bas de la pente, le manège de la fouille recommence, exécuté cette fois-ci par une douanière moldave et grognasse. Au bout d'un quart d'heure d'attente, nous pouvons franchir sur un pont métallique la rivière frontalière : c'est le Prut, qui arrose Tchernivtsi, la ville natale de Paul Celan. Sous la bannière bleu nuit aux douze étoiles d'or, nous visons un flic roumain débonnaire et moustachu qui nous laisse filer après un coup d'œil distrait à nos passeports. Vladimir Lortchenkov, auteur moldave exilé au Québec, a écrit un livre au titre de manuel : *Des mille et une façons de quitter la Moldavie*. Sa terre natale restera pour nous le seul pays qui demande dix fois plus de temps pour l'atteindre et le quitter que pour le traverser ; à défaut de pouvoir élargir la cage du zoo national, les autorités moldaves savent au moins comment rallonger l'attente au guichet : qui ne maîtrise pas l'espace se venge en se donnant l'illusion de contrôler le temps.

Aux premiers klaxons, aux premiers cris qui fusent dans la rue, à la conduite sportive des chauffeurs, nous sommes avertis que nous entrons dans un pays latin ; l'autre indice, qui ne trompe pas, celui-là, c'est l'accueil chaleureux que nous réservent les habitants de Galaţi ! Au milieu de la Strada Domnească qui descend en ligne droite vers le Danube, nous sommes apostrophés par des manifestants brandissant des banderoles jaunes *#REZIST !* et des drapeaux européens, roumains et français en criant leurs slogans contestataires. En quelques minutes à peine, nous sympathisons avec Marian, Virgil, Oancea et leurs amis. Ils nous racontent comment ils se relaient jour et nuit sur la place des héros de la Révolution, pour protester contre les décrets scélérats du gouvernement, qui visent à dépénaliser la corruption dans le but d'amnistier certains dignitaires du PSD, le soi-disant parti social-démocrate ; c'est le plus grand mouvement de révolte qu'ait connu la Roumanie depuis la chute de Ceauşescu ; suite au rassemblement de 500 000 manifestants, place de la Victoire, à Bucarest, le décret a été abrogé, mais selon Marian, Virgil et Oancea, la lutte n'est pas finie, ils ne rendront pas les armes et ne se tairont pas, tant qu'ils n'auront pas obtenu la démission du gouvernement et l'inculpation de tous les ministres et de tous les députés soupçonnés de corruption.

7

Le traceur de frontières et l'amoureux des rivières

Galaţi (Roumanie), 1er juillet

L'hôtel *Danube Stars* à Galaţi ne donne pas sur le fleuve mais sur la Strada Domnească, laquelle s'étire du nord au sud, perpendiculairement à la rive, et serait, nous a dit Marian, la plus longue avenue bordée de tilleuls du monde. Nous sommes arrivés hier par 39 °C à l'ombre, il fait aujourd'hui 42 °C, la maraîchère gagaouze de Reni était bien renseignée, et nous attendons toute la matinée Alina, professeur de lettres à l'université de Galaţi, qui viendra nous chercher dans sa voiture climatisée – ouf ! – pour nous conduire à une rencontre avec une dizaine d'étudiants moldaves, venus d'outre-Prut, dit-elle en souriant, et ne maîtrisant pas très bien, nous prévient-elle, ni le français ni, d'ailleurs, le roumain. J'ai décrit notre projet, improvisé quelques racontars, montré des images du voyage. Après le déjeuner avec les participants de la rencontre, le reste de la journée se passe sous la clim, dans nos chambres d'hôtel respectives, en lessives, massages et lectures : chaque pas que nous faisions dans la rue, même à l'ombre des tilleuls de la Strada Domnească, achevait d'extraire de nos organismes les dernières gouttes d'eau qu'ils avaient bien réussi à conserver malgré l'épreuve de la veille ! Nous ne ressortirons qu'à la nuit tombée, en short et en claquettes, pour avaler dans une gargote de la *faleza* – comme on appelle ici la corniche danubienne –, une *ciorba de burta de peşte*, une soupe de tripes de poisson, l'une des spécialités de la région.

BASARABIA E ROMÂNIA ! : en marchant la nuit sur les quais du Danube, nous remarquons que ce slogan revient sous la forme de nombreux tags, court sur tous les murs de la ville, parfois accompagné de symboles nationalistes : par Bessarabie, les nationalistes roumains n'entendent pas seulement le Boudjak ukrainien que nous avons traversé ces derniers jours mais aussi toute la république de Moldavie actuelle à l'exception de la Transnistrie – bref, tous les territoires compris entre le Prut et le Dniestr, aux populations roumanophones autrefois réunies sous la couronne du voïvode Étienne III. Je comprends pourquoi, hier, les flics moldaves ont choisi la même page que leurs homologues macédoniens pour tamponner mon passeport : Macédoine et Moldavie sont deux petits États enclavés, coincés entre leurs grands voisins qui leur dénient le droit de porter leur nom ; la Macédoine, toujours en péril entre la Serbie, la Bulgarie qui considère le macédonien comme un dialecte bulgare, l'Albanie qui agite la minorité albanophone et la Grèce qui lui demande de s'intituler *Ancienne République yougoslave de Macédoine* ou *Macédoine du Nord* car il y a en Grèce une province de Macédoine, capitale Salonique, seule héritière selon les Hellènes de l'empire d'Alexandre le Grand – la Macédoine doit s'excuser sans cesse d'exister ;

quant à la Moldavie, elle a fini par renoncer officiellement à porter le nom de l'ancienne principauté médiévale pour ne pas fâcher son voisin roumain (lequel a, lui aussi, sa Moldavie bien à lui, partagée en huit départements) et pour concilier les pro-russes qui entendent ainsi signifier leur refus de toute unification, si bien que je devrais écrire ici *République de Moldova*.

BASARABIA E ROMÂNIA ! : la Roumanie rêve depuis toujours d'une unification avec l'ancienne Bessarabie, le président Klaus Iohannis aurait exprimé lors de son investiture en 2014 qu'il était en faveur de l'unification, ce qui réveilla le fantasme de la Grande Roumanie, un fantasme qui fut toutefois une réalité dans l'entre-deux-guerres, et dura même vingt-deux ans, de 1918 à 1940, lorsque le royaume de Roumanie, qui s'était placé du côté des vainqueurs, s'agrandit sur les ruines de l'Autriche-Hongrie, de l'empire russe et de la Bulgarie, englobant la Dobroudja du sud, la Bucovine et la Bessarabie, selon le vœu du géographe Emmanuel de Martonne, le père des frontières roumaines. Tout a commencé en 1917, à la Sorbonne, dans la salle des cartes de l'Institut de géographie. Le Comité d'études alors constitué se réunirait deux ans plus tard dans les coulisses de Versailles. Les quatre grands quadrillaient les cartes de l'Europe sous les yeux des experts : historiens mais surtout géographes, les plus zélés lorsqu'il s'agit de zébrer des planisphères. C'était l'époque où les géographes avaient encore l'oreille des rois, c'était l'époque où les géographes traçaient encore les coutures de la mappemonde. Ils n'étaient plus des explorateurs, comme autrefois, il n'y avait plus rien à explorer, la planète Terre était finie, boule de foire aplatie aux pôles, alors ils se vengeaient de la finitude du globe en le zébrant de grands traits noirs. Il n'y a pas si longtemps, ils partageaient l'Afrique à Berlin, les géographes, et offraient au roi des Belges un jardin grand comme le bassin-versant du Congo.

Le secrétaire du Comité d'études, en 1917, était donc le géographe Emmanuel de Martonne, qui avait un faible pour la Roumanie et obtiendrait du régime de Vichy, en 1943, la création de l'agrégation de géographie. J'ignore si Martonne approuverait le projet d'un géographe défroqué d'endosser le maillot de cycliste pour remonter le Danube à deux-roues ; j'ignore ce qu'il penserait de notre projet délirant de réécrire l'Europe à vélo, mais je suis persuadé que s'il se promenait aujourd'hui sur les quais de Galaţi, il approuverait ce slogan : *BASARABIA E ROMÂNIA !* N'écrivait-il pas dans ses *Questions européennes*, en 1918 : « La Bessarabie rendue à la Russie serait un foyer d'irrédentisme. Son sort naturel est de rentrer dans l'unité roumaine » ?

Il est vrai que la Bessarabie n'a pas été rendue à la Russie, mais à l'Ukraine et à la Moldavie, deux républiques héritières de l'URSS ; cela dit, considérer que les régions – et les peuples qui les habitent – doivent obéir à un *sort naturel* est une idée qui me laisse perplexe et qui réveille dans mon cerveau la notion tout à fait crétine de *frontière naturelle* : il n'y a jamais eu moins naturel qu'une frontière ; une frontière n'est qu'une ligne rouge arbitraire, et même lorsque les frontières croient s'appuyer sur les lignes bleues et en apparence bien réelles d'un fleuve aussi large et puissant que le Danube, elles prennent le risque, au gré des fluctuations fluviales, de ne plus reposer que sur des bras morts.

Un géographe visionnaire comme Élisée Reclus, qui savait bien, lui qui avait remonté le Mississippi à pied, ce qu'est un fleuve, de quelles divagations il est capable, ne voyait pas dans les rivières des frontières. Au contraire, il y voyait l'image de la vie, leur flux continu écrivait selon lui l'histoire de l'infini ; en 1869, son *Histoire d'un ruisseau* faisait l'éloge des migrations : « Les peuples se mêlent aux peuples comme les ruisseaux aux ruisseaux, les rivières aux rivières ; tôt ou tard, ils ne formeront plus qu'une seule nation, de même que toutes les eaux d'un même bassin finissent par se confondre en un seul fleuve. »

À ce propos, il faut se souvenir que toute la tradition de la géographie française telle qu'elle a été inventée par Vidal de la Blache et fixée par son gendre Emmanuel de Martonne, contre les prétendues élucubrations romantiques d'un Élisée Reclus, l'anarchiste et le libertaire, toute cette tradition repose sur un primat de la nature sur l'homme, où la géographie rêve de s'ériger au rang des sciences dures. Le primat de la géographie physique sur la géographie humaine conduit à étudier la distribution des populations comme on étudie la distribution des roches, des plantes ou des climats. L'établissement de la carte ethnographique s'inspire des outils propres aux cartes géologiques – hachures, plages de couleurs, courbes de niveau – pour traduire « l'allure largement festonnée de la limite ethnique ». Le commentaire qui l'accompagne fait la part belle au déterminisme. Tracer la bonne frontière entre les peuples d'Europe est la grande affaire qui préoccupe les géographes français et leurs alliés entre les deux guerres : il convient de délimiter les *masses nationales* comme on délimite les bassins-versants, pour éviter qu'elles ne débordent les unes sur les autres et se foutent encore sur la gueule, comme elles le firent en 14-18 ; il convient de déceler où passe, entre une masse nationale et une autre, la ligne de crête ou de partage des eaux ; les masses nationales déborderont de nouveau pour se refoutre sur la gueule en 39-45, mais après cela viendra la grande glaciation de la guerre froide qui gèlera toutes ces masses de part et d'autre du Rideau de fer.

À cet égard, la Roumanie sert de laboratoire et les fleuves – Danube ou Dniestr – jouent un rôle de support idéal pour les tracés futurs : si l'extension maximale de la Grande Roumanie ne coïncide pas, à proprement parler, avec un bassin-versant, sa configuration parfaite est celle d'une ellipse idéale délimitée par le Danube, le Dniestr et la Tisza. Hormis quelques exceptions – Valaques de Serbie, colons de Dobroudja et de Transnistrie –, c'est à l'intérieur de cette ellipse idéale que se lovent les peuples roumanophones. Or, pour Martonne, comme pour beaucoup de penseurs de l'époque, la langue est devenue le critère de la nationalité. Peu importe, en fin de compte, si subsistent, à l'intérieur de cette ellipse, des *îlots* – selon le mot du géographe – où l'on parle bien d'autres langues ; îlots magyars, saxons, juifs, serbes, bulgares, ruthènes, lipovènes ou gagaouzes : la Roumanie est dans le camp des vainqueurs, la Roumanie francophile est l'alliée de la France, la langue roumaine est une langue latine, les Daces sont les cousins lointains des Gaulois, Martonne adhère au roman national des ancêtres daces des Roumains, la Roumanie est la grande passion du géographe, qui lui a consacré deux thèses, la première soutenue en 1902 sur la Valachie, la seconde en 1907 sur les Alpes de

Transylvanie – bref, la Roumanie doit s'agrandir, fût-ce au détriment de ses voisins, fût-ce au risque de ne pas être très homogène ! Quand on pense que ces frontières tracées il y a un siècle tiennent encore aujourd'hui, on se dit que le géographe, tout compte fait, était un bon romancier. Mais aujourd'hui la Bessarabie échappe toujours à la Roumanie.

BASARABIA E ROMÂNIA ! : quand on arrive d'Odessa, un tel slogan donne un peu froid dans le dos ; la Grande Roumanie de l'entre-deux-guerres, qui refit surface, de façon éphémère, de 1941 à 1944, sous la férule du maréchal Antonescu et du professeur Alexianu, eut pour principal résultat, dans ses délires de grandeur, le massacre de 220 000 Juifs de Bessarabie, de Transnistrie et d'Odessa ! En marchant sur les quais du Danube, faisant confiance au fleuve pour dissiper là-bas les cauchemars de l'histoire, je pense à ce beau nom de Bessarabie, qui ne fut jamais un pays ; pour qui ne connaît pas sa géographie, le seul nom de Bessarabie suscite l'image d'une péninsule orientale et désertique, où des nomades vivraient de razzias, et ce n'est plus à Martonne que je pense à présent, c'est à son élève le plus doué, Louis Poirier *alias* Julien Gracq, qui hérita de son maître le traceur de frontières cette obsession du point de partage, ce *tropisme des lisières.* Entourée d'eaux vives, de lacs, d'anciennes lagunes et de marécages, privée de son hinterland moldave, Galaţi, ville-frontière par excellence, me fait penser ce soir à une sorte de Maremme postcommuniste et postindustrielle ; toute la zone que nous avons traversée depuis notre départ et que nous laissons derrière nous était comme un *rivage des Syrtes* – de l'autre côté de la mer se trouvait cette péninsule steppique et montagneuse que Julien Gracq rêvait de cartographier, qu'il ne put arpenter sans visa, que nous croyions apercevoir quelquefois – mirage vite dissipé – du haut d'une falaise de la mer Noire : la Crimée annexée par Poutine, nouveau Farghestan.

8

Kilomètre zéro

Galaţi-Sulina (Roumanie), 2 juillet, 155 km

Le Danube est le seul fleuve du monde qui se mesure d'aval en amont. Le kilomètre zéro a donc été fixé arbitrairement au phare de Sulina, au débouché du bras du même nom – aujourd'hui un canal artificiel et rectiligne – où le fleuve rejoint officiellement la mer Noire. Comme il est impossible d'atteindre à vélo ce kilomètre zéro, comme le bateau est le seul moyen de descendre le bras de Sulina, comme il n'y a toujours pas de route terrestre dans le delta, nous comprenons qu'il serait plus sage de sacrifier quelques jours nos encombrantes bécanes. Après avoir fait les yeux doux à la réceptionniste de l'hôtel *Danube Stars* qui nous promet de garder un œil sur nos montures jusqu'à notre retour demain soir, nous entamons un petit footing matinal sur les quais jusqu'à l'embarcadère du bac faisant la navette d'une rive à l'autre. Large ici d'un bon kilomètre, le fleuve galope la steppe à cru, sa crinière grise agitée de vraies vagues. Quand on est habitué à filer telle une comète sur une selle, mettre un pied devant l'autre devient une vraie gageure, on avait oublié que ce n'est pas si facile, de marcher, on transpire, il n'y a pas assez de vent pour sécher la sueur, on se sent lent, balourd et démuni, on se demande qui nous a tranché les ailes et collé de pareilles semelles de plomb. Heureusement, la canicule a cessé : la chape orageuse a crevé dans la nuit, l'air est frais, le ciel chargé de gros nuages ; tout est gris autour de nous, gris le ciel, gris le fleuve, grise la fumée s'échappant des cheminées bleues, grise la ville s'éloignant à mesure que nous prenons le large et s'étageant là-bas derrière sa *faleza*. Sur le large bac chargé de bagnoles, de bus et de camions qui fait ronfler son puissant moteur contre les vagues, une famille en deuil, vêtue de noir, s'agrippe au bastingage ; les regards embués se perdent dans les gouffres des remous, le vent tarit les larmes et secoue les voiles. Pour la première fois, je pense à la couleur nacrée du fleuve l'hiver. Il faudrait refaire ce voyage l'hiver, dis-je à Vlad, quand les flots gèlent et charrient leurs cohortes de petits icebergs. Un livre sur le Danube devrait inclure toutes les saisons car la forme d'une rivière change avec la météo ; qui n'a pas vu le fleuve geler, qui n'a pas grelotté sur ses berges balayées par le blizzard – *crivăţ* roumain ou *košava* serbe – n'en connaît que la face séduisante. Car il est un autre Danube, qui ne plaisante pas avec les voyageurs.

Le bac nous a déposés sur la rive droite, à I. C. Brătianu, ville qui porte le nom d'un homme politique roumain célèbre. C'est donc ici que commence l'Afrique, si l'on en croit Marian, lequel nous a dit hier soir : *Vous verrez, les gars, la Dobroudja, c'est l'Afrique !* Tous les passagers qui n'ont pas sauté illico presto dans un des nombreux bus desservant des patelins aux noms bucoliques se dirigent vers une roulotte où des Tziganes leur vendent des glaces et du poisson ; l'enseigne *Exclusive Dunărea* nous rappelle que le *globish*, la novlangue internationale et sans frontières, est parvenue jusqu'aux bouches du Danube. En attendant le bus pour Tulcea, nous zonons sur les berges argileuses dévastées par les crues. Merde alors, me dit Vlad, regarde-moi cette putain de décharge ! Entre de grands troncs d'arbres échoués dans le sable et l'herbe sauvage, parmi les laisses de petit bois flotté, le plastique roi domine dans toutes ses couleurs et sous toutes ses formes – bidons, jerrycans, sacs-poubelles, bouteilles, barquettes en polystyrène, emballages de toutes sortes, rebuts de nos vies mercantiles, déchets de nos fausses richesses.

Je m'assieds au pied d'un immense saule au tronc torturé comme les oliviers de Jérusalem, sors mon carnet pour le dessiner. Un instant, je repense au saule pleureur de l'île de la Cité, c'était une boule de verdure dansante qui se voyait depuis le ciel et faisait gicler un peu de printemps à la poupe de l'île : avec sa chevelure joyeuse et ruisselante qui pleuvait en cascade au chevet de Notre-Dame, effleurait le fleuve de ses petits sanglots verts, le saule vivait dans le vent, vivait dans la lumière, vivait dans le brouillard, jusqu'au jour où les bulldozers l'ont déraciné, j'ai versé des larmes sincères à la vue de ce saule tronçonné, j'ai même écrit un poème larmoyant en hommage au saule pleureur – j'allais souvent dessiner sur les berges de l'île Saint-Louis, lézardant parfois des heures dans la poussière et le soleil, épiant le remue-ménage des péniches et des bateaux-mouches, bouquinant contre la pierre rôtie, en février c'est le seul lieu de Paris où le soleil réchauffe la tristesse minérale de la capitale, c'est à Lyon, à Paris, à Pise, à Saint-Louis, à Riga, à Nantes, à Novi Sad, dans toutes ces nefs de pierres, que j'ai parfait mon apprentissage des rivières, il y a quelque chose de très émouvant dans le mariage d'une ville avec son fleuve, on ne dit jamais assez combien toute ville a besoin d'un cours d'eau pour artère, veine cave ou vaisseau gouverneur.

Je n'ai jamais compris ces villes trop négligemment situées, campées quelque part en rase campagne ou au piémont d'une montagne, le gone que je suis resté a besoin d'une ville qui soit toute nervurée de canaux, de fleuves, de rivières et de ruisseaux, une ville sans rivière est comme une peinture sans dessin, Rhône, Saône, Seine, Arno, Mississippi, Daugava, Loire, Danube, toutes les rivières proviennent pour moi de la même fontaine, je les aime toutes et voudrais toutes les connaître, un jour j'ai chialé d'allégresse sur les rives du Mississippi – c'était vers Cairo, où le plus long fleuve d'Amérique du Nord avale l'Ohio – car je croyais avoir entrevu à travers la vitre d'un bus le Rhône de mon enfance, mais c'était une impression fugitive, la France de mon enfance était si lointaine, la France n'était pas encore complètement américanisée, la France, aujourd'hui, c'est l'Amérique, le blizzard du Midwest a gagné la partie, l'hiver des pays sans légendes l'emporte partout, s'étale sur tout le monde occidental, du Kansas à la Puszta, alors je suis condamné à partir toujours plus loin vers l'est pour rebrousser le temps perdu, on cherche toute sa vie à remonter le fleuve enfui de l'enfance et pour dissiper cette nostalgie, pour noyer l'afflux des larmes, on pourrait envisager de sillonner toute l'Europe, voire le monde entier, en ne suivant que des fleuves, des rivières ou des canaux, voici la petite utopie fluviatile qui me trotte en tête lorsque Vlad me fait signe que notre minibus à destination de Tulcea est arrivé, qu'il est temps de reprendre la route.

À présent nous roulons en sens inverse. Nous rebroussons chemin et, nous qui étions habitués à remonter le Danube, nous le redescendons. Suivre un fleuve au plus près devrait se faire ainsi, si nous avions le pouvoir de nous dédoubler, roulant sur les deux rives à la fois, car la plupart du temps nous ne pouvons imaginer ce qui se trame de l'autre côté : d'une rive à l'autre il y a chaque fois tout un monde, et c'est en cela que le Danube est encore bien souvent une frontière. À travers la vitre du minibus, nous apercevons, là-bas, sans les reconnaître, les paysages steppiques et mornes que nous avons traversés avant-hier, nous revoyons se dresser le minaret de la mosquée d'Isaccea, ce n'est plus le gracile minaret planté dans le sein vert des collines, c'est un gros minaret banal et bien droit, qui bande ferme sous ses haut-parleurs en plastique. La rive roumaine ne ressemble en rien à la rive ukrainienne, c'est à la fois plus peuplé, plus vivant, plus varié, plus bruyant, plus bigarré ; en revanche, c'est tout aussi pauvre et déglingué. Il y avait peu de charrettes en Ukraine ; ici, l'abondance de charrettes sur les routes étonne, et les monastères romans nichés entre les collines renforcent cette impression de traverser un Moyen Âge oublié. Cependant, les routes sont des routes – merci Bruxelles – et non pas des pistes de terre semées d'ornières, alors je repense aux paroles de Marian : *Vous verrez, la Dobroudja, c'est l'Afrique !* Non, l'Afrique, c'était l'Ukraine, le Sahara de Bessarabie. Ici, c'est moins l'Afrique ou le Sahara qu'une sorte de Sicile intérieure aux airs de Far-West que la route déroule en ondulant entre les collines aux sommets tonsurés par le *crivăţ*, ce vent d'hiver venu tout droit de Sibérie.

Dans le minibus de Tulcea, je déplie la carte routière sur mes genoux. Si le delta ukrainien a la forme et la couleur d'une feuille de ginkgo, le delta roumain a la forme d'une palme de canard, une grande palme verte au bout de laquelle s'agiterait, là-haut, cette petite feuille de ginkgo, comme si un canard pouvait tenir une feuille d'arbre entre ses palmes. Sur les quais de Tulcea, où le fleuve décrit un beau virage avant de se ramifier dans les prairies de son delta, le soleil est revenu, tous les panneaux annoncent au voyageur qu'il s'aventure dans une zone à part, unique, sans équivalent au monde. Le semi-rapide qui relie Tulcea à Sulina parcourt soixante-seize kilomètres en six heures et s'appelle le *Moldova*, il embarque à son bord des familles roumaines aux bras chargés de serviettes de plage et de parasols et quelques *backpackers* venus voir le Danube mourir dans la mer Noire. Depuis l'entrepont du *Moldova*, le pays traversé défile comme la bobine d'un film au format 16/9, l'œil scrute ce monde à la fois proche et lointain, ce monde que nous voudrions toucher, là-bas, sur la berge, mais qui nous échappe sans cesse car nous sommes embarqués, car nous fuyons comme le fleuve fuit et se divise – là-bas, derrière nous, le bras de Saint-Georges déroule vers le sud le serpent de ses méandres.

Le *Moldova* s'engage dans le canal de Sulina qui file tout droit vers l'est, entre les gros blocs de pierre de ses digues, on voudrait compter les saules, on voudrait compter les vaches broutant dans l'herbe haute, mais le *Moldova* va trop vite, l'œil a toujours un train de retard et les pages du carnet déplié sur le bastingage n'ont pas le temps de se remplir, nous n'irons pas à Sfântu Gheorghe où les tenants de l'hypothèse sudiste veulent que le Danube finisse pour de vrai face à l'île Sacalin dont le nom rappelle la Sakhaline de Tchekhov, l'île sentinelle et finisterre de l'Eurasie, nous ne verrons pas Nufăru, Beştepe, Mahmudia, Murighiol ou Babadag, villages aux noms de héros tatars. Au débarcadère de Maliuc, un homme monte à bord avec son motoculteur. La main en visière dans l'éblouissement du soleil, sa femme le regarde s'éloigner, le *Moldova* va trop vite, des fils électriques rayent le ciel entre les pylônes qui se dressent sur les rives, deux barques renversées se dorent la pilule, un château d'eau annonce que nous arrivons en ville, ce sont maintenant les carcasses rouillées des épaves qui ponctuent le paysage, on compte dans le delta du Danube une épave tous les kilomètres, en revanche les corvettes et les patrouilleurs flambant neufs de la *POLITIA DE FRONTIERA GARDA DE COASTA*, amarrés face à l'hôtel *Delta Palace*, ne veulent pas rouiller sur place, l'agence Frontex veille sur les rivages de la forteresse Europe et délivre aux garde-côtes de la zone Schengen ainsi qu'à leurs associés des permis de chasse aux réfugiés.

Sur les quais de Sulina, nous sommes descendus du *Moldova* pour grimper avec d'autres touristes dans une barque. Cette fois-ci, notre nautonier ne s'appelle pas Viktor. D'ailleurs, quel est son vrai nom ? Il se présente sous un surnom : Capitan Nemo. Quant à la barque à moteur qu'il pilote, elle ne s'appelle pas *Nautilus* mais *Nemolia*. À première vue, malgré son air farouche, Capitan Nemo n'a rien à voir avec le héros ténébreux de Jules Verne. Dents en or, moustaches en crocs, lunettes noires, casquette de matelot vissée sur la tête, micro à la main, Capitan Nemo cultive son look de gitan truculent qui a réussi, c'est un comédien-né, que les touristes se plaisent à filmer ; il récite la même leçon tous les soirs, joue la même comédie, et vient s'assurer deux fois par jour, quand le *Moldova* arrive au port, que la pêche sera bonne. Hier encore, il suait sang et eau dans les prés arides de la Dobroudja ; c'est un ancien berger ayant pigé qu'il est plus rentable de guider des touristes sur le Danube que des moutons dans la steppe ; et pourtant, c'est un peu le même métier, vu que le touriste revient toujours brouter la même herbe. Capitan Nemo a bien choisi son surnom : tel Ulysse face à Polyphème, il n'est plus personne, il a beau lever toutes les trois minutes les bras en l'air, majeur et index dressés en signe de victoire, comme s'il dansait sur un plateau hollywoodien devant une caméra, la mondialisation l'a baisé jusqu'au trognon. Avec ses cargaisons de touristes lui rapportant dix euros par tête de pipe, il ferait bien rire Viktor, notre pêcheur d'esturgeons ukrainien, lequel était discret, soucieux, pensif et respectueux du silence en ramant sur sa *lotca* vers le kilomètre zéro. La mondialisation, c'est ça, elle fait de nous des figurants, les personnages surexcités d'un film de Kusturica qui clament que la vie est un miracle et s'agitent comme des junkies en ramant vers la mort – je suis conscient que ces pensées sont nostalgiques, mais bourlinguer vers l'est rend nostalgique : en remontant le temps, on se souvient de notre vie d'avant et l'on prend conscience que depuis quelques années nous évoluons sur les planches d'un théâtre, dans un monde de paillettes, au côté de gens froids comme des ours, creux comme des huîtres et fuyants comme des serpents.

Si Viktor déclinait tous les multiples de sept, Capitan Nemo, quant à lui, n'a pas de chiffre fétiche, il énumère dans son micro les nombres les plus exorbitants, vante les mensurations monstres du Danube avec un sens quasi marseillais de l'exagération : en Roumanie, le delta, c'est 4 178 kilomètres carrés de terres imbibées d'eau, 580 000 hectares de roseaux, des milliers d'îles et de canaux, 5 300 espèces végétales, autant d'espèces animales, toutes sortes de poissons, de mollusques et de serpents, une des dernières forêts primaires d'Europe, la forêt inondable de Letea, 5 247 hectares, où gambadent en ce moment des centaines de chevaux sauvages – à présent nous quittons le canal de Sulina, la barque s'enfonce entre deux rangées de roseaux, dans un étroit chenal qui file vers le nord, Capitan Nemo a mis la musique à fond les ballons, les valses de Strauss couvrent le vrombissement du moteur et les clapotis du pavillon roumain dans le vent du nord, nous contournons le vieux phare rouillé, retiré du service depuis 1992 mais servant toujours à mesurer la longueur du Danube, c'est ici que fut décrété le kilomètre zéro officiel, et pourtant le fleuve poursuit son aventure très loin en aval de cette balise blanche inutile, échouée parmi les joncs. Sur leurs bancs de sable haillonneux, les derniers hérons haussent les épaules, rentrent le bec et laissent la place aux mouettes et aux goélands. Notre premier pélican tente un atterrissage assez maladroit sur une île éphémère.

Capitan Nemo doit gueuler plus fort dans le micro à mesure que nous prenons le large, nous entrons dans le golfe de Musura, où passe la frontière entre l'Ukraine et la Roumanie, c'est ici que se déversent les eaux des principaux défluents du delta – selon Kiev, nous dit Capitan Nemo, nous sommes déjà en Ukraine, mais la délimitation unilatérale de 2010 est contestée par Bucarest, les Ukrainiens sont gourmands comme des porcs, ils voudraient bouffer toutes nos îles ; en 2008, ils ont bouffé l'île des Serpents, comme si l'île Maican, l'île des Tatars et l'île de Limba ne suffisaient pas, ils voudraient à présent nous piquer le golfe de Musura, on a beau tracer des lignes rouges sur les cartes, les eaux ne changent pas de couleur pour autant, le seul qui a le droit de décider de la couleur des eaux, c'est le Danube, et le Danube ici appartient à la Roumanie, observez la couleur de l'eau, s'entête Capitan Nemo, vous voyez bien qu'il y a deux nuances distinctes, nous voguons sur les eaux fluviales, qui ne se mêlent pas encore aux eaux maritimes, car l'eau douce, chargée de boue, est plus lourde que l'eau salée – regardez, là-bas, à l'horizon, vous pouvez voir une frange d'écume blanche, ce sont les vagues de la marée montante qui tentent de briser la barrière du limon, la vraie frontière entre le fleuve et la mer est là-bas, c'est seulement là-bas que le Danube disparaît, vous pouvez voir qu'un bateau s'est échoué, c'est un cargo turc, tout l'équipage a été sauvé mais l'armateur n'est jamais venu chercher son épave qui pourrit sur place et pollue nos côtes, les cadavres de bateaux peuvent attendre longtemps leurs croque-morts car cela coûte très cher de draguer une épave : il faut dépêcher des équipes de scaphandriers, plonger plusieurs jours d'affilée, acheter des broyeuses, démanteler ces saletés pièce par pièce…

Capitan Nemo nous tend des jumelles et nous regardons à tour de rôle le spectacle désolant de cette énorme baleine à la coque bleue et rouge, rayée de rouille, qui s'est couchée à l'embouchure du canal, face au nouveau phare érigé sous Ceauşescu, vigie blanche inattingible, propriété de la marine roumaine, dressée là-bas en territoire militaire, où nous n'irons pas. La poupe du cargo s'enfonce dans la mer, sa proue rebique vers le ciel – c'est cette épave qui balise aujourd'hui le vrai kilomètre zéro, c'est ce cadavre de tôles rouillées qui salue les marins venus se ravitailler au port. Tandis que nous faisons demi-tour dans la nuit qui tombe sur la vaste mer, tandis que la petite boule incandescente du soleil se couche à bâbord, embrasant le pavillon roumain tendu dans la houle, je ne peux chasser de mon esprit cette image et je me dis que ce naufrage liminaire est le symbole d'une Europe qui ne tend plus la main aux réfugiés et laisse le reste du monde se fracasser sur ses frontières.

9

Le cimetière et le café, jalons de l'Europe

Sulina-Galaţi (Roumanie), 3 juillet, 155 km

Hugo Pratt vit encore, nous l'avons rencontré. Dans sa *vita nuova*, le dessinateur italien est devenu capitaine du port de Sulina, ce terminus de l'Europe où pourrissent tous les vieux rafiots du Vieux Continent déliquescent. Avec sa chemisette blanche, ses trois galons dorés et ses lunettes suspendues à son cou, il vient tous les jours à la terrasse du *Jean-Bart*, un bloc-notes sous le bras, siffler quelques binouzes en attendant l'heure d'inspection des navires qui jettent l'ancre ici. Ce matin, c'est un cargo moldave à la coque grise, le *Maya S.*, immatriculé à Giurgiuleşti, qui attend son inspection.

Tempête matinale sur le delta. Tous les saules se couchent sous la poigne éolienne. Notre projet de nous baigner dans la mer Noire échoue de nouveau. Comme il n'y a rien à faire dans ce port du bout du monde réduit au rang de station balnéaire, comme Vlad est au téléphone avec sa mère – les nouvelles ne sont pas bonnes, les toubibs craignent une rechute –, je quitte la cahute en bois que nous louons à deux pas de la plage, au bord du bassin de radoub, et marche en solitaire sous l'averse. Les rafales faiblissent. Les quais de Sulina s'éveillent lentement. La pluie crépite sur l'eau grise du canal. Le *farul vechi*, le vieux phare érigé en 1870 par le comte Marius Michel de Pierredon, *alias* Michel Pacha car le sultan Abdülmecid Ier le nomma directeur général des phares et balises de l'Empire ottoman, se dresse tel un cierge éteint au milieu d'un terrain vague envahi d'arbustes, bien en retrait de l'actuel kilomètre zéro – aujourd'hui, la tour d'ivoire de Michel Pacha ne veille plus que sur des épaves de cargos et de faux acacias, les Roumains l'ont converti en musée, une plaque commémorative rappelle que la Commission européenne du Danube fut instituée par le traité de Paris du 30 mars 1856 qui mit fin à la guerre de Crimée ; la Roumanie n'existait pas encore et les puissances signataires étaient la France, le Royaume-Uni, la Prusse, la Russie, l'Autriche-Hongrie, le royaume de Sardaigne et l'Empire ottoman.

Les Roumains auraient pu convertir en musée l'ancien palais néo-Renaissance attenant au phare, avec ses caryatides et ses pilastres cannelés ; dans le hall désert il y a quelques photos de navires en noir et blanc suspendues aux murs écaillés et aux toiles d'araignée, le palais accueille aujourd'hui des bureaux du ministère des Transports roumain – sous le fronton de la façade, l'inscription ADMINISTRATA FLUVIALA A DUNARII DE JOS a remplacé les mots gravés en français dans la pierre (COMMISSION EUROPÉENNE DU DANUBE). Le buste en bronze d'un barbu au regard impénétrable, avec son socle armorié de l'équerre et du compas, rend hommage à l'ingénieur britannique Sir Charles Hartley (1825-1915), qui canalisa le bras de Sulina pour le rendre navigable. Le pavillon bleu-rouge-bleu à liserés blancs qui pendouille le long de sa hampe rappelle la belle époque de cet ancêtre de notre Euroland qui ne dura que quatre-vingt-trois ans, de 1856 à 1939, lorsqu'il y avait à Sulina des résidents, des délégués permanents, des consuls, des vice-consuls à la manque venus de tous les pays du continent, sortis d'un roman de Malcolm Lowry, les types devaient s'emmerder ferme dans ce cul-de-sac de l'Europe, imaginez l'affectation rêvée : consul honoraire du Danemark aux bouches du Danube, ambassadeur plénipotentiaire au royaume des moustiques, comme le décrira Paul Morand, qui fut de ceux-ci !

En regardant le pavillon de la Commission européenne du Danube, en regardant ce rouge magenta et ce bleu roi, je me demande quelle peut bien être la raison qui dicta le choix de couleurs criardes étrangères à la terre danubienne ; ça doit être encore un coup des Français, quand on pense que le français était la langue officielle de la Commission alors que le fleuve ne coule pas en France… Les teintes qui dominent, ici, dans le delta, sont le bleu manganèse, le vert-de-gris, l'ocre jaune, voire la terre de Sienne ; si la Danubie était un pays, me dis-je en flânant sur les quais, s'il fallait donner des couleurs à son drapeau, ce seraient le bleu, le jaune et le vert, les couleurs de la Zyntarie, ce pays danubien que j'avais inventé dans mon enfance et dont je dois avouer que je cherche partout des traces. Nous passons notre vie à guetter les couleurs d'un amour perdu, les contours d'un royaume imaginaire qui s'enfonce dans les limbes de l'enfance…

J'achète des croissants dans une pâtisserie et vais m'asseoir sur la première terrasse venue, où je commande un *cafea turceasca*. Le *Jean-Bart* est le dernier café sur le Danube ou plutôt sur ce qui subsiste ici du grand fleuve européen, ce triste chenal rectiligne où viennent mouiller d'énormes cargos qui bouchent l'horizon, d'énormes cargos bien plus hauts que les petits blocs d'immeubles décatis. À l'intérieur du café, il y a un billard au tapis décoloré ; sur les murs, entre des langoustes et des homards naturalisés, sont suspendus de vieux filets de pêche qui se mêlent aux toiles d'araignée. Le *Jean-Bart* est le dernier café d'une Europe danubienne qui en compte des milliers. Je parie que si nous prenions tous ceux d'Ulm, de Ratisbonne, de Passau, de Vienne, de Bratislava, de Budapest, de Novi Sad, de Belgrade, et que nous les disséminions au long du fleuve, de ses sources au lieu où je me trouve à présent, nous obtiendrions la moyenne de dix cafés par kilomètre, soit 28 000 cafés et des poussières : ainsi serait confirmée la théorie de George Steiner selon laquelle ce qui fait l'Europe, ce n'est pas le charbon ni l'acier, ni les racines judéo-chrétiennes ou je ne sais quelle unité dans la diversité, mais la densité des cafés ; avec cette différence qu'à l'ouest le breuvage se boit filtré ou à l'italienne, *espresso*, après percolation, tandis qu'à l'est il se boit à la turque, bouilli dans son marc.

Pardon pour cette digression sur les cafés, mesure de l'Europe avant toute chose : si je me suis assis ici, à la terrasse du *Jean-Bart*, ce n'est pas pour avaler le dernier café sur le Danube mais parce que je l'ai aperçu tout à l'heure, Hugo Pratt. Il a déboulé sur un vieux biclou noir, qu'il a adossé à une bitte d'amarrage ; d'un geste de la main, il a commandé une pinte et s'est assis face au port, à la *table des chefs*, réservée depuis deux siècles aux notables de ce petit port cosmopolite : le maire, le sous-préfet, le juge d'instruction, le chef des douanes, le chef des gardes-côtes et le capitaine du port. Je choisis judicieusement ma place, pour épier ses gestes tranquillement, sans éveiller son attention, j'ouvre mon carnet, bien décidé à croquer son portrait ou à prendre des notes, peut-être enfin les premières vraies notes de ce voyage. Oui, mon livre pourrait commencer ainsi, ça ferait un bel incipit : *Au kilomètre zéro du Danube, à la terrasse du* Jean-Bart, *le dernier café sur le fleuve, le capitaine Hugo Pratt buvait une bière. Cela se passait en juillet de l'année 2***...*

À vrai dire, ce n'est pas la première fois que j'ai l'impression de croiser Hugo Pratt ou Corto Maltese – lequel n'était que Hugo Pratt se rêvant en pirate, comme l'a fait observer le perspicace Umberto Eco –, mais je suis certain que cette fois-ci, c'est la bonne. Il a les mêmes yeux d'un bleu de lagune, le même regard d'enfant rêveur et curieux de tout, les mêmes paupières un peu lourdes de beau ténébreux, les mêmes poches sous les yeux, les mêmes pattes-d'oie, le même front légèrement ridé sous les mèches courtes et batailleuses de ses cheveux blancs ; son menton carré, fendu d'une fossette, lui donne le même air boudeur ; seules ses lèvres sont plus épaisses, et son nez moins droit ; son sourire est aussi celui d'un séducteur discret, peut-être moins avisé de son charme ; ne parlons pas de la corpulence et de l'embonpoint, l'Italien aussi était un gourmand ; c'est un Hugo Pratt bonhomme qui aurait bu trop de binouzes et troqué le rameau d'or de son pinceau contre trois galons de capitaine, ce qui n'aurait pas déplu à l'ancien soldat de Mussolini, fasciné toute sa vie par les chamarrures des uniformes ; oui, c'est un Hugo Pratt qui aurait voulu faire confiance à l'eau jusqu'au bout, son proverbe de Vénitien, en prenant le large dans une tache d'aquarelle trop diluée, mais qui serait resté en rade ici, sur les quais d'un Danube qui se meurt, au kilomètre zéro d'une Europe qui s'enlise.

Mes pensées tourbillonnent ainsi dans la fumée qui s'échappe de mon café turc, le temps que le marc se dépose au fond de la tasse, lorsque Vlad me rejoint. D'un signe de la tête, je lui désigne le capitaine absorbé dans ses souvenirs de la haute mer, le capitaine qui vient de commander une nouvelle bière.

– Il ne te rappelle pas quelqu'un ?

– …

– Hugo Pratt, tu connais ?

– Je me disais bien que…

Ce vieux rusé de Vlad n'est jamais à court de stratagèmes pour s'adresser aux inconnus. Je ne sais plus comment il parvient à capter l'attention du bonhomme, qui sort de son mutisme et engage la conversation en italien. Je m'approche timidement :

– Vous connaissez Hugo Pratt ?

– …

Sur mon portable, je déniche une photo du dessinateur. Le capitaine, un peu vexé :

– Je ne suis pas si vieux ! C'est qui, ce type ?

– Un auteur de bandes dessinées.

– Un auteur de quoi ?

– Un écrivain, si vous voulez.

Ancien capitaine au long cours, Stefan a navigué sur toutes les mers du monde, mais aujourd'hui, il est revenu à son port d'attache. Il ne lui reste plus que quelques années à tirer avant la quille.

– À propos, jeune homme, vous savez pourquoi ce café s'appelle le *Jean-Bart* ?

– À cause du célèbre corsaire ?

– Non, à cause d'un écrivain oublié qui se prenait pour un corsaire.

– Jean Bart, c'était son vrai nom ?

– Non, c'était un pseudonyme.

Jean Bart s'appelait en fait Eugeniu P. Botez, nous raconte Stefan. Né en 1874 et mort en 1933, il est l'auteur d'*Europolis*, un roman qui se déroule entièrement à Sulina, dans la communauté hellène des bouches du Danube, parmi ces armateurs et ces marchands qui régnèrent sur le transport fluvial et maritime depuis l'Antiquité. Le livre tient la chronique de la longue agonie de ce petit port cosmopolite, de cette Europe miniature, mosaïque levantine où se croisaient, sans réellement cohabiter, les diplomates de tous les pays, les armateurs grecs, la petite bourgeoisie turque, les paysans roumains, les marchands arméniens, les pêcheurs lipovènes. C'est une succession de scènes qui décrivent les illusions, les jalousies, les envies, la haine et les représailles, toutes les petites passions stagnantes des sociétés marécageuses, confites dans leur graisse, où grouillent les soupirs et les rumeurs – ragots des marigots, légendes apocryphes, histoires de pirates, de bagnards, de contrebandiers, d'aventuriers partis faire fortune en Amérique et revenus au pays sans un sou vaillant ; mais derrière cette atmosphère mi-provinciale mi-coloniale, derrière ces relents pestilentiels d'une mort annoncée, ce que le roman permet de suggérer, c'est le retour des rancœurs nationalistes, des préjugés raciaux, des querelles géopolitiques annonçant le déchirement de l'Europe dans une nouvelle guerre mondiale. Sulina, comme Vilkovo, sa voisine ukrainienne, c'est encore l'histoire d'une petite Venise qui n'a pas réussi, dont l'heure de gloire n'a guère duré plus d'un demi-siècle.

Les querelles géopolitiques actuelles resurgissent au cœur même des couples : Gavril, le pêcheur lipovène, avec qui nous baragouinons en russe, vient tous les jours au *Jean-Bart*, où il s'assied sous sa casquette Gazprom pour boire sa bière ; il fuit dans la mousse blanche et l'alcool ambré la vaisselle et la lessive, toutes les tâches ménagères qui lui incombent depuis le naufrage de sa femme ; paralysée des jambes par le diabète, elle ne peut plus se mouvoir et passe la journée dans un fauteuil, devant la télé ukrainienne. Car madame est ukrainienne, elle appartient à cette minorité de Cosaques du Dniepr arrivés dans le delta après la révolte de Pougatchev ; alors, entre eux, ils se parlent en roumain, c'est la langue neutre, car, depuis 2014, depuis l'Euromaïdan, Gavril ne veut plus entendre un seul mot d'ukrainien, dit-il en contrefaisant l'accent de ceux qu'il appelle les *Hoholi*, sobriquet donné par les Russes à leurs voisins, *ceux qui portent une houppe sur la tête* – allusion à la coiffure traditionnelle des Cosaques.

Les parents et les grands-parents de Gavril sont enterrés de l'autre côté de la frontière, à Vilkovo – le Vâlcov des Roumains. Mais il n'a jamais pu se rendre sur leur tombe. Alors, il nous demande à quoi ça ressemble, là-bas. Nous lui montrons des photos de Vilkovo. Son regard s'embue à la vue de la terre où reposent ses ancêtres. Gavril a des yeux bleu-gris de chien battu, de belles pattes-d'oie qui font sourire son regard malgré lui ; l'alcool a gravé sur ses pommettes tout un chevelu hydrographique ; son visage est encore glabre, il aura soixante ans cette année mais il ne sait pas s'il se laissera pousser la barbe de patriarche des Vieux-Croyants – comment croire en Dieu quand on galère autant, dit-il, si j'avais su que ma femme serait paralysée si tôt, j'aurais tout fait pour sauver mon boulot ; avant de vivre de sa pêche, Gavril était pompiste, la station-service qui l'employait l'a viré à cause de ça, il accuse de l'index sa bouteille de Timişoreana, et comme dans ces pays-là, on trouve toujours plus poivrot, toujours plus désespéré que soi, Gavril se moque de notre voisin, un type crasseux qui s'est attablé sur la terrasse et débouche sous l'enseigne Coca-Cola une grande bouteille en plastique – deux litres de bière qu'il commence à descendre méthodiquement.

– Ce truc-là, nous dit Gavril, c'est de la vraie pisse, la bière la moins chère du pays, faut vraiment être un pochetron pour boire une saloperie pareille !

Après son inspection du *Maya S.*, le capitaine Stefan est revenu au *Jean-Bart* pour commander une nouvelle pinte. Il paie sa tournée et nous délivre en prime quelques conseils touristiques :

– Maintenant que vous savez tout sur les survivants, je vous conseille d'aller rendre visite aux morts, vous verrez qu'ils ont encore beaucoup de choses à vous dire.

L'index pointé sur la carte, il nous indique le cimetière marin de Sulina, qui serait d'après lui le deuxième pôle de la ville après le café *Jean-Bart*.

– C'est là-bas, vous verrez, que sont enterrés tous les personnages d'*Europolis*, le roman de Botez.

Vlad et moi, nous quittons le *Jean-Bart* en titubant. Le soleil est revenu. Il n'est pas midi mais il fait déjà très chaud sur les quais de Sulina. En marchant en zigzag, nous tentons de compter mentalement le nombre de bières que nous avons descendues dans la matinée. La langue de terre séparant la ville de la plage est une sorte de savane arborée, des vaches efflanquées cousines du buffle africain se battent dans l'herbe cramée à coups de cornes affûtées, on se demande ce qu'elles peuvent bien brouter dans cette brousse piquetée d'épineux qui s'embrouille sous nos yeux embués. Avant de passer en revue les morts, nous décidons de faire un petit plongeon salutaire dans la grande baignoire où le Danube se débarrasse de toute la crasse accumulée dans les villes d'Europe, la mer Noire n'est pas tout à fait noire mais le sable est blanc comme neige, le nouveau phare signalant l'embouchure du canal est encore plus loin, là-bas, silhouette insignifiante, à l'horizon de la vaste mer couleur d'ardoise – Vlad s'élance, je le suis, nous courons sur la plage, ivres de bière et de soleil, entrons dans l'écume, plongeons sous les vagues, nageons quelques minutes, l'eau est toujours aussi fraîche, la brise marine sèche instantanément notre peau, nous reprenons nos cliques et nos claques, rien n'incite à demeurer sur cette plage déserte balayée par le vent qui a déjà ensablé nos serviettes et nous crible les mollets, nous faisons demi-tour vers la ville, à travers la savane, c'est dans cette espèce de Sahel que se situe le cimetière marin.

C'est un cimetière immense pour une si petite bourgade. Il n'y a pas de grand poète enterré ici, dans ce bout du monde, à l'extrême pointe de l'Europe communautaire, mais tous les marins perdus sont des poètes qui s'ignorent. Chacune de ces tombes raconte un roman potentiel qui se grave entre les lignes lacunaires d'une épitaphe mortuaire. Le cimetière musulman est cadenassé derrière un portail rouge et vert à l'emblème du croissant, on aperçoit les stèles anonymes chapeautées d'un fez de pierre rouge évoquant la forme d'un pot de terre renversé. Pas moyen non plus d'accéder au cimetière juif que signalent la croix de David et les couleurs du drapeau israélien, de toute manière aucun d'entre nous ne lit l'hébreu, et tout ce que nous pouvons déduire, c'est qu'Ernestina et Simon Braunstein moururent la même année, en 1924, âgés respectivement de soixante-six et soixante-sept ans – *fie-le țărâna ușoară*, « paix à leur âme », proclame l'épitaphe roumaine. Dans le carré grec orthodoxe, certains, comme Teodoros et Andonachi Gheorghitzis, ont opté pour la croix bourgeonnée et l'alphabet latin, d'autres sont restés fidèles à la croix byzantine et à l'alphabet d'Homère, comme ΜΑΡΟΥΛΙΩ Ν. ΠΟΛΙΤΟΥ qui devait être un notable vu sa belle tombe de marbre et qui mourut en 1916 à l'âge de trente-neuf ans. Le lieutenant-colonel Mihail Draghicescu (1848-1896), athée mégalomane, se moque des croix des uns et des autres : il a fait graver son nom sur une bouée de sauvetage, laquelle est suspendue entre deux rames entrecroisées qui hissent vers le ciel un orbe impérial.

On voudrait savoir lire toutes ces langues pour déchiffrer l'épopée tragique de cette Europe miniature. Elena Ionescu (1953-2014) a fait graver sur sa tombe une citation de Nikos Kazantzákis extraite de *Zorba le Grec* : *Nu sper nimic, nu ma tem de nimic, sunt liber* (« Je n'espère rien, je ne crains rien, je suis libre »). Le cimetière ne se contente pas de relater la chronique de Sulina et du delta, c'est toute l'histoire des Balkans qu'il résume, et notamment celle de la Yougoslavie. Toute la famille Serbov, qui dissimule mal son origine slave, est enterrée dans le carré orthodoxe, avec les Vieux-Croyants qui, pour la plupart, ont gravé leur épitaphe en russe et en cyrillique sur leur croix byzantine à huit branches. Mais, dans le carré catholique, on trouve la tombe de Petra Peruško, avec une inscription gravée par son mari indiquant bien qu'ils parlaient croate, vu que le nom du mois d'octobre, *listopada*, ne s'utilise pas en serbe – preuve s'il en est que le serbo-croate fut une fiction, mais une belle fiction. Quant à Jozo Dabinović, *pomorski kapetan* (« capitaine de marine »), né à Dobrota, sur les bouches de Kotor (actuel Monténégro) en 1862, mort sur les bouches du Danube en 1923, il est inhumé en croate aux côtés de Milena Duhović, *umrla u cvjetu mladosti*, « morte dans la fleur de la jeunesse », c'est-à-dire à dix-neuf ans, tandis que leur voisin, pour ne pas dire leur compatriote, et leur contemporain, le *capitano marittimo* Giuseppe Giurgevich, né en 1851 dans le village voisin de Perzagno (actuel Prcanj, Monténégro), sur les mêmes bouches de Kotor, est inhumé, lui, en italien, par son épouse, laquelle certifie dans le marbre qu'il était « un mari cher et inoubliable » (*caro ed indimenticabile marito*). Toujours dans le carré catholique, Albert Mousselet, enlevé en 1920 *à l'affection des siens*, repose, en français, sous du beau marbre blanc avec Adélaïde, son épouse, partie en 1914.

Le chapitre le plus passionnant de ce roman européen est le carré des noyés, où la plupart des tombes furent érigées par la Commission européenne du Danube. On y trouve les sépultures de William Varley, Frank Clark et Henry Hart, qui firent naufrage dans le fleuve entre 1859 et 1861 – on se demande bien ce qu'il restait de leurs cadavres sucés par les silures et les lamproies ! –, ainsi que Peter McGregor, *who died from the effects of climate*, énigme qu'aucun

Sherlock Holmes n'est venu résoudre. C'est dans le même carré que repose Isabella Jane Robinson, qui fit naufrage au large de Sulina, le 27 septembre 1896, sur le *S/S Kylemoor*, ainsi que William Simpson, qui consacra treize ans de sa vie à la canalisation du bras de Sulina. La tombe la plus émouvante est celle de Margaret Ann Pringle, qui se noya au large de Sulina le 21 mai 1868 à l'âge de vingt-trois ans sans que William Webster, *chief officier* du *S/S Adalia, who nobly sacrified his own life,* ne parvienne à la sauver, ce qui lui vaut d'être inhumé à ses côtés, près d'un antique corbillard à traction animale exposé ici comme une pièce de musée.

Il est tard. Les nuages s'amassent. L'orage menace. Il est temps de quitter Sulina. Le port s'enfonce dans la profonde léthargie de l'après-midi et nous savons désormais que ce n'est pas seulement le Danube que nous sommes venus voir mourir aujourd'hui mais tout un continent, tout un monde, et je me dis en montant dans la navette fluviale qui doit nous ramener à Tulcea que Dostoïevski avait raison de voir dans l'Europe un *grand cimetière* : pour qui viendrait de Russie, traverserait la mer Noire et accosterait ici, les morts lui souhaiteraient la bienvenue dans toutes les langues du continent ; mais il lui suffirait de marcher vers la ville pour découvrir le café, l'autre pôle du roman européen ; si notre tâche est de réécrire l'Europe, alors il faudrait transformer le cimetière en café, et les faire boire, et les faire danser, tous nos vieux morts, tous nos fantômes.

10

Funérailles dans la ville-éventail

Galaţi-Dăeni (Roumanie), 4 juillet, 98 km

Il est temps de quitter l'hôtel *Danube Stars* et Galaţi où nous pourrions prendre racine, entre les tilleuls de la Strada Domnească – il fait frais ce matin, le ciel est gris, lourd, chargé de gros cumulus paresseux, les mollets reposés se sentent d'attaque, nous démarrons sur les chapeaux de roues, roulons d'abord sur le balcon de bitume qui domine la rive, quelques timides apparitions du soleil font scintiller les vagues, je m'emplis les yeux de cette vision fugitive d'un fleuve roi, la rive d'en face est si lointaine qu'elle se dissout dans la brume – ici, dans le coude qu'il décrit en amont de la ville, le Danube aux eaux très vastes est une grande rivière de vif-argent, c'est un fleuve quasi sibérien par son amplitude, c'est ainsi que j'imagine la Volga, l'Amour, l'Ob ou l'Ienisseï, toutes ces rivières qu'il m'arrive de remonter dans mes rêves –, la route dévale la terrasse alluviale vers la plaine inondable s'étalant en contrebas de la ville ; le drapeau français offert par nos amis roumains flotte avec son slogan *#REZIST !* dans le vent du nord qui nous pousse de sa grosse poigne calleuse, nous croisons nos premiers cyclotouristes, ils nous saluent d'un *Vive la France !* avec un accent teuton, tout va trop vite à présent, c'est à peine si l'on s'aperçoit que nous avons traversé le Siret, un affluent du Danube aussi méandreux que le Prut et le Dniestr, aux mêmes eaux stagnantes et de la même couleur d'humus ; parallèle au Prut et au Dniestr, le Siret prend sa source en Ukraine, dans les Carpates, coule du nord au sud, irrigue la Bucovine, trace la limite administrative entre les provinces roumaines de Moldavie et de Valachie, sépare enfin Brăila et Galaţi, deux villes portuaires, deux villes jumelles, distantes de quinze kilomètres à peine mais qui s'ignorent et se tournent le dos, deux villes longtemps rivales, deux villes qui ne rivalisent aujourd'hui que par l'ampleur de leur déclin démographique, plongées qu'elles sont dans un marasme économique qui semble sans issue.

La zone marécageuse où confluaient le Siret et le Danube était un des terrains de jeu favoris du jeune Panaït Istrati, c'est ici que les enfants de *Nerrantsoula* venaient lancer leurs cerfs-volants, c'est ici que se déroule *Tsatsa-Minnka*, ce livre me touchait beaucoup autrefois, avec son *Danube glouton*, c'était le Rhône de mon enfance que l'écrivain roumain décrivait pour moi, ce Rhône vorace qui avait bien failli m'avaler plusieurs fois, ce Rhône farouche que je traque partout, que je retrouve ici, dans l'écho du grand fleuve et les ricochets des réminiscences.

À Brăila, nous débarquons à l'heure des funérailles devant l'église de l'Assomption – façade très blanche sous ses coupoles de zinc nervurées, jolie petite marquise Art nouveau en forme d'ailes d'ange, vitraux jaunes et bleus. Le tocsin sonne. Le corbillard est une grande Mercedes break métallisée qui attend son voyageur la malle béante, le cercueil ouvert sort de l'église, le cadavre est embaumé, on aperçoit sa petite barbiche blanche qui rebique au-dessus du menton, le teint de son masque de cire lui donne un air de sage chinois, ses tempes accrochent la lumière. À peine la malle refermée, comme les croque-morts peuvent toujours patienter, le pope préfère délaisser la veuve et l'orphelin pour saluer les deux cyclistes et s'offrir quelques *selfies* en notre compagnie, il s'appelle Katolin, nom qui le prédestinait à la soutane ; il porte la barbe taillée court, le poil roux et dru, les cheveux mi-longs sur un visage de sybarite gourmand, débonnaire et curieux de la vie, ses petits yeux verts roulent sur ses pommettes velues lorsqu'il nous raconte ses projets de voyage avec son épouse, dans l'Italie des Grands Lacs. Comme le corbillard n'a toujours pas démarré, comme la petite foule en deuil attend toujours le berger des âmes qui s'est égaré, la veuve finit par venir le chercher ; il lui fait signe de patienter, conclut le récit de ses voyages nuptiaux puis rejoint ses ouailles, nous laissant repartir sur les traces de Panaït Istrati.

Le Gorki des Balkans, qui était l'âme de Brăila, conserve ici un boulevard, une *Casa Memorială*, une bibliothèque à son nom et de nombreuses statues de bronze ; il n'y a que l'empereur Trajan, comme partout en Roumanie, qui soit mieux doté que lui. Au lieu de décrire la ville, il faudrait citer celui qui en fut le chantre : dans *Nerrantsoula*, Istrati décrit Brăila comme une « garce plantureuse qui contemple le Danube son amant », le plan de la ville est « un éventail presque entièrement déployé », divisé par ses grandes artères en *mahallas,* quartier juif, quartier grec, quartier russe, quartier tzigane, etc. À Brăila, le temps s'est arrêté à l'époque de Panaït Istrati. Aujourd'hui, dans les anciens *mahallas* fantômes, platanes, tilleuls et marronniers envahissent les rues, leurs frondaisons forment des voûtes ou des tunnels, le vieux tramway roule au ralenti, la ville est un bocage ottoman à la mode habsbourgeoise, nous roulons au hasard sur les trottoirs et les pavés disjoints, hérissés de touffes d'herbes – partout la patine des siècles, le lichen et la mousse attaquent les murs où domine l'ocre jaune qui est la vraie couleur de la glaise danubienne mais aussi la couleur du fleuve lui-même si ses eaux tranquilles ne reflétaient pas le bleu du ciel dans des pays où les nuages sont rares ; les briques couleur de sang séché percent sous la peau de chagrin du crépi pastel qui s'écaille, tout fout le camp, parfois les façades sont en ruine, toute cette pourriture fin d'empire nous attire, et nous ne tardons pas à comprendre que c'est l'impression d'être arrivés à bon port qui nous charme. On se croirait dans un grand Podbara, dit Vlad – Podbara est le plus vieux quartier de Novi Sad –, alors qu'il nous reste plus de mille quatre cents bornes à parcourir avant d'atteindre l'Athènes serbe où nous nous sommes retrouvés il y a deux ans.

Il y a une monotonie stylistique de l'architecture danubienne, les villes se plagient sans scrupule, Brăila imite Novi Sad ou Timişoara qui imite Budapest qui imite Vienne, colonnades, pilastres, frontons sculptés, macarons, corniches, moulures, œils-de-bœuf, tous les ornements habituels, mais distribués harmonieusement, loin du kitsch autrichien, avec une prédilection pour le culte de la marquise, et cette imitation se mâtine d'influences valaque, grecque, ottomane, car l'Orient est un autre personnage abondamment célébré à Brăila : *Grand Orient Hotel*, *Oriental café*, *Oriental machin*, truc oriental. Les Balkans font-ils partie de l'Orient ? La question a été discutée des milliers de fois et je ne me risquerais pas à donner une réponse définitive. La réponse se trouve peut-être dans les livres de Panaït Istrati : ce fils d'une blanchisseuse roumaine et d'un contrebandier grec était un conteur oriental, un Shéhérazade roumain qui n'avait pas pour modèle la Bible ou l'*Odyssée* mais *Les Mille et Une Nuits*.

Nous tournons en rond dans le labyrinthe de la vieille ville, juchés sur nos selles tels deux hussards en maraude, nous sommes fascinés par les façades lépreuses de Brăila, où il n'y a pas d'aujourd'hui, pas de futur, rien qu'un très long jadis, où tout est figé dans la nostalgie du monde d'hier. Je dégaine mon appareil photo, vise un bel édifice sous sa coupole en forme de pomme de pin renversée, une sentinelle s'approche et me dit que c'est interdit, le bâtiment appartient à l'armée, alors je fais semblant de détruire la photo mais par instinct, sans doute, je la conserve, de toute manière il n'y a rien de précieux, le contre-jour est complet, tout ceci finira par disparaître, nous sommes les derniers visiteurs d'une ville faisandée, saisie au stade le plus avancé de la putréfaction, entourée déjà du halo de lueur bleuâtre irradiant de la viande des cadavres.

Dans le parc municipal, c'est en vain que je supplie le gardien têtu comme un taulier de bien vouloir m'ouvrir les portes de la *Casa Memorială* Panaït-Istrati, fermée le mardi. À la bibliothèque municipale Panaït-Istrati, où se tient une petite exposition de bouquins sur le Danube, je demande à rencontrer le directeur, on me répond qu'il est en congé. Entretemps Vlad a engagé la conversation avec Virgil, le portier, un érudit loquace qui nous raconte en détail l'histoire de sa ville. La *Casa Memorială* est une escroquerie, nous dit Virgil, Istrati n'a jamais vécu ici, il venait du village de Baldovineşti, au nord de la ville, mais à sa connaissance, là-bas non plus, rien ne rappelle la naissance de l'écrivain, sinon une ruelle qui porte son nom.

Alors Virgil préfère nous parler du véritable écrivain de Brăila, Mihail Sebastian, inconnu en France, injustement oublié en Roumanie. Contemporain d'Emil Cioran, de Mircea Eliade et de Constantin Noica, trois écrivains dont la carrière littéraire fut entachée par une adhésion à l'idéologie fasciste gangrenant l'ensemble de la vie intellectuelle roumaine durant l'entre-deux-guerres, Mihail Sebastian, de son vrai nom Iosif Hechter, était juif. Hanté toute sa vie par le suicide – une vie qui fut une suite de coïncidences tragiques, précise Virgil –, Mihail dut se débattre seul contre tous car il fut considéré comme *trop juif* par les nationalistes roumains et *trop roumain* par ses amis juifs. Son plus grand roman, *Depuis deux mille ans*, tente de remonter aux sources du mal dont il fut victime dès sa naissance, c'est l'histoire d'un jeune Juif roumain, ballotté entre Bucarest et Montparnasse, entre judéité et roumanité ; la publication du roman en 1934 fit scandale : Sebastian avait demandé une préface à Nae Ionescu, philosophe nietzschéen, admirateur de Spengler, maître à penser officiel de tous les jeunes intellectuels roumains ; Ionescu accepta mais rédigea un texte abject, affirmant au passage que « Judas souffre parce qu'il doit souffrir » ; mortifié, Sebastian décida de le conserver, c'était la *seule vengeance possible*, disait-il, car désormais tout le monde peut le lire et comprendre comment des intellectuels roumains charismatiques, dopés par une mystique de l'authenticité puisée dans la métaphysique allemande, purent préparer le terrain des Gardes de fer qui feront promulguer les lois antisémites et pendre les Juifs à des crocs de boucher. L'autre livre célèbre de Mihail Sebastian, nous dit Virgil, s'intitule *L'Accident*, titre prémonitoire s'il en est, car Sebastian, qui aura survécu pendant toute la guerre aux massacres des légionnaires et des Gardes de fer, disparaîtra trois semaines seulement après la capitulation allemande, renversé le 29 mai 1945, à Bucarest, par un camion. Drôle de coïncidence, banal accident de la route, me direz-vous, mais non : sachez, les amis, que c'était une méthode fréquemment employée, à l'époque, par la Securitate, la nouvelle police politique, pour se débarrasser des gens un peu trop gênants, susceptibles de devenir des dissidents. L'antisémitisme stalinien avait pris la place de l'antisémitisme nazi : ses cibles étaient plus judicieusement choisies, ses méthodes d'élimination plus rudimentaires.

Nous avons laissé Virgil et nous zonons de nouveau dans la ville labyrinthique. La vague mémorielle du conservatisme ambiant n'a pas encore sévi ici, la reconstruction de la ville n'en est qu'à ses débuts ; seule la rue Mihail-Eminescu, l'ancienne rue royale, a été retapée, à l'exception de quelques façades qui s'écroulent. Alors que nous contemplons le fronton néoclassique du palais de la philharmonie, un inconnu vient nous taper sur l'épaule :

– Ça vous dirait, les gars, de visiter le théâtre Maria-Filotti ?

L'homme s'appelle Boris. Prénom slave mais origine roumaine garantie, dit-il en souriant. Nous le suivons dans les dédales de ce palais de Circé récemment retapé, qui sent le plâtre et la peinture fraîche, c'est ici, dans l'ancien Teatrul Comunal, que Sebastian fit représenter ses premières pièces. Comme tant de luxe nous étonne, Boris nous raconte le passé glorieux de sa ville. En 1896, lorsque fut édifié ce théâtre de 369 places, c'était à Brăila que se trouvaient la bourse du riz et la bourse aux céréales, tous les armateurs grecs rêvaient de s'y faire construire un palais, à l'époque de la Commission européenne du Danube, Galaţi était un port franc, international, mais le grand port roumain de marchandises, c'était Brăila, nous dit Boris, et la guéguerre était vive entre les deux villes.

À Brăila, le temps s'est arrêté à l'époque de Sebastian et d'Istrati mais, pour les cyclistes, l'heure tourne inexorablement, il est déjà 15 heures, et nous n'avons parcouru que quinze bornes depuis ce matin, nous n'avons pas encore traversé le fleuve, nous l'apercevons en contrebas, glorieux pan de lueur bleue parmi les saules – il est temps de secouer l'éventail évoqué par Istrati et de dire adieu à la belle endormie ; la Strada Pietrei, envahie d'herbes folles et de broussailles, retournée à l'état sauvage, entre deux murets tapissés de lierre et de clématites, dévale à pic la *faleza*, comme disent les Roumains ; les vieux pavés ottomans font crisser nos jantes et bringuebaler notre barda ; ici la ville de 200 000 habitants vit encore à l'heure du gros village que photographiait André Kertész en 14-18 lorsqu'il servait dans l'armée austro-hongroise, c'est encore l'Ibrahil que les Turcs ne quittèrent définitivement qu'à la fin de la guerre ; sur les photos de Kertész, on voit les soldats ottomans embarquer sur un bateau à vapeur nommé le *Minna Horn*, tout cela s'est passé il y a cent ans mais ce pourrait être hier, les berges n'ont guère été aménagées depuis, la verdure pousse entre les poubelles, la capitainerie que photographiait Kertész devant un port désert est toujours là avec ses deux tourelles quadrangulaires, ses murs blancs, son toit rouge et son horloge, quant aux quais, ils sont toujours aussi déserts, ce qui n'est pas bon signe, dis-je à Vlad, alors que nous pédalons vers les docks, c'est souvent dans ce genre de lieux que les chiens…

Quand on parle du loup, on en voit la queue : le premier aboiement m'a fermé le clapet ; à présent, les glapissements pleuvent de toutes parts, nous voyons se dresser derrière des poubelles les silhouettes sombres, ils sont une bonne vingtaine de clébards athlétiques à monter la garde sur les quais dévastés, nous avons eu le malheur de nous aventurer dans leur royaume, les molosses nous prennent en chasse. Ni une ni deux, je fais demi-tour, change de braquet, me dresse sur mes pédales, démarre sur les starting-blocks, mouline comme un forcené, vire à droite dans la rue de l'empereur Trajan, pédale sans demander mon reste, sans me retourner, gravis la pente en danseuse, traverse la ville-éventail à vitesse grand V ; un kilomètre plus loin, Vlad, d'ordinaire impavide, domptant sa peur ou faisant le brave, me rejoint l'air paniqué :

– J'ai tenté de les calmer mais j'ai eu chaud, j'ai failli perdre un mollet dans ce traquenard !

Effleurant la pointe nord de la Grande Île de Brăila, le bac qui traverse le fleuve – large ici de 660 mètres – permet de passer d'un Danube à l'autre ; nous laissons derrière nous les vastes eaux de Valachie pour suivre les eaux étroites du Vieux Danube, qui sera désormais notre fil conducteur. Nous voilà de retour en Dobroudja – ce *Far-East* de l'Europe communautaire –, au pied de la longue crête brisée des collines. Ici commencent les Balkans *stricto sensu* : qui dit Balkans dit mosaïque ethnique et relief escarpé, c'est le sens originel, en turc, du mot *balkan*. Oubliée, à l'écart des grandes voies de communication, sans barges, sans péniches, sans bateaux de croisière, la rivière lézarde au soleil et s'acagnarde dans un passé d'idylle gréco-latine. Les berges sont encore sauvages, la prairie alluviale d'un vert préraphaélite, les eaux d'un bleu turquoise qui paraît peint au jaune d'œuf, *a tempera*, tant il est dense, opaque, uniforme – c'est le lac de Tibériade en arrière-plan des icônes byzantines. Je pense aussi à une vue célèbre du *Tibre en amont de Rome*, par Claude Gellée, dit le Lorrain : dans l'Antiquité, toutes les rivières d'Europe devaient couler ainsi, sans souci, hors du temps ; ici, le fleuve traverse tout un hinterland oublié, pas seulement un arrière-pays mais un monde en arrière des pays, une Europe à l'écart, périphérique, qui mijote encore dans son jus et qui ne semble pas avoir connu les grands bouleversements survenus depuis la fin du Moyen Âge.

Et pourtant : Greci, Turcoaia, Traian, Caracaliu, Peceneaga, Slava Rusă, Slava Cercheză, les toponymes se souviennent des grandes invasions : ici passèrent les Cimmériens d'Homère, les Scythes d'Hérodote, les Sarmates, les Romains, les Daces, les Gètes, les Goths, les Bastarnes, les Huns, les Avars, les Onogoures, les Bulgares, les Magyars, les Iazyges, les Petchenègues, les Coumans, les Tatars, les Mongols, les Turcs et les Tcherkesses ; beaucoup d'entre ces *migrants* d'une époque où la migration était un phénomène naturel de peuplement de la Terre se fixèrent dans les environs ; jusqu'à une date récente, la Dobroudja était un vrai manteau d'Arlequin : en 1856, le recensement ottoman dénombrait 30 % de Turcs, 23 % de Roumains, 14 % de Tatars, autant de Bulgares, 7 % de Grecs, autant de Russes, Cosaques ou Lipovènes, des Tziganes, des Syriens, des Égyptiens, des Juifs, des Arméniens et même des Italiens. Aujourd'hui, les Roumains sont 63 %, les Bulgares et Gagaouzes 16 %, les Turcs 8 %, Roms et Tatars 3 %, Russes et Lipovènes 2 % ; la quasi-totalité des Grecs, des Juifs et des Arméniens ont disparu. Cette tranquille purification ethnique est le résultat de nombreux échanges de population qui virent, notamment, les Turcs refluer d'une Europe qui était aussi la leur pour ne plus garder que la Thrace orientale, ce petit morceau européen de la Turquie actuelle, et bien sûr Istanbul – Tsarigrad, Byzance, Constantinople – qui n'en demeure pas moins, avec Moscou, la plus grande aire urbaine du continent.

Après une longue ligne droite que nous avalons vent dans le dos, nez dans la poussière d'un camion, la première bosse ne tarde pas à se présenter avec en point de mire la flèche d'un minaret : c'est la ville de Măcin, où nous retrouvons, au pied de la petite mosquée en bois, deux jolies Tziganes qui examinaient tout à l'heure, sur le bac, des bijoux en or. À la sortie du bourg, la route, droite, très droite, très *cinégénique*, s'élève lentement, puis grimpe, de plus en plus raide, entre le pic des Grecs et le pic des Turcs : entre ces deux noms de pays longtemps ennemis, qui ne sont ici que deux villages d'une centaine d'âmes adossés à leurs buttes témoins, l'érosion a creusé ce détroit qu'emprunte la route de Constanța ; nous allons franchir notre premier col, à 200 mètres à peine au-dessus du niveau de la mer ; à l'approche du sommet, l'herbe est plus haute, il y a quelques arbustes épineux, les paroles de Marian me reviennent mais ce n'est pas à l'Afrique, pas à la savane ivoirienne, que je pense ; non, je pense à la Prairie du Dakota, du Nebraska, du Kansas, je pense au Far-West – qui m'a raconté que de nombreux westerns ont été filmés ici, à moins que je ne divague déjà ? –, alors je m'attends à voir débouler un cow-boy, un mustang, un bison, mais non, pas âme qui vive : les alentours sont déserts ! De l'autre côté du col, nous basculons dans un paysage lunaire bariolé de toutes les nuances de jaune et de vert. Des collines comme des soucoupes volantes qui viendraient tout juste d'atterrir, une succession étrange de formes délicieusement suaves, et l'on voudrait se vautrer dans les plis de cette multitude de croupes et de mamelons verdâtres, à la convexité parfaite, étonnamment régulière, coiffés parfois de petits tétons rocheux ou ponctués de pitons granitiques très érodés, qui prennent des teintes rosâtres dans le soleil couchant ; le climat dobrogéen, connu pour ses excès, avec ses hivers sibériens et ses étés tropicaux, a usé, grignoté, raboté tout ce vieux massif volcanique qui nous entoure, et moi, je préfère penser qu'il a accouché d'une immense jument verte dépourvue de tête mais munie de milliers de vulves et de mamelles.

Au bord du lac Trajan, nous faisons une pause. Je regarde derrière moi ce paysage sidérant que nous allons quitter, qui me hante déjà, qui me hantera longtemps. Les monts Măcin, vus d'ici, ressemblent à un ancien volcan éteint, on dirait un Vésuve miniature, et le lac Trajan pourrait être un autre Nemi, un autre Albano – je consulte alors la carte géologique que j'ai emportée dans mes tablettes et je lis sur une tache rouge sombre le symbole π indiquant qu'il y a là des roches éruptives, des porphyrites, et je pense à Yves Bonnefoy évoquant dans *L'Arrière-pays* le labyrinthe des collines de Toscane, d'Ombrie ou des Marches – « chemins faciles, mais arrière-plan infini » ; il est ici, le vrai labyrinthe, l'authentique arrière-pays, avec ses horizons moutonneux, ses monastères à bulbes dorés, ses charrettes faisant la course, son Vieux Danube méandreux qui se tortille, s'éloigne, se rapproche ; qui cherche l'Italie d'autrefois, l'Italie de Bonnefoy, a plus de chances de la trouver sur ces chemins perdus de Dobroudja que dans la Toscane actuelle.

Nos compteurs indiquent bientôt cent kilomètres, le soleil décline dans le ciel et il est temps de chercher un endroit pour pioncer. Au village de Dăeni, Vlad s'adresse à un paysan qui s'avère le maire du patelin pour savoir où se trouve l'auberge ou le camping le plus proche. Le maire paysan éclate de rire, nous dit de le suivre, nous ouvre les portes de sa *primărie* – son hôtel de ville –, désigne une table en bois puis le sol de terre battue :

– Vous pouvez dormir ici ou là, comme vous voulez…

– Et sinon ?

– Sinon il y a les prés, tous les prés autour de vous, dit-il en balayant l'horizon de la main. *Noapte buna !*

Alors, ce sera les prés. Nous coupons à travers champs, le soleil couchant embrase les chaumes, la nuit tombe brusquement, comme toujours dans les Balkans, les moustiques attaquent par rafales, nous atteignons le sentier juché sur la levée, une charrette vient à notre rencontre, un paysan et sa femme, l'homme nous dit qu'il y aura de plus en plus de moustiques, que les environs sont infestés – vous feriez mieux de passer la nuit dans une auberge, mais comme il n'y en a pas, bon courage, les gars ! *Noapte buna ! Noapte buna !* Tout à coup, nous entendons des bruits provenant de la forêt rivulaire, on dirait que le fleuve se met à parler, qu'il chante et se déhanche, le Danube, les rhapsodies se rapprochent, nous fonçons vers elles à travers la frange d'aulnes et de peupliers qui garde les berges, nous pédalons dans la poussière puis dans la boue, les fougères s'écartent sur notre passage, nous voyons des lucioles virevolter, des bagnoles garées en quinconce, des silhouettes se trémoussant autour d'un feu de camp.

Lorsque nous apparaissons à découvert, chacun suspend son geste, les visages rougeoient dans les flammes, tous se tournent vers nous comme si nous étions parachutés du ciel sur nos bécanes poussiéreuses. Passé le premier moment d'hésitation où chacun se toise de pied en cap, les fêtards nous invitent à planter la tente derrière les bagnoles et à nous joindre à eux. Malgré la chaleur, nous enfilons nos tenues d'hiver pour nous protéger des moustiques. Une chaîne hi-fi trône sur le capot d'une Mercedes, il y a des cagettes emplies de canettes de bière, la *mamaliga* (la polenta romaine) et la *saramură* (un ragoût de carpe) mijotent dans de grandes marmites, les *mici* (des boulettes de viande hachée) grillent sur les braises. Nous bouffons tout ça tartiné sur du pain ou avec les doigts. Toute la société roumaine est là, du hipster bucarestois de retour au bled à l'ouvrier agricole qui ne l'a jamais quitté, ceux et celles qui ont vu du pays sont allés bosser dur en Italie, esclaves modernes dans des usines ou des fermes, nègres de l'Europe communautaire. Nous parlons italien en dansant une bière à la main sur des voix et des rythmes inconnus mais étrangement familiers, et mon impression se précise et se fortifie que j'ai bien retrouvé l'Italie, non pas l'Italie perdue de mes vingt ans mais l'Italie de Pasolini, celle qui parlait encore des milliers de patois différents, l'Italie qui dansait encore au son des mandolines, l'Italie qui a disparu comme la Roumanie disparaîtra, nos nations sont des fictions qui ne vivent qu'un temps mais ne veulent pas mourir, alors leur agonie dure interminablement…

11

Gueule de bois en Dobroudja

Dăeni-Ion Corvin (Roumanie), 5 juillet, 108 km

Gueule de bois. Je me suis endormi dans ma tenue moulante, enveloppé de rires et de vapeurs d'alcool. Au réveil, j'ai le corps ankylosé, la peau irritée par les coutures du cuissard et du maillot, et ne parlons pas du coccyx, le point le plus sensible du cycliste, son talon d'Achille ! Je ferai toute l'étape dans un état comațeux, mais pour l'instant nous n'en sommes qu'au début. Il faut reprendre le taureau par les cornes et enfourcher dare-dare nos montures : il est 7 heures du matin, le soleil tape déjà comme un sourd, nous arrache de nos tentes suffocantes et fait de cet étroit bras du Danube un miroir parfait pour se débarbouiller vite fait, bien fait, en chassant les quelques moustiques ayant survécu à la nuit de beuverie.

Nous roulons à travers champs pour retrouver la petite route mal bitumée qui file vers le sud, à l'écart du fleuve. Ça y est, nous sommes au cœur de la Dobroudja, sur un plateau aride et vallonné où les cours d'eau sont temporaires et les routes tortueuses sillonnées par des carrioles et ponctuées d'apparitions. C'est la journée des animaux, ils surgissent à tous les carrefours, plus fréquents que les êtres humains, laissés presque en liberté, vagabondant partout, à commencer par les chiens galeux, les ânes efflanqués, les chevaux dételés, tout un troupeau de cochons tachetés de noir qui se sont échappés de leur porcherie, leurs oreilles s'agitent dans le vent telles deux petites ailes roses, ils couinent, ils grognent, ils broutent l'herbe roussie et se foutent éperdument des cyclistes – l'un d'eux, quand même, moins indifférent que ses congénères, s'approche de nous et renifle la gomme de nos pneus pour voir s'il n'y a pas là-dessous un truc à bâfrer. Passent sur terre ou dans les cieux les coqs, poules, oies, dindons, brebis, boucs, juments, mouettes, perdrix, faisans, fauvettes, geais, lièvres, hérissons, fouines, renards, blaireaux, belettes – tout un bestiaire magique et ordinaire, animaux sauvages ou domestiques, peu importe, tous logés à la même enseigne, tous aussi tristes ou bienheureux de vivre là, dans ce paysage bucolique, archaïque, immémorial, d'avant l'ère du moteur à explosion et du roi pétrole ; il n'y a pas si longtemps, me dit Vlad, je parie que des loups rôdaient encore dans les bosquets des alentours.

Les bêtes aussi ont leurs sociétés, leurs hiérarchies, leurs banlieues, leurs HLM, leurs bidonvilles, leurs parasites et leurs squatteurs : les nids de cigogne, par exemple, c'est tout un écosystème ; de loin, on ne voit rien, mais dès que l'on s'approche, on s'aperçoit que c'est une tour de Babel perchée sur un pylône ; ça piaille dans toutes les langues car il y a là toutes sortes d'oiseaux qui ont construit leurs petits nids dans le grand nid de la cigogne, squattant le rez-de-chaussée tandis que l'oiseau-roi des légendes scandinaves trône à l'étage en couple ou en famille, et parfois nous sommes témoins de cette scène de ménage sidérante : une cigogne explique à ses cigogneaux qu'il est temps de foutre le camp du charnier natal ; elle piétine les paresseux, leur file de gros coups de bec en agitant ses ailes et en émettant des cris de mégère.

Dans ma mémoire, il n'y a que des bribes confuses de cette journée de gueule de bois à travers la Dobroudja, et ces bribes confuses se mélangent dans la lumière d'or vieilli, je ne sais plus si les faits que je relate se produisirent le matin ou le soir, car nous avions perdu de vue notre fil conducteur – le Danube divague là-bas, vers le nord, pendant que nous filons plein sud sur le plateau ; ce sont les verdiers qui nous indiquent la bonne direction ; perchés sur une branche, ils guettent les deux cyclistes et s'envolent dès que nous pointons le bout du nez ; alors ils disparaissent, leur plumage vert solaire se confond avec le paysage, nous les cherchons des yeux, nous entendons leur gazouillis furtif, *dzweeee dzweee dzweeee dzweee*, un verdier reparaît sur fond de ciel bleu, vol papillonnant, tête vert olive, rémiges jaunes, queue vert-de-gris, on dirait un fragment de verdure qui s'est envolé, voici qu'il éclabousse le ciel de son cri, *djurut djurut*, et retourne se poser sur une autre branche ; le manège peut se répéter deux fois, trois fois, jusqu'au moment où nous le perdons de vue dans le labyrinthe verdoyant des collines.

Il n'y a pas plus casse-pattes que cette route qui a oublié le Danube et s'enroule à flanc de falaise comme une écharpe jetée à terre par une bourrasque – littéralement, les villages sont des trous, des trous perdus sous la croupe ocre et ravinée du plateau lœssique : soit ces villages se nichent dans le fond plat de vallées arides et encaissées, soit ils se perchent sur la corniche danubienne, à l'abri des crues printanières ; à l'annonce de chaque patelin, il faut changer de braquet, attaquer la pente en danseuse ou plonger nez dans le guidon ; dans les deux sens, la pente est abrupte, très abrupte, et les panneaux nous préviennent sans pour autant nous décourager : 10 %, 15 %, 20 %, pas moyen de savoir pourquoi la route enchaîne une pareille enfilade de raidards, me dit Vlad, la Dobroudja n'est quand même pas la Transylvanie ! Alors nous déplions la carte routière et nous examinons la topographie : toutes les deux ou trois bornes, nous coupons une de ces vallées serpentant d'est en ouest, souvenir d'une époque où les cours d'eau, aujourd'hui asséchés ou infiltrés dans le sous-sol, rejoignaient le Danube ; au lieu de suivre un tant soit peu les courbes de niveau comme elle le fait d'ordinaire en France, la route – tard venue, à une époque où les moteurs se révèlent plus robustes et plus performants – attaque la pente à angle droit, tout cela pour économiser quelques mètres de bitume, au grand désarroi des charrettes qui prennent des chemins de traverse et des cyclistes qui crachent leurs poumons dans l'ascension.

Les Roumains aiment baptiser leurs patelins d'après des noms de peuplades disparues ou de personnages historiques : au village de Cloşca, il y a un monument à Horea, Cloşca et Crişan, les trois martyrs de la révolution transylvaine qui furent roués vifs en 1784, sauf le troisième qui se pendit la veille de l'exécution, ils ont l'air de trois chefs indiens, on dirait qu'ils sont vêtus de manteaux de plumes – au début j'ai vraiment cru que c'était un monument à la gloire des Comanches ou des Iroquois, je me suis dit les gens d'ici doivent se vivre comme les derniers Mohicans d'Europe, ils savent qu'ils vont bientôt disparaître, alors ils se font représenter sous les traits de chefs indiens, avec tous les oripeaux de la tribu disparue, mais non, leurs manteaux n'étaient pas de plumes, c'était la fourrure traditionnelle des bergers de Transylvanie, sans doute en poils d'ours, il n'y a personne ici pour nous renseigner, la plupart des bleds que nous traversons sont déserts, les seuls êtres humains que nous croisons sont des Tziganes lancés au trot sur leur charrette, ils nous lancent un *salut, salut*, le vent disperse leurs rires et le *clopclopclop* des sabots – à la fin, toutes ces silhouettes fugitives se perdent dans la poussière millénaire, hommes, bêtes ou dieux, peut-être les trois à la fois, comme ce berger, là-bas, qui actionne sous son chapeau de paille la potence d'un puits à chadouf tandis que tout le troupeau s'égaille dans l'herbe et s'affole à la vue des cyclistes.

La plupart du temps, sur la route du Danube, rien n'advient pour rompre la monotonie du paysage et divertir le bourlingueur à deux roues. Mais tout à coup, entre les villages de Horia et Tichileşti, comme il faut bien traverser l'E60 qui tranche le plateau en ligne droite du pont de Giurgeni au port de Constanța, survient l'événement de la journée. Nous sommes témoins d'un accident. Carambolage. Tôle froissée. Pare-chocs défoncés. Peut-être des morts ou des blessés. Quelques paysans qui moissonnaient les champs à la faux accourent pour épier la scène. Un vieillard nous fait signe de décamper. Nous lui obéissons sans protester. Nous n'avons rien à faire ici, nous qui ne sommes que de passage sur cette terre ventée, désolée, qui ne retient rien, pas même l'ombre des arbres.

Sauf que là, il y a Raïssa. Oui, elle est assise là, Raïssa, sur une chaise au bord de la route, dans son habit noir de veuve qui boit les halos du soleil. J'ai l'impression qu'elle a toujours été là, Raïssa. Qu'elle nous attendait pour nous guider. Avant de lui adresser la parole et de lui demander la direction du Danube, je sais déjà que je ne l'oublierai pas. Elle a un regard perçant mais bienveillant. Rien que de le croiser, ce regard, nous sentons que nous l'avons retrouvé, le fil bleu du voyage : qu'importe le fleuve en lui-même, ce sont ses habitants qui nous intéressent, ce sont toutes ces vies minuscules qui s'égrènent sur ses rives, toutes ces vies vécues là, sous le soleil implacable de la steppe, où le temps coule à rebours de la marche terrestre. Son prénom vient de l'arabe mais Raïssa est une Lipovène, elle parle russe comme ses ancêtres, elle revient du monastère de Vieux-Croyants qu'elle nous désigne là-bas, sous ses bulbes dorés, Raïssa pourrait surgir d'une icône byzantine, ses cheveux blancs gardent un peu du blond de sa jeunesse et tracent autour de son visage de vieille beauté éternelle une auréole délimitée par le lourd châle de laine noire qui ferait passer les femmes voilées de nos banlieues pour des dévergondées. Je lui dis qu'elle est belle – oh ça oui, dans ma jeunesse, répond-elle, ignorant que par belle, j'entends belle comme les vieilles femmes de mon enfance, avec ces joues tendres qui appellent l'embrassade, ces lèvres et ces paupières d'un rose pâle, ce sourire apaisé, ces petits yeux pers et plissés, comme si les rides nombreuses n'avaient pas de prise sur ce qu'elle fut autrefois, et pourtant je suis bien incapable d'imaginer la Raïssa qui faisait baver les hommes, je sais que je m'emballe mais je veux dire cette beauté tranquille des gens que nous avons oubliés, que nous connûmes jadis, quand les campagnes d'où nous venons n'étaient pas encore reléguées sous l'appellation de *rural profond*.

De temps en temps, en haut d'une pente, nous apercevons le Danube, pan de lac légendaire qui surgit brièvement entre les pentes des ravins, parfois c'est un village qui le surplombe, parfois des ruines romaines comme à Capidava où se dressent les murs d'une forteresse trop bien retapée pour être vraie, les parpaings se mêlant aux vieilles pierres byzantines qui virent passer les Goths, les Koutrigoures, les Bulgares et les Petchenègues ; le fleuve joue à cache-cache avec la route ; il n'y a pas de navire sur le miroir indigo de ses eaux, seul quelques bancs de sable effilés telles des lames de sabre, une ou deux barques amarrées sur ses rives, rien qui témoigne du brouhaha technologique de notre époque. Finalement, pour éviter de nouveaux raidillons, nous décidons de longer la rive en empruntant les anciens chemins de halage, ici le bras droit du Danube décrit un coude, le liseré des saules s'interrompt, l'herbe folle court dans le lit fluvial jusqu'à la berge, des belettes décampent sur notre passage, nous jetons les bécanes à terre et dévalons la banquette d'argile façonnée par les variations saisonnières du débit.

Pour notre premier vrai bain dans le Danube, l'eau peu profonde est très tiède, nous ne sommes pas les seuls à en profiter, il y a là des mouettes rieuses, petits points blancs qui piquettent l'horizon et secouent l'air de leurs sanglots moqueurs ; assis sur un banc de sable en forme de demi-lune, j'admire ce paysage déjà vu des milliers de fois mais qui n'en finit pas de me fasciner : tout scintille dans l'ardeur du soleil de midi, ce n'est plus l'or vieilli de la matinée qui domine mais l'argent, tout un paysage de rêve servi sur un plateau d'argent, l'impression d'être saisi dans la pellicule d'un vieux film en noir et blanc : argentées sont les feuilles des saules et des peupliers, argentée l'eau du fleuve, argentés le sable et les galets, argentées les queues des mouettes, argentée toute cette poussière pailletée qui se mêle à la sueur, s'accroche à nos poils et que nous regardons se diluer vers l'aval. Cependant, le moment de répit est de courte durée. Il est déjà temps de repartir, d'autant plus que nous avons été rejoints par une grosse Mercedes grise. Toute une famille et sa marmaille en surgissent, on sent qu'ils connaissent bien l'endroit, voici qu'ils plantent le parasol, installent le barbecue, font griller des *mici*, ces boulettes de viande hachée que nous avons mangées hier et qui empoissent l'air. Vlad et moi nous rêvons poisson, une bonne carpe grillée nous ferait du bien mais nous n'avons rien d'autre à bouffer que ce que nous avons glané hier dans les épiceries villageoises : des tomates, des concombres, un morceau de lard schlinguant déjà copieusement et du fromage de brebis qui nous fout aussitôt la chiasse, alors à tour de rôle nous allons nous soulager là-bas, derrière les saules, où la matière expulsée de nos tripes nouées se confondra parmi les racines et les couleuvres.

Lorsque nous remontons sur nos bécanes, le soleil est au zénith, il nous fait suer à grosses gouttes sur une mauvaise route s'écartant de la rive et grimpant en lacets à l'assaut de la corniche. Soudain, le ruban du Danube réapparaît et la chaussée s'arrête tranchée net. Le fleuve l'a emportée. Toute la corniche a foutu le camp lors de la dernière crue printanière. On aperçoit au fond du ravin ces gravats de goudron noir qui gisent, mêlés aux éboulis de roche et aux troncs déracinés, dans l'ocre brun de la terre. Nous n'irons pas plus loin sur nos selles de vélo. Nous n'avons pas d'autre choix que de hisser nos montures sur l'épaule et de grimper à flanc de falaise la dernière borne nous séparant du prochain village avec ce chargement de trente kilos qui nous donne l'air de sherpas tibétains.

Éreinté par cette nouvelle épreuve, les muscles raides, le cuir des fesses irrité, le cerveau encore ravagé par notre murge de la veille, je parcours les derniers kilomètres de la journée en pédalant comme un boxeur groggy – le blues du Danube me saisit, des visions me brouillent l'esprit, Circé doit opérer dans les parages, des pourceaux se vautrent dans les ruisseaux gorgés de nitrate, une nymphette blonde surgit lancée au trot sur une charrette, à partir de Rasova, les villages sont annoncés par des panneaux sous-titrés *localitate de frontiera*, ce sont les signes avant-coureurs que nous approchons de la Bulgarie, ici commence la zone mouvante du *Cadrilater*, les toponymes des bleds ballottés d'un pays à l'autre hésitent entre langue roumaine et langue bulgare, racines latines et racines slaves se mêlent et se chevauchent – à Cernavodă, le minaret de la mosquée émerge par hasard d'un pâté de bicoques délabrées ; comme celui de Măcin, comme celui d'Isaccea, il est muni de haut-parleurs, il y a donc encore des musulmans pratiquants dans cette ville située à l'embranchement du canal Danube-mer Noire. De 1949 à 1953, des dizaines de milliers d'*ennemis du peuple* déportés dans le goulag roumain crevèrent en creusant ce canal long de quatre-vingt-quinze kilomètres – Staline et

Gheorghiu-Dej rêvaient d'abréger de quatre cents bornes le cours du fleuve et de rejoindre la mer Noire en coupant à travers la Dobroudja, Ceaușescu reprit le chantier en 1976, le canal fut inauguré en 1987, aujourd'hui il est à peine rentable, c'est un canal sans péniches, sans vraquiers, sans voiliers, une triste tranchée de béton où stagne une eau grise qui reflète les nuages et attire les pêcheurs.

12

Les vents du Bărăgan

Ion Corvin-Oltenița (Roumanie), 6 juillet, 145 km

Dénicher un réparateur de bicyclettes dans des patelins perdus aux confins roumano-bulgares n'est pas une mince affaire. Hier soir, ce n'est qu'en arrivant à notre terminus, le village d'Ion Corvin, que j'ai pigé pourquoi j'avais traîné des roues toute la journée, roulant au ralenti dans la canicule : rayon cassé, roue voilée. J'ai fait près de cent bornes en usant mes patins de frein contre la jante arrière. Ce matin, nous sommes prévenus : il n'y aura rien avant Călărași, qui est à plus de soixante bornes à l'ouest d'Ion Corvin – je desserre le mors de mes freins et nous reprenons la route raboteuse malgré ma roue voilée que je sens se tortiller sous mes fesses telle une anguille.

Il est 7 heures du matin, les coqs s'égosillent dans les basses-cours, toute la Roumanie s'éveille dans le brasier d'or pur des moissons, et nous sommes là, Vlad et moi, sur nos vélos, à pédaler comme des cons, tandis qu'à notre gauche se déroule cette scène mythologique, ce rituel ancestral que nous n'avons jamais vu pour de vrai, que nous ne connaissons qu'à travers des enluminures médiévales, des manuels d'histoire et des tableaux croisés dans des musées, *Les Très Riches Heures du duc de Berry*, Brueghel l'Ancien, Nicolas Poussin ou Jean-François Millet : les charrettes sont stationnées en file indienne, les chevaux fouettent l'air de leur queue pendant que les hommes – silhouettes minuscules vêtues de couleurs vives – fauchent le blé à la main ; le feu des lames scintille dans les premiers rayons du soleil ; les tiges de blé qui n'ont pas été moissonnées s'accrochent à la terre et se dressent en vain contre les faux, c'est un long mur d'or qui s'écroule pan par pan, les gerbes s'entassent tous les dix mètres et forment des meules qui grossissent, leurs ombres s'allongent et se rejoignent ; là-bas, un homme miniature grimpe dans une charrette et tasse la meule énorme et débordant de toutes parts ; plus loin, une charrette est déjà prête à partir et le petit cheval blanc paraît encore plus médiéval et plus inconsistant sous la montagne de paille qu'il lui faudra tracter jusqu'au village.

Vlad a mis le pied à terre pour ne pas rater une miette de cette scène adamique. Le réveil est difficile, je me frotte les yeux dans la poussière dorée, je me demande si tout cela n'est pas un rêve – la petite reine est vraiment une machine à remonter le temps, vous pouvez vous rendre dans des villages qui vivent encore au Moyen Âge et qui ne sont pourtant qu'à deux ou trois heures de vol de Paris alors qu'il n'y a aucune chance de traverser des bleds pareils en bagnole, car il n'y a aucune raison de se trouver ici, entre les villages de Negureni et de Băneasa, à chercher désespérément un rayon de vélo parmi les champs de blé, comme on chercherait une aiguille dans une botte de foin.

Băneasa, où les moissonneuses-batteuses que nous avons croisées en Ukraine appartiennent encore au futur, n'est qu'une bourgade agricole sans intérêt sinon la belle coupole dorée de son église. La ville est située dans une cuvette, des chiens errants ont tenté de nous arracher un morceau de mollet dans la descente, les nids-de-poule ont secoué tout mon barda et je sens bien que ma roue arrière s'apprête à me lâcher, nous frôlons la Bulgarie qui commence à quatre kilomètres à main gauche quoique aucun chemin n'y mène, la police des frontières rôde dans les rues, ici on parle roumain, bulgare, turc et romani, les confins européens renferment toujours des populations qui se sont trouvées piégées là contre leur gré ou qui espèrent tirer de la démarcation quelque prestige ou quelque business.

Depuis la fin des guerres balkaniques, la Turquie s'est reculée pourtant bien loin de Băneasa, mais comme la marée haute laisse sur le rivage des traces de son passage, os de seiche, varech ou goémon, l'Empire ottoman a laissé quelques Turcs fidèles à la langue des sultans, on dit encore *merhaba*, *nasılsın*, *evet*, *yok*, sur les trottoirs de Băneasa, nous demandons partout où nous pouvons trouver un rayon, je brandis le fil de fer pour expliquer le problème, j'apprends que rayon se dit *spiţ* en roumain, nul ne sait, ni la postière, ni le pompiste, ni la caissière de la supérette, où l'on peut bien trouver un *spiţ* dans les environs, on finit par nous indiquer une quincaillerie, un délicieux capharnaüm comme on en trouvait encore en France dans les années quatre-vingt, tenu par deux sœurs jumelles en tablier rouge, qui vendent tout ce qui peut servir dans une vie, exception faite des livres auxquels j'ai voué la mienne – citernes, jerrycans, arrosoirs, balais-brosses, brouettes, trottinettes, aspirateurs, tout ce qui n'est pas exposé sur le trottoir est affiché en photo dans la vitrine, et là, je n'y aurais jamais cru mais lorsque je brandis mon fil de fer en criant *spiţ spiţ spiţ*, au lieu de secouer la tête de gauche à droite comme tous les habitants de Băneasa, les sœurs jumelles sourient et me montrent tout un bouquet de rayons nickel chrome et même une clé à rayons, et même une gourde en plastique vu que j'ai perdu la mienne hier – le tout pour une pincée de lei.

C'est ainsi que l'on se retrouve à tricoter une roue libre sous le cagnard. C'est tout un art de faire passer un rayon dans les œillets du moyeu, de le raccorder à la jante, puis il faut bien le visser, éviter qu'il ne perce le fond de jante et la chambre à air, mais il faut le tendre suffisamment, un rayon mal tendu et la roue se voilera de nouveau, un rayon trop tendu vous claquera dans les pattes, il n'y a pas de réglage optimal ni de formule magique, c'est une question de doigté. Quand on procède à cette opération, accroupi dans la poussière, la roue pivotant sur ses cuisses, on a l'impression de jouer d'un instrument bizarre, une sorte de lyre un peu trop circulaire, et d'en gratter les cordes – une musique ineffable s'en dégage, on ne dira jamais assez à quel point la bicyclette est un instrument de pur lyrisme, les plus belles phrases nous viennent souvent en pédalant, le vélo fait chanter les paysages, des rhapsodies naissent dans les virages, sur une selle comme dans un livre, *le plus dur c'est de trouver le bon rythme*, disait Vlad, c'est bon signe si la petite reine revient dans nos campagnes, ici en Dobroudja, on croirait que même la draisienne ou le vélocipède sont encore inconnus, les paysans que nous croisons dans leurs champs ou sur leurs carrioles nous regardent avec de gros yeux ronds, au point qu'ils finiront peut-être par nous demander quel est cet objet magique et triangulaire sur lequel nous glissons grâce à ces deux cercles d'acier – en Ukraine, en revanche, il y avait partout des gens à vélo, héritage de l'URSS et de la métallurgie reine, mais ici, où il n'y a jamais eu d'usine, un cycliste ne peut être qu'un touriste : les paysans ont compris que sur les routes casse-pattes des Carpates et de Dobroudja, il vaut mieux se fier à la force d'un canasson qu'à celle de ses cuissots, d'autant plus qu'un cheval ne casse pas ses rayons : si un fer fout le camp, il suffit de s'adresser à un maréchal-ferrant.

Le type qui a tracé la frontière roumano-bulgare a dû le faire avec une règle dentelée : la ligne est très droite mais mordue çà et là par la Bulgarie que la route frôle de très près. Cette ligne en dents de scie, c'est la limite nord du *Cadrilater*, le *Cadrilater* est une longue bande de terre géométrique qui fut longtemps disputée entre les deux pays, les Roumains l'occupèrent de 1913 à 1940, ils colonisèrent la région, traitèrent les Bulgares avec le plus grand mépris, aujourd'hui les patrouilles de la *politia de frontiera* sont omniprésentes dans la zone, on croirait que les Roumains attendent une offensive bulgare pour ramener la frontière plus au nord, comme le prévoyait initialement le traité de San Stefano du 3 mars 1878 invalidé quelques mois plus tard à Berlin, les Allemands régnaient alors sur les destinées de l'Europe, les Allemands colonisateurs du Danube et pourvoyeurs de rois, les Allemands qui échoueront toutefois à réconcilier Roumains et Bulgares durant la Seconde Guerre mondiale, aujourd'hui les

Allemands et leurs complices français veillent à ce que Roumains et Bulgares tiennent leurs frontières le doigt sur la couture du pantalon comme nous veillons à ce que les Grecs se serrent la ceinture, car il paraît que nous traversons une *crise migratoire* qui vient s'ajouter à la crise économique, alors, oui, toutes les issues possibles à travers le peigne édenté de la frontière sont bloquées par des 4 × 4 et des cerbères à casquette, mais il faudrait encore que les réfugiés se fussent infiltrés à travers les barbelés turco-bulgares pour parvenir jusqu'à ces confins forestiers où l'on dirait, pour reprendre une expression de mes ancêtres, que le bon Dieu n'est passé que de nuit…

Dans les Balkans, les confins – qui sont un peu partout, il faut bien le dire – sont toujours le terrain d'élection des monastères, comme s'il fallait l'aide de Jésus et de ses armées de barbus pour sécuriser la bordure et sanctuariser le pré carré national. Sur la route de Silistra, c'est ainsi tout un chapelet de coupoles dorées qui s'égrène. Devant le monastère de Dervent, nous rencontrons deux vieillards vendant le produit de leurs jardins : Cornel et Mihail nous font l'article en français, leurs pêches, leurs prunes, leurs abricots, sont encore gorgés de soleil – la région est bénie des dieux, disent-ils, c'est le verger de la Roumanie, et puis regardez toutes ces vignes, nous faisons du très bon vin mais il faut surtout goûter la *țuică*, non, non ce n'est pas trop fort, c'est le meilleur des énergisants, ça va vous fouetter le sang, et ce soir vous allez voir, vous serez déjà à Bucarest ! Nous acceptons le défi, buvons une gorgée de gnôle, puis deux, puis trois, à tour de rôle, emportons même une bouteille dans nos bagages, en espérant que les douaniers bulgares ne nous emmerderont pas à la frontière – la suite se perd dans mes souvenirs, nous ne pédalons pas à la limite de deux pays mais aux confins du songe et de l'ivresse, je revois seulement le beau visage d'un Christ sur une iconostase ; le ruban de la route qui s'élève en zigzag entre fleuve et lac ; le panneau d'un village qui s'appelle Ostrov, le mot bulgare pour dire *île*.

Silistra devrait s'appeler *Sinistra*. Vue de loin, la ville, dont le nom engage peu à la rêverie, s'annonce assez sinistre – nous avions oublié que les agglomérations ressemblent ici à des complexes métallurgiques, avec les blocs noirs de leurs immeubles se dressant sur la rive tels des hauts fourneaux. Pour atteindre le centre-ville, il faut longer les barbelés de la frontière à l'ombre des banlieues roumaines, et ce n'est qu'au dernier moment que s'annoncent les drapeaux bulgares et les premiers caractères cyrilliques : cernée au nord et à l'est par la Roumanie, la ville de Silistra fut longtemps une sorte d'enclave bulgare en territoire roumain ; aujourd'hui, l'intégration à l'Union européenne facilite les échanges, mais la ville demeure la pointe avancée d'un pays dont nous ignorons tout. Les douaniers nous laissent passer sans vérifier nos bagages, et nous voilà pénétrant dans l'ancienne capitale des pachas, cherchant des yeux les panneaux qui nous indiqueraient la fameuse mosquée du XVIe siècle, dernier vestige local de l'islam.

La mosquée est une merveille Renaissance que jouxte une banque autrichienne ; on ne peut pas entrer, on ne peut qu'en faire le tour, prendre des photos, puis déguerpir car le vigile de l'établissement bancaire considère que nos montures parquées sur le trottoir obstruent l'accès de la clientèle et viennent mordre sur ses plates-bandes ; il n'ose pas nous reprocher notre odeur et notre accoutrement, mais je sens bien que ces deux vagabonds venus du diable Vauvert et puant la sueur l'importunent. Après le garde-frontière, notre premier contact avec un Bulgare n'est guère engageant : le voici, le vrai cyclope de l'Europe. Mais dire du vigile d'une banque autrichienne qu'il est bulgare n'a aucun sens : il n'est pas plus bulgare qu'autrichien ; la banque est sa patrie, l'Empire son territoire, le capitalocène son ère.

Il faudrait faire un jour l'inventaire des derniers minarets d'Europe pour témoigner que l'Empire ottoman fait partie de notre histoire, à nous, Européens. Qu'il ne fut pas seulement l'envahisseur sanguinaire, le bachi-bouzouk trancheur de têtes et violeurs de femmes, mais aussi un agent majeur de civilisation : sur une terrasse ombragée de parasols, la serveuse d'un troquet, dont le prénom – Ruya – épinglé sur son tablier trahit l'appartenance à la minorité turque, très présente à Silistra et dans les environs, nous vante dans sa langue – *çok güzel ! çok güzel !* – le grand choix de *bureks* qui s'étalent derrière une vitrine. D'après elle, c'est à Silistra, où les Turcs sont restés plus d'un demi-millénaire, que l'on mange les meilleurs *bureks* de Bulgarie.

Notre passage dans ce pays est éphémère, il est tard, il nous reste quatre-vingts bornes avant de planter la tente, nous devons repartir et nous n'aurons pas le temps de goûter tous les *bureks* de Ruya ; en avalant les dernières miettes de fromage et de pâte feuilletée qui constellent mon assiette puis en sifflant mon verre d'*ayran*, une boisson lactée à base de yaourt la plus désaltérante que je connaisse, c'est toute ma vie stambouliote qui resurgit dans ma mémoire, au point que je vois le Danube au loin miroiter comme une Corne d'Or. Avant de remonter sur ma bécane, je remercie mentalement les Turcs d'avoir laissé de si bons souvenirs de leur implantation multiséculaire : quand je vivais à Istanbul, Kara Deniz m'appelait *ayrancı* ou *burekcı*, c'est-à-dire le buveur d'*ayran* ou le bouffeur de *burek*, car j'étais alors dans la dèche et mon alimentation se réduisait à ces deux apports nutritifs : force calcium et sucres lents, qui sont beaucoup plus adaptés au régime d'un cycliste que les *chachliks* ukrainiens ou la *mamaliga* roumaine.

Il n'y a pas de ville danubienne qui ne fût un jour la capitale de quelque chose – empire, royaume, duché ou district administratif. Silistra fut autrefois la capitale d'un des plus grands *pachaliks* de l'Empire ottoman. Durant trois siècles, les pachas de Silistra régnèrent sur de très vastes territoires riverains du Danube et de la mer Noire, leurs possessions allaient des bouches du Dniepr à l'est aux Portes de Fer à l'ouest, englobaient la Dobroudja, la Bessarabie, le Boudjak, le Yedisan et les deux tiers de l'actuelle Bulgarie jusqu'à Andrinople, aujourd'hui Edirne, en Turquie – bref, tous les territoires que nous avons traversés depuis notre départ d'Odessa et tous ceux que nous traverserons dans les jours à venir, jusqu'à la frontière serbe et même plus loin encore, se trouvèrent jadis sous la juridiction du pacha de Silistra ; le premier de ces pachas n'était autre que le khan de Crimée.

Aujourd'hui Silistra, accablée par la canicule, n'est plus qu'une grosse bourgade frontalière assez morose, aux rues désertées ; des ruines d'église byzantine côtoient des vestiges de T-34 soviétiques et un buste de Léon Tolstoï rappelant les bienfaits du grand frère russe ; comme chaque ville du Venezuela, du Pérou ou de Colombie a sa statue et son boulevard à la gloire de Bolívar, *El libertador*, chaque ville de Bulgarie a son avenue et son monument en hommage au tsar *osvoboditel*, le libérateur, *alias* Alexandre II ; ici, cet hommage se double du monument au soldat inconnu commémorant tous ceux qui tombèrent au champ d'honneur pour la libération de la Dobroudja : nous sommes bien dans un des quatre angles du *Cadrilater*, cette région longtemps disputée entre Roumains et Bulgares, avec pour enjeu stratégique l'accès au delta.

Le bac de Silistra s'appelle le *Cardinal* et navigue sous pavillon roumain, nous y accédons après avoir franchi de nouveau l'unique poste-frontière, gagné le port fluvial, payé la traversée en lei dans une casemate en préfabriqué, dérapé sur l'embarcadère métallique – c'est à partir d'ici que le Danube redevient une bordure, le plus long segment frontalier de son parcours, 470 kilomètres d'eaux vives entre la Roumanie au nord et la Bulgarie au sud, mais pour l'instant le fleuve est large et paisible comme un lac, la diagonale d'un embarcadère à l'autre mesure près de deux kilomètres, le soleil au zénith frappe la grande étendue bleue, tout miroite ou scintille autour de nous, les pare-brise et les rétroviseurs, les calandres encore fumantes dans l'air torride, les lunettes de soleil des passagers, les cheveux blonds de notre voisine. Magda est une Sicule, une Magyare de Transylvanie, comme l'indique le macaron jaune et bleu de sa plaque minéralogique, le croissant renversé figure la lune, dit-elle, et l'étoile à huit branches figure le soleil – toute la famille revient d'une station balnéaire sur la mer Noire, du côté de Varna, nous les écoutons se raconter leurs vacances en hongrois, dans cette langue insulaire et vocalique qui paraît mimer le clapotis des vagues sous la coque du *Cardinal*.

Sur la rive nord, à Călărași – bourgade au plan géométrique qui paraît bâtie dans la nuit pour le décor d'un western spaghetti –, c'est la morne plaine roumaine. Ici commence le Bărăgan chanté par Panaït Istrati – « cette immensité qui cache l'eau dans le tréfonds de ses entrailles et où rien ne vient, rien, sauf les chardons ». Oui, voici la terre appartenant à « l'innombrable peuple des chardons », terre lugubre façonnée par le fleuve, lequel déborde ici tous les hivers, avec ses glaces, et ne laisse derrière lui qu'une plaine marécageuse et ravagée, une *tabula rasa* dévastée par la violence hivernale de ses crues. Si le cycliste peut toujours échapper aux chardons, en revanche il ne peut pas se soustraire à l'un de ses pires ennemis, qui règne ici en maître : dans le Bărăgan, Éole est un fleuve au souffle autrement plus puissant que le Danube – c'est un fleuve qui coule tous les jours, c'est un fleuve qui ne vous lâche pas d'une semelle et que l'on n'oublie pas de sitôt, c'est un fleuve de fer qui balafre le ciel et fait tout ployer sur son passage, les peupliers et les pignons, les audaces sportives et les défis géographiques.

Ici, dans le Bărăgan, nul n'a voulu se frotter de trop près au Danube, mais personne ne peut échapper au vent. Pas une seule ville ni un seul village n'est édifié sur les rives, et tout ce qui a tenté l'aventure, routes ou chemins de terre, usines ou débarcadères, est averti de bien vouloir déménager l'hiver ; mais le vent, lui, n'a pas de rivages ni de saisons, on ne peut pas lui échapper, on ne peut pas s'abriter de ses fureurs : tracée à une distance respectueuse de la rivière envahissante qui a repoussé les Roumains loin de son lit, la route d'Oltenița passe à travers les landes à chardons, les champs de maïs, les bras morts et les étangs, les lacs et les marécages, les bancs de sable et les cuvettes herbues, toutes ces laisses abandonnées par le Danube au cours de ses marées d'hiver – elle voudrait bien passer à travers le vent, mais c'est le vent qui passe à travers elle et s'engouffre entre les arbres alignés. Sur la longue ligne droite filant entre les peupliers couchés à l'horizontale, le blues du Danube nous reprend, le désarroi nous ronge, nous hésitons à jeter l'éponge.

– Tu ne veux pas faire demi-tour pour gagner la gare de Călărași et sauter dans un train pour Bucarest ? dis-je à Vlad qui se contente de pester en pédalant de plus belle.

– Quelle connerie, ces voyages à vélo ! Tu voulais vraiment vérifier qu'en Europe les vents dominants soufflent d'ouest en est ?

Dans ce paysage d'une tristesse inouïe, des hommes et des femmes, petites souris grises, surgissent d'immenses porcheries industrielles et se dirigent vers des abribus déglingués, un sac plastique à la main ; le vent nous souffle dans les narines ces relents de lisier pestilentiels qui semblent être ici l'odeur non seulement de la plaine roumaine mais d'un passé qui ne passe pas : celui de l'ère Ceaușescu, dont les reliques sont innombrables. Pas de piste cyclable, pas de bas-côté, rien pour nous abriter des bourrasques ni des poids lourds qui déferlent dans notre dos, rugissent sur la route et nous frôlent sans pitié en nous rasant les mollets ; Vlad a enfilé un gilet jaune pour se signaler aux chauffards : pas question de crever comme un con au milieu de nulle part !

Nous piochons dans l'air tels des crevards, arcboutés sur nos guidons, pédalant sur les plates-bandes dès que nous traversons un de ces patelins lambda s'étirant de part et d'autre de la chaussée ; nous sentons bien que nos chances de parvenir à destination avant la nuit s'amenuisent à mesure que les rafales forcissent – bientôt nous voici stoppés net sur les rives d'un lac de barrage dont les eaux se soulèvent sous la tempête ; le ciel est jaune, menaçant ; au nord, on le voit rayé de grands traits noirs : il pleut déjà des cordes sur Bucarest. Quand nous repartons, c'est pour constater que le vent a tourné à 180°, à présent nous voilà poussés par l'ouragan sur une rampe de lancement, plus rien ne résiste, plus rien ne pèse, les vélos, les bagages, les bonshommes, tout est léger, nous sommes deux fétus de paille glissant sur cette terre de grisaille, puis le vent nous donne des ailes, nous moulinons sans douleur à plus de quarante à l'heure et l'espoir revient, l'espoir de parvenir à boucler cette étape comme nous l'avions prévu, sans remettre le moindre kilomètre au lendemain.

Mais c'était sans compter les caprices du ciel roumain : dans le Bărăgan, comme dans les Grandes Plaines américaines, l'ouragan guette toujours le bourlingueur imprudent ; jamais à part dans le Midwest je n'ai vu les éléments se liguer ainsi contre l'homme pour lui rappeler qu'il n'est qu'un petit point noir errant sur la planète. Il y a bientôt des éclairs et le tonnerre nous fait sursauter ; de grosses gouttes dures tambourinent sur la chaussée qui vire à la patinoire ; en moins de deux, nous voilà trempés jusqu'aux os, frissonnant dans nos maillots ; heureusement, un nouveau hameau s'annonce, je vise un abribus, fends la route en diagonale, écrase les manettes de mes freins, manque de renverser une ribambelle de canards qui caquètent à rameuter tout le patelin, dérape devant des gamines qui s'effarouchent, plante ma bécane sur sa béquille et mets le pied à terre sous l'abribus, dégoulinant de flotte et de sueur. Vlad me rejoint en enchaînant les mêmes gestes. Un boui-boui crasseux tenu par un couple de Thénardier jouxte l'abribus ; sous son grand store rouge aux armes de Coca-Cola se sont réfugiés tous les ivrognes que compte le bled de Stancea, soit probablement un homme sur trois.

La bière et la *ţuică* coulent à flots sous le *plic ploc* infernal du déluge. L'écho du tonnerre résonne sous l'auvent de la gargote. Des éclairs zèbrent le ciel. Les verres se vident et se remplissent. La boue ruisselle sur le trottoir. Les camions défilent et nous aspergent de grands *splashs* qui ne suffisent pas à faire dessaouler la galerie. Les langues se délient et les dents se découvrent, dents de toutes les couleurs et dans tous les états : dents grises, dents jaunes, dents en or, dents vertes, dents pourries, petits chicots cariés et luisants tels des morceaux d'anthracite. Les blagues et les jurons fusent de toutes parts. Un des Tziganes baragouine un peu de serbe, il a vécu en Yougoslavie, nous engageons la conversation en enchaînant bière sur bière. Je dois bientôt me lever pour demander à la patronne s'il y a quelque part, dans son troquet ou dans ce bled imbibé d'alcool, des toilettes. De la tête, elle fait signe à mon Tzigane, qui se lève pour m'indiquer la direction. L'homme aux dents vertes m'emmène au coin de la rue, ses claquettes font *flic flac* dans la boue. Face à un pylône, il se plante fermement sur ses deux jambes, déboutonne la braguette de son bermuda :

– Les voici les chiottes, première classe, mon pote !

Là-dessus, il se soulage d'un jet roide comme une tringle à rideaux et lâche un pet tonitruant, accompagné d'un rire assourdissant.

« Dans le peuple, c'est la misère qui engendre l'ivrognerie » : ces paroles de Panaït Istrati me reviennent en mémoire. Mais comme toute société, celle des ivrognes a ses parias, ses idiots du village et ses boucs émissaires. Bientôt le patron s'engueule avec le plus bourré d'entre eux, celui qui tient le moins bien l'alcool, sous prétexte qu'il a bien assez bu et qu'il est temps qu'il fiche le camp – il le roue de coups, les deux types sont au bord de la rixe lorsque les autres s'interposent et les séparent.

Je ne saurais dire combien de temps nous sommes restés là, sous le grand store Coca-Cola, à siroter de la bière et de la *ţuică* sans rien piger à ces querelles de poivrots. Quand nous remontons en selle, Vlad et moi, le crépuscule s'annonce, la pluie n'a pas cessé mais le gros de l'averse est passé, des cigognes voguent dans un ciel déchiré comme la grève d'une rivière, un ciel fantasmagorique, hanté de silhouettes inquiétantes et de petits cris bizarres ; nous ne savons plus où nous roulons, sur terre ou dans les cieux, l'herbe est couleur de vin, l'horizon vert comme une flambée d'absinthe, les buissons voltigent parmi les nuages, le Danube s'est évanoui dans la vaste plaine, toute la tragique solitude de ce périple à rebours du temps nous étreint dans le grand flux violet de la nuit balkanique – nous sommes les derniers cavaliers de l'orage, deux cow-boys rincés par l'alcool et la pluie, deux gauchos taciturnes chevauchant l'Europe à cru, deux romanichels en quête de roman, qui voudraient bien dire qu'ils aiment cette terre, qui voudraient bien chanter la gloire de ce continent, mais partout la tristesse nous poursuit, que cette vieille Europe est triste, que ce monde d'hier est triste !

Soudain, aux abords d'Oltenița, une meute de chiens errants se réveille et nous prend en chasse ; un par un, ils surgissent des fossés, ils surgissent des fourrés, ils surgissent des ténèbres, ils surgissent de mes peurs ; leurs babines bavent au clair de lune, leurs canines luisent sous les étoiles, leurs aboiements secouent les nuages ; je vois leurs muscles saillir dans le faisceau de mes phares ; je vois leurs pattes griffues rebondir sur l'asphalte ; je vois leurs yeux injectés de sang brûler comme des flammes ; ils vont très vite, ils galopent plus vite que nos ombres ; dressés sur nos pédales, nous pressons le dernier jus de nos mollets pour leur échapper, une station-service s'interpose entre eux et nous, une meute rivale se rue en sens inverse et les détourne de leurs proies, les deux meutes s'affrontent là-bas dans la nuit indigo et je me dis en reprenant haleine que ces chiens sauvages sont les âmes errantes de toutes les petites nations bientôt disparues d'Europe – le nationalisme est une maladie contagieuse, une rage qui se transmet de siècle en siècle, et les clébards qui survivront à l'homme porteront le souvenir de cette rage à travers les âges…

13

Colonne Trajane

Bucarest (Roumanie), 8 juillet

Je ne vous décrirai pas Bucarest car bien d'autres l'ont fait avant moi, et Bucarest ne se situant pas sur le Danube, elle ne m'intéresse pas, d'ailleurs personne ne veut nous dire pourquoi la capitale roumaine s'est établie ici, au milieu de nulle part, je veux bien que le fleuve découche de son lit tous les ans lors des crues printanières, mais personne n'a jamais vu un Danube de soixante-dix bornes de large, alors pourquoi trois millions de Roumains sont-ils venus s'agglomérer ici, dans cette plaine accablée de torpeur au point qu'il leur faut fuir tous les étés vers la mer pour respirer un peu d'air pur ? À défaut de fleuve, la rivière qui traverse la ville, rivière dont j'ai oublié le nom, est à peu près aussi moche que celle qui coupe en deux Sarajevo, aussi jaunâtre, aussi boueuse, j'ai le blues du Danube, il y a des touristes à tous les coins de rue comme à Sarajevo, dans tous les caravansérails transformés en restos folkloriques, on y cause le *globish* qui est encore la langue de l'Union malgré le *Brexit*, pas moyen d'admirer ces merveilles de l'architecture valaque car il y a des parasols partout, le touriste aime le soleil mais n'accepte de griller que sur une plage.

Non, je ne vous décrirai pas Bucarest, je me contenterai de vous dire que ce fut pour moi comme une Rome sans collines, sans capitole, sans colisée, sans forum, j'ignore pourquoi je pense à Rome quand j'évoque cette ville surnommée le *Paris des Balkans*, sans doute à cause de la chaleur, de la touffeur et de l'anarchie du bâti urbain, peut-être à cause des édifices imposants de Ceaușescu le *Conducător*, qui rivalisent de laideur avec l'architecture fasciste de Mussolini le *Duce*, probablement à cause des chauffeurs de taxi se signant aux carrefours et devant les églises, mais surtout, je crois que c'est à cause de la langue – on ne dit jamais assez combien la langue est une partie constitutive d'un paysage ; une ville, pour moi, c'est d'abord et avant tout un texte grouillant de significations entremêlées, des enseignes et des réclames à lire en permanence, il suffit de séjourner quelques mois à la campagne pour comprendre à quel point toute ville est un roman – rom, roman, romain, roumain, il n'y a qu'une ou deux lettres de plus d'un mot à l'autre et pour qui lit, parle et comprend l'italien, le roumain n'est pas si difficile à piger, on devine toujours à peu près de quoi il retourne.

Non, je ne vous décrirai pas Bucarest, mais puisque je pense à Rome en écrivant ces lignes, il est temps de vous décrire ici la réplique de la colonne Trajane, un des joyaux du musée d'Histoire de la capitale roumaine. La salle principale du musée abrite des moulages de la colonne originale, on dirait un grand tronc d'arbre débité en tranches et chaque tranche est exposée avec son numéro de manière à raconter l'épopée de la conquête romaine et de la romanisation des Daces, le grand roman national du peuple roumain.

L'histoire commence comme toujours par le tracé de la frontière – en l'an 101 de notre ère, le *limes* est une palissade circulaire faite de pieux en bois, c'est un poste avancé de l'armée romaine en *Moesia inferior*, puis on voit les premières embarcations qui s'aventurent sur le Danube, le fleuve est un dieu robuste et barbu, cheveux longs, tête auréolée de plantes aquatiques, il observe l'armée romaine marchant sur des pontons flottants, les légionnaires portent à l'épaule leur glaive et leur casque, Trajan est entouré de ses lieutenants, après le tracé de la frontière et le franchissement du fleuve commence le sacrifice, un porc, un mouton et un taureau sont amenés sous la lame de l'égorgeur, des aruspices interprètent les entrailles des animaux sacrifiés pour connaître la volonté des dieux, l'empereur en habit sacerdotal préside la cérémonie, la troupe avance en territoire ennemi, elle construit des camps qui donnent naissance à des villes, des ponts sont jetés sur les affluents du grand fleuve, des éclaireurs les traversent, ils arrivent en vue de Sarmizegetusa, la capitale des Daces, les soldats abattent les arbres pour éviter les embuscades, la bataille de Tapae s'engage entre les Romains glabres et casqués et les Daces barbus aux cheveux longs, les combats sont acharnés, de nombreux morts et blessés gisent au sol, un légionnaire tient la tête d'un Dace entre ses dents, les auxiliaires germains saccagent un village et mettent le feu aux huttes en bois, l'empereur en personne est venu contempler l'incendie, le parapet du camp fortifié où s'est retranchée l'armée romaine est orné de têtes décapitées fixées sur des piques, les récompenses sont distribuées aux officiers les plus valeureux, les ambassadeurs viennent demander la paix, des femmes voilées implorent la clémence de Trajan, les troupes hivernent en territoire ennemi, la capitale dace est assiégée – durant l'hiver, l'armée de Décébale, le roi des Daces, a reçu les renforts des cataphractes, les cavaliers sarmates aux cuirasses en écailles qui leur donnent l'apparence d'hommes-reptiles, ils attaquent un fort romain isolé, Trajan décide de réagir et embarque ses légions à Viminacium, le débarquement se fait à Oescus, le combat s'engage contre les Sarmates, la victoire romaine à la nuit tombée donne naissance à la ville de Nicopolis ad Istrum, l'armée poursuit sa conquête et affronte l'ennemi sur une colline, le chemin est jonché de morts et de blessés, trois prisonniers romains sont torturés par des femmes qui leur brûlent le torse avec des torches – en 102 l'histoire se répète, l'armée romaine embarque à nouveau sur le Danube, les légionnaires franchissent les montagnes, les Daces qui se battent à coups de faux et de faucilles sont refoulés vers les forêts, les Romains sont épaulés par la cavalerie numide, des archers parthes et des frondeurs germains, les légionnaires adoptent sous leurs boucliers la formation de la tortue pour assiéger un fort qui ne tarde pas à céder, Trajan se tient sur un promontoire rocheux et reçoit en offrande les têtes des guerriers décapités, Décébale se prosterne en implorant la grâce de l'empereur, il est suivi de nombreux princes dont certains ont les mains liées dans le dos, les vaincus démantèlent les murs de leur capitale, l'image de la Victoire ailée conclut cet épisode – en 105 commence la deuxième guerre après l'invasion de la Mésie par les Daces, Trajan quitte Ravenne après un grand sacrifice à Neptune, l'armée traverse l'Adriatique et débarque en Istrie, l'empereur tient la barre dans sa birème puis les rênes de son cheval en galopant vers l'est, un grand nombre de femmes et d'enfants viennent à la rencontre de l'empereur et le supplient, Trajan inaugure le pont de Drobeta sur le Danube, c'est l'occasion d'un nouveau sacrifice, Trajan reçoit les ambassadeurs sarmates, iazyges et suèves avant de présider le conseil de guerre, l'armée s'avance à travers les Portes de Fer, les Romains lancent un dernier assaut contre la capitale reconstruite, les Barbares se défendent en lançant des pierres, Décébale ordonne de mettre feu aux quartiers de la ville qu'il ne peut plus défendre, les Daces assiégés s'empoisonnent pour ne pas tomber aux mains de l'ennemi, Décébale et ses fidèles s'enfuient vers les montagnes, des cavaliers se lancent à leur poursuite, le chef dace encerclé tombe à terre et se donne la mort avec un poignard à lame recourbée, les Romains le décapitent, sa tête est envoyée à Rome afin d'être exposée aux Gémonies, des princes sont capturés pour figurer dans le triomphe de Trajan à Rome, les femmes et les enfants sont contraints de quitter leur pays en un long cortège, ils emmènent avec eux leur bétail.

Il faudrait écrire un livre qui soit comme cette colonne Trajane, l'hélice de l'Histoire s'enroule et se déroule sous la forme d'une longue bande spiralée en bas-relief où sont gravées les aventures de l'empereur Trajan et du roi Décébale sur les bords du fleuve – oui, je voudrais écrire une sorte de rouleau original du Danube, un rouleau sans ponctuation, sans alinéa, sans paragraphe, sans chapitre un, deux ou trois, un rouleau sans début ni fin, un rouleau cyclique, évidemment, car c'est aussi cela le Danube, un rouleau compresseur qui malaxe les montagnes, qui malaxe les forêts, qui malaxe les plaines – hier encore, sur la route de Bucarest, j'ai braillé dans mon micro toutes les visions qui me passaient par la tête : devant nous vrilles de corbeaux, rires de mouettes, cymbales de tournesols, et toujours la même forêt rivulaire, cette frange infinie de millions d'arbres que rien ne distingue les uns des autres, saules cendrés, frênes cendrés, peupliers cendrés, hérons cendrés nichés dans leurs houppiers – la chaussée était défoncée, les cahots faisaient tinter ma sonnette et crisser mon guidon, le vent me donnait des ailes, je voudrais remonter le Danube ainsi jusqu'à son origine introuvable, et que ce voyage n'ait pas de fin, et que ce livre n'ait pas de fin ni de frontière – oui, il faudrait écrire un roman-fleuve car les fleuves sont ce qu'il y a de plus libre, un vrai livre doit être comme une rivière qui fabule, divague, digresse et se ramifie dans les plaines, mais il doit être aussi celui qui tranche, dézingue, érode, traverse les montagnes – il faudrait écrire uniquement des livres sans contraintes et sans intrigues, qui se jouent de tous les genres, de tous les styles, de tous les tons, des romans si l'on veut mais des romans sans obstacles, des romans vrais, pas des romans fabriqués – il faudrait que ce livre épouse au plus près la forme folle du Danube, un roman continu comme un long phrasé jeté dans l'inconnu, des virgules et des tirets mais pas de point, sauf lorsque la machine humaine s'arrête et met le pied à terre, des virgules comme des vagues ou des coups de pédale, des tirets pour reprendre son souffle, des tirets comme des flèches dès que l'on prend un peu de vitesse dans une descente ou des tirets pause lorsque la route nous force à baisser la cadence – oui, des tirets pour respirer un bon coup, *le plus dur, c'est de trouver le bon rythme*, disait Vlad, s*i tu ne trouves pas d'emblée ton propre rythme, c'est fichu, tu chopes un point de côté, tu te mets dans le rouge, il faut savoir doser, ne pas se griller d'avance, mouliner sans forcer, en garder sous la pédale…*

14

Pont de l'Amitié

Bucarest (Roumanie)-Roussé (Bulgarie),
9 juillet, 75 km

Enfin nous allons franchir notre premier pont sur le Danube. Le pont de l'Amitié Roussé-Giurgiu, 2 222 mètres de long, s'enorgueillissait encore, il y a peu de temps, d'être le plus long pont sur le fleuve. Inauguré en 1954, au lendemain de la mort de Staline, après deux ans et demi de travaux, il fut jusqu'en 2012 le seul pont reliant la Roumanie à la Bulgarie, ces deux pays que le Danube sépare mieux qu'un détroit. Son nom nous vient d'une époque où les démocraties populaires, chaperonnées par le Petit Père des peuples, se targuaient d'être amies – après des siècles de rivalité guerrière. Avec ses gros croisillons de métal qui hachent la vue sur la rivière et vous communiquent une immédiate sensation de claustration, avec ses piliers de trente mètres de haut dressés comme des guillotines, le pont est une merveille d'architecture carcérale. Côté roumain, deux portiques de colonnes à chapiteaux doriques gravés des dates 1952 & 1954 nous indiquent le chemin du sud, et nous pensons pour la première fois, en passant sous leur ombre tutélaire, que la Grèce n'est plus très loin, qu'au lieu de remonter le Danube comme des fous, nous pourrions changer de cap et pédaler jusqu'à Salonique, Athènes, Corinthe, la mer Égée ou pourquoi pas Istanbul : le train dans lequel nous sommes montés à Bucarest et dont nous sommes descendus en gare de Giurgiu était, précisément, l'express Moscou-Istanbul. En nous engageant sur le pont qui franchit d'abord un bras étroit et ponctué de plages noires de monde, nous le cherchons des yeux, cet Orient-Express qui nous berçait encore de son *tchacatchac* il y a quelques minutes ; le train et la voie ferrée ont disparu, comme si le fleuve vorace de Panaït Istrati les avait engloutis, un instant nous imaginons l'existence d'un pont invisible ou d'un tunnel secret que ne mentionneraient pas les cartes ordinaires ; ce n'est qu'une fois parvenus à l'autre bout du pont, sur la rive bulgare, que nous voyons le train resurgir à main gauche dans un nuage de fumée ; nous comprenons alors d'où venait cette impression que le pont vibrait de toutes ses tôles sous nos roues : ce n'étaient ni les bagnoles ni les semi-remorques que nous croisions sur la voie d'en face qui secouaient ainsi le tablier mais le train poursuivant son chemin vaille que vaille, traversant le fleuve au rez-de-chaussée tandis que nous pédalions à l'étage : le pont de l'Amitié, oui, est un pont à deux niveaux.

À notre arrivée à Roussé, roulant à toute berzingue sur les boulevards, nous avons loupé le panthéon des héros bulgares, au gros dôme doré qui ne passe pourtant pas inaperçu. En flânant sur les quais, nous tombons sur une jeune femme qui nous invite à visiter le musée de Baba Tonka – Baba Tonka, nous dit-elle, était une mémé rebelle qui offrit quatre de ses fils en sacrifice à la patrie : deux morts, deux exilés ; Baba Tonka prétendait qu'elle en aurait bien offert quatre autres si la patrie les lui réclamait. Là, dans ce musée, nous apprenons tout sur l'insurrection bulgare d'avril 1876 dont la devise cousue en lettres d'or sur des drapeaux verts était *Свобода или Смьрть* : « la liberté ou la mort ».

Après deux jours studieux et festifs à Bucarest, flâner à vélo sur les quais de Roussé est un repos bien mérité ; quand on arrive de la capitale roumaine, la perle bulgare du Danube, déjà quasi grecque avec ses terrasses et ses balcons, ses glycines et ses jardinets, ses cigales chantant l'appel de la Méditerranée, fait l'effet d'une grosse bourgade provinciale mais coquette ; et pourtant, Roussé – on disait alors Roustchouk – faillit bien devenir, à la fin du XIXe siècle, la capitale de la Bulgarie naissante. La capitale finalement choisie, Sofia, se situe loin, là-bas, dans les montagnes, je n'y ai jamais mis les pieds, Vlad non plus, je ne connais que le tarmac de l'aéroport, et la seule image que j'en ai gardée, c'est la vue sur les cimes enneigées du mont Vitocha, lorsque l'avion décrit dans le ciel la courbe d'un boomerang avant de plonger vers la grande tache grise s'étalant dans sa cuvette. Le port fluvial de Roussé était la capitale du vilayet du Danube, en turc *Vilâyet-i-Tuna*, lequel succéda au pachalik de Silistra. Après la victoire de Pleven en 1877, après le traité de San Stefano signé en 1878, les Bulgares, encouragés par leurs alliés russes, rêvèrent d'une Grande Bulgarie qui engloberait la Mésie, la Thrace et la Macédoine et s'étendrait de la mer Égée à la mer Noire. Mais le rêve fut éphémère : Britanniques et Prussiens – en l'occurrence Disraeli et Bismarck – ne tardèrent pas à raboter, au Congrès de Berlin, quatre mois plus tard, les frontières de la Grande Bulgarie, si bien que la première Bulgarie autonome ne couvrait que la moitié nord de l'actuel pays ; au sud, la région de Philippopoli, la Roumélie orientale, restait sous administration ottomane. Autrement dit, la première Bulgarie indépendante ne fut rien d'autre, au départ, que l'héritière du vilayet du Danube ; elle butait sur les deux lignes parallèles que lui traçait la géographie physique : au nord, le *limes* du grand fleuve européen, qui gelait tout l'hiver ; au sud la chaîne montagneuse du Grand Balkan, où il neigeait jusqu'au cœur du printemps. Quant au delta du Danube et à la Dobroudja du Nord, elle les abandonnait aux Roumains. Les Anglais et les Allemands pouvaient être rassurés : les prétentions panslaves du tsar étaient tenues en échec, et un petit sursis était accordé à leur grand allié à ménager, l'Empire ottoman, l'homme malade de l'Europe.

Vert pistache, jaune moutarde et rose bonbon : telles sont les trois couleurs pastel qui dominent sur les façades des plus anciens édifices de la ville. Colonnades et caryatides, angelots et mascarons, têtes de lions et feuilles d'acanthe : c'est à ces fioritures, toujours les mêmes, que se reconnaissent les villes danubiennes. En flânant sur les quais, nous découvrons, derrière un grillage cadenassé, les ruines de Sexaginta Prista, la citadelle romaine qui servait de base, sous le règne de Vespasien, à la flotte du bas Danube. Plus loin, dans une rue déserte, poussiéreuse et somnolente qui descend en pente douce vers la rive, nous tombons par hasard sur cette plaque :

Ici vécut Elias Canetti (1905-1994)
Prix Nobel de littérature 1981

Murs de brique et de pierre de taille, pilastres, chapiteaux, frontons, toitures de zinc ponctuées de fenêtres mansardées qu'encadrent des volutes, c'est un bel immeuble bourgeois comme on en voit dans le Paris haussmannien ou la banlieue chic de Vienne. On perçoit vaguement de la musique : accords de basses et tintement de cymbales. Vlad pousse la porte. Dans une grande salle vide aux murs couverts d'affiches, deux jeunes lascars au crâne rasé et aux bras tatoués, un guitariste, un percussionniste, sont en pleine répétition ; à notre vue, ils suspendent leurs gestes ; le second porte un t-shirt proclamant son amour pour la Russie. Je m'avance vers eux :

– Nous sommes bien dans la maison natale de Canetti ?

– Oui, oui…

– Et qu'est-ce que c'est aujourd'hui ?

– Une salle de rock, ça ne se voit pas, mon pote ?

Je leur demande s'il y a quelque part un musée dédié à l'écrivain ; ils me répondent qu'ils n'en savent rien.

Écrivain d'expression allemande, titulaire d'un passeport ottoman, devenu citoyen britannique en 1952, Elias Canetti résida successivement à Manchester, à Vienne, à Francfort, Paris, Berlin, Londres, avant de se fixer à Zurich. Difficile d'imaginer un esprit plus européen que cet homme qui vécut entre six langues – ladino, turc, bulgare, anglais, français, allemand – et qui naquit pourtant dans une ville qui se vivait en marge de l'Europe : « L'Europe, là, c'était le reste du monde. Quand quelqu'un remontait le Danube vers Vienne, on disait : il va en Europe ; l'Europe commençait là où finissait autrefois l'Empire ottoman. » Pour l'enfant Canetti, si Roussé n'était pas vraiment en Europe, elle ne se situait pas pour autant en Bulgarie : « Roustchouk, sur le Danube inférieur, où je suis venu au monde, était une ville merveilleuse pour un enfant, et si je me bornais à la situer en Bulgarie, on s'en ferait à coup sûr une idée tout à fait incomplète : des gens d'origines diverses vivaient là et l'on pouvait entendre parler sept ou huit langues différentes dans la journée. » Le vrai pays de Roussé, c'était la Danubie, ce pays métissé aux limites fluctuantes, aux horizons faussement monotones, ce pays poudroyant que nous avons sous les yeux tandis que le soleil se couche sur la rive roumaine, ce pays qui prédispose au voyage et permet d'apprivoiser l'exil, car vivre au bord d'un tel fleuve, n'est-ce pas s'émerveiller tous les matins à la vue des convois battant tous les pavillons qui glissent en silence, rayant l'horizon d'un long trait noir, aimantés vers un aval ou un amont d'où parviennent toutes les nouvelles, à commencer par le lever et le coucher du soleil, dont l'écho se répercute sur le miroir changeant des vastes eaux ?

Après dîner, nous décidons de nous rendre malgré la nuit qui tombe au panthéon des héros bulgares. Inauguré en 1978 pour célébrer le centenaire de la libération de la Bulgarie du joug ottoman, c'est un immense ossuaire préservant les restes de 453 révolutionnaires qui prirent part à la guerre russo-turque. Il révèle la survivance, dans les démocraties populaires, plus de trente ans après la Seconde Guerre mondiale, d'un idéal architectural illustrant la connivence entre l'ordre fasciste et l'ordre stalinien, entre toutes les architectures totalitaires : macabre et colossal, il rappelle les monuments aux morts érigés en Allemagne dans l'entre-deux-guerres ou en Italie sous Mussolini.

Aujourd'hui, le plus grand monument de Roussé est devenu le rendez-vous des dealers qui nous abordent pour nous revendre leur camelote. Des graffitis nationalistes courent sur ses grands murs de pierre de taille. Vu de nuit, sous le halo blafard des réverbères, le dôme doré, surmonté d'une croix qui s'efface dans les ténèbres, n'évoque pas un panthéon au sens grec du terme. Il fait plutôt penser à la carapace d'un scarabée cyclopéen, une monstruosité kafkaïenne, une sorte d'insecte géant, blindé, interstellaire, surgi de *La Guerre des mondes*, qui viendrait d'atterrir et se dresserait sur ses pattes de titan, prêt à marcher sur la ville pour l'anéantir.

15

Hypérie

Roussé-Svichtov (Bulgarie), 10 juillet, 111 km

En route pour Svichtov, le point le plus méridional sur le Danube – 43 degrés nord –, à la latitude de Saint-Tropez, de Sienne et du Cap Corse ! Retenus par l'amabilité de notre hôte et par le petit déjeuner gargantuesque qu'elle nous a servi, nous sommes partis tard, alors que le soleil effleurait déjà la cime du *Grand Hôtel Riga*, et c'est une erreur : la journée s'annonce torride. À cela s'ajoutent les contraintes du relief : nous avons consulté la carte routière entre le café et le muesli, compté les petits chevrons noirs s'égrenant le long de l'itinéraire, suivi du doigt les méandres bruns des courbes de niveau ; nous savons que l'étape sera une des plus ardues du parcours. Car dorénavant, pas moyen de suivre le Danube à la trace : de Roussé à Vidin s'étend le plateau moesique, qui borde le fleuve de falaises abruptes ; là où s'interrompt ce rideau de falaises s'étalent des zones marécageuses ; les quelques villes étapes qui nous serviront de repères – Svichtov, Nikopol, Oryahovo, Kozlodouy, Lom – se situent pour la plupart au confluent – site propice à l'étalement urbain – du

Danube et d'une des nombreuses rivières descendues du Grand Balkan. Les routes reliant ces villes ne longent jamais vraiment le fleuve ; elles traversent le plateau d'est en ouest et doivent par conséquent composer avec les caprices du relief. Ainsi, dès la sortie de Roussé, le ruban de bitume s'éloigne sensiblement de la rive et grimpe à l'assaut du plateau ; au village de Basarbovo, dans un virage, nous suivons le panneau qui nous indique la direction d'un monastère, la route se faufile entre une paroi de craie et un ruisseau bourbeux avant de parvenir en vue d'un élégant clocher de bois et de pierre de taille, encastré dans la roche.

Surgissant de son échoppe de bondieuseries, un pope affable nous propose une visite commentée. Le monastère de Basarbovo aurait été taillé dans la roche à l'époque du deuxième royaume bulgare, nous dit notre guide, mais c'est un impôt turc qui le mentionna pour la première fois et le fit entrer dans l'histoire. Quarante-huit marches taillées à flanc de falaise permettent d'accéder à l'église rupestre et à la cellule de saint Dimitri Basarbovski, le plus célèbre des ermites bulgares, qui vécut ici au XVIIIe siècle. Tout au long de sa vie, il ne fut jamais inquiété par les autorités ottomanes ; toutefois ses reliques furent transportées préventivement à Bucarest lors de la guerre russo-turque. Les scènes de sa vie sont illustrées sur une grande icône avec des inscriptions en grec et dans un vieil idiome roumain qui s'écrivait jadis en caractères cyrilliques. Comme un peu partout en Bulgarie, il y a aussi une icône de l'archange saint Michel terrassant le dragon ; les traits de son visage sont ceux d'un enfant sage mais inquiet ; il manie une lance trop grande pour lui et chevauche un destrier de manège blanc comme neige ; quant au dragon, avec ses petites ailes rouges et sa queue de serpent, il a la taille et la couleur d'un gros chihuahua.

De retour derrière son échoppe, le pope nous assure que l'eau du puits foré par saint Dimitri guérit de tous les maux. Nos gourdes remplies telles de saintes ampoules, le pope, saisi soudain d'un accès de curiosité, nous demande d'où nous venons. Nous lui montrons le drapeau hissé sur notre porte-bagages mais il ne le reconnaît pas. Il faut dire que depuis que nous sommes entrés sur le territoire bulgare, plus personne ne reconnaît notre petit pavillon tricolore orné de son slogan *#REZIST !* – sommes-nous russes ? italiens ? grecs ? allemands ? Alors que partout en Roumanie, on nous accueillait aux cris de *Vive la France !*, ici règne à notre égard la plus grande indifférence. La France est, pour les Bulgares, un pays lointain, méconnu, qui n'a laissé que le souvenir des turpitudes de l'Armée d'Orient. En dehors de cet épisode obscur de la Grande Guerre, que Roger Vercel a romancé dans *Capitaine Conan*, la France et la Bulgarie, ces deux finisterres de l'Europe communautaire, n'ont entretenu que des liens sporadiques ; Français et Bulgares ne se sont guère rencontrés, et dans les récits de voyage, fantasmes et préjugés font bon ménage. Pour la plupart des Français, bulgare rima longtemps avec barbare. Les *Buls* de la guerre de 14, la hantise du parapluie bulgare, cette sinistre invention soviétique, les caricatures du *Père Noël est une ordure*, les *doubitchous* de Sofia roulés à la main sous les aisselles par M. Preskovitch, toutes ces légendes et ces clichés xénophobes ont taillé la réputation de ces gens dont nous ne savons presque rien. Au Moyen Âge, nous n'étions pas si sévères : le mot *bulgare* (du bas latin *bulgarus*) aurait accouché en français du mot *bougre*. Tous les écrivains de passage dans la contrée – d'Ami Boué à François Maspero – se posèrent la même question et tentèrent d'y répondre par l'observation méticuleuse : les Bulgares sont-ils de bons ou de mauvais bougres ?

Si l'on juge une société à la qualité de ses émissions, il faut bien avouer que la téloche bulgare est une invitation à la Vulgarie. Des nénettes refaites des pieds à la tête qui se déhanchent en bikini sur fond de paysage vietnamien. Des gaillards aux gros biscotos, visière sus-orbitaire, crâne rasé, tatouages et piercings, qui roulent des mécaniques torse nu au bord d'une piscine : le rap bulgare est un concentré de beaufitude globalisée. Et la même soupe nous est resservie plusieurs fois par jour, dès que nous entrons dans un bistrot. Un soir, nous verrons à la télé un drôle de type se vanter de ses exploits : Dinko le superhéros, comme le présente l'émission, apparaît souriant, crâne rasé, en survêtement Adidas, juché sur un quad. Une journaliste jeune et jolie, en blouson de cuir noir, lui tend le micro ; Dinko raconte qu'il patrouille tous les jours le long de la frontière turco-bulgare, sur son engin, et qu'il s'adonne à la *chasse aux migrants* ; à lui seul il en aurait refoulé une vingtaine, à mains nues, et cloué au sol les plus récalcitrants. D'après Dinko, la *chasse aux migrants* devrait être encouragée ; il réclame même une gratification de vingt-cinq euros par tête.

Sur notre chemin, Vlad et moi n'avons rencontré ni M. Preskovitch ni Dinko le superhéros. Les gens que nous croisons se révèlent d'une gentillesse inouïe, chacun nous rend des faveurs et nul ne veut être rétribué en retour. Les Bulgares que nous avons rencontrés nourrissent une méfiance instinctive à l'égard du fric, comme si l'argent n'avait aucune valeur. Ils refusent l'idée qu'un service puisse être rétribué alors que toute notre société tertiaire, postindustrielle, repose sur le principe de rétribution des services ; c'est le temps que nous achetons – nous qui faisons toujours semblant d'être occupés, *busy*, *archibookés*, comme on dit –, le temps et le labeur des autres. La Bulgarie fut longtemps la *terra incognita* de l'Europe ; si le littoral de la mer Noire et la capitale se sont ouverts au tourisme, le reste du pays est largement épargné. Sa cartographie n'est plus aussi incertaine qu'à l'époque communiste mais son histoire demeure largement méconnue. Que savons-nous des royaumes bulgares disparus ? Dans ce pays où l'Empire ottoman s'est installé très tôt, précédant de près d'un siècle la prise de Constantinople – Salonique tombe une première fois en 1350, Tirnovo en 1393, Nicopolis et Vidin en 1396 –, la mémoire des royaumes médiévaux, très sollicitée par les pouvoirs en place depuis l'Indépendance, n'est guère parvenue jusqu'à nous. Et pourtant, la Bulgarie fut l'un des premiers États centralisés d'Europe.

Après avoir cassé la croûte à Ivanovo, nous prenons la direction du monastère de l'archange saint Michel. C'est une route défoncée qui dévale à pic vers le fond d'une vallée très encaissée entre de hautes parois calcaires – l'archétype du canyon. J'ai perdu Vlad de vue, il a filé dans la descente comme un boulet. Je le retrouve au fin fond des gorges, dans une verdure exubérante, en train de faire du gringue à une joviale vendeuse de savon. Elle lui dit *da* en secouant la tête de gauche à droite et *ne* en hochant du chef, alors il n'y comprend rien – je lui souffle que ça leur vient des Turcs, cette manière d'inverser les gestes. En Bulgarie, il y a toujours une échoppe, même dans les coins les plus reculés du pays, où l'on vous vend du savon à la rose car la Bulgarie est le pays des roses. La jeune femme nous parle des serpents qui pullulent, paraît-il, tout autour de nous ; d'ailleurs le canyon est surnommé *le val des vipères* ! Gare aux fourrés avec vos mollets dénudés ! Surtout ne vous éloignez pas des chemins balisés ! Pour atteindre l'église rupestre de Sveta Bogoroditsa (la Sainte Vierge), il faut garer les bécanes et grimper à pied un sentier abrupt entre des fougères géantes et des herbes folles. Rien ne signale l'existence du monument, pas de clocher, pas de coupole, pas de tympan. Ici, toutes les richesses sont à l'intérieur, sur les parois calcaires. Ce sont des fresques du début du XIVe siècle. Tout l'Évangile est narré là, juste au-dessus de nos têtes, dans la plus pure tradition byzantine. Selon notre guide, le chef-d'œuvre de ces peintures anonymes est la pendaison de Judas, une scène rarement représentée qui montre un homme jaune et nu, à la chevelure rousse, pendu à la branche maîtresse d'un arbre tout aussi nu, tout aussi jaune.

De retour sur la route de Svichtov, la roche affleure souvent mais ce n'est pas le *lœss* friable et ocre rouge de la Dobroudja, c'est du calcaire bien blanc, bien solide, tacheté de lichen, qui perce à l'horizon – pans de falaises surgissant dans la verdure profuse, sous le liseré plus clair des cultures perchées au sommet du plateau. Toutes les rivières qui descendent sans se presser du Grand Balkan vers le Danube en entaillant le plateau bulgare, le Bieli, le Cerni et le Russenski Lom, la Yantra, l'Osma, toutes ces rivières sont très encaissées, façonnant sur leur passage des gorges reculées, refuges rêvés pour les ermites. L'étiage met à nu des bancs de sable ou de vase ; le bleu du ciel, le blanc d'un nuage, le jaune paille d'un champ de blé fraîchement moissonné se reflètent par intermittence dans ces trouées profondes où l'eau dort et perd le nord ; à vélo, on croirait une toile de Cézanne qui se secoue sous l'effet de la vitesse ; la route qui n'est jamais parallèle à la rive et peut recouper plusieurs fois la même rivière alanguie sous les arcades métalliques d'un petit pont de pierre ; la route, elle aussi, tournicote formidablement dans ce décor ancestral que nous traversons en danseuse, tout guillerets, comme deux adolescents fugueurs ou deux cosmonautes en apesanteur.

– Non mais tu as vu ce paysage de dingue, mon pote ? fait Vlad en souriant de toutes ses dents et en pédalant sans forcer.

Si notre voyage est une odyssée, nous voici en Hypérie, sur le grand plateau des hommes heureux. Dans l'après-midi finissant, la lumière est orangée, les ombres s'allongent dans le couchant, le panorama change à chaque virage, à chaque lacet, à chaque méandre, devrais-je écrire, car c'est bien l'impression de naviguer à vue, de flotter dans l'inconnu, qui domine, tant tout est calme, velouté, suave, hypnotique, parmi les vallons dormants, les bosquets de sycomores, les haies d'aubépines et de prunelliers. Il n'y a pas un seul souffle de vent. Ombre et lumière alternent entre les troncs d'arbres et nous font cligner de l'œil. Nous frôlons les feuilles des mirabelliers, les fruits dorés scintillent dans les rayons rasants du soleil comme autant de pépites d'ambre, j'invente un jeu qui consiste à attraper les petites prunes blondes à la volée sans en faire de la purée, je les avale par poignées, elles sont encore gorgées de juillet sous leur peau cireuse et piquetée de pointillés rouges, le jus gicle sous ma langue, mais elles n'ont jamais le même goût, ce qui fait tout l'intérêt du jeu, certaines sont déjà fermentées, d'autres sont encore un peu vertes et acidulées – je pense aux mirabelles de mon grand-père, je me demande si des colons lorrains n'ont pas descendu le Danube jusqu'ici pour planter leur fruitier fétiche, je sens grimper en moi la sève de l'extase géographique, l'extase géographique est une extase matérielle, la mirabelle c'est du paysage que l'on mange, le vin du terroir que l'on boit ; un vrai traité de géographie devrait retranscrire ce sentiment de se gorger de nourritures terrestres et de retrouver la saveur de l'enfance et le mystère de la provenance dans une giclure de mirabelle.

Cela dit, la Bulgarie ne ressemble pas au Diois de mes vacances, et le Danube n'est pas tout à fait le Rhône de mon enfance. Cherchant dans ma mémoire un équivalent à ce décor de pastorale, c'est au Quercy ou au Périgord que je pense, le Quercy où j'ai fait mes premières grandes échappées cyclistes, partant toute la journée sur les grands causses jurassiques qu'entaillent le Lot, la Dordogne et la Vézère, mais je pense aussi au plateau du Vaucluse, aux citadelles vaudoises perchées sur leurs tables calcaires – un mystère m'attire inlassablement vers ces coins retirés du monde, ces cantons secrets de la terre où, dans un jadis immémorial, a soufflé l'esprit. À Ivanovo je pense à *Andreï Roublev*, au film de Tarkovski qui magnifie le surgissement de la couleur, et j'imagine les anachorètes anonymes peignant ces fresques émouvantes, c'était au XIIe siècle, à l'époque le royaume de Bulgarie n'était pas moins civilisé que le royaume de France, les Bulgares avaient leurs Cathares qu'ils appelaient les Bogomiles ; dans leurs cavernes danubiennes à température constante, les moines byzantins se passaient bien de la bicyclette, cette invention diabolique ; en peignant saint Georges à cheval terrassant un dragon, saint Jérôme chevauchant un lion, le Christ à dos d'âne et les rois mages sur des dromadaires, ils répétaient le geste de Lascaux, l'homme à mi-chemin de Dieu et de l'animal, l'homme dialoguant encore avec les bêtes, l'origine de la peinture, l'enfance de l'art.

Malgré la latitude méridionale – Sienne, le Cap Corse ou Saint-Tropez, je le répète –, le paysage n'est pas tout à fait méditerranéen. On perçoit bien la cymbalisation des cigales dans les bosquets d'yeuses et de sycomores, mais il manque encore des signes distinctifs, estampillés, tels les oliviers, les eucalyptus, les chênes kermès, cela dit le plateau n'a plus la rudesse continentale des steppes eurasiatiques ; quant aux quelques patelins moribonds que nous traversons à tombeau ouvert, ils me rappellent les villages d'Anatolie : toits massifs et peu pentus de tuiles rouges, murs blanchis à la chaux, maisons éparses, étagées à flanc de coteau, séparées par l'enclos de leurs jardins potagers. Pas le moindre engin motorisé dans ces parages où la traction animale est encore reine. Parfois nous apercevons un âne, un mulet ou un cheval échappé de son pré – son ombre très longue s'imprime nettement sur le bitume craquelé par la canicule. Un homme assis dans un pré sous un peuplier, un brin d'herbe entre les dents, nous indique la route de Svichtov. Nous croisons des cyclistes, parmi lesquels un Polonais bedonnant, prof d'histoire en vacances, qui déboule de Cracovie sur son VTT et se dirige vers Constanța ; depuis qu'il a lu les livres de son compatriote Andrzej Stasiuk, il prend tous les étés la route de Babadag dans l'espoir de larguer la bouée, mais ses efforts sont chaque fois réduits à néant, car, dit-il, les Bulgares et les Roumains sont trop accueillants, et on le régale à chaque fois de ripailles qui tiennent au corps.

Nous n'atteindrons Svichtov qu'à la nuit tombée. La ville se niche à bonne distance du fleuve, entre des épaulements de calcaire. Le cap sud du Danube est un point stratégique : qui le traverse en venant du midi voit s'ouvrir devant lui les grandes plaines d'Europe médiane ; qui le traverse en venant du septentrion peut marcher sur Constantinople ; pendant la guerre russo-turque de 1878, c'est ici que l'armée du tsar a franchi le fleuve. Quarante ans plus tard, en 1918, les combats y furent intenses entre les Français et les *Buls*, pour parler comme le capitaine Conan. Après la guerre, un monument à l'Armée d'Orient fut érigé dans le cimetière militaire. Une liste de plus de deux cents noms rappelle les combats de la 16e division d'infanterie coloniale qui perdit de nombreux hommes dans les parages. Un instant, je songe à Marseille : sur la corniche Kennedy, près du vallon des Auffes, face aux îles du Frioul, face au mistral, face au nord, s'élève une grande arche de pierre : c'est la porte de l'Orient ; après six noms de villes, de pays ou de détroits qui furent aussi les noms de batailles sanglantes – Dardanelles, Salonique, Macédoine, Serbie, Monastir, Albanie –, le nom du DANUBE est gravé dans la pierre en lettres capitales et une plaque de bronze rend hommage au sacrifice de ces hommes qui restèrent six ans sous les drapeaux, mais l'inscription se garde bien de mentionner que ces hommes ne se battaient plus pour la Patrie mais pour le Capital, d'ailleurs un grand nombre d'entre eux, exaspérés par ce conflit interminable, se mutineront en avril 1919 dans les ports d'Odessa et de Galaţi, refusant de prendre les armes contre leurs camarades prolétaires de l'Armée rouge : nous avons tendance à oublier que notre 14-18 ne fut qu'un épisode de cette grande boucherie mondiale exigée par le Moloch Capital au nom de la Patrie et qui dura onze ans dans les Balkans, de 1912 à 1923, de la première guerre balkanique au traité de Lausanne.

16

Roue kaputt & bivouac tzigane

Svichtov-Baïkal (Bulgarie), 11 juillet, 123 km

Байкал, Baïkal, comme le lac : nous avons pointé du doigt la destination sur la carte, à cause de ce nom qui nous réoriente en imagination vers les grandes steppes eurasiatiques, la Russie, l'Est mythologique d'où nous venons. Un bled qui porte un nom pareil ne peut pas être moche, m'a dit Vlad, d'autant plus que Baïkal se situe au bord du fleuve, qui est au lac ce que l'archipel est à l'île : d'un fleuve on ne peut pas faire le tour, il se dérobe sans cesse, son tracé change tous les jours, ses eaux ne sont jamais les mêmes, ses sources introuvables, son embouchure incertaine. Depuis hier, Vlad est inquiet, il est sans nouvelles de sa mère, il ne veut pas reprendre la route tant qu'elle n'a pas rappelé – *Si je ne suis pas levé, roule sans moi, je te rattraperai !*

Le soleil m'a tiré de mon lit à 6 heures du matin, je délivre ma monture de son garage, lève le camp à 6 h 30 le ventre vide, Vlad roupille comme un bienheureux, Svichtov s'éveille déjà, la ville est encore plus triste entre les doigts roses de l'aurore qu'elle ne l'était hier soir dans le chien et loup du crépuscule

– l'itinéraire conseillé longe un Danube invisible derrière la jungle des marécages, c'est une longue ligne droite interminable, si étroite qu'elle s'oublie dans la verdure, le revêtement consiste en une enfilade de dalles de béton que l'herbe et la mousse ont lézardées ; ici plus qu'ailleurs, le vert regagne du terrain, je songe aux chemins que j'empruntais enfant sur les rives du Rhône, moi aussi j'ai grandi à proximité de pareils étangs, tout près d'une centrale nucléaire en cours de démantèlement – la Bulgarie des années quatre-vingt voyait dans l'eau du Danube une manne pour le refroidissement de ses réacteurs nucléaires, le chantier de Béléné, commencé en 1987 au lendemain de Tchernobyl, abandonné en 2012, aura duré vingt-cinq ans pour ne laisser derrière lui que des ruines : pylônes silencieux, immenses cheminées de briques qui perforent le ciel bleu mais n'émettent pas de fumée, hangars jaunes aux vitres brisées, grues rouillées qui surgissent derrière les roseaux, les saules têtards et les champs de tournesols. Ces vestiges d'un avenir radieux qui n'est jamais advenu sont aujourd'hui gardés par deux flics lisant le journal dans leur jeep et par une meute de clébards s'élançant à ma poursuite dès que je m'approche du portail. Vite, je décampe dans un tourbillon de poussière et reprends la longue ligne droite vers la ville la plus proche.

Aujourd'hui Béléné est une cité fantôme, la voirie surdimensionnée se troue de nids-de-poule, les pavés se descellent, les trottoirs s'effritent, des blocs d'immeubles communautaires jetés là au petit bonheur la chance pourrissent sur place comme de grands dés vides, il était prévu que la ville héberge plus de 10 000 ouvriers et leurs familles, aujourd'hui ce sont surtout des Tziganes qui vivent ici – rencontré dans la rue, Yanko me guide à travers les rayonnages d'une supérette et parle un français impeccable, il me raconte l'histoire de ce projet titanesque qui n'a jamais vu le jour, toute la ville est au chômage, Yanko a vécu dans les environs de Nice, dormi dans la rue, mais il est revenu s'installer ici, la Bulgarie c'est quand même son pays, il me parle aussi du camp de concentration qui se trouvait sur l'île de Béléné à l'époque communiste, en Bulgarie, les îles du Danube servaient à redresser les rebelles comme en Yougoslavie certaines îles de l'Adriatique.

Je m'arrache de la ville avortée à toute bombe en pensant que c'est un aperçu du futur que j'ai visité – la route craquelée repart à l'assaut du plateau, traverse des villages aux noms chantants et champêtres, Byala Voda, Lozitsa, Lyubenovo, je croise une Lada vert pomme, des cyclistes suisses avec leur pavillon rouge à croix blanche flottant sur leur remorque noire – les souvenirs de la centrale nucléaire et du camp de concentration sont loin désormais, tout cela n'est qu'un mauvais rêve que la végétation étouffera sans tarder, me voilà de nouveau dans la Bulgarie immémoriale, la Bulgarie des roses et des cimetières, la Bulgarie des charrettes et des meules à râtelier, la Bulgarie des ruches d'abeilles qui bariolent les jardins, la Bulgarie des vergers gorgés de suc, des champs de tournesols poussiéreux, des toits de tuiles rouges, des cultures étagées, des petites cahutes perdues dans les lointains fauves – bientôt, dans une descente, j'entends le feulement d'une roue libre et le ronron de pneus à crampons, c'est Vlad qui me dépasse à bride abattue, penché tel un coureur du Tour de France sur son guidon profilé, archange de la route qui fauche les blés sur son passage, archange de la route qui se fout des ornières, archange de la route qui ne m'adresse pas même un salut, je lui demande s'il a des nouvelles de sa mère, le vent disperse l'écho de ma voix, Vlad file déjà à toute allure, je tente de le prendre en chasse mais il pédale comme un forcené, le voilà déjà lancé tel un boulet de canon dans la prochaine descente, et puis quelques bornes plus loin, après avoir manqué de me payer un lièvre qui traversait la chaussée d'une éteule à l'autre, j'aperçois mon brave Vlad qui s'échine à regonfler un pneu sur le bas-côté.

Il a crevé. Je crie en passant : Tu as besoin d'aide ? Il répond à peine : Non, non, t'inquiète, je te rattraperai ! Voici devant moi les premiers panneaux qui annoncent Nikopol, Nikopol, Nikopol, ce nom me dit quelque chose, mais oui, c'est la Nicopolis des Romains, c'est-à-dire la ville de la victoire, qui porte bien mal son nom car elle fut aussi la ville de la défaite, la cité de la *grand' déconfiture*, comme l'écrit Jean Froissart dans ses *Chroniques*, c'est ici qu'échoua la dernière croisade ; parmi les dates que nous apprenons par cœur à l'école et qui signent la fin du Moyen Âge et le déclin de l'Empire romain d'Orient, nous retenons toujours la bataille de Kosovo Polje, 1389, et la prise de Constantinople, 1453, mais entre les deux il y a 1396 et la bataille de Nicopolis. Oui, c'est ici, entre le large ruban bleu du Danube – Froissart écrit *la Dunoe* – et les falaises de craie du plateau moesique, que les troupes du sultan Bayezid Ier écrasèrent l'armée chrétienne commandée par le roi de Hongrie, Sigismond de Luxembourg. À l'appel à la croisade contre les Turcs avaient répondu des nobles hongrois, polonais, lituaniens, valaques, et plusieurs milliers de combattants français et bourguignons, la fine fleur de la chevalerie royale partie derrière l'étendard marial de la fille aînée de l'Église : Jean II le Meingre dit Boucicaut, maréchal de France, qui sera capturé ; Jean sans Peur, comte de Nevers, qui sera capturé et échangé contre une rançon astronomique de 100 000 florins ; Guy de La Trémoille dit le Vaillant, grand chambellan de Bourgogne, Philippe d'Artois, connétable de France, et Enguerrand de Coucy, qui mourront tous trois en captivité ; Regnaut de Roye, chambellan du roi, et Jean de Vienne, amiral de France, qui seront occis sur le champ de bataille ; Philibert de Naillac, prieur d'Aquitaine et Grand Maître de l'Ordre de Saint-Jean de Jérusalem, qui s'enfuira derrière le roi de Hongrie et descendra le fleuve vers le delta où les attendra un vaisseau vénitien.

Ce jour-là, un grand nombre de chevaliers français, lourdement caparaçonnés, périrent noyés dans le Danube. Ce jour-là, les Croates se battaient du côté des chrétiens, et les Serbes – à l'exception du dissident Vuk Branković –, emmenés par le despote Stefan Lazarević, se battaient du côté des Turcs, car Lazarević était non seulement le vassal du sultan depuis la bataille de Kosovo sept ans plus tôt mais aussi son beau-frère, Bayezid Ier ayant épousé sa sœur Olivera. « Mais de tout le meschef, à considérer raison, les François en furent cause et coulpe, car par leur orgueil tout se perdit » : selon Froissart, ce furent les chevaliers français, hardis, impétueux, saouls et vaniteux, indisciplinés tels des Gaulois, qui précipitèrent la chute de la ville et le désastre des chrétiens tandis que la victoire ottomane serait due aux mérites de la chevalerie serbe qui déferla au dernier moment depuis les collines environnantes comme nous déferlons à présent sur nos destriers d'acier – tout notre barda bringuebale dans la descente, les pneus zigzaguent entre les ornières, je perçois le vacarme de la cavalcade, je sens l'odeur de charogne médiévale qui resurgit de la terre, la falaise danubienne a eu raison de la *furia francese* comme le fameux fossé de Waterloo, j'entends le cliquetis de toutes ces cottes de mailles qui viennent se fracasser contre les pieux et les flèches des janissaires, Vlad a filé telle une comète, j'achète un *burek*, une tomate et de l'*ayran* dans un boui-boui où l'on parle encore turc, je pense aux chevaliers serbes qui se battaient sous le signe du croissant – à cette époque le roi de France, Charles VI, était fou à lier et son royaume en proie à cette guerre de Cent Ans qui n'était qu'une longue guerre civile, l'histoire de l'Europe est une liste interminable de guerres civiles, les nations ne valaient rien contre les alliances matrimoniales et les jalousies princières, on dit qu'à l'issue de la bataille de Nicopolis, seuls les vingt-quatre chevaliers français les plus fortunés eurent la vie sauve moyennant forte rançon tandis que les trois mille autres prisonniers furent passés au fil du cimeterre, des enluminures témoignent du massacre ordonné par Bayezid Ier, la piétaille se fait toujours zigouiller pour les beaux yeux d'une poignée de seigneurs en quête de gloriole qui peuvent monnayer leur vie, il en va ainsi depuis la plus haute Antiquité.

De l'autre côté, c'est toujours la même Roumanie, grande étendue fantôme personnifiée par la lointaine silhouette d'un silo et d'une grue métallique, la rive nord paraît inaccessible, il y a bien une grosse baraque vert pistache qui fait office de capitainerie, mais les chaises entassées sur le perron sont vides, il n'y a personne à la terrasse du *Coffee Bar Feribot*, le port est à l'abandon, je comprends plus loin qu'il s'agit de l'ancien terminal, le nouveau est en cours de construction, sur la rive nord les Allemands ont déjà campé tout un combinat pétrochimique, un univers de grisaille et d'acier crachant les fumées de ses torchères dans le ciel bleu cobalt alors que la rive bulgare avec ses falaises qui s'avancent abruptement vers l'amont et retombent doucement vers l'aval a la beauté d'une côte irlandaise ou cauchoise, les mêmes prés perchés au-dessus du précipice, la même rythmique paysagère, la couleur de l'eau n'a rien à envier à celle de la Manche, il n'y a que la teinte de l'herbe qui diffère, ce n'est pas le vert vif des prairies normandes, c'est un vert-jaune qui conserve encore le parfum de la steppe, les pluies sont rares sur le plateau bulgare, les pommiers trapus, les arbustes rabougris, la route à présent remonte sur la corniche, c'est ici que commence le très long balcon balkanique que nous ne quitterons plus jusqu'à Vidin, la rivière apparaît par intermittence entre les troncs d'arbres, parfois c'est un seul bras, parfois deux, parfois trois, parfois c'est l'eau plus sombre ou plus verte d'un affluent – là-bas, côté roumain, c'est l'Olt qui descend des Carpates et rejoint le grand fleuve européen au terme d'un ultime méandre, la rencontre accouche d'un chapelet de plages de sable en demi-lune, à présent nous survolons toute l'Olténie, ce Far-West roumain qui se dissout dans les lointains – on ne dit jamais assez combien, sur une selle de vélo, on peut avoir l'impression de voler, de faire son baptême de l'air lorsque le pédalier s'emballe dans une descente et que le guidon prend des envergures de goéland.

Vlad est parti de nouveau en éclaireur, il ne veut plus rouler sous le cagnard, il s'est mis en tête d'arriver à Baïkal à 15 heures et de piquer une tête dans le Danube avant le grand pic de chaleur qui nous cloue tous les jours sur nos selles, je n'ai pas pris le temps de sauter à terre pour avaler mon *burek* et siroter mon *ayran*, le sachet se balance à mon guidon comme une musette du Tour de France, les anses bien ficelées autour de la potence pour éviter que mon frichti ne se prenne dans les rayons, tantôt je croque dans ma tomate dont le jus gicle dans le vent, tantôt c'est une bouchée de *burek* que j'arrache à la volée, une gorgée d'*ayran* que je m'injecte dans l'œsophage, Vlad et moi faisons la course contre la montre depuis que nous sommes entrés en Bulgarie – malgré les obstacles du relief, la *furia francese* et l'ivresse de la vitesse nous ont repris, la vitesse à vélo est une drogue, il n'y a que dans la vitesse que j'éprouve la sensation cinesthésique de l'espace, comme si ma bécane n'était pas un instrument de locomotion mais une caméra sur roulettes, un chariot à filmer le paysage, à capturer des émotions, le bruit du temps, le grain de l'instant présent, le frou-frou du fleuve, le tremblé des branchages, le scintillement des feuillages, le souffle diffus de la vie végétale – les paysages défilent par saccades dans un travelling étourdissant, la vitesse ne fait que décupler l'extase géographique, j'ai besoin de la vitesse pour éprouver l'intensité de l'instant, j'ai besoin de la vitesse pour sortir de l'anesthésie européenne, j'ai besoin de la vitesse pour que s'imprime en moi ce bonheur de traverser à la force des mollets tout un vieux continent agonisant.

Clac ! Le bruit tant redouté a claqué dans l'air et cloué le bec à mes pensées ; déjà la jante voilée frotte contre les patins de frein : encore un rayon qui a lâché ! Je saute de ma selle, desserre les étriers de frein pour libérer la roue voilée, dévisse le fil de fer qui pendouille lamentablement entre mes doigts et me traîne vers le prochain patelin cahin-caha. Heureusement pour ma pomme, il y a une station-service sur la droite. Je m'aventure entre les piles de pneus et de pare-chocs, les essieux qui rouillent et les carrosseries désossées. Les mécanos sont plongés sous le ventre d'une vieille Volkswagen. Je leur montre la bécane. L'un d'eux s'approche les mains pleines de cambouis. J'ignore comment on dit *rayon* en bulgare, je tente *spiţ*, le mot roumain, il me comprend et me fait signe qu'il n'y a pas l'ombre d'un rayon ici, les bagnoles n'en ont pas besoin, dit-il en rigolant.

Un autre type s'approche et me montre une Audi noire aux vitres teintées qu'il vient de faire réparer – en un tour de main, il replie les sièges en cuir, démonte ma bécane et la balance à l'arrière de la bagnole qu'il vient tout juste d'astiquer, me fiche ma roue voilée dans la main, me fait signe de m'asseoir à la place du mort, démarre sur les chapeaux de roues, conduit comme un fou. Tandis qu'il bombe sur la chaussée défoncée et double les charrettes chargées de foin, je me fais comprendre vaille que vaille en baragouinant mon sabir serbo-russe – Boris me répond en slave international, ce volapük ou cet espéranto d'Europe de l'Est, il est revenu hier d'Amsterdam, il traverse six fois par an l'Europe en diagonale, pour ça, il vaut mieux avoir une bonne bagnole, quelle folie de faire la même route à vélo ! Boris me trimballe de quincaillerie en quincaillerie, grogne après tous ces péquenauds qui ne sont pas foutus de vendre des rayons, nous faisons le tour de tous les patelins à la recherche d'un fil de fer ou d'une vieille roue de biclou à désosser, Boris est un type assez bourru mais têtu comme une mule, et lorsqu'il a décidé de rendre un service, il va jusqu'au bout :

– Si l'on ne trouve rien dans ces putains de villages, je t'emmène jusqu'à Pleven, et là-bas, tu verras, il y aura des réparateurs de bicyclettes, pas comme chez ces ploucs de la cambrousse !

Pleven est à plus de cinquante bornes dans l'arrière-pays. Je rougis de honte, ma roue voilée entre les mains, de faire perdre son temps à ce type qui a sans doute mieux à faire, en plein mois de juillet, que de porter secours à un cycliste imprévoyant. Et puis tout à coup Boris a une idée :

– Putain, mon pote, comment n'y ai-je pas pensé plus tôt ! On va aller chez Gosho !

– Euh… C'est qui Gosho ?

– Gosho, mon pote, c'est le roi du vélo !

Gosho – diminutif de Djordje – habite dans une ferme à la sortie du village de Gulyantsi. Le portail est décoré par deux roues suspendues.

– Bienvenue dans le temple de la bicyclette ! s'exclame Boris.

Torse nu, cheveux ras, lunettes retenues par un cordon pendouillant sur sa poitrine velue, tatanes brésiliennes et caleçon à fleurs, Gosho nous accueille dans la cour, où, au milieu d'un bric-à-brac abominable, les jougs, les selles et les roues de charrette côtoient les cadres et les roues de vélo, il y en a de toutes les tailles et pour tous les goûts. La plupart sont voilées, tordues, rouillées, mais une vieille roue, ça sert toujours, s'exclame Gosho. Il arrache un rayon à l'une d'entre elles et s'approche de mon engin. Lorsqu'il voit mon garde-boue avant rafistolé à la ficelle, il le pointe du doigt :

– Travail bulgare !

– Non, serbe !

– Alors, là, c'est encore pire !

Il s'est accroupi dans la poussière, a renversé ma bécane sur la selle et se met à l'ouvrage, inspectant d'un œil expert la roue avant puis la roue arrière :

– Regarde-moi cette roue, dit-il à Boris.

– Tu vas jusqu'où, mon pote, avec une roue pareille ?

– Je remonte le Danube jusqu'à Strasbourg…

– Et tu crois vraiment que ça tiendra jusque-là ?

Gosho était peut-être le roi du vélo, mais son rafistolage aura fait long feu. Quelques bornes plus loin, en traversant un nouveau village, le rayon réparé, sans doute soumis à une trop forte tension, rompt de nouveau. Cette fois-ci, c'est Ivan qui m'embarque à bord de sa jeep pour récupérer chez les voisins une vieille roue *kaputt*, comme il dit, et lui arracher quelques rayons. Ivan parle serbe : il a vécu à Belgrade à l'époque de Tito, a fait des études de cinéma dans la capitale yougoslave, est devenu caméraman, mais comme il fallait nourrir sa femme et toute sa petite tribu, il est revenu au pays, s'est installé à Sofia, a délaissé les bobines de cinéma pour les bobines de fil : il a gagné sa croûte dans une usine textile.

En repartant sur mon engin réparé, je me demande où sont passées les femmes dans ce pays où je ne croise que des hommes. Plus loin sur la route, c'est une silhouette perdue parmi des ruines romaines qui me hèle – Bogdan est le jardinier des ruines, il fauche toute la journée l'herbe haute, Sisyphe bulgare luttant contre le retour cyclique du printemps. Malgré le bob gris dessinant sur son front ridé comme un casque de légionnaire, il a le visage cramoisi par le soleil, un visage d'Indien débonnaire. Alors qu'en Europe de l'Ouest le moindre site archéologique est dûment fléché, répertorié, sécurisé, commenté, arpenté par des cohortes de touristes, en Bulgarie, c'est toujours par hasard que le bourlingueur découvre les restes d'une cité romaine, n'importe qui pourrait venir ici se fournir en pierre de taille, arracher un chapiteau à cette brousse déserte, mais à Oescus, il n'y a pas de visiteurs, les seuls vandales sont les herbes folles contre lesquelles lutte Bogdan, il me guide parmi ces fleurs singulières qu'il cultive avec la passion des solitaires, il me raconte l'histoire de la colonie romaine d'Oescus, qui compta jusqu'à 100 000 habitants, d'où partait le plus long pont de l'Antiquité, le pont de Constantin, 2 500 mètres de long – cette merveille architecturale qui fascinait ses contemporains ne resta debout qu'un quart de siècle, la cité située sur le *limes* de l'Empire fut ravagée par les guerres incessantes contre les Goths, les Huns puis les Avars.

Elle comptait une basilique, trois thermes, des temples païens, une nécropole, un forum. De tout ce riche passé ne témoignent plus que des centaines de fûts de colonnes gisant dans la poussière comme autant de troncs fauchés par le temps, des vestiges de murailles émergeant de la verdure, un fronton et un chapiteau corinthien qui ont échappé au destin de pièces de musée, le cadavre étêté d'une caryatide aux seins lourds, un bas-relief orné d'une frise où les têtes de buffles alternent avec des lyres et des cerfs dansants, une arche de briques signalant l'emplacement de bains publics, quelques carreaux d'une mosaïque représentant une scène des *Achéens* de Ménandre, ce dramaturge grec dont toutes les œuvres ont disparu, une stèle gravée d'inscriptions mangées par les âges mais où se lisent encore les mots *MAGNO VIR* – il fut donc question d'un grand homme, qui vécut ici, qui mourut ici, dont plus personne ne se souvient dans ce grand charnier de pierres muettes, le lichen a effacé son nom comme il effacera le nom de Bogdan et le mien, nous laissant tous anonymes devant l'histoire, même les grands hommes finissent dans le silence des étoiles.

Le soleil décline et il est temps de prendre congé de Bogdan. Le jardinier saisit de nouveau sa faux, on dirait qu'il lutte à présent contre son ombre, qu'il fauche cette ombre grandissant sous ses pas. Plus loin vers l'ouest, un cycliste manchot qui pédale étonnamment vite en manœuvrant son guidon de son seul bras valide m'indique du bout de son moignon la direction de Baïkal – je traverse la rivière Iskar sur un pont de planches de bois, trois Tziganes torse nu, tractés par un âne dans un véhicule antédiluvien, me saluent en riant aux éclats, j'atteins bientôt la berge sablonneuse où Vlad m'attend depuis des heures. Il a sympathisé avec une autre bande de Tziganes qui font de grands *ploufs* dans le fleuve en se grimpant les uns sur les autres, cathédrale de fous rires et de muscles nus qui se tendent, se contractent, s'arc-boutent sous les peaux mates, nous voilà revenus à l'enfance nue des nomades et des gitans, nous avons oublié le tohu-bohu de fer et de béton de ces villes que nous fuyons – Roussé, Bucarest, Brăila, Galaţi, Odessa sont désormais loin derrière nous, les villes que nous avons traversées depuis ce matin ne sont que des bourgades dont personne n'a jamais entendu parler au-delà du Danube, Nicopolis qui fut pourtant une capitale au XIVe siècle, Nicopolis qui méritait qu'un pair de France meure pour elle, ne compte plus que trois mille âmes, Oescus la capitale de la province romaine de *Moesia inferior*, n'est plus qu'un tas de ruines, Béléné n'a jamais pu devenir la cité radieuse du communisme triomphant que projetait sa voirie démesurée. Nous regardons la carte et nous constatons que demain encore, ce ne seront sur notre passage que des villages aux noms merveilleux, des patelins comme Baïkal, peuplés de Tziganes aux peaux cuivrées et aux sourires en or.

Ce soir nous sommes invités par Zanko et sa famille. C'est une grande tablée faisant face au fleuve sur la terrasse d'une gargote qui ne paie pas de mine. Il y a de la friture du Danube et des bières de Lom, les hommes sont en débardeurs, les femmes aux lourds seins de squaws allaitent de petits marmots nus comme des vers. Zanko est un trompettiste de grande renommée dans la contrée, il nous montre sur sa tablette des images de ses concerts à Sofia, Bucarest, Istanbul, il a les yeux bleu-gris, le nez cabossé d'un boxeur, le sourire de ceux qui savent que l'argent ne fait pas le bonheur, Zanko est blindé de fric, mais le fric, il s'en fout, tout ce qui compte pour lui, c'est de s'asseoir avec sa famille au bord du Danube et de regarder le coucher de soleil, il nous a prévenus, c'est ici, à Baïkal, au bord du fleuve, qu'il y a les plus beaux couchers de soleil du continent, Zanko fume sa clope d'un air méditatif et sirote sa bière en sifflotant, les lèvres pleines d'écume – voici qu'il a sorti sa trompette et qu'il entonne le début d'un air gitan pour accompagner le coucher de soleil, Vlad a sympathisé très vite avec la petite tribu, j'ai l'impression qu'il a retrouvé sa famille, il me disait souvent : Tu sais, dans le fond, je suis un gitan, je voudrais vivre comme ça toute ma vie sur la route, tant que le soleil brillera, tant que l'herbe tendre s'étalera sous mes pas !

Nous trinquons jusqu'à plus soif malgré nos cent vingt-trois bornes dans les pattes. Mais vers 20 h 30, nous voyons tout à coup surgir des nuages le soleil qui nous avait oubliés, le soleil qui nous pesait toute la journée sur le dos, de l'aurore barbare au crépuscule sauvage, le soleil, oui, s'attarde à l'horizon, c'est une boule chauffée à blanc, elle enflamme la surface du fleuve et paraît vouloir se noyer, le soleil finit lui aussi sa course en beauté, lui aussi veut faire sa toilette dans le fleuve aux effluves de vase et de gasoil. Il est temps de rejoindre notre bivouac avant que la nuit ne libère la première escadrille de moustiques, nous avons planté les tentes dans l'herbe haute, là-bas, sur la banquette douillette d'une terrasse alluviale, mais Zanko nous retient de la main et du souffle de sa trompette :

– Soyez patients, les gars, la dernière course du soleil est très lente !

On sent en effet qu'il prend son temps, qu'il veut jouir au mieux de ce bain de minuit, ses rayons roses irradient le ciel lourd et mauve, la rivière saigne et flamboie, l'auréole jaune entoure un cœur encore vierge d'où pourraient naître les plus cruelles visions ; vu d'Europe un soir d'été, le cœur de l'étoile a la blancheur de la neige, ses rayons sont des épines de givre, c'est un astre venu du nord et qui retourne au nord – bientôt le sang du ciel se répand partout, nous aveugle, alors nous regardons plus haut vers les nuages, ce sont des diaprures féeriques, on dirait qu'il y a des diamants dans le ciel, de nouvelles rivières coulent silencieusement dans la nuit, tandis que le rouge et le noir envahissent la terre et que la palette se réduit, mais on sent que ce peintre fauve n'a pas dit son dernier mot, qu'il n'a pas pressé toute la gouache de ses tubes, qu'il n'a pas encore barbouillé la terre de toutes les couleurs de l'enfer, Zanko nous dit qu'il n'a pas d'autre dieu que le soleil et le fleuve, en romani, le Danube est féminin, le soleil masculin, leur rencontre est un choc de titans, un accouplement monstrueux, de drôles de formes embryonnaires naissent dans le gros ovule jaune, entre les rayons fissurant l'horizon, la boule incandescente a cogné les nuages indigo qui s'amassent sur la cime des arbres tandis qu'au zénith le ciel est désormais lavé, d'un bleu nuit limpide – l'astre qui décline a perdu de son éclat, les rouges refluent, le jaune d'œuf a crevé sa coquille et badigeonne l'horizon ; dans le fleuve qui reflète à présent toutes les nuances du spectre lumineux, le soleil n'est plus que le faisceau pâle d'un phare s'éteignant peu à peu, les cumulus dévorent à moitié la boule de feu lointaine qui festonne leurs contours d'un liseré orange, ce sont de grands fantômes violets aux mains de géants, ils se dressent et s'agitent dans le firmament, ils ont capturé la pièce d'or, ils annoncent l'orage, nous dit Zanko en reprenant son souffle, mais la petite pièce finit par leur glisser des doigts, elle tombe vite à présent, petit disque rose, de plus en plus rose, lâché à la verticale et n'irradiant plus rien, privé de rayons, privé de reflets, qui disparaît là-bas, sur la terre roumaine, derrière la canopée noire de la forêt.

La symphonie a duré plus de vingt minutes. Pendant vingt minutes le cuivre de Zanko a célébré les noces de l'eau et du feu. Alors nous aussi nous allons nous coucher sous la tente pour échapper aux salves des moustiques et pour que nos muscles oublient les cahots du bitume, les rayons qui lâchent et les morsures du soleil, car l'étape suivante s'annonce tout aussi torride et ardue, il suffit pour cela de consulter la carte routière et de compter le nombre de petits chevrons noirs s'égrenant sur notre itinéraire.

17

Les révoltés du Radetzky

Baïkal-Kozlodouy (Bulgarie), 12 juillet, 97 km

La vie nomade est un enchantement de tous les instants, car c'est une vie réglée sur la rotation terrestre. Se coucher avec le soleil et se réveiller avec lui : les voyages au long cours ont ce pouvoir de nous raccorder aux grandes orgues du cosmos et de nous rappeler que nous ne sommes que de la poussière d'étoiles s'agitant dans le vent ; tout le charme du bivouac est dans l'allégresse de ces retrouvailles avec les éléments bruts composant le chant premier du monde ; rien d'autre ici que le feu du soleil, l'argile de la terre, l'eau du fleuve et le bleu du ciel. À 6 heures pétantes, nous avons enfourché nos bécanes. Notre premier regard a été pour le Danube en contrebas et pour cet astre éclatant qui paraissait renaître du fleuve où il s'était noyé hier, comme si, tandis que nous dormions sous nos toiles de tente à l'abri de l'orage, lui passait la nuit drapé dans le lit fluvial, sous le duvet cendré des saules.

Dans le petit matin, nos ombres qui nous précèdent sont encore géantes sur la chaussée, elles pédalent à vitesse grand V, on croirait qu'elles s'étirent et veulent nous fausser compagnie, le plateau bulgare roule sa bosse devant nous, longue table ondulée, bariolée de toutes les nuances de vert et de jaune – la route est toujours le même balcon déglingué qui nous rappelle que la ligne droite et la surface lisse n'existent pas dans les Balkans ; pourtant tout va très vite aujourd'hui malgré les virages et les aspérités, Vlad prend en photo tout ce qui se présente sous nos yeux, un MIG-25 en guise de monument à l'Armée rouge, une stèle rongée par les intempéries, une jeep coupant à travers champs, un cheval broutant l'herbe du fossé, une mule efflanquée grimpant un coteau verdoyant – au village suivant, le marché est le rendez-vous des petits vieux dans leurs charrettes où s'entassent les pastèques, au loin les péniches glissent sur le long fleuve tranquille, tous les patelins des environs sont des îles aux noms légendaires : Ostrov, Esperanto, Sarajevo.

À Leskovets, escale à la fontaine municipale. Il y a une fresque naïve sur un mur rouge qui commémore le premier jour de mai. Datant de 1950, elle représente un paysan bulgare sifflotant sous son chapeau de paille tandis que bobonne trimballe sur ses épaules deux seaux d'eau. La scène bucolique et machiste se déroule sous l'étoile à cinq branches et sous les mots *Narodna Republika Balgaria*. Par une de ces magies dont seuls les voyages au long cours ont le secret, la scène se reproduit grandeur nature sous nos yeux : Tsvetan a garé dans les flaques de boue sa vieille Opel Kadett et sorti son paquet de cigarettes, il s'en grille une pendant que madame se penche dans sa blouse à fleurs pour faire le plein, Tsvetan nous crie que c'est la plus belle eau de source des environs – Pas question de rater ça, dit Vlad, depuis le temps que le Danube est notre baignoire et que nous buvons son eau filtrée dans nos gourdes ! Lorsque je saute de ma selle pour me débarbouiller, Tsvetan, accoudé à la portière de sa voiture, m'interpelle en bulgare et me demande combien j'ai acheté mon canasson. Je lui réponds dans mon sabir serbo-russe :

– Cent trente euros d'occasion sur un marché aux puces.

– Putain, cent trente euros, c'est le montant de ma retraite !

– …

– Et comme les médocs me coûtent quarante euros par mois qui ne sont pas remboursés, il nous reste quatre-vingt-dix euros pour survivre ! Vous imaginez ça, quatre-vingt-dix euros par mois, pour vivre à deux, payer le loyer, faire les courses, acheter des cadeaux aux petits-enfants !

Tsvetan a la carrure d'un ogre et d'énormes paluches qui pourraient assommer un bœuf et faire ployer la portière de son Opel. Il lui manque une phalange à l'index de la main gauche, une phalange aspirée par le travail à la chaîne : avant la chute du Mur, Tsvetan était métallurgiste ; sous les sourcils brejnéviens, les larges lunettes des années soixante-dix paraissent minuscules pour cette énorme tête chauve quadrillée de rides comme un ballon de rugby ; le poil blanc pousse de façon tout à fait erratique sur la peau rose comme un groin ; le goitre déborde sur le col bleu marine d'un polo crevé de brûlures de mégot ; le visage de Tsvetan est une ruine du communisme, un vestige de l'homme rouge ; la chute du Mur ne lui a laissé que quelques chicots noirâtres qui brillent entre ses lèvres lorsqu'il sourit ; sous la buée des verres à double foyer, ses yeux gris disent trop de choses à la fois, ce sont des yeux qui disent *c'était mieux avant*, des yeux qui regrettent l'époque où il y avait moins de justice et de liberté mais plus d'égalité, plus de travail, Tsvetan ne dit pas moins d'immigrés car, à moins d'y être né, personne n'a jamais eu l'idée de venir vivre à Leskovets. Oui, Tsvetan regrette l'époque où les rues étaient propres, regrette le dictateur bénissant les foules – Todor Jivkov valait mieux que ces ordures au pouvoir aujourd'hui, Radev et Borissov, le général et le bodyguard, vous imaginez que nous avons porté au pouvoir des mafieux, tout ça, c'est de la mafia, et vous, les Européens, vous avez besoin de cette putain de mafia pour faire fructifier vos petites affaires ! Et comme il faut bien trouver un bouc émissaire pour apaiser sa colère, Tsvetan conclut sa complainte par cette interjection :

– Nique ta mère, Gorbatchev !

Je n'oublierai jamais ce *Nique ta mère, Gorbatchev !* Je crois que beaucoup de gens qui se trouvaient autrefois du mauvais côté du Mur et qui n'ont pas très bien compris l'intérêt de changer de côté pensent encore *Nique ta mère, Gorbatchev !*

Dix kilomètres plus loin, nous voici à Oryahovo. Toutes les rues de la bourgade perchée sur le Danube embaument la liqueur de mirabelle ; les fruits écrabouillés macèrent et fermentent sur les trottoirs ; le nectar amer ruisselle entre les pavés ; le soleil se charge de distiller cette eau-de-vie tombée du ciel. Suivant les indications des habitants, Vlad est parti à la recherche des ruines d'une forteresse byzantine. Dans cette ville qui conserve des vestiges de quatre empires – romain, byzantin, ottoman, soviétique – sans compter les royaumes bulgares médiévaux, je me contente des décombres plus récents du centre-ville : un hôtel de sept étages inachevé ; un hangar éventré devenu la galerie à ciel ouvert de tous les tagueurs du secteur ; un bel immeuble Sécession dont les briques foutent le camp ; une *AVTOGARA* désaffectée dont les murs servent à placarder les avis de décès. Pavées en rondes-bosses, certaines rues n'ont pas changé depuis l'époque ottomane, avec leurs maisons à encorbellement, blanchies à la chaux, qui me ramènent en pensée aux rues d'Ohrid, en Macédoine. Dans le pays le plus pauvre de l'Union européenne, ce n'est pas l'âge qui fait la valeur des ruines, me dit une vieille dame qui ne sait pas m'indiquer la direction de la forteresse byzantine.

Dans le parc du Souvenir, sous la statue du soldat inconnu brandissant le triangle schématique de sa kalachnikov, une nuée d'enfants nous acclame aux cris de *Je t'aime, vive la France, Paris, Paris !* Eux, au moins, ont reconnu notre drapeau ; ils courent derrière nos vélos, veulent nous arracher des photos, leur portable à la main, prennent des poses savantes et calculées devant nos montures, en parfaits comédiens du spectacle mondial pendant que l'un d'entre eux nous tire le portrait. La scène ressemble à l'imagerie d'Épinal de la gloriole coloniale, Tintin au Congo ou Chirac au Burkina Faso, la scène étrangement familière me met mal à l'aise alors que j'ai traversé le Maroc, le Pérou, le Cambodge, sans jamais qu'un enfant me prenne pour un conquistador. Leurs visages vont du teint le plus mat à la peau la plus blanche, leurs cheveux du blond raide au noir crépu, leurs yeux bleus, verts ou bruns disent à quel point la Bulgarie qui se refuse aujourd'hui à ouvrir ses portes aux réfugiés fuyant la guerre et la misère fut un melting-pot des peuples les plus divers – aujourd'hui, la beauté des enfants bulgares est une des dernières résurgences de ce métissage ; bientôt, tous ces enfants auront le même visage, le même teint, les mêmes cheveux raides tandis que sur leurs t-shirts se lira la légende de l'acculturation globale, effrénée, *I LOVE PARIS*, *ZOMBIE ATTACK*, *QATAR AIRWAYS*, les enfants bulgares seront bientôt, comme nous, comme tous les peuples d'Europe, des petits scouts paradant aux couleurs de l'Amérique et des émirats mais croyant encore que Paris est le nombril du siècle, que la France est le pays des droits de l'homme et que leur pays – où les touristes sont rares – n'est que le trou du cul du monde, qu'il vaut mieux fuir pour avoir un avenir.

Nous sommes descendus du balcon d'Oryahovo dans une ruelle à pic pour retrouver les rives dévastées du Danube. La route s'envole vers l'ouest à l'assaut du plateau. Vlad disparaît de nouveau, reparti comme hier en échappée solitaire, pensant à sa pauvre mère et me laissant seul dans cette campagne étrangère. Sur le pont de béton qui enjambe la rivière Ogosta, je suis témoin de la scène la plus kusturicienne de ce voyage : trois Tziganes dans une charrette tractée par deux ânes remorquent une vieille Trabant dépourvue de roues avant ; ce drôle d'attelage à huit pattes et six roues, c'est le meilleur symbole de l'échec du communisme et de la déchéance du bloc de l'Est ; je parie que circula jadis une blague bulgare énonçant cet adage : *Quand les Trabant ne rouleront plus, eh bien, il y aura toujours des ânes et des charrettes pour les tracter !*

Clac ! Encore un rayon qui a lâché ! Comme j'ai fait le plein de rayons de rechange, je parviens à le remplacer mais je suis désormais convaincu que c'est toute la roue arrière qu'il faut changer, alors, sous un soleil de plomb, j'écume Kozlodouy – bourgade morose, quadrillée de rues sans charme, privée de monuments – à la recherche d'un marchand de cycles. Je finis par dénicher un garage clandestin de passionnés de la petite reine. À la demande des voisins, le patron et son employé finissent par rappliquer, Roumen et Boïko sont deux loustics qui ne m'inspirent guère confiance au premier abord. La scène de la veille se répète, comme si la monotonie des paysages, la morosité des villes ne suffisaient pas à donner l'impression de faire du surplace. Roumen s'est accroupi dans la poussière, a renversé mon vélo sur la selle et se met à l'ouvrage, inspectant d'un œil expert la roue avant puis la roue arrière :

– Regarde-moi cette roue, dit-il à Boïko.

– Tu vas jusqu'où, mon pote, avec une roue pareille ?

– Je remonte le Danube jusqu'à Strasbourg…

– Et tu crois vraiment que ça tiendra jusque-là ?

Les deux compères retendent mes rayons et me conseillent de changer la roue au plus vite, sans quoi je n'atteindrai jamais la frontière serbe. D'un *niet* catégorique, ils refusent au nom de la fraternité cycliste les coupures de leva que je froisse sous leurs yeux. Décidément, il est difficile de dépenser son fric dans ces coins perdus de Bulgarie que nous traversons ! Les gens n'en veulent pas, comme si les billets de banque leur brûlaient les doigts, c'est peut-être la dernière fierté qu'ils s'autorisent : refuser l'argent des étrangers, mais je crois plus simplement que la vraie raison de leur refus, c'est qu'ils ont encore une idée très approximative du tourisme et de ses avantages ; ces Bulgares du Danube que nous croisons sont dépourvus de la plus élémentaire notion de profit alors qu'à l'ouest de l'Europe, où nous sommes en train de devenir des Américains comme les autres, c'est la recherche permanente du profit qui déshumanise les rapports sociaux ; tout ce qu'un être humain fait, pense, organise – travailler, évidemment, mais aussi conseiller, rendre des services, doit rapporter. Pas de prestation sans profit – c'est le credo du néolibéralisme. Or, il faut avoir le sens du sacrifice pour sortir de l'ornière de l'argent roi, comme il fallait avoir le sens du sacrifice pour secouer le joug turc ou le carcan autrichien. Khristo Botev, la légende de Kozlodouy, était de ceux-là qui se sacrifient pour une cause qui les dépasse.

Le 17 mai 1876, un bateau à vapeur austro-hongrois, le *Radetzky*, accostait brusquement ici, à quelques kilomètres en amont de Kozlodouy, sur cette grève caillouteuse où Vlad m'attend les bras croisés. En visitant le bateau reconstitué qui reste amarré ici toute l'année, j'imagine le capitaine autrichien, le canon sur la tempe, obtempérer à cet inconnu barbu qui lui dit de jeter l'ancre séance tenante. L'homme qui tient la crosse du flingue s'appelle Khristo Botev et c'est aujourd'hui le plus grand héros national bulgare, au point qu'un sommet du Grand Balkan porte son nom. Poète romantique, socialiste exalté à la barbe de bûcheron, il s'était embarqué la veille dans le port de Giurgiu, sur la rive roumaine, à bord du *Radetzky* ; à sa suite se trouvaient deux cents hommes du Comité révolutionnaire bulgare déguisés en ouvriers ; deux cents gaillards prêts à en découdre avec le Grand Turc ; leurs armes – sabres et fusils –, qui sont ici exposées dans des vitrines, étaient alors planquées dans des malles censées contenir leurs outils. Le signal de la révolte de tout un peuple commençait ainsi, par une aventure rocambolesque digne d'un opéra de Puccini, mais se terminerait matée dans le sang, le poète tombant trois jours plus tard sous les balles turques, dans l'indifférence générale, alors que sa petite troupe atteignait le Grand Balkan sans jamais gagner la confiance des paysans.

Khristo Botev – le Christ bulgare – n'avait que vingt-huit ans lorsqu'il tomba en martyr. Toute sa vie s'était écoulée dans les pays que nous avons traversés, dans un long conciliabule avec ce fleuve envoûtant qui suscitait tant d'espoirs de liberté ; étudiant à Odessa, où il découvrit la littérature russe, il avait créé à Brăila le journal panslave *L'Aube du Danube*, puis il était devenu instituteur à Izmaïl ; c'est à Galaţi qu'il se frotta aux idées socialistes venues de Russie et c'est à Bucarest qu'il vécut les dernières années de sa courte vie, enseignant le bulgare, écrivant des poèmes, préparant l'insurrection et rêvant de l'union fraternelle de tous les peuples des Balkans. C'est sous la barbe bienveillante de son immense statue, sous les dates 1848-1876 gravées dans le marbre, que nous plantons ce soir la tente après un coucher de soleil tout aussi dramatique et sanglant que celui de la veille.

En m'assoupissant dans mon duvet, je rêve à nouveau d'une révolution à vélo, d'une *vélorution* de tous les peuples européens, nous irions roue dans la roue et main dans la main, remontant le Danube à fond de train, cyclistes ukrainiens et moldaves, cyclistes roumains et bulgares, cyclistes serbes et croates, cyclistes hongrois et slovaques – oui, nous irions tous ensemble pédaler jusqu'à Vienne, pédaler jusqu'à Francfort, pédaler jusqu'à Strasbourg, Schengen,

Luxembourg, Bruxelles, pédaler rageusement, pédaler contre les banques et les agences de notation, pédaler contre la vieillesse et l'austérité, pédaler contre les traités et les trahisons, pédaler avec des cohortes de réfugiés dans notre sillage, ouvrir un passage à ceux qui ont faim, pédaler à contre-courant de cette Europe que des commissaires nous tricotent dans leurs palais de cristal sans rien nous demander : l'Union actuelle n'est que le brouillon d'une Europe qui n'a pas fait le solde de tous ses démons. Et si une poignée de cyclistes en colère mais pacifistes réécrivait l'Europe de demain ?

18

Jérusalem danubienne

Kozlodouy-Vidin (Bulgarie), 13 juillet, 109 km

Le souffle frais du fleuve nous a réveillés avant le jour et nous sommes repartis à l'aube après la toilette rituelle dans le Danube, il a plu quelques gouttes cette nuit, le mercure a dégringolé de vingt-cinq degrés, l'herbe est trempée, la rivière livide luit bizarrement sous le ciel voilé, pour le quinzième jour consécutif recommencent la basse continue de la rhapsodie danubienne et le vibrato du vélo qui tinte de tous ses grelots ; j'essaie de varier ma phrase, de peur de lasser le lecteur, mais rien ne varie dans le paysage : toujours la même route serpentine et lézardée, toujours les mêmes tiges de maïs et les mêmes tournesols aux nuques cassées sous la tôle du soleil, toujours la même herbe haute et jaune, hantée de chardons, de cytises et de roseaux, parfois la silhouette d'un château d'eau qui se dresse au milieu des champs, accroche le regard, une bagarre de cigognes dans leur nid perché au sommet d'un pylône nous invite à tendre l'oreille, nous roulons à tombeau ouvert dans ce paysage que nous ne voyons plus vraiment, ou que nous ne voulons plus voir, un autocar vert kaki traverse la route et nous force à ralentir, les ruines romaines ou communistes ne nous attirent plus, nous ne tournons même plus la tête vers le ruban pâle du fleuve qui s'écoule sans sommeil, là-bas, dans l'échancrure de la corniche. Pour être fidèle à ce que je vois, fidèle à ce que je ressens, il faudrait tout écrire sur le même ton, utiliser toujours les mêmes mots, varier seulement la vitesse, le rythme et le tempo qu'impriment les accidents du relief et la cadence effrénée de la route, comme une ritournelle, un boléro, un ostinato.

C'est sur une route pavée que nous dévalons à fond les ballons le plateau bulgare vers le port de Lom – étendue chaotique de blocs gris dans la vallée fluviale ; les trois grues blanches du port scintillent à l'horizon ; tous les habitants sont de sortie, un jeudi matin, c'est étrange, on se demande bien qui travaille ici, les uns sont assis sur des bancs, les autres trimballent leur sac plastique à la main, les poussettes et les bicyclettes sont légion, les étourneaux gazouillent dans les tilleuls, c'est l'heure de la *passegiata* matinale, chacun est venu profiter de ces quelques heures de répit dans la torpeur accablante de l'été balkanique, tous doivent bénir ce vent frais qui aère un peu la ville et fait rebleuir le Danube.

Après Lom nous retrouvons la tristesse de la steppe et des villages-rues déserts qui s'étirent dans la poussière, sur la route de Vidin. À présent nous roulons plein nord, tels des oiseaux migrateurs amorçant leur grand retour vers des latitudes plus tempérées, les poids lourds que nous croisons prennent le grand virage danubien à la corde et se soucient peu de ces deux zozos pédalant à contre-courant du fleuve et du vent, les remorques nous soufflent dans les narines leur odeur de gasoil et de pneu grillé, c'est ici que le Danube vient buter pour la première fois contre le plateau bulgare, ce qui le force à faire un grand coude vers l'Orient, le Danube avait peut-être des envies de sud, comme la Garonne chantée par Julos Beaucarne, mais la chaîne du Grand Balkan le contrarie – non, tu n'arroseras pas Byzance et ne grossiras pas la mer de Marmara, va plutôt voir à l'est si j'y suis !

À présent, oui, nous roulons plein nord, les rafales forcissent, la grande lame retombée des Carpates ride la surface de l'eau, soulève parfois quelques vagues, accélère le débit fluvial – l'oblast de Vidin se situe dans un angle mort de la Bulgarie, une sorte de presqu'île intérieure coincée entre les voisins serbes et roumains, c'est la région la plus pauvre de l'Union, Vidin fut longtemps le cul-de-sac du pays, mais depuis l'inauguration en 2013 du dernier pont sur le Danube, que nous apercevons là-bas, sous ses haubans très blancs, la ville-frontière nourrit l'espoir d'une renaissance ; le pont de la Nouvelle Europe, deux kilomètres de ferraille et de béton que les Bulgares se contentent d'appeler *le pont n° 2*, relie désormais Vidin la Bulgare à Calafat la Roumaine. Cependant, son importance stratégique, sur la route de Belgrade à Bucarest, demeure tout à fait secondaire à l'échelle continentale, car cela fait longtemps que le Danube n'est plus un axe de transport européen, longtemps que Vidin est une ville de province court-circuitée. Depuis la chute du Mur, ses lisières offrent le triste spectacle de leurs usines désaffectées : dès les premiers panneaux annonçant la ville, c'est partout l'immensité des ruines qui saute aux yeux, des kilomètres et des kilomètres de gravats, de décombres, de grillages rouillés, de vitres brisées, de murs tagués, le port fluvial se meurt, les bateaux de croisière passent au large sans décharger leurs cargaisons de retraités bavarois, de sorte que nous sommes bien les seuls touristes, aujourd'hui, à arpenter ce passé glorieux.

C'est à Vidin, pourtant, que le segment bulgare du Danube est le plus beau, le plus bleu, le plus large ; le fleuve décrit une courbe majestueuse, et je comprends pourquoi le tsar Samuel Ier établit ici sa première capitale et fit édifier une forteresse surnommée Baba Vida ; depuis le donjon, lorsqu'il fait beau comme aujourd'hui, on embrasse toute la plaine valaque et tout le plateau de Mésie que chapeautent les cimes du Grand Balkan ; avec ses quatre tours massives, ses quatre bastions crénelés et son double mur appareillé de brique et de pierre de taille, Baba Vida, perchée sur ce promontoire que façonne l'ample méandre, est le verrou qui ferme l'accès aux Portes de Fer et commande toute la vallée du bas Danube ; aussi Vidin fut-elle convoitée par les Byzantins, les Hongrois, les Turcs, les Serbes et les Autrichiens.

En 997, Samuel Komitopuli se fit couronner tsar des Bulgares sous le nom de Samuel Ier et fixa sa seconde capitale à Ohrid, sur la rive orientale du plus beau lac des Balkans, où il fit édifier une citadelle plus grande, plus haute et plus imposante encore que celle de Baba Vida – les deux capitales devaient se répondre aux deux points cardinaux de son empire, Ohrid située sur la route de l'Adriatique, tournée vers les neiges d'Albanie, défendait l'empire contre les sédentaires du Midi et du Couchant, Baba Vida située sur la route du Pont-Euxin, tournée vers les neiges des Carpates, défendait l'empire contre les nomades du Septentrion et du Levant ; quand on grimpe les marches des deux forteresses, quand on s'avance sur le chemin de ronde, on croirait que la ligne des remparts vient redoubler celle de l'horizon, dans une tentative de clore le lieu sur lui-même et de rivaliser d'harmonie avec la courbe du lac ou du fleuve.

Samuel Ier est selon moi – peut-être avec Tito – le personnage le plus fascinant de l'histoire des Balkans. C'est aussi le plus mystérieux : l'hypothèse biographique majeure est contredite par des conjectures alternatives, qui contestent tel ou tel détail de sa vie si bien que la chronique de son règne est une rivière aux sources incertaines, qui déborde de son lit, se ramifie, se perd dans les sous-sols et s'égare à travers la plaine. Samuel Ier : voilà un type qui régnait sur un territoire englobant la quasi-totalité de la péninsule balkanique, de Belgrade au mont Olympe et des bouches du Danube à celles de Kotor ; ses frères s'appelaient Aaron, David et Moïse, la petite tribu serait d'origine arménienne malgré ces prénoms hébraïques ; le père, un certain Nicolas, serait venu des rives de l'Euphrate dans le sillage des armées byzantines ; le poète Jean Géomètre compara Samuel Komitopuli à une comète ; après la bataille de Stoumitza, en 1014, on dit qu'il mourut d'apoplexie lorsqu'il vit venir à lui les premières cohortes de prisonniers : son armée, défaite par l'empereur byzantin Basile II, n'était plus qu'un lamentable cortège d'Œdipe manchots : l'empereur, qui gagnera dans cet épisode son épithète de Bulgaroctone, avait fait crever les yeux et trancher les mains de quinze mille prisonniers, à l'exception de cent cinquante *happy few* qui eurent le triste privilège d'être éborgnés pour pouvoir guider leurs camarades sur le chemin du retour. Aujourd'hui, Grecs, Arméniens, Bulgares et Macédoniens se disputent les reliques et l'héritage de Samuel Ier, qui n'était ni grec, ni arménien, ni bulgare, ni macédonien, car à l'époque où il vivait, la maladie de la balkanisation n'avait pas contaminé la région : toutes ces nations relevaient encore de la science-fiction.

L'histoire de Vidin, du tsar Samuel et de Baba Vida nous est racontée sur un banc par Tchavo – Tchavo était chauffeur de bus autrefois mais sa compagnie qui reliait la Serbie, la Roumanie et la Bulgarie a fait faillite lors du blocus contre la Yougoslavie de Milošević, il s'est retrouvé au chômage, a vécu d'expédients et de petits boulots, désormais il passe ses journées torse nu sur les bancs de la ville à fumer des clopes ; sur la brioche dorée de son gros bide de Bouddha repose un collier en or auquel se suspendent les symboles des trois monothéismes, la croix du Christ, le croissant de Mahomet et l'étoile de David ; de même que Samuel Ier ne peut être assigné à une seule nation, Tchavo le gitan n'a pas choisi entre les trois religions : le vendredi, il se rend à la mosquée ; le samedi, à la synagogue – ou plutôt ce qu'il en reste –, et le dimanche, à l'église. Alors nous le suivons dans les trois lieux saints de cette petite Jérusalem danubienne, en traînant nos vélos derrière nous comme des fardeaux. Entre-temps, petite halte à l'hôtel *Vida*, car Tchavo nous a gentiment fait remarquer que nous puons le Danube, Vlad et moi, comme un palefrenier pue le crottin de cheval : cela fait trois jours que nous n'avons pas trouvé de meilleur endroit pour nous décrasser. Les douches de l'hôtel sont les bienvenues, qui nous débarrassent de cette odeur entêtante : le parfum du Danube s'empare de votre corps, s'incruste dans la fibre des maillots, imprègne la peau de chamois des cuissards ; c'est une odeur douceâtre, légèrement fétide, une odeur de vase et d'égout à laquelle on finit par s'habituer, comme on s'habitue au goût douteux de la carpe ou à la texture pâteuse du silure.

Nous commençons la visite par la cathédrale, dont je ne me souviens pas très bien mis à part quelques fresques néoromantiques et quelques icônes médiévales. Puis Tchavo nous mène à la mosquée. C'est la première mosquée entièrement préservée que nous visitons depuis le début du voyage et c'est l'une des rares qui accueille encore des fidèles en Bulgarie. Tous les voyageurs qui passèrent par Vidin en laissèrent une description enchantée. À l'époque où le grand chroniqueur ottoman Evliya Çelebi fit la première recension précise de la ville et de sa citadelle dans son *Seyahatnâme* (*Livre des Voyages*), Vidin comptait neuf mosquées ; après la cinquième guerre austro-turque, ses doubles fortifications furent trouées de neuf portes monumentales – le système défensif appelé *Kaleto*, en forme de demi-cercle, alternant murs de trois mètres d'épaisseur et fossés de dix-huit mètres de large, était une adaptation ottomane des forts Vauban qui s'appuyait sur le Danube comme dernier rempart : l'eau fluviale emplissait les douves.

Avec le temps, certaines portes furent murées, d'autres restèrent ouvertes ; leurs ornements sont encore intacts, les sourates du Coran gravées dans la pierre à côté de leur nom – porte du bazar (*Pazar kapija*), porte d'Istanbul (*Stambul kapija*), porte de Florentin, porte d'Enichar, laquelle débouche sur une belle plage de galets plus peuplée que toutes les rues de la ville. Mais des neuf mosquées que décrivit Evliya Çelebi, il n'en reste aucune aujourd'hui : la seule qui dresse encore son minaret dans le ciel bulgare, le chroniqueur ottoman ne put la visiter, car elle fut érigée à l'époque de la Révolution française par Osman Pazvantoğlu ; pour marquer son indépendance vis-à-vis du sultan Selim III, le pacha de Vidin qui s'était taillé, à force de guerroyer contre ses voisins, un petit royaume danubien quasi indépendant, à bonne distance d'Istanbul, fit remplacer le croissant de l'islam par un cœur de zinc renversé qu'il planta sur la coupole de la mosquée, sur celle du très haut minaret blanc et sur celle de la bibliothèque, une sorte de petit temple en croix grecque où ce pacha rebelle et éclairé collectionnait les premiers livres imprimés de l'Empire ottoman.

– Pourquoi un cœur à la place du croissant ? demande Vlad à Tchavo. Le pacha de Vidin rêvait-il d'une religion de l'amour ?

– L'amour, il n'y a que ça dans la vie, répond Tchavo en grattant son ventre de Bouddha.

Mais c'est d'abord et avant tout un amour de la nature qu'il évoque, un amour voué au dieu Danube, auquel il rendra son dernier culte, après la tournée des lieux saints, puisqu'il ira ce soir, comme tous les soirs de l'été, faire ses ablutions dans la rivière sacrée, le Danube est son Gange, le potamisme de ses ancêtres hindous sa quatrième religion – desserrant sa ceinture et baissant son bermuda, Tchavo nous dévoile au bas de sa colonne vertébrale un tatouage en forme de roue – c'est le deuxième *chakra*, dit-il, le chakra du sacrum, relié à l'appareil reproducteur, d'où surgit l'énergie intérieure – Tchavo est le brahmane du Danube, il se souvient que tous les gitans viennent de l'Inde, que le romani descend du sanscrit et que les fleuves sont des dieux.

À deux pas de la cathédrale et de la mosquée, Tchavo nous ouvre le portail rouillé de la synagogue.

Dans un terrain vague jonché de détritus, nous garons les vélos contre le tronc d'un peuplier qui s'ébroue dans le vent du nord. La haute façade mangée de lierre s'élève devant nous. Sous le crépi lépreux, le rose de la brique a des aspects d'écorché vif, et tout l'édifice semble vaciller sous les rayons du soleil qui le percent de part en part. Les vestiges de la synagogue de Vidin sont une merveille baroque, un entrelacs chaotique de briques et de verdure où l'art et la nature semblent avoir rivalisé d'audace. Mais ici, cette lutte de tous les jours entre les règnes végétal et minéral, ce combat permanent du soleil et de la lune, nous raconte une autre histoire, c'est une histoire qui nous hante, celle de tout un peuple qui a fui l'Europe – alors que les Juifs de Bulgarie furent massivement épargnés par la Shoah, grâce au rôle capital de Dimitar Pechev, l'homme qui sauva 48 000 personnes de la déportation, ils ne souhaitèrent pas demeurer après guerre dans la nouvelle démocratie populaire ; en 1948, tous les Juifs de Vidin s'enfuirent en Israël ; en partant, ils abandonnèrent l'une des plus belles synagogues du pays, construite en 1894 dans le style hispano-mauresque si populaire en Europe de l'Est ; les autorités communistes décidèrent de la retaper mais les années passèrent et les travaux promis n'eurent jamais lieu ; en 1989, la toiture et les vitraux venaient tout juste d'être retirés quand le Rideau de fer s'effondra, dès lors le chantier de restauration cessa, le temple désert fut abandonné à l'inclémence du soleil et des hivers – Tchavo nous raconte la chronique des Juifs de Vidin en nous faisant pénétrer dans l'édifice ensauvagé, il a cueilli un rameau dans la jungle juvénile qui se presse aujourd'hui dans la nef – vous voyez, dit-il en nous montrant le rameau rouge aux folioles lancéolées, cet arbuste s'appelle l'ailante glanduleux, c'est une espèce rudérale qui adore les friches, les ruines, les gravats, la poussière et croît à une vitesse ahurissante, il nous vient de Chine mais il a envahi tous les recoins du pays, certains le surnomment *le palmier des ghettos* car il pousse là où aucune plante ne peut survivre, on dirait qu'il n'a besoin de rien, ni eau, ni terre, ni lumière ; quand tout le monde aura quitté le pays, il n'y aura plus que des ailantes en Bulgarie, on le surnomme aussi *l'arbre de l'enfer* car il est impossible de l'éradiquer, si vous arrachez une branche, elle repousse avec plus de vigueur encore, c'est toute une foule d'ailantes qui a pris racine ici depuis 1989 et remplacé les fidèles – leurs troncs gris, très fins, très droits, s'élancent entre les colonnes cannelées, dans le clair-obscur rose et vert, à l'assaut des deux étages sans paliers, leurs branches enlacent les arches qui ne retiennent plus que le bleu du ciel, leurs racines s'enchevêtrent sous les voûtes déchaussées, les frontons hérissés d'herbes rousses laissent percer parfois un ou deux rameaux conquérants, fiers d'avoir atteint le firmament, mais les vestiges de la synagogue ne sont pas seulement colonisés par les ailantes, ils sont aussi le paradis des grapheurs et des photographes, l'un d'entre eux vient tout juste de replier son trépied lorsque nous parvenons sur le toit défoncé à la suite de Tchavo qui écarte pour nous les ramures vertes, nous découvrons bientôt les murs tagués de *LOVE* et de graffitis intraduisibles, les colonnes décorées de portraits au pochoir de Marilyn Monroe et de Charlie Chaplin, il y a même de véritables fresques qui courent sur les travées supérieures, l'une d'entre elles figure le vilain groin d'un porc, figure blasphématoire s'il en est – je regarde les étoiles de David du chœur qui gisent dans la poussière et laissent percer la lumière, je regarde les rosaces privées de vitraux, et je tente d'imaginer dans ce silence de broussaille les clameurs des synagogues de mon enfance, les remuements d'épaules et les prières murmurées, je tente de compter les arbustes et je me demande si chaque ailante n'est pas venu prendre discrètement la place d'un fidèle, comme ailleurs les bouleaux, témoins vivants et muets de la Shoah par balles, fantômes zébrés des fugitifs et des disparus – les plantes sont plus respectueuses des monuments que les êtres humains, leur manière de les dégrader moins criarde, moins revendicative, leur profanation plus subtile, j'ai déjà visité de nombreuses synagogues détruites au gré de mes pérégrinations européennes, mais celle-ci est l'image la plus convaincante de la catastrophe – au sommet d'un des quatre clochers se tiennent deux arbres morts, immobiles dans le vent, leurs sept branches aux doigts crochus semblent implorer le ciel comme deux *menorahs* naturelles et finalement je me demande si tout cela ne tient pas encore debout grâce à cette foule d'arbustes fidèles, si ces ailantes qui poussent partout en Bulgarie ne sont pas le dernier lien qui retient la pierre à la terre, comme si la verdure n'était pas venue détruire l'architecture mais la soutenir, la protéger, atténuer le burin de l'hiver et la patine du soleil – oui, me dis-je, le Machu Picchu, par exemple, n'est-ce pas la jungle péruvienne qui l'a préservé jusqu'à sa découverte par Hiram Bingham, la cité mystérieuse des Incas ne doit-elle pas sa survie aux lianes, aux mousses, au lichen, à toutes les espèces végétales qui l'ont soustraite durant tant de siècles aux caprices des tropiques et aux convoitises des pillards ?

19

Le peuple des trois frontières

Vidin (Bulgarie)-Negotin (Serbie), 14 juillet, 66 km

En ce 14 juillet, nous avions prévu de faire escale à Vidin : les fêtes nationales sont toujours de bons prétextes pour s'octroyer un jour de congé. Seulement Vlad me fait observer que la route est longue jusqu'à Kladovo, en Serbie, et qu'il vaut mieux couper la poire en deux : nous sacrifierons donc un jour de repos pour repartir le soir même, après la visite de la forteresse et des musées, histoire d'éviter les grandes chaleurs. La canicule pointe de nouveau le bout de son nez, je me lève tôt le matin dans une lumière radieuse, fais le tour de la ville à l'heure où les pâtisseries sont prises d'assaut, me drogue à l'*ayran* en dévorant des croissants roumains fourrés au chocolat, puis je prends le chemin du musée municipal qui vient tout juste d'ouvrir, il se situe dans un bel édifice de l'époque ottomane, il n'y a personne au guichet, je grimpe à l'étage où je passe en revue une panoplie de tapis turcs et d'icônes médiévales ; au rez-de-chaussée il y a de nombreux témoignages de la Préhistoire et de l'Antiquité, des parures scythes aux motifs animaliers très stylisés, des lampes à huile romaines, une belle mosaïque byzantine figure un guépard poursuivant une antilope – Vidin n'en finit pas de me surprendre, je passerais bien des journées entières ici, à l'ombre de ces vieilles pierres qui narrent l'histoire d'Ivan Stratzimir, le dernier tsar bulgare, et de la révolte de son fils Constantin contre le sultan.

Au musée des Beaux-Arts, je suis accueilli par Anton, le gardien, dans un hall absolument vide. Comme je suis le seul visiteur de la journée, Anton m'offre une visite guidée, me décrit les tableaux, me raconte la vie des peintres bulgares, Ivan Ivanov, Zlatyu Boyadzhiev, Nikola Petrov, Vladimir Dimitrov dit le Maître, il y eut au XXe siècle toute une école de Vidin qui est restée sans postérité, car la ville a lentement dépéri, la capitale des anciens tsars bulgares étant reléguée au rang de préfecture provinciale, coupée de son hinterland naturel par le Rideau de fer et par le repli roumain de l'ère Ceauşescu. Anton est un type sympathique, un gardien en chemise rose, bermuda vert et sandales de cuir qui fume comme un pompier mais rêve de remonter le Danube jusqu'en Allemagne avec son vieux vélo Peugeot qu'il va chercher dans la cave du musée et qu'il soulève à bout de bras comme un trophée. Je l'encourage à nous suivre mais le préviens qu'au train où nous roulons, il lui faudra commencer par faire une croix sur son paquet de clopes quotidien. Il me fait asseoir dans son bureau. Nous discutons de l'avenir de l'Europe. Lorsqu'il dit qu'il y a trop de Noirs, trop d'Arabes et trop d'Asiatiques en France, je lui réponds :

– En Bulgarie aussi, vous aviez beaucoup d'étrangers.

– Oui. Rien qu'à Vidin, il y avait autrefois des Albanais, des Kurdes, des Druzes, des Grecs, des Turcs, des Tziganes, des Arméniens, des Juifs séphardes, des Tatars et des Circassiens.

– Et aujourd'hui, il n'y a plus que des Bulgares ?

– Pratiquement. À part quelques Turcs et quelques Tziganes qui vivent dans les faubourgs.

– Et les choses vont-elles mieux qu'à l'époque où il y avait toutes ces nationalités ?

– Non, tout va de mal en pis. La ville se meurt. Vidin a perdu quinze mille habitants en quinze ans. VIDA CHIM, qui employait dix mille personnes, a mis la clé sous la porte. Les jeunes n'ont qu'un seul rêve : foutre le camp d'ici, et ce n'est pas le nouveau pont sur le Danube qui va changer la donne : au contraire, maintenant c'est plus facile de se barrer. Bientôt, il n'y aura plus qu'à mettre la clé sous le paillasson.

– Eh bien, tu vois, pour ne pas mettre la clé sous le paillasson, l'Europe ferait mieux d'ouvrir grand ses portes.

Comme souvent, la discussion sur l'Europe et la prétendue *crise migratoire* dérape lentement vers la question du terrorisme. J'explique à Anton que le terrorisme n'a rien à voir avec l'immigration. Qu'il touche tous les pays en guerre et tous les pays qui font la guerre. Et qu'il y a cent fois plus de victimes du terrorisme en Irak, en Libye ou en Syrie qu'en France ou aux États-Unis.

– Tu as raison, de ce point de vue, ici, nous sommes tranquilles, les Bulgares rêvent Munich, Berlin, Francfort, Londres, Paris, New York, toutes ces villes touchées par les attentats alors que finalement, là où tu as le moins de chances de crever dans un attentat, c'est ici, à Roussé, à Vidin, à Silistra, dans ces petites villes bulgares semées le long du Danube. On nous laisse tranquilles parce que nous ne valons plus rien. L'Histoire nous a court-circuités.

– Nous, elle est venue nous réveiller.

En sortant du musée des Beaux-Arts, je rumine les paroles d'Anton et repense à la générosité de tous ces Ukrainiens, ces Roumains, ces Bulgares que nous avons rencontrés depuis notre départ. Si nous étions un peu plus basanés, Vlad et moi, si nous ne fuyions pas l'ennui d'une Europe suissifiée, mais la guerre et la misère, les bombardements russes et les cruautés de Bachar el-Assad, nous ne serions pas les bienvenus dans ces contrées et nous ne susciterions pas la même sympathie de la part des riverains du Danube. Et pourtant j'ose espérer qu'il y a, en Bulgarie comme ailleurs en Europe, des hommes et des femmes ordinaires capables de contredire par leurs gestes la brutalité de nos lois scélérates ; l'instrumentalisation de la prétendue *crise migratoire* ne prouve pas seulement la barbarie de la *demi-civilisation occidentale*, comme l'appelait Élisée Reclus, elle jette surtout l'opprobre sur nos politicards qui sont prêts à se saisir de n'importe quel sceptre pour se maintenir au pouvoir et agiter le spectre de leurs murs, de leurs barbelés, de leurs lois, autant de fétiches de l'Occident, ces terres du couchant qui s'enfoncent de nouveau *au cœur des ténèbres*.

Retour à l'hôtel Vida. Vlad s'est barré sans prévenir. Je crois qu'il a pris goût à la solitude et je sens bien qu'à présent il m'évite. J'hésite : quitter Vidin ce soir ou rester une nuit de plus ? La Bulgarie est accueillante pour un cycliste français mais j'ai hâte de retrouver la Serbie, mon pays adoptif. À l'hôtel, on a tranché pour moi : je retrouve toutes mes affaires bourrées dans mes sacoches ou pliées dans des sacs plastique suspendus au guidon de ma bécane. Vidin étant la dernière ville avant la Serbie, il vaut mieux franchir la frontière avant la nuit – me voilà déjà en selle, traversant les parcs municipaux déserts, longeant les quais à l'heure de l'apéro, la ville fantôme s'évanouit bientôt dans l'herbe sauvage d'une banlieue campagnarde, entre des zones industrielles en friche et des casernes abandonnées, on débouche très vite parmi les champs de tournesols encerclant des patelins mornes aux toponymes fabuleux et métissés, Yasen, Vrav, Kudelin, l'un d'entre eux porte un nom si improbable, Florentin, que je prends en photo le panneau blanc planté en haut d'une butte, le Danube d'un bleu de zinc apparaît en point de mire, Florentin est un village de pêcheurs étiré au fil du fleuve, la population parle ici un dialecte à mi-chemin du serbe et du roumain, nous entrons au pays des Valaques, le peuple des trois frontières, les visages en noir et blanc des morts de l'année sont placardés sur les pylônes, sur les murs lézardés des fermes et des villas, sur les vitres des abribus, sur les troncs des tilleuls et des saules pleureurs : le *grand dépeupleur* de Beckett est passé par là, les Valaques ne survivront pas au XXIe siècle, on s'attendrait à voir surgir Vladimir et Estragon sur le bord de la route – ils diraient, en attendant Godot, *Rien à faire* ou *C'est fatal*, ou encore *Ce n'est pas le vide qui manque*.

Dans cet angle mort de l'Europe, dans ces boucles du Danube où le fleuve a perdu le nord, aux frontières serbo-roumano-bulgares, les gens des confins se meurent mais les confins demeurent. C'est désormais un paysage vacant, personne à l'horizon, nulle âme qui vive, un paysage si doux, si voluptueux, que nous voudrions le boire, lamper de grandes gorgées de juillet, c'est un paysage d'ambre et de miel, délicieusement ondulé, ébloui de soleil, parcouru de frissons de lumière liquide, comme si tout ici, les murs des fermes, les ceps de vigne, les tiges des tournesols, les barbiches des chèvres, était hypnotisé par le calme olympien du Danube qui coule langoureusement à main droite – à la sortie de Florentin, on aperçoit les premières crêtes des Carpates qui vibrent à l'horizon sous les régiments de nuages, les patelins se blottissent entre les collines, la traînée de poudre jaune vif d'un champ de colza court entre les prés – plus loin, je traverse ma première forêt depuis le début du voyage, si l'on peut appeler ça une forêt, c'est plutôt un gros bosquet silencieux, alors dans ce grand silence des feuilles vertes et des troncs dorés, je comprends que nous n'avions pas complètement quitté la steppe, voici les premiers arbres qui viennent à ma rencontre et se dressent au-dessus de ma tête, sous les nuages qui se chevauchent dans le ciel, voici enfin un peu d'ombre après mille sept cents bornes de cagnard, je reconnais des frênes, des robiniers, des peupliers, parmi lesquels se glissent ces arbustes aux folioles lancéolées qui hantaient la synagogue de Vidin, Tchavo avait raison, bientôt il n'y aura plus que des ailantes en Bulgarie, et puis voici les ormes, les charmes, les hêtres – je jubile d'une joie immense de voir enfin de grands arbres, de grandes feuilles, je m'enfonce enfin dans la forêt mêlant toutes les espèces de feuillus, pas seulement les bouleaux des grandes plaines russes, pas seulement les saules et les frênes rivulaires du bas Danube, on sent qu'ici le climat est moins excessif, plus tempéré, que les vents soufflent moins fort, nous quittons définitivement l'empire des steppes eurasiatiques pour entrer dans la grande futaie de l'Europe chevelue, c'est ici que passait le Rideau de fer et la Yougoslavie se situait à l'ouest des barbelés, nous avons tendance à l'oublier, la Yougoslavie de Tito, c'était pour les Roumains et les Bulgares un Occident, le pays de la liberté, si bien que sous Ceaușescu, de nombreux Roumains traversaient le fleuve au péril de leur vie.

Ici, à Bregovo, la bordure du bloc de l'Est était bien gardée, comme le rappelle un mirador se reflétant dans le Timok, un affluent du Danube marquant la frontière bulgaro-serbe, c'est un tranquille miroir d'eau dormante qui semble avoir capturé le bleu du ciel et suspendu le fil du temps. Les douaniers serbes me saluent dans une lumière ambrée qui annonce déjà le mois d'août. De l'autre côté de la frontière, on se demande où peut bien mener cette route étroite, déserte, sinueuse et craquelée. Ma première rencontre est celle d'un chien qui me guettait de l'autre côté de la voie ferrée, il me prend en chasse sur des centaines de mètres en aboyant furieusement, comme si c'était lui, le vrai cerbère de la frontière, puis ce sont les morts qui m'accueillent et me sourient, leurs portraits sont affichés tout autour de moi, sur des croix, sur des obélisques, sur les murs des caveaux et des chapelles funéraires – de part et d'autre de la route s'étend un immense cimetière qui n'en finit jamais, je filme les milliers de tombes saignant dans le silence, sous les rayons rasants du soleil, je me demande si les Serbes ne sont pas tous morts, si le pays ne s'est pas suicidé une dernière fois pour hâter la catastrophe finale, on ne sait jamais avec les Serbes, il suffit d'une soirée qui tourne mal, c'est Bojan, notre aubergiste de

Negotin, qui nous expliquera plus tard que nous avons traversé un cimetière valaque – les Valaques, qui savent que l'enfer est ici, tous les jours, sous nos pieds, me dira Bojan, font en sorte que les morts vivent une vie meilleure que les vivants, ils leurs apportent régulièrement des sources de réjouissance, alors les morts boivent de l'eau-de-vie, fument des cigares, regardent le foot à la télé, on prépare même le nécessaire pour qu'ils puissent se décrasser dans l'au-delà, et comme il faut bien un endroit pour les loger et partager quelquefois du bon temps avec eux, on leur construit des maisonnettes, c'est pourquoi le cimetière de Kobišnica compte plus de baraques que le village, car *l'humanité compte plus de morts que de vivants*.

Oui, c'est là-bas, nous dira Bojan, que les Valaques vont rejoindre leurs morts pour le rituel de la *pomana*. Histoire d'éviter que l'âme du défunt ne vampirise l'esprit de son descendant, les Valaques ont inventé la *pomana*. C'est un banquet funéraire, la cérémonie commence par un chant gaillard qui invite les morts à participer au festin. Ce jour-là, les vivants ne se saluent pas, ne se parlent pas, chacun se concentre dans son dialogue intime avec les disparus, nous dira Bojan, et moi aussi, à mesure que je me rapproche de Negotin, je sens tous ces cadavres se réveiller, sortir de leurs maisons des morts et pédaler dans mon dos, je suis suivi par tout un peloton macabre, bientôt il n'y aura plus que des morts et des revenants dans cette région que ses habitants désertent et ne reviennent visiter que l'été – à Negotin, une bagnole sur trois arbore une plaque d'immatriculation étrangère, suisse de préférence, le petit blason de Berne ou de Genève s'accorde si bien avec l'écusson d'or et de gueules d'une Porsche Macan – toute la famille de Bojan est revenue au bled pour les vacances, sa cousine Zora qui vit à Zurich, sa fille Irina qui vit à Vienne, son fils Micha qui poursuit ses études de physique à l'université de Berlin ; parfois, nous dira Bojan, j'ai l'impression que les Serbes retournent aux sources vu qu'il paraît que nous descendons des Sorabes, lesquels vivaient jadis au bord de la Spree, à l'est de la Saxe actuelle.

20

Charybde & Scylla

Negotin-Tekija (Serbie), 15 juillet, 102 km

Hajde ! Allez, c'est reparti sous les encouragements de Bojan et de sa famille qui nous ont accueillis hier soir, Vlad et moi, comme si nous étions des enfants du pays et nous ont fait découvrir leur ville. Nous avons eu le droit à la tournée des grands-ducs, *kačamak* et *kajmak*, polenta à la crème arrosée de vin rouge et servie dans une gargote où les joueurs de *tambura* entonnaient les airs les plus connus du pays, *Dunave, Dunave, kraj tebe mi srce ostade, Dunave, Dunave, kraj tebe mi srce ostade* (« Danube, ô Danube, près de toi mon cœur est resté »), tous les clients reprenaient en chœur les paroles en riant aux éclats, tous battaient des mains en cadence, Bojan glissait des billets dans les soufflets de l'accordéon, Zora et Irina pleuraient de joie sous leur rimmel en oubliant la Suisse et Vienne, Micha faisait des provisions de gnôle – la fameuse *rakija* serbe – pour affronter l'hiver berlinois, les musiciens dégoulinaient de sueur dans leurs chemises blanches et souriaient en chantant à tue-tête, nous avions oublié à quel point les Serbes savent lever le coude et faire la fête, à quel point ils ont le rythme dans la peau, nous aussi nous devrions chanter de temps en temps, les Serbes ont perdu la guerre mais n'ont pas perdu leur âme, a dit Bojan en portant un dernier toast à l'amitié franco-serbe.

Oui, c'est reparti malgré la gueule de bois et le ciel plombé de nuages dans ce pays que nous connaissons bien, direction le Danube et le barrage aval des Portes de Fer, que nous apercevons là-bas sous les silhouettes futuristes de ses grues, de ses pylônes et de ses tours de contrôle ; ici, côté serbe, la limite entre la terre et l'eau est assez floue, la notion de berge s'efface sous une triste étendue marécageuse habitée de roseaux, de nymphéas et de lentilles d'eau ; là-bas, côté roumain, la berge est un talus escarpé, une longue bande ocre piquetée de bosquets – des bateaux de croisière passent au large, ici les barques vont de ponton en ponton, les riverains ont aménagé de coquets pavillons dressés sur pilotis, certains pavoisent aux couleurs du pays – nous roulons sur le chemin de halage pour coller le fleuve au pixel près, parfois un pêcheur se retourne et nous fait sentir que nous brisons le silence songeur de ce samedi matin, l'horizon est si vaste et les cirrus qui le strient évoquent tellement des vagues et des grèves que nous ne savons plus si c'est le fleuve qui reflète le ciel ou l'inverse, ça doit être la sensation qu'éprouvent les poissons lorsqu'ils jaillissent de l'eau pour gober une mouche – la sensation, oui, que le ciel est un grand miroir.

Vlad s'est mis en tête de faire la course avec les bateaux de croisière malgré tous les obstacles dressés sur ce mauvais sentier qui n'est pas fait pour les cyclistes, alors il s'enfuit au loin pendant que je me fraye un passage coûte que coûte entre les pierrailles,

les ornières, les orties, les ronces, les flaques de boue et les éboulis, pas même stoppé par les bulldozers réparant les dégâts des crues printanières, emporté par la *furia francese*, galvanisé par des rencontres exceptionnelles – Franz Varvaker, un descendant des Souabes du Danube, est le Calder local, il fabrique des mobiles éphémères avec des canettes de bière et fait pousser dans son jardin des tomates et des poivrons gorgés de soleil qu'il offre aux passants, un paysan et sa femme récoltent les prunes jonchant le sol pour distiller la *šljivovica,* l'eau de vie de quetsche, un vieillard déboule sur sa mobylette, son chapeau de paille enfoncé sur la tête des verdiers pépient dans les palpitations du fleuve, j'enregistre toutes ces visions fugitives en braillant dans le micro de mon portable, c'est surtout le vent qui hurle dans le micro, *fffrrr, ffffrr, houhouhou*, ici les rafales soufflent des quatre points cardinaux et le Danube ne sait plus où donner de la tête ; libéré du carcan des Carpates, pas encore comprimé par le joug des Balkans, il fonce vers le sud-est, rebique vers le nord-ouest, repart vers le sud-ouest, oblique enfin plein sud avant de répondre à l'appel de la mer Noire, dessine sur les cartes la tête d'un mustang à la crinière bleue, le suivre à la trace dans ces arabesques n'est pas une mince affaire, en voyant le paravent mauve des montagnes se dresser en ligne de mire, je songe à ce que pensèrent les Turcs lorsqu'ils parvinrent au grand galop au pied de *Đerdap* – le *tourbillon*, c'est le mot persan qui leur vint à l'esprit, et les Serbes ont gardé ce mot pour désigner le défilé des Portes de Fer –, je songe à ce qu'éprouvèrent les chevaux des Turcs lorsqu'ils virent après toute cette cavalcade l'échine de la terre se cabrer vers le ciel et le sabre du fleuve entamer la montagne – Vlad est déjà loin devant, j'ai dans la tête une rhapsodie qui chante sa revanche sur la solitude et l'ennui, je ne vois plus les grandes villas disséminées un peu partout sur les rives, les *Gastarbeiter* sont revenus au pays les poches pleines de francs suisses et d'euros, ils étalent leur kitsch et leur opulence en architectures de pacotille, portiques, colonnades et statuettes, tandis que les vieilles fermes en pisé se lézardent sous le soleil – les hommes, les femmes, les adolescents, qui n'ont pas pu tenter leur chance ailleurs, assis sur les bancs par groupes d'âge et de sexe, regardent passer les cyclistes comme les vaches regardent passer les trains, les veuves aux fichus noirs noués sur leur goitre ne relèvent même pas la tête dans mon sillage, alors je trace mon chemin en les saluant d'un *Dobar dan* (« Bonjour ») qui ne colle pas avec mon allure et ma voix de freluquet.

Au village de Korbovo, dans la courbe jugulée d'un Danube qui plongeait autrefois bien plus loin vers le sud, un groupe d'hommes entre deux âges devise sous l'auvent de l'épicerie. Lorsque je plante ma bécane sur sa béquille pour faire mes emplettes, ils me demandent en serbe d'où je déboule ainsi, sur ce cheval de torture nervuré d'acier. Je leur réponds que j'arrive d'Ukraine. L'un d'eux – dents moitié en or, moitié pourries, canines d'un vert pistache – sort de sa torpeur, ses yeux s'agitent, comme si j'avais prononcé un nom magique, comme si je revenais de l'Eldorado, et il me demande sur un ton graveleux, gestes à l'appui :

– Et tu en as niqué combien, des Ukrainiennes ?

À ses gestes, je réponds par un autre geste : joignant mon pouce et mon index, je dessine dans l'air un zéro pointé.

– Donc, depuis Odessa, pauvre couillon, tu n'as fait que pédaler dans le vide ? Et là-dessus, il fait toc-toc de l'index sur son crâne et m'enjoint de foutre le camp :

– Va-t'en, crétin, tu n'as rien d'intéressant à nous raconter !

Dans ces confins incertains d'une Europe pourtant toute proche et qui cogne à notre porte, on ne peut pas encore se fier aux guides de voyage qui se perdent et nous désorientent. La première fois que je suis venu visiter les Portes de Fer, c'était avec un *Petit Futé* dans mon barda : d'après la carte maladroite que l'on aurait crue dessinée par un enfant, la ville de Kladovo se situait en Bulgarie alors que la Bulgarie est déjà loin derrière nous : cette géographie fautive confondait les tracés des fleuves et des frontières !

Il faut dire que la géographie a beaucoup changé par ici. Pas seulement la géopolitique, qui a rayé de la carte la Yougoslavie, mais aussi la géographie physique : le paysage que nous avons sous les yeux n'a pas plus de quarante ans et résulte de la submersion des rives par deux barrages. Le Danube que remontèrent les troupes ottomanes au XVIe siècle était un autre fleuve, et ne parlons pas des Romains qui construisirent ici, en aval de la ville actuelle de Kladovo, en l'an 105 de notre ère, le pont de Trajan, le plus grand de l'Empire, 1 135 mètres de long, 45 mètres de haut, 20 mètres de large, vingt piles de maçonnerie supportant des arcs et un tablier en charpente – on peut voir à Rome ou à Bucarest, sur la vraie colonne Trajane ou sur sa réplique roumaine, la cérémonie de l'inauguration du pont, l'empereur en tenue de voyage se tient à droite d'un autel chargé d'offrandes et orné de guirlandes, il verse le contenu d'une patère sur l'autel, un victimaire retient par la bride le taureau paré pour le sacrifice, des légionnaires jouent de la flûte et d'autres portent les insignes impériales – à l'arrière-plan, le Danube ondule tranquillement sous les piles du pont qui paraît un peu fragile, voire bringuebalant, on ne sait pas combien de temps le pont de Trajan resta debout, on dit parfois qu'il fut détruit par Hadrien dans un accès de jalousie, parfois qu'il dura jusqu'à la cession de la Dacie aux Goths, parfois encore qu'il tint bon jusqu'à la conquête ottomane et que les Turcs lui portèrent le coup de grâce – il ne reste aujourd'hui que deux piles visibles, de part et d'autre du fleuve, j'ai dévalé la digue pour admirer ces vestiges, j'en fais le tour à vélo, c'est un pan de briques de deux mètres de haut rongé sur toutes ses faces par les intempéries et qui croupit dans une mare d'eau glauque où coassent des grenouilles. Sur la rive opposée, on n'aperçoit pas la pile roumaine du pont – la ville industrielle et portuaire de Drobeta-Turnu-Severin s'étale sous ses clochers, ses grues et ses cheminées d'usines, tout un autre monde s'affaire là-bas, dont nous ne saurons rien, dont aucun son ne nous parvient malgré l'incessant chassé-croisé de barges, de péniches et de vraquiers.

Sur les quais de Kladovo, je me suis arrêté chez Tchitcha. Stevan *alias* Tchitcha s'est autoproclamé roi de la *riblja čorba*, la soupe de poisson. Sa gargote au bord de l'eau s'appelle *Natura*, le patron est d'un naturel bien trempé, bougon juste comme il faut, et il vaut mieux ne pas le presser, Tchitcha, le service se fait attendre mais on ne regrette pas d'avoir patienté quand on voit débarquer dans une cocotte en fonte la perche à la mode de Smederevo accompagnée de poivrons grillés, la tête et la queue dépassent de l'assiette, la chair blanche et généreuse, cuite à la perfection, se détache sous la lame du couteau – la perche, ça se cuisine à la seconde près, dit Tchitcha en se léchant les babines, il s'y connaît pour ce qui est de cuisiner le poisson à toutes les sauces, autrefois il le pêchait lui-même, mais aujourd'hui, il se fait livrer par des amis. Sur les murs lambrissés de la salle principale pendouillent des piments séchés et de grands filets robustes – avant la construction du barrage, les esturgeons remontaient le Danube jusqu'à Belgrade, me raconte le patron, le barrage a mis fin à la grande migration des poissons d'Orient. Une photo immortalise Tchitcha en train d'extraire des flots un de ces monstres à scutelles, j'aurais voulu être là pour assister à ce combat de l'homme et de la bête préhistorique, Tchitcha est un peu l'Obélix du Danube, il ne quitte jamais son tablier à rayures qui paraît taillé à mesure et moule à la perfection son embonpoint, ses petits yeux d'un bleu vif pétillent sous ses sourcils broussailleux, son visage a rougi au soleil des Balkans, ses cheveux blancs dûment peignés retombent en frange sur son front ridé, de larges pattes-d'oie dessinent des deltas sur ses tempes, un jour Tchitcha disparaîtra lui aussi, avec ses accès de colère et la langue valaque qu'il tient de sa mère, il vaut mieux ne pas le brancher politique, car il vous débite des slogans nationalistes, il chantonne parfois un petit air tchetnik pour épater la galerie ou faire rager les bien-pensants, et l'on se demande comment tant de contradictions peuvent habiter un seul homme, Vlad a l'habitude de dire que, dans le fond, presque tous les hommes, pris individuellement, sont bons, que les vraies crapules sont assez rares et que ça vaut la peine de causer même avec un facho, même un facho a toujours un truc à vous apprendre – selon Vlad, ce qui fait la connerie du monde, c'est la masse, ce sont les hommes agglutinés les uns aux autres et qui se croient puissants car ils font corps.

Une fanfare a retenti sur la place de l'église. C'est un mariage valaque. Les mariés m'invitent à la cérémonie et au banquet qui se tiendra dans la soirée. Zeka, un trompettiste tzigane, chemise bleue et cravate noire, venu avec sa troupe depuis Vranje, à la frontière de la Macédoine et du Kosovo, joue un petit air de jazz manouche en mon honneur, alors je jette quelques billets dans son chapeau et reprends la direction des Portes de Fer sans nouvelles de Vlad, sans savoir où je dormirai. Le ciel s'est couvert, toutes les lignes de l'horizon confluent en un seul point de fuite, là-bas, c'est la grande muraille de béton du barrage amont ; le fleuve étranglé, turbiné, exploité, rejaillit des vannes par larges filets d'eau ; le paysage couleur d'usine est segmenté de lignes géométriques ; l'herbe rase est cramée sous le jaune agressif des grues et des portiques ; des pylônes escaladent le versant roumain ; le vent du sud-ouest souffle sur les ruines de la forteresse Diana – c'est ici que les Romains tracèrent le plan d'un *castrum* pour sécuriser le *limes* et protéger le canal creusé afin de détourner les cataractes, il y avait donc ici des rapides et des cascades, comme sur le Nil ou le Congo, le Danuvius antique n'était pas le lac actuel mais un fleuve sauvage et fougueux qui poursuivait le travail de sape des temps préhistoriques, approfondissant la grande faille hercynienne, arrachant chaque jour des arbres à la forêt rivulaire, éboulant ses berges, charriant des troncs d'arbres et des blocs de pierre, épouvantant les navires, effrayant les riverains, suscitant des légendes dignes de Charybde et Scylla.

Passé le barrage amont, nous voilà dans un tout autre monde, c'est ici que commence le domaine du moyen Danube, c'est un royaume de montagnes aux formes lourdes, aux teintes inquiétantes, masses noires qui vous dominent de toutes parts, le fleuve est d'un gris d'acier dense et profond, la surface de l'eau tremblée par le vent, la lenteur des péniches naviguant à contre-courant est une preuve de la force invisible du débit, les nuages sont des géants griffus qui dévorent l'horizon, les premières gouttes, froides et drues, tombent sur les Portes de Fer, la route grimpe à flanc de corniche, les silhouettes fantomatiques des meules à râtelier s'attroupent sur les versants, on croirait qu'elles tourbillonnent tels des derviches tourneurs dans la folie bariolée du crépuscule, le bourlingueur solitaire et taraudé par la fatigue est saisi de terreur, je retrouve cette sensation d'effroi que me causa la traversée des Carpates orientales quelques années plus tôt, là où le Prut et la Tisza, deux affluents du Danube, prennent leur source, c'est un paysage âpre et hanté, où domine le bleu-gris des montagnes, où les vents sont violents, les nuits fraîches et les pluies diluviennes – pendant les vingt-cinq ans que dura la dictature autarcique de Ceaușescu, le Danube fut ici un mur plus meurtrier que le Rideau de fer ou le Mur de Berlin, des milliers de Roumains périrent en tentant la traversée de ses eaux glaciales et tumultueuses pour fuir la caserne du *Conducător* et gagner la rive yougoslave, l'empire de Tito c'était le début du monde libre, ces nageurs fugitifs étaient considérés comme des *déserteurs* et risquaient une peine de trois ans de taule si les flots et les fusils leur laissaient la vie sauve, les corps abattus par les gardes-frontières ou emportés par le courant étaient parfois recrachés très loin en aval, sur une berge serbe ou bulgare, et les Portes de Fer qui se refermaient sur ces cadavres roulés par les flots justifièrent plus que jamais leur triste réputation, les Roumains ne disent pas *Đerdap* comme les Turcs et les Serbes pour parler du défilé du Danube mais *Portile de Fier*, le nom viendrait d'une chaîne métallique qui entravait le trafic fluvial afin de permettre la perception des taxes douanières entre l'Autriche-Hongrie et l'Empire ottoman, preuve que le Rideau de fer était dans les têtes depuis longtemps, on compterait plus de 4 000 disparus pour la seule année 1989 et rien n'honore leur mémoire – ici le Danube a englouti, sous la férule des dictateurs riverains, des milliers de vie et des pans entiers de l'histoire de l'Europe, et si je finis par grimper la côte menant au village perché de Tekija, ce soir, sous la pluie, c'est sans doute que j'ai peur d'être englouti à mon tour dans le grand flux violet de la nuit balkanique – j'ai bien vu qu'il y avait un camping sur la rive, mais je veux prendre un peu de hauteur, mettre un peu de distance entre le fleuve avaleur d'hommes et moi, à moins que ce ne soit dans l'espoir d'entrevoir là-bas, à la faveur d'une embellie tardive, l'île d'Ada Kaleh, je ne sais plus où j'ai entendu parler d'Ada Kaleh, c'est un nom qui me trotte dans la tête depuis longtemps, Ada Kaleh, Ada Kaleh, Ada Kaleh, ce pourrait être le nom d'une princesse orientale, une héroïne des *Mille et Une Nuits*, mais c'est le nom d'une île, car il était une fois une île…

21

Une Atlantide turque

Tekija-Vinci (Serbie), 16 juillet, 98 km

Oui, il était une fois une île turque au milieu du Danube… Ce matin, c'est la troisième fois que je tente de voir Ada Kaleh. La première fois, c'était l'an dernier, sur la rive roumaine, depuis le monastère Sfânta Ana qui surplombe la ville d'Orşova. La deuxième fois, c'était hier soir. Depuis la terrasse de Baba Jovanka, l'aurore aux doigts roses n'a pas fait réapparaître Ada Kaleh, ce matin, pas plus qu'hier soir la magie du soleil couchant n'a fait resurgir des eaux dorées l'Ys ottomane des Balkans. Et pourtant je l'ai guettée des heures durant dans l'enchantement de l'embellie tardive, Ada Kaleh, j'ai cru même entendre un instant la prière murmurée du muezzin depuis son minaret d'aquarium, j'ai cru voir les eaux balbutier sous le balancement des cyprès, le panache d'un peuplier affleurer la surface du fleuve.

Ce matin, j'ai cru sentir en m'éveillant des odeurs de café turc, de tabac et de loukoum, il y avait sur l'île une manufacture de loukoums et de cigares, mais c'était Baba Jovanka qui préparait le petit déjeuner en fumant sa clope et la seule île que j'ai vu flotter sur l'eau bleue Méditerranée, depuis la terrasse de Baba Jovanka, était un de ces longs convois qui font la navette entre les ports de Belgrade et de Drobeta : les minéraliers du Danube peuvent mesurer jusqu'à 200 mètres de long et convoyer 25 000 tonnes de pondéreux. Sous les lourdes briques de sa citadelle, j'ignore combien de tonnes pesait l'île fortifiée d'Ada Kaleh, mais elle a été envoyée par le fond, torpillée en 1969 par Tito et Ceaușescu qui avaient en commun de parler au nom du progrès et de ne pas se laisser attendrir par la vue d'un minaret.

Ce matin, Baba Jovanka est montée sur la terrasse avec un plateau. Elle me sert le café turc bouilli dans son marc et ouvre une boîte de loukoums. Au doux parfum de sucre et de rose qui se réveille dans l'air matinal, c'est toute ma vie stambouliote que je revois, je repense à Kara Deniz, à Galata, à la Corne d'Or, à la tour de Léandre, au bord du Bosphore – le Danube, vu d'ici, n'est pas un lac ni même un fjord, c'est un autre Bosphore, et si, sous le déluge du barrage, nous avons perdu Ada Kaleh, c'est un nouveau Bosphore que nous avons gagné, il ne faut jamais se lamenter devant la marche du progrès, il y a toujours des raisons de s'émerveiller, même si j'aurais voulu me rendre sur cette île sablonneuse en forme de croissant, si étroite et si plate entre les escarpements vertigineux de Đerdap.

Baba Jovanka ne s'est jamais rendue sur l'île mais jadis elle pouvait apercevoir depuis sa terrasse la pointe de son minaret et les panaches de ses peupliers – c'était tout un monde inaccessible et lointain, une survivance médiévale témoignant que nous vivions depuis cinq siècles dans la Turquie d'Europe, toute la région que vous avez sillonnée depuis

Odessa apparaissait ainsi sur les cartes, me rappelle Baba Jovanka, on disait Roumélie, Turquie d'Europe, Europe ottomane, et le nom de Balkans ou de péninsule balkanique ne s'est imposé que très tard, d'ailleurs les montagnes que vous voyez autour de vous ne sont pas les Balkans mais les Carpates serbes ou roumaines : géologiquement parlant, le massif du Balkan – la *Stara Planina* des Serbes et des Bulgares – ne commence que de l'autre côté du Timok, c'est bizarre d'avoir choisi un nom turc pour effacer la mémoire de l'héritage ottoman, alors autant vous dire qu'Ada Kaleh n'était que la pointe immergée de l'iceberg, bien d'autres merveilles ont été englouties sous les eaux de l'Europe et du progrès !

Baba Jovanka est un des témoins vivants du déluge. En 1969, le village de Tekija qui porte un nom turc et possédait lui aussi une mosquée connut le même sort qu'Ada Kaleh. Sauf que Tekija fut reconstruit comme Orşova, sa voisine roumaine, quelques dizaines de mètres plus haut. Au cœur de l'étiage, on devine parfois la silhouette d'un ancien minaret qui se dandine entre les algues. Baba Jovanka collectionne de vieilles cartes postales qu'elle conserve dans une ancienne boîte à cigares. Sur ces cartes postales, la forme en demi-lune de l'île est celle que prennent toutes les utopies depuis Thomas More, mais Ada Kaleh ne fut pas une utopie, ce fut l'Atlantide du Danube, une Kitège ottomane, l'Ys des Balkans : aujourd'hui, elle poursuivrait sa vie prospère dans un monde subaquatique et médiéval, peuplé non pas d'ondines et de chevaliers, mais de fumeurs de narguilés enturbannés et de femmes portant de lourds foulards colorés et tenant par la main des enfants coiffés d'un fez rouge prune. Et pourtant, Mustapha Kemal Atatürk avait interdit les fez dans la Turquie moderne et laïque, mais Ada Kaleh vivait à des milliers de kilomètres d'Ankara et dans un autre temps, rien n'avait changé depuis l'effondrement de l'Empire ottoman, l'île transformée en forteresse après le traité de Belgrade, oubliée sur les cartes du congrès de Berlin, était restée la possession du sultan malgré l'indépendance de la Serbie et de la Roumanie, malgré les guerres balkaniques et la Première Guerre mondiale : en 1922, un plébiscite la plaça sous administration roumaine et les préceptes d'Atatürk y furent ignorés par ses 680 habitants qui vivotaient encore à l'heure de la *pax ottomana* – devisant au café, vendant leurs tapis au bazar, cultivant sur ce petit paradis insulaire au microclimat méditerranéen des figuiers et des poiriers, des pruniers et des amandiers, des cyprès et des magnolias.

Sur une carte postale en noir et blanc de l'entre-deux-guerres, un visiteur allemand surnomme Ada Kaleh *die Perle der Donau*, l'orientalisme était à la mode et des voyageurs accourant de toute l'Europe venaient se pavaner dans les ruelles pavées de cette petite Tanger fluviale et balkanique, située au beau milieu du continent – Patrick Leigh Fermor fut de ceux-ci, c'est en 1934 qu'il y accosta et il nous laissa dans son récit de voyage, *Entre fleuve et forêt*, une description enchantée de cette oasis danubienne qui pourrait bien passer, sur les cartes postales colorisées de Baba Jovanka, pour un mirage. Au dos de ces cartes postales, on dirait que les visiteurs avaient le pressentiment d'un monde en voie de disparition, leurs descriptions anticipent la catastrophe, comme s'ils savaient qu'un tel miracle ne pouvait pas durer ; quant aux habitants qui posent sous leur fez ou leur turban, ils semblent deviner que leur paradis est promis au déluge, ils ont la tristesse de ces Indiens photographiés lors des *Wild West Shows*.

Le destin de l'île était scellé depuis la fin de la Seconde Guerre mondiale, selon Baba Jovanka ; en 1952, une partie de sa population fut déportée vers le goulag roumain du Bărăgan, et dans les années qui suivirent, quand le projet de barrage fut décidé par Tito et Ceaușescu, on eut l'idée d'arracher les derniers habitants avec leurs pierres, leurs bestiaux, leurs arbres et de les bouturer vingt kilomètres en aval sur l'île inhabitée de Şimian, un autre banc de sable de forme ellipsoïdale. On commença d'ailleurs par reloger les morts, dit Baba Jovanka, et la première greffe fut celle du cimetière. Un ersatz d'Ada Kaleh aurait pu s'implanter sur cette île que nous avons aperçue hier au large de Kladovo, mais quitte à perdre leur petit paradis, les dernières familles turques préférèrent en profiter pour gagner le Bosphore et échapper à la grande caserne du *Conducător*. La transplantation fut donc abandonnée et nul ne sait ce qui pourrit là-bas parmi les chardons, les ronces et les orties : sans autorisation spéciale de la police roumaine, l'île de Şimian est inaccessible, aucun bac ne la dessert, alors si vous voulez vous faire une idée du paysage d'Ada Kaleh, il faut vous rendre à Fetislam.

Fetislam était la forteresse ottomane de Kladovo. Elle contrôlait, sur la rive droite, le trafic fluvial danubien. Retour en arrière, donc. En roulant vers l'aval au bord du Danube qui pétille sous les premiers feux du soleil, je pense à la Zyntarie de mon enfance, nous avons tous grandi avec une île en tête, et comme une seule île ne me suffisait pas, je m'inventais des archipels de papier, mais c'est une histoire que je vous raconterai plus tard car pour l'heure, il faut pédaler.

Dans les ruines de Fetislam, je retrouve Vlad.

– Putain, qu'est-ce que tu fous ici, mon pote ? dit-il en me voyant débarquer.

Lui aussi a cherché toute la nuit des traces d'Ada Kaleh. Côte à côte, nous zonons parmi les vestiges. Les plus anciens remontent à la conquête de Soliman le Magnifique, mais la forteresse fut remaniée par Mahmud Ier suite au traité de Belgrade, avant d'être abandonnée en 1867 aux troupes serbes – sous les grands murs crénelés de remparts, sous les briques rouges hérissées d'herbes rousses, sous les beaux porches de pierre de taille, sous les plaques de marbre gravées de caractères arabes, sous les bastions toisant la Roumanie de tous les trous de leurs sabords, nous tentons d'imaginer Ada Kaleh, mais en vain : Ada Kaleh n'était pas seulement une citadelle, c'était avant tout une île, elle était bordée par le fleuve sur toutes ses rives, alors que Fetislam n'est séparée de la terre ferme que par un étroit fossé qui s'embroussaille.

Vlad ne veut pas s'avouer vaincu. Comme il tient à tout prix à voir Ada Kaleh, nous grimpons à présent la route qui s'élève au-dessus de la rive et mène au Mali Štrbac, un panorama perché à 626 mètres d'altitude d'où l'on embrasserait une vue complète des Portes de Fer ; Vlad est convaincu que si Ada Kaleh n'est pas un mirage, que si l'île a vraiment existé, on devrait apercevoir de là-haut l'empreinte qu'elle a laissée dans la couleur des eaux. Vlad est un type cinglé, dès qu'il a une idée fixe en tête, on ne peut rien lui refuser. La route esquisse des lacets, passe sous des goulets et des tunnels, le soleil levé derrière les Carpates nous chauffe l'échine, nous grimpons en danseuse, je sue comme un coureur du Tour, c'est notre première étape de montagne, nous sommes portés par l'euphorie des forçats de la route, exaltés par les vols d'hirondelles, les ovations du soleil et les jaillissements du fleuve à chaque virage – le ruban d'asphalte nous aspire vers le ciel, soudain plus rien ne pèse, l'adrénaline nous déleste mentalement de nos fardeaux, on se toise, rieurs, idiots, incrédules, en lévitation, on ne comprend pas d'où vient cette force qui vous pousse à faire les plus grandes conneries, ça y est, nous voici possédés par le démon du Danube, mais la montagne n'a pas dit son dernier mot, la route se perd dans les pâturages, entre les fantômes jaunâtres des meules de foin, ce n'est plus qu'un chemin de terre menant à des cahutes abandonnées – Vlad persiste et signe malgré la pente qui reprend de plus belle, il s'arc-boute à son délire de voir Ada Kaleh, je vois les muscles de ses mollets se serrer sous l'effort telles des tenailles, j'ai un goût de fer dans la bouche, je m'asphyxie, je vois rouge, la falaise grimace et se moque de moi, Charybde et Scylla me narguent sous leur vieux sourire de pierre, tout ce chaos de strates plissées, fissurées, soulevées, triturées, culbutées, métamorphosées par la pression conjuguée de la tectonique et de l'érosion – à présent, l'horizon disparaît, l'air se rafraîchit, le chemin s'enfonce entre des hêtres et des chênes verts, la roche affleure sous la gomme de nos pneus, des pommes de pin crissent en sautillant dans notre sillage, les herbes folles sifflent en nous fouettant les jambes, les rayons du soleil percent à travers le sous-bois, et soudain le ciel apparaît vaste et bleu pâle dans une trouée, le sentier bute contre un dernier roc, l'à-pic vertigineux du canyon nous laisse babas devant ce panorama grandiose.

En Danubie, le voici, le clou du spectacle ! Nous garons les vélos contre un rocher capitonné de mousse et de lichen et reprenons notre souffle.

– Là, regarde, mon pote, me crie Vlad, regarde !

On aperçoit le sabre azuré du fleuve qui fend le fourreau gris-vert de la montagne, et je comprends enfin la signification des Portes de Fer : oui, c'est ici que le Danube tranche définitivement le fer à cheval des Carpates. Mais vu d'ici ce n'est pas une rivière, ce n'est pas un lac, ce n'est pas même un sabre ou un serpent, c'est un dragon, un caméléon, un iguane, un ichtyosaure, un reptile préhistorique aux écailles bleues, vertes ou brunes selon la densité d'ombre ou de soleil, aux formes tarabiscotées, qui se dilate dans des bassins baignés de lumière et qui s'étrangle et disparaît dans de sombres boyaux, où l'on ne mesure plus que 150 mètres d'une berge à l'autre.

– Ici c'est le Petit Kazan, m'annonce Vlad qui a bien potassé la carte routière, et là-bas le Grand Kazan, les Charybde et Scylla du Danube. Rien à voir avec la capitale du Tatarstan qui ne se trouve pas sur le Danube mais sur la Volga, en serbe *kazan* veut dire *chaudron*, car les bateliers croyaient que le fleuve frémissant était au bord de l'ébullition.

Là-bas, sur la rive roumaine, le Danube est bordé de hautes falaises baignant d'une manière bizarre dans le lac de retenue, comme si l'eau venait de monter dans la nuit. Vu d'ici, on comprend mieux la catastrophe qui a englouti la dernière miette de Turquie danubienne. Tout ce paysage en partie submergé est un avant-goût de la fin du monde : quand le dérèglement climatique aura fait grimper toutes les eaux à la surface de la Terre, bien des pays de la planète ressembleront à ces yeuses à demi noyées, là-bas, ou à ce petit monastère qui s'agrippe encore à la roche. De notre nid d'aigle on aperçoit la ville d'Orşova lovée dans son anse, on voit tous les torrents qui s'élargissent tels des estuaires en confluant avec le Danube, on voit les scarabées noirs des camions défilant sur la route roumaine, les limaces des péniches ridant la surface de l'eau et laissant dans leur sillage une zébrure d'écume baveuse, mais entre deux miroitements d'eau, l'Ys balkanique n'apparaît pas davantage que depuis le monastère de Sfânta Ana ou la terrasse de Baba Jovanka.

– Alors elle est où, Ada Kaleh ?

Le coude appuyé à l'enfourchure d'une yeuse qui projette ses branches vers le vide, Vlad sourit sous ses lunettes de soleil.

– Avoue que si je ne t'avais pas fait miroiter une île, tu aurais refusé de grimper jusqu'ici !

J'emplis mes poumons d'une bonne rasade d'oxygène pour ne pas lui foutre une beigne. Et je regarde de nouveau ce paysage époustouflant, toute cette carte silencieuse qui déplie sous nos pieds les golfes et les détroits du défilé, les vallonnements feutrés des montagnes et les hachures blanches des falaises. Vlad a raison : depuis notre départ, je tiens à serrer le Danube au plus près, mais pour comprendre de quoi le fleuve est capable, il faut prendre du recul. Un fleuve, est-ce que ça pense ? On raconte que les plantes et les animaux pensent. Que la sève se souvient comme une cervelle. Et si les rivières se souvenaient aussi du passé ? Et si dans leurs entrailles se perpétuait la mémoire des sources éteintes, des archipels disparus, des rapides et des cascades aplanis de main d'homme ?

– Dis-toi que, comme l'empereur Trajan, tu as bravé la montagne !

IMP CAESAR DIVI NERVAE F
NERVA TRAIANVS AVG GERM
PONTIF MAXIMVS TRIB POT IIII
PATER PATRIAE COS III
MONTIBVS EXCISIS ANCONIBVS
SVBLATIS VIA. .E.

Voilà l'inscription que porte la table de Trajan, qui fut surélevée d'une trentaine de mètres avant la montée des eaux. Elle affirme qu'ici, en l'an 103 de notre ère, l'empereur romain brava les dangers conjugués de la montagne et du fleuve pour ouvrir une nouvelle route. Hélas, la voie romaine est aujourd'hui submergée, comme Orşova la vieille, comme Ada Kaleh, comme des centaines de milliers d'hectares de forêts, de roches et de villages que nous ne voyons plus depuis notre nid d'aigle.

Là-bas, sur la rive roumaine, la route du comte Széchenyi, ouverte en 1830, enfile les ponts, les viaducs et les tunnels ; de temps en temps on aperçoit une bagnole de la *politia de frontiera* postée sur la *faleza*, les Roumains fuient encore leur pays mais ne tentent plus la traversée du défilé à la nage, et comme aujourd'hui la Roumanie fait partie – en théorie – du grand Eldorado bruxellois, les gardes-frontières ne guettent plus ceux qui s'en vont mais ceux qui viennent : les Portes de Fer se situent sur la grande route des Balkans, de Salonique à Budapest, or les réfugiés syriens ou irakiens ne sont pas fous, les flics roumains peuvent les attendre de pied ferme, ils ne risqueront pas leur vie pour gagner un pays où ils savent bien qu'ils ne sont pas les bienvenus, alors ils passent à travers la terre ferme, franchissent le Danube à Belgrade, à Novi Sad, à Budapest ; depuis que la Hongrie de Schengen leur a fermé ses portes, ils poursuivent leur chemin *via* la Bosnie, la Croatie, la Slovénie, l'Autriche, et franchissent l'ancien *limes* à Vienne, à Passau ou Ratisbonne.

Alors, nous aussi nous devons nous remettre en selle, car la route est encore longue sous le soleil de Serbie – il est temps de descendre tout schuss et de retrouver le cagnard du chaudron danubien, nos ombres nous précèdent sur la chaussée, on croirait qu'elles pédalent plus vite que nous, car nous roulons vers l'ouest à rebours de la rotation terrestre, Vlad gueule de grands *youhou youhou* dans la descente, pour dompter sa peur ou dire son émerveillement devant ce paysage, l'eau est très verte et les parois vertigineuses, on se croirait en baie d'Along, les proportions ne sont plus européennes mais asiatiques, ici le Danube déverse à travers une faille étroite plus de cinq mille mètres cubes de flotte à la seconde, si bien que le fleuve atteint plus de cinquante mètres de profondeur, la route acrobatique enfile les viaducs et les tunnels pour ne pas dégringoler dans l'abîme, à chaque tunnel nous prions pour qu'un poids lourd ne vienne pas nous engloutir dans les flaques d'eau se formant par ruissellement, nous sommes des cyclistes spéléologues pédalant dans les grottes de l'Europe et nous savourons chaque réapparition du ciel, du soleil et du fleuve, car c'est de loin la plus belle étape du périple, celle que le voyageur ne voudrait jamais voir finir.

Nous ne sommes pas les seuls fadas sur cette route. À Donji Milanovac, où de belles vagues crêtées d'argent frétillent à la surface du grand fleuve lacustre, nous sympathisons avec toute une famille franco-serbe venue de Strasbourg en bagnole, notre odyssée les passionne, puis nous rencontrons des Bretons qui voyagent de Brest à Istanbul sur de vieux biclous qu'ils comptent revendre au bord du Bosphore, ce sont eux les vrais héros du Danube, c'est fou le nombre de petits héros ordinaires qui prennent tous les ans la route du Danube, les Européens du couchant s'emmerdent dans le Finistère du confort et sont saisis par une pulsion de retour à la vie nomade, eux pédalent vers la source du soleil, *ex Oriente lux*, nous pédalons vers les sources du fleuve et de la nuit, car si nous avons entrepris ce voyage, ce n'est pas pour satisfaire un très vieux désir d'Orient mais pour réécrire l'Europe sur ses frontières, ausculter son cœur détraqué, exorciser ses démons.

Là-bas, sur la rive roumaine, il pleut déjà, la nuit tombe côté serbe, la tempête se prépare, le vent rugit dans l'entonnoir du défilé comme un jazzman dans l'embouchure de sa trompette lorsque nous parvenons en vue de la sombre silhouette d'une forteresse – trois tours massives et noires se dressent sur leur roc, parmi les nuages, trois tours massives et noires à faire trembler l'envahisseur : la citadelle médiévale de Golubac, le verrou des Portes de Fer, disputée avec acharnement, fut prise et reprise onze fois en cinq siècles ; en 1458, le conquérant était le grand vizir ottoman Mahmoud Pacha Angelovitch, dont le nom est déjà tout un poème ; l'homme, né d'une mère serbe et d'un père issu d'une grande dynastie gréco-byzantine, aurait été capturé lors d'une razzia et converti à l'islam, mais lui-même se déclarait croate – Evliya Çelebi, le grand chroniqueur ottoman, que nous retrouvons décidément partout sur les bords du Danube, raconte que Mahmoud Pacha Angelovitch était un poète, un mécène, un humaniste, un esprit de la Renaissance, il écrivait sous le joli nom d'Andi des poèmes en turc et en persan, fit construire à Golubac trois mosquées, trois *mahallas*, une *madrasa* et un magnifique hammam, mais Evliya Çelebi se garde bien de mentionner que, pour s'assurer la confiance du sultan, Mahmoud Pacha Angelovitch fit zigouiller, en 1470, tous les hommes de plus de huit ans de la colonie vénitienne de Nègrepont, en Eubée.

22

Une soif de pastèque

Vinci-Smederevo (Serbie), 17 juillet, 94 km

Réveillés par le chant du coq. Nous avons passé la nuit chez les Keserović, au village de Vinci – rien à voir avec Léonard, mais c'est vrai qu'il y a une douceur toscane dans ce paysage, c'est le paysage le plus doux, le plus idyllique, le plus italien de toute la Serbie, le socle rocheux n'affleure plus sous le feutrage végétal des collines, l'horizon n'est plus qu'une subtile modulation de tous les verts. En pédalant ce matin sur les quais d'un Danube que le barrage a élargi de cinq kilomètres, je pense à Léonard de Vinci, l'artiste italien était fasciné par les fleuves et les rivières, il étudiait la forme des vagues et le sens du courant, théorisait déjà la notion de fossé d'effondrement, rêvait de relier le Tibre et l'Arno *via* le lac Trasimène, et il fut le premier savant à mettre en évidence le lien générique entre une rivière et sa vallée. « Chaque vallée a été creusée par son fleuve, et le rapport entre les vallées est le même qu'entre les fleuves », écrivait-il dans ses carnets : c'est la définition d'un bassin-versant, qui devrait nous inciter à considérer toute la Danubie comme un seul et même pays.

Les Serbes disent parfois *Sveti Dunav* – Saint Danube : il faut dire que pour un pays démembré, rapetissé, enclavé, qui s'est vu privé d'accès à l'Adriatique, le Danube est la dernière mer, une mer intérieure ou frontalière, ses plages de sable fin valent bien celles de Budva, au Monténégro, ses eaux sont larges et bleu cobalt ; ici, un ancien méandre a été aménagé en base nautique, des parasols sont plantés sur la berge sablonneuse, des panneaux nous indiquent Srebrno Jezero, le lac d'argent, les *vikendice* – petits pavillons pour passer le week-end – ont éclos partout sur ses rives, nous avons bien l'impression, Vlad et moi, que le peuple du Danube vit ici, nulle part nous n'avons vu autant de gens se baigner, pêcher, lézarder, faire bronzette – tous les prétextes sont bons pour côtoyer *Sveti Dunav* au plus près, passer du temps en sa compagnie : de la simple promenade au camping, dans un rêve de robinsonnade infinie.

Nous voilà parvenus à Ram où le fleuve a cessé depuis un siècle d'être une frontière pour devenir une simple limite administrative. De l'autre côté, ce n'est plus la Roumanie mais la Voïvodine, le dernier morceau bigarré de la poupée yougoslave que Belgrade retient encore dans ses rets tout en lui accordant un statut sans cesse renégocié de district autonome. Cela fait donc belle lurette que la forteresse édifiée par les Turcs au XVIe siècle n'a plus de raison d'être ; sous ses vieilles murailles rongées comme par des caries, nous sommes saisis par l'angoisse du carrefour. Il faut choisir. Rive nord ou rive sud. Serbie centrale ou Voïvodine mitteleuropéenne. Vlad décide qu'il vaut mieux nous dédoubler et nous rejoindre ce soir sous les murailles de Smederevo. Nous jouons à pile ou face. J'écope de la rive sud : j'ai perdu car j'avais hâte de gagner cette Voïvodine mosaïque que j'aime, cette petite Mésopotamie d'Europe où se rejoignirent jadis les peuples, les langues, les religions et les rivières du vieux continent, d'ailleurs on aperçoit là-bas le déversoir du canal DTD (Danube-Tisza-Danube) qui irrigue la plaine du Banat et relie au grand fleuve européen tous ces cours d'eau dégringolant des Carpates : le Timiš, la Bega, le Karaš et la Tisza. J'ai perdu, car la mauvaise route poussiéreuse et rapiécée que je prends sur la gauche à travers les champs de maïs et de tournesols s'éloigne sensiblement de la vallée tandis que Vlad embarque sur le bac à destination de Banatska Palanka. J'ai perdu, car on ne voit plus le Danube dans l'air poussiéreux. Mais d'un autre côté, on peut considérer que j'ai gagné, car sur cette rive droite, on comprend mieux le pays.

Elles sont ici, les entrailles de la Serbie. De la plus haute Antiquité jusqu'à nos jours, dans la région, les hommes n'ont cessé de creuser la terre. Creuser la terre à la recherche du cuivre : en Europe, l'âge du bronze aurait commencé sur les bords du Danube, au point que certains archéologues pensent que la fameuse toison d'or ramenée par les Argonautes dans leur voyage à rebours du fleuve ne serait pas du blé de Colchide mais du bronze de Mésie. Creuser la terre à la recherche du charbon : le bassin minier de Kostolac vit encore à l'heure de la houille reine bien que l'aciérie de Smederevo soit aujourd'hui propriété chinoise – je longe de vastes mines à ciel ouvert où s'activent des excavateurs à roue-pelle, passe sous des convoyeurs à bande qui évacuent leur butin dans un raffut de cataracte, inhale l'âcre fumée jaune crachée par les cheminées des centrales thermiques, évite les bus archibondés qui ramènent la main-d'œuvre au bercail.

Creuser la terre à la recherche du passé : ici se trouvait Viminacium, d'abord simple *castrum* protégeant le *limes* danubien sur la *Via Istrum*, puis *municipium* fondé par Hadrien en 117 de notre ère, enfin capitale de la province romaine de *Moesia superior*. Mené par une guide pétulante, je visite les ruines du castrum, de l'aqueduc, des thermes, de l'amphithéâtre, des cimetières et du mausolée où serait inhumé un empereur, mais, en l'absence de données ADN, me dit la jeune fille, on ne sait pas encore si ce fut Hostilien, qui ne régna que quelques mois, en 251, et mourut de la peste, ou son père Decius et son frère Herennius, tués par les Goths au bord du Danube, à la bataille d'Abrittus. La nouvelle de la mort des deux hommes ébranla tout l'Empire : c'était la première fois qu'un César périssait au front contre les barbares. Dans le *domus scientiarum* imitant l'architecture d'une villa romaine, on a reconstitué une mosaïque, des fresques prélevées sur une tombe et le cavalier du Danube, un bas-relief qui devait servir d'ex-voto. On trouve aussi, sous de drôles de néons bleus, des bustes de la longue lignée d'empereurs illyriens, preuve que la région n'était pas du tout une périphérie éloignée de l'Empire mais un de ses centres actifs et pourvoyeurs de grands hommes : Dèce, Hostilien, Claude le Gothique, Quintillus, Aurélien, Probus, Dioclétien, Galère, Constantin, Valentinien Ier, Gratien et bien d'autres empereurs plus ou moins obscurs étaient originaires des environs ; du milieu du IIIe siècle à la chute de l'Empire romain d'Occident, Rome n'était plus dans Rome, elle était sur ses frontières, elle était sur le qui-vive, elle était sur le Danube.

Un autre buste se situe à quelques pas de là : celui de Slobodan Milošević, le dernier empereur de Yougoslavie. L'homme qui a déterré la hache de guerre – dès 1988, lors des émeutes au Kosovo – et emporté l'utopie titiste dans sa tombe est enterré, tel un pestiféré, dans le jardin familial de Požarevac ; sous son buste sont gravés ces mots : *tué au camp de La Haye*, alors que la thèse de l'empoisonnement a été écartée. Personne n'a tué Milošević, Milošević s'est suicidé dans l'hystérie nationaliste, comme il a suicidé son pays, la Yougoslavie ; il faut ajouter qu'il n'était pas seul, et qu'il fut aidé par une belle bande de fous furieux tout aussi dingues que lui, tchetniks serbes, oustachis croates, moudjahidine bosniaques, maffieux kosovars, pseudo-intellectuels français, humanitaristes de tous les bords et de toutes les obédiences. Loin de la vulgate occidentale faisant de lui l'unique responsable du conflit, il conviendrait de rétablir une part de vérité, et de ne jamais dissocier le nom de Milošević de tous ceux qui œuvrèrent à la même entreprise macabre ; le mérite de la Serbie, c'est de ne pas avoir accordé de funérailles nationales à cet homme revanchard ; aujourd'hui, Milošević, contrairement à son compère croate Franjo Tuđman, n'a pas de rue, pas de pont, pas de place à son nom ; son squelette et son buste de despote pourrissent dans le jardin d'une ville ouvrière en crise.

J'ai le blues du Danube alors je traverse Požarevac en coup de vent, je n'irai pas me recueillir sur la tombe de Milošević, je ne tiens pas à creuser la terre à la recherche de la vérité historique, moisir dans le cauchemar de l'histoire n'est pas mon affaire – la seule chose qui m'intéresse, c'est la géographie, la géographie qui se mange et qui se boit, la géographie qui parfume l'asphalte : trouver une bonne pastèque bien juteuse pour y mordre à pleines dents, voilà ce dont j'ai besoin, car il fait une chaleur à rendre maboul, alors je trace, je trace, nez dans le guidon, je ne m'avise même pas que j'ai traversé la Morava, c'est à cause d'elle si j'ai dû faire tout ce détour loin du Danube, le confluent est une vaste zone marécageuse où ne savent se repérer que les pêcheurs de silures ; plus je trace mon chemin dans la poussière, plus l'histoire me rattrape, il y a des flics postés tous les cent mètres sur la route de Smederevo, ils font signe aux automobilistes de serrer sur la droite, j'ai l'impression d'être un échappé du Tour de France, un échappé du tour d'Europe, un échappé du tour d'Histoire – un de ces flics, auquel je demande ce qui peut bien se tramer, m'apprend que la ville attend un cortège présidentiel, c'est Aleksandar Vučić, le nouveau despote, une ex-crapule ex-yougoslave, expert en virevoltes politiques, ancien ministre de la Propagande du pestiféré, qui déclarait autrefois : *Pour un Serbe tué, nous tuerons cent musulmans*, aujourd'hui l'homme s'est reconverti à l'idéologie *new age* du néolibéralisme, telle une girouette géante qui sait toujours se placer dans le sens du vent, convaincu que son pays n'a pas d'autre avenir que l'Europe de Francfort et de Schengen, et prêt pour cela à tous les numéros de passe-passe.

En attendant sur le bas-côté que le cortège veuille bien montrer le bout de son nez, j'aperçois là-bas une charrette à cheval emplie de ces pastèques qui font le bonheur du bourlingueur en Serbie. Je m'approche. Demande au paysan moustachu de m'en servir une. La plus petite doit bien peser dans les sept kilos. Une pastèque, c'est un sein de déesse, c'est une lune, c'est un globe, c'est une planète, c'est un fruit strié de fuseaux horaires, ça roule entre les mains comme un ballon de basket, ça sent l'été, le sucre, la femme, la terre et le soleil, j'ai tellement soif que je donnerais tous les dinars du monde pour croquer dans cette chair rose, mais pas moyen de caler une pastèque sur mon porte-bagages, et le paysan moustachu ne les vend qu'à l'unité, alors je paie ma pastèque entière, la fais trancher en quatre, en offre les trois quarts aux gamins tziganes qui jouent au foot dans la poussière pendant que la limousine noire du président passe derrière les motards aux sirènes funèbres.

On dirait un corbillard : voilà l'image qui se grave dans mon cerveau tandis que je remonte en selle, ma demi-lune rose coincée comme une vulve de Vénus entre les dents, je la dévore et m'en fous partout, la chair est chaude et craquante, je crache les pépins noirs dans la fumée des aciéries chinoises, ça gicle entre mes doigts, ça gicle dans ma gorge, ça se mêle à ma sueur, ce soir j'embaumerai la pastèque comme une route des Balkans, l'histoire est un corbillard et la géographie une grosse pastèque, c'est le genre de pensées qui me passent par la tête et que je hurle dans mon euphorie du moment, je suis au comble du bonheur, je suis un hussard sur le toit de l'extase géographique, Angelo sur son cheval rêvait d'Italie, de femmes et de melons, moi, sur mon vélo je rêve de Belgrade, de femmes et de pastèques, il me manque juste une petite *rakija* pour arroser tout ça, des paysans récoltent les prunes tombées d'un arbre, en emplissent des seaux entiers qu'ils fourrent dans le coffre d'une vieille Zastava rouge – ce soir à Smederevo, je ferai l'amour à toutes les femmes, c'est ce que j'aurais voulu dire tout à l'heure à Svetlana, j'ai rencontré Svetlana sur la route, une magnifique sexagénaire aux yeux verts, elle pédalait en robe à fleurs et en sandales de cuir sur un vieux biclou rose, une lourde caisse arrimée au porte-bagages, deux énormes cabas suspendus au guidon, une bêche coincée en travers du cadre, j'ai voulu l'alléger mais elle a refusé, un brave type nous a doublés dans sa bagnole, a baissé sa vitre et proposé de trimballer toute cette marchandise dans son coffre, Svetlana s'est énervée et l'a envoyé au diable en traçant son chemin sur ses pneus dégonflés : avec la guerre et l'embargo, les femmes serbes ont appris à se passer des hommes.

Il est presque 7 heures du soir lorsque je déboule sous les murailles de Smederevo, juste avant la fermeture du guichet. Juchée au bord du Danube sur une éminence triangulaire qui domine les plaines riveraines de Voïvodine, la forteresse édifiée par le despote Đurađ Branković il y a six cents ans aurait pu inspirer Dino Buzzati pour son *Désert des Tartares*. Sept tours massives aux arêtes tranchantes dessinent un trapèze inexpugnable. Des milliers de créneaux découpent nettement l'azur du ciel et zèbrent la surface du fleuve de leurs ombres chinoises. Au crépuscule, la lumière ambrée confère aux vieilles pierres médiévales l'éclat héraldique de lingots d'or et d'argent. Tout me subjugue ici et je sens bien que l'histoire m'a rattrapé ; elle se dresse devant moi, machine de pierre impitoyable, et l'on croirait encore entendre le tonnerre du canon et le bruit de bilboquet des têtes qui tombent du haut des remparts et roulent dans les fossés tels des pots de terre mouillée.

Mon tour de garde effectué, je me retrouve seul dans la plus grande enceinte fortifiée d'Europe. Zoran, le gardien de la forteresse, m'indique un robinet pour remplir ma gourde et me débarbouiller, puis il m'invite à planter ma tente dans la pelouse, à l'abri des remparts.

– Ne crains rien, dit-il, je reviendrai fermer les portes à 21 heures, et tu seras ici en sécurité comme un roi.

J'informe Vlad par texto qu'il lui reste moins de deux heures pour franchir le fleuve et me rejoindre dans ce camping insolite et royal. Vlad me répond qu'il a trop traîné sur la route et qu'il n'atteindra pas Smederevo avant la tombée de la nuit. Il bivouaquera sur les bords du Danube, à la belle étoile. Je décide d'aller flâner sur les quais car je me sens un peu seul dans ce vaste décor d'épopée, sous les ombres crénelées qui grandissent autour de moi telles des mâchoires et dévorent l'or des murailles. Je n'ai rien bouffé de la journée, à part un quart de pastèque, la fringale me taraude l'estomac, je roule sur les quais au bord de l'évanouissement sans savoir dans quelle gargote échouer. Et c'est là que je me fais alpaguer depuis leur terrasse par une bande de vieux briscards attablés autour de leurs pintes de blonde.

– *Francuz ?* (« Français ? »)

– *Da.* (« Oui. »)

– *Dobro došao.* (« Bienvenue. ») *Dođi kod nas.* (« Viens chez nous. »)

Đorđe, Rade, Slobodan, Alexandru et Dragan, la cinquantaine, sont les piliers du club nautique de Smederevo. Ils me proposent de partager avec eux la *mućkalica* – un ragoût à base de viande et de légumes – amoureusement préparée par Đorđe, le patron. Sous les irisations du soleil couchant, près des frissons du fleuve intranquille, nous alternons bière et *rakija*, manière de noyer l'alcool dans l'alcool, tous les parfums défilent sous mes narines, tous les goûts dans mon gosier, *dunja* (coing), *šljiva* (prune), *jabuka* (pomme), *kajsija* (abricot), *viljamovka* (poire Williams), *lubenica* (pastèque), et ce seront les seuls prénoms de femme que je susurrerai dans la nuit de Smederevo avant de sombrer ivre mort sur les quais.

Pour le moment, ces confluences féeriques nous font voguer vers de nouveaux horizons – j'ai l'impression que la tablée dérive vers le fleuve en écoutant ces tontons flingueurs me raconter leur vie de vieux loups de rivière. Rade, le crâne chauve et les petits yeux rieurs, dit qu'il ne faut pas se moquer des marins d'eau douce, les flots danubiens sont aussi dangereux que les vagues méditerranéennes, et les rivières sont plus imprévisibles que bien des mers. Alexandru, le bellâtre valaque à la crinière blanche, a construit lui-même son voilier dont on devine là-bas le mât scintillant qui cliquette dans la nuit ; Alexandru rêve de descendre le Danube en voilier jusqu'à la mer Noire et de faire le tour de l'Europe – Bosphore, Dardanelles, Gibraltar, Pas de Calais, retour par le Rhin et le canal Rhin-Main-Danube. Slobodan aux gros bras poilus et tatoués me montre à la lueur des lampadaires les lettres bleues gravées en capitales d'imprimerie sur son épaule bodybuildée : GAVRILO, oui, comme Gavrilo Princip, l'homme qui assassina l'archiduc – Gavrilo, dit-il, est notre héros ! Dragan, barbe courte, front plissé, yeux de chien battu, est celui qui lève le coude le plus souvent, il reste longtemps mélancolique et lointain, en retrait de la conversation ; à minuit, lorsque les autres vont se coucher, Dragan me propose de poursuivre la beuverie à la *kafana Francuska kapa* – la casquette française –, une guinguette qui s'appelle ainsi car sa façade blanchie à la chaux imite la forme légendaire du képi de la Légion étrangère.

Dragan n'a pas fait la Légion mais il a été dragon parachutiste, plongeur de combat dans l'Armée populaire yougoslave et instructeur en mission dans de nombreux pays, en Égypte, en Libye, en Algérie – à l'époque où la Yougoslavie était le phare du Tiers-Monde et Tito l'ambassadeur des non-alignés, on était parachutés depuis le ciel avec une tenue de plongée et des palmes aux pieds, et notre mission consistait à reconnaître les côtes, les fleuves et les rivières, miner ou déminer les zones subaquatiques, permettre le franchissement des blindés, torpiller les navires ennemis… Quand la Croatie a proclamé son indépendance, en juin 1991, mon régiment était basé à Pula sur la côte Adriatique et mon épouse Jadranka était croate, nos trois enfants allaient à l'école là-bas, en Croatie. Au lieu de nous envoyer au front, on nous a repliés au Monténégro, sur la base d'Herceg Novi, et c'est là qu'a commencé la longue séparation, cinq ans sans voir ma femme ni mes mômes, si elle partait me rejoindre, ils menaçaient de zigouiller toute la belle-famille. Depuis la fin de la guerre, elle est venue quelquefois à Smederevo, mais elle ne peut pas quitter son job à Pula et se sent traitée comme une étrangère en Serbie. Quant à moi, je suis *persona non grata* en Croatie. Alors, on se voit deux ou trois fois par an, de préférence en Grèce ou en Italie.

Je lui demande quel rôle il a joué dans la guerre. Il répond du tac au tac : Non mais tu crois vraiment que je pouvais rester à Herceg Novi les bras croisés sans rien faire pendant qu'on dépeçait mon pays, qu'on m'interdisait de voir mes enfants et qu'on menaçait de violer ma femme ? Alors Dragan s'est engagé dans les milices serbes – tous ces mecs, Serbes ou Croates, se connaissaient, mon pote, ils avaient tous servi dans la Légion étrangère, à Djibouti, à Kolwezi, en Côte-d'Ivoire, mais de *rakija* en *rakija*, je perds le fil de la conversation, je ne retiens que les noms d'Arkan, de Gotovina, de Đinđić et de Milorad Ulemek *alias* Legija, lequel commanditera l'assassinat du Premier ministre serbe, Dragan me raconte aussi l'histoire de son meilleur pote, un truand qui s'appelait également Dragan, toute la France était à ses trousses, répétait-il, toute la France était à ses trousses, et j'avais l'impression que Dragan se dédoublait, que mon corps se dédoublait, que le Danube aussi se dédoublait, emportant là-bas, vers l'est, ces histoires de mafieux, de mercenaires, de miliciens, de traîtres et de transfuges, qui avaient servi la France avant de détruire leur pays, tout ça pour des histoires de fric, disait Dragan, quand on pense que ce salaud d'Arkan a servi tour à tour la Serbie et la Croatie…

23

Confluence

Belgrade (Serbie), 19 juillet

Le confluent de la Save et du Danube : c'est le premier endroit où je me rends à mon arrivée à Belgrade. J'ai hâte de voir le fleuve vorace engloutir son principal tributaire en termes de débit, je suis né à Lyon, dans une ville de confluence, aimer deux rivières plutôt qu'une, cela vous affranchit du dogme idiot de la fidélité, voire de l'identité, l'amour des rivières est un amour volage et fluctuant ; à Belgrade, il y a ceux qui penchent pour le Danube et ceux qui penchent pour la Save, et puis il y a ceux dont le cœur balance, qui sont danubophiles l'été et savophiles l'hiver ou vice versa – à l'aplomb du confluent, sur le rocher de Kalemegdan, se dresse la colonne de la victoire, qui célèbre la rupture du front de Macédoine en septembre 1918 par les armées serbes, françaises et britanniques, le monument est surmonté d'un ange de bronze musculeux qui nous montre insolemment ses fesses, deux lobes de bronze bien fermes et bien bombés, on dirait que lui aussi a pédalé pendant vingt-trois jours sur près de deux mille bornes pour parvenir jusqu'ici, gravir la colline de Kalemegdan, atterrir sur la colonne de pierre, où il tient une épée dans la main droite, une colombe dans la gauche, regarde se mêler les eaux sombres de la Save et les eaux claires du Danube, et médite peut-être sur la force qui pousse ces deux rivières à s'accoupler pour couler ainsi réunies, comme le chantait Victor Hugo, *de l'Occident à l'Orient*.

Moi aussi, je pourrais pencher pour la Save et décider que c'est la rivière qu'il nous faut désormais remonter, la Save prend sa source du côté de Bled, en Slovénie, au pied du massif du Triglav, c'est la rivière 100 % yougoslave, qui passe tout près de Ljubljana, traverse Zagreb et trace la frontière bosno-croate avant de délimiter la Voïvodine et la Serbie centrale – c'est la rivière que suivit, en mai 1980, le grand train bleu bringuebalant la dépouille mortuaire de Tito dans son dernier voyage à travers *son* pays, c'est la rivière que remontent les avions volant de Belgrade à Paris – un jour d'hiver, je m'en souviens, décollant de l'aéroport de Belgrade, et regardant comme toujours la ville et son confluent s'éloigner dans le hublot, je m'étais endormi quelques minutes et, me réveillant, j'avais été saisi par l'impression que quelque chose étincelait au-dessous, une étrange lueur vive et vermeille, et cette lueur se poursuivait tout le long de la première heure de vol, je m'étais penché contre le hublot et j'avais aperçu sous l'aile blanche de l'avion cette traînée de poudre scintillante, ce n'était pas le Danube, ce ne pouvait pas être le Danube, ce n'était ni sa couleur, ni son tracé, ni ses formes, ni les paysages, ni les villes qu'il traversait, c'était la Save – la Save était la rivière qui nous indiquait le chemin le plus court vers le pays natal, et l'on aurait dit que le pilote la suivait mieux que les indications de ses radars, le nom de la Save m'est plus familier que le nom du Danube, en contrebas du village de mon enfance coulait une autre Save – petit ruisseau tributaire du Rhône qui mesurait une quinzaine de bornes de sa source dans un étang à son confluent avec le grand fleuve descendu des glaciers suisses.

Là où le vaste Rhône bleu turquoise dévorait la petite Save boueuse, se trouvait un gros saule têtard en haut duquel j'aimais grimper après avoir accoté mon vélo contre son tronc bulbeux : je n'étais pas un ange mais cet arbre était ma colonne de la victoire. Je regardais longtemps cette aquarelle vivante, mouvante, naturelle, et je comptais, là-bas, le nombre de lônes et d'îlots de ce petit archipel épars. Ma Save, malgré son apparence inoffensive, était un cours d'eau redouté, capable de causer de grands dégâts en période de crue ; sur les rives boueuses de ce pipi de chat, nous jouions à la guerre, mes frères et moi, c'était dans les années quatre-vingt-dix, sans savoir que d'autres enfants, au bord d'un autre cours d'eau, qui s'appelait aussi la Save, jouaient aussi à la guerre mais avec de vrais flingues, de vraies grenades et de vraies kalachnikovs… Jusqu'au jour où j'ai rencontré Nenad, un Yougo, comme on disait, plus précisément un Serbe réfugié de Krajina, dont la famille s'était installée dans l'ancien moulin du village, qu'alimentait, précisément, la Save… Alors j'ai compris pour la première fois le sens de l'exil : l'exil, pour lui, c'était passer de la Save yougoslave à la Save dauphinoise, et des vastes eaux de l'enfance aux eaux étroites de l'adolescence et de l'âge adulte : l'exil était une amputation de l'air respirable, un rétrécissement de l'horizon.

En passant devant le monument de reconnaissance à la France, gravé de la fameuse devise *Nous aimons la France comme elle nous a aimés*, je pense à mon arrière-grand-père qui servit sur le front de Macédoine et délivra Belgrade sous le commandement du général Franchet d'Espérey. Sur toutes les routes que nous prenons depuis notre départ d'Odessa, dans tous les coins et les recoins où nous pédalons, des Français sont passés avant nous, huguenots en fuite, Lorrains déportés, émigrés de la Révolution, grognards de la Grande Armée, poilus de l'Armée d'Orient, résistants de l'Armée du Rhin et Danube… Et partout, la langue française nous accompagne, la langue officielle de la Commission européenne du Danube.

À l'instant, justement, face à l'ambassade de France, en franchissant le passage piéton de la rue de Paris : je sursaute ; on vient de s'adresser à moi en français. C'est un petit pope à lunettes rondes, au visage jovial et au teint de havane, avec un nez en forme de bigorneau, une barbe grise improbable et de courtes mains aux doigts boudinés qui s'agitent dans l'air. Il a remarqué mon drapeau français et me souhaite la bienvenue dans ma langue maternelle en me sautant dans les bras. Velimir me raconte qu'il vient d'une famille juive, que sa mère juive a vécu cachée durant la guerre, par des paysans serbes, qu'elle a grandi dans le culte des icônes, n'a appris que très tard le secret de ses origines et a été assassinée à Munich, en 1971, lors du printemps croate, par des Oustachis. C'est par reconnaissance envers ceux qui sauvèrent sa mère qu'il s'est fait pope mais il n'en veut pas aux Croates, s'empresse-t-il d'ajouter, ce sont nos frères yougoslaves et nous devons continuer à vivre ensemble sans nier les crimes des uns et des autres. Là-dessus, Velimir me propose d'aller trinquer dans une *kafana* face à une ancienne mosquée. Un instant j'hésite avant d'accepter : si j'avais su qu'un jour j'irais trinquer dans un bistrot de Belgrade avec un pope à moitié juif !

De *rakija* en *rakija*, alors que je lui narre nos péripéties le long du Danube, Velimir me raconte le projet éphémère, pendant l'entre-deux-guerres, de diviser la Yougoslavie royale en noms de rivières, sur le modèle de la France révolutionnaire : si l'on avait poursuivi ce projet, dit-il, les gens auraient peut-être fini par oublier qu'ils étaient serbes, croates, macédoniens, slovènes, kosovars, bosniaques ou monténégrins, nous n'avions pas tout à fait la même religion ni tout à fait la même langue, mais la divergence majeure entre nous, c'est que nous vivions au bord de rivières distinctes, sous des montagnes distinctes, il y aurait eu les habitants du district de la Drave (la Slovénie), ceux de la Save (la Slavonie), ceux de la Drina (la Bosnie), ceux du Vardar (la Macédoine), ceux de la Morava (la Serbie centrale), ceux de la Tara (le Monténégro), ceux de la Neretva (l'Herzégovine) et ceux du Danube et de la Tisza (la Voïvodine). C'est vrai qu'en Dalmatie, poursuit-il en riant et en nous servant une dernière *rakija*, à cause du karst, ils n'ont pas de rivière, mais ils ont des îles, beaucoup d'îles, et même tout un archipel.

J'ai quitté mon pope excentrique en titubant, j'ignore combien de verres j'avais descendus, j'avais l'impression qu'à chaque nouveau nom de rivière, il me servait une nouvelle rasade de *rakija*, une *rakija* qui s'appelait Vardar ou Tara, et je tentais d'imaginer en chancelant dans les rues de Belgrade comment nous aurions appelé en français les habitants du district de la Tara, les Tarais, les Tariens, les Taratatas, les Tarahumaras – dans mon enfance, mes grands-oncles me parlaient d'une île de la Baltique appelée Taraconta, d'un obscur aïeul devenu roi de Taraconta, je me demandais si ce pope ne se foutait pas de ma gueule comme mes grands-oncles, si cette histoire n'était pas une pirouette pour me démontrer l'atroce imbécillité de cette guerre fratricide et le stupide besoin de tracer des frontières et de s'inventer des communautés imaginaires ; s'il n'y avait pas les langues, les religions et toutes ces idoles pour les diviser, les êtres humains seraient capables de s'entretuer pour l'amour d'une montagne ou d'une rivière, avec cette différence que les montagnes et les rivières ont commencé leur existence sans nous et la poursuivront loin de nous, alors que les langues et les religions sont notre invention.

De retour à l'hôtel, je m'écroule en travers du lit – pieds, tête et bras pendouillant dans le vide. Roupille deux heures d'affilée comme une souche. Au réveil, mon visage émacié dans le miroir est couvert d'une barbe hirsute de vingt-quatre jours qu'il est temps d'élaguer. Je branche mon rasoir électrique que je n'ai pas encore eu le temps de sortir de mes sacoches ; la machine, qui n'a pas digéré les cratères ukrainiens, les ornières roumaines et les cahots bulgares, rend l'âme au bout de quelques secondes. C'est donc avec une drôle de demi-barbe que je sors au crépuscule dans la rue qui s'anime et me dirige à vélo vers le rendez-vous fixé par Vlad. Dans cette ville où je n'ai jamais su m'orienter, ce sont les bâtiments éventrés par les bombardements de l'OTAN qui me servent de repères : ainsi de tel immeuble dont la façade paraît avoir été arrachée pour mieux épier, comme dans un roman de Perec, les faits et gestes de ses locataires.

Au bout d'une heure d'errance sur les boulevards à zigzaguer entre les rails des tramways, j'ai retrouvé Vlad. Lui aussi boit des coups sur une terrasse mais pas avec un pope, il boit des coups avec Jovan – cheveux ras d'un blond grisonnant, yeux d'un vert pâle et triste, regard d'enfant malgré la soixantaine passée. Jovan est à sa manière un pope ou plutôt une sorte de pasteur : c'est notre pasteur à nous, les cyclistes européens ; Jovan a tracé sur les cartes yougoslaves le segment de l'EuroVelo 6 que nous suivons depuis notre entrée sur le territoire serbe. Jovan avait trente-cinq ans en 1991, au moment de la désintégration de son pays. Il nous raconte la vie des Belgradois ordinaires pendant la guerre, à l'époque de l'embargo, du boycott économique et des bombardements de l'OTAN. C'était une période d'inflation galopante, les billets gagnaient des zéros tous les jours, à la fin du mois il fallait courir chercher sa paye en liquide, les gens se levaient à l'aube et partaient faire la queue devant les banques, deux heures avant l'ouverture, en sortaient en trombe, se rendaient le plus vite possible dans une supérette, pour tout dépenser en une heure, avant que les prix ne flambent, avant qu'un tube de dentifrice ne coûte plus cher qu'un mois de salaire ! Alors, à cette époque, Jovan, qui avait perdu son job de dessinateur industriel, décida de vendre tout ce qu'il possédait et de ne conserver qu'une seule chose : son vieux vélo yougoslave. Il soulève fièrement cette relique intacte d'un pays disparu. C'est un demi-course de la marque Rog, fabriqué à Ljubljana dans les années soixante-dix, la peinture est du même bleu roi pétant que le train du dernier voyage de Tito, le phare oblong, la dynamo chromée, les leviers de frein et le carter rond du pédalier étincellent sous la pluie d'or des lampadaires, le liseré bleu-blanc-rouge et l'étoile rouge bordée d'or sont piquetés de petits points de rouille, Jovan bichonne tous les jours son engin mais la rouille gagne tous les jours du terrain. En avril 1999, avec pour tout bagage un sac à dos, fuyant les bombardements de l'OTAN sur cette vieille bécane yougoslave, Jovan avait roulé jour et nuit vers le sud-ouest avant de se réfugier dans une cabane au bord d'un lac, au Monténégro, parmi les derniers ours d'Europe. Là, il a lu *Walden* de Thoreau, et il a hiberné comme un ours en attendant la fin de la guerre. À force de pédaler, il s'est pris d'une passion pour la petite reine, pédaler m'apaisait, nous dit-il, on n'a rien trouvé de mieux que le vélo pour chasser le cafard et faire la paix en vous. Au point qu'il a créé une association visant à promouvoir le développement personnel grâce à l'art de la bicyclette.

Depuis la fin de la guerre, Jovan passe son temps à tracer des pistes cyclables et intervient dans de nombreux pays en tant que consultant. Il a déplié sous nos yeux la carte en lambeaux qui lui a servi, dans les années 2000, à ébaucher les segments yougoslaves de l'EuroVelo. Nous étudions ensemble l'étape du lendemain. Trois itinéraires sont possibles depuis Belgrade pour gagner Novi Sad, nous dit Jovan : soit vous prenez la rive gauche et traversez la Tisza à Titel, soit vous coupez à travers les collines de la Fruška Gora, soit vous franchissez la Save et longez le Danube sur la rive droite. Jovan aimerait nous accompagner, mais demain il doit se rendre avec les membres de son association à Bled, en Slovénie. De là, ils gagneront la source de la Save et descendront la rivière avec un peloton de cyclistes slovènes, croates, serbes et bosniaques, une manifestation pacifique qui se déroule tous les ans pour protester contre les provocations de ceux qui ont la nostalgie de la poudre et du sang.

24

Frontière militaire & ligne des glaces

Belgrade-Novi Sad (Serbie), 20 juillet, 105 km

Pour franchir à vélo le vieux pont sur la Save, il faut prendre un ascenseur. Mais il vaut mieux se pointer à la bonne heure. Avant 8 heures du matin, Bané, le liftier de la Save, ne travaille pas, il finit sa nuit sur un banc de bois, un bâton de réglisse entre les dents, grommelant *polako*, *polako*, du calme, du calme, le mot de passe de la Voïvodine. La rivière, elle, coule jour et nuit sans sommeil, on se demande bien dans quel sens, il n'y a pas de vague, pas de remous sous l'ombre noire de la grande arche métallique du *Stari most*, les eaux verdâtres et léthargiques annoncent déjà la Voïvodine, le grand film au ralenti des idylles et des pastorales yougoslaves, nous sommes encore dans la banlieue de Belgrade mais la magie rustique que décrivait Nicolas Bouvier n'a rien perdu de son charme, malgré les guerres et les bombardements à répétition.

L'histoire, ici, n'a pas de prise sur la géographie, rien ne change sous le grand ciel sans nuages, il ne reste rien du Parc des expositions qui servit de camp de concentration pendant la guerre, le Palais fédéral yougoslave abritant plusieurs ministères a toujours l'air aussi désert, les quais de Zemun n'ont pas changé depuis notre dernier passage, les mêmes guinguettes, les mêmes *kafana*, les mêmes péniches, les mêmes restaurants aux enseignes stéréotypées de l'ère yougoslave, *Balkan ekspres*, *Kod kapetana* (*Chez le Capitaine*), *Šaran* (*La Carpe*), *Dunav bašta* (*Le Jardin du Danube*), les mêmes cygnes font des ronds blancs dans l'eau, un grand héron cendré s'envole dans un cri rauque et zèbre la surface du fleuve de son corps en forme de Z renversé, héron baïonnette planant à présent sur Veliko ratno ostrvo, la grande île de la guerre, allez savoir pourquoi, comment, par quelle ironie du sort on a pu associer ici ces deux mots, dans les Balkans, même les îles n'échappent pas à la guerre, celle-ci fut longtemps disputée entre les deux empires qui traçaient ici leur frontière au confluent des deux rivières – la rumeur de Belgrade s'évanouit dans les lointains mauves, nous pouvons dire adieu aux derniers escarpements des Balkans et bonjour à la Mitteleuropa, mais, pour l'instant, c'est de nouveau la steppe qui nous attend, on se croirait de retour à l'Ukraine des commencements, sous le grand ciel bleu d'Orient, comme si cette odyssée de deux mille bornes à travers l'Europe buissonnière n'avait été qu'un long rêve de vingt-quatre jours et vingt-quatre nuits. Cela dit, avant de regagner la steppe, il faut d'abord gravir les ruelles pavées de Zemun, avec en point de mire le clocher néo-byzantin de l'église Saint-Dimitri et la pointe austère de Kula Gardoš, phare du fleuve et des confins – Zemun est le nom serbe de l'ancienne ville-frontière de Semlin où finissait l'Empire austro-hongrois, où les voyageurs venus d'Orient étaient mis en quarantaine dans des lazarets, par crainte de la peste. La peste ne sévit plus en Orient, nous ne subirons pas ce régime, mais nous atteindrons bientôt Novi Sad, où nous déciderons finalement de passer les quarante derniers jours de l'été avant de reprendre la route vers le nord-ouest.

En chemin, Vlad, qui connaît bien la région pour y avoir vécu deux ans mais aussi pour être issu des incessantes migrations transcontinentales du peuple serbe, me raconte les annales de la frontière. Oui, nous voilà sur la fameuse frontière militaire – en allemand *Militärgrenze,* en serbe *Vojna krajina* : une longue zone tampon qui s'étendait d'ouest en est, de l'Adriatique aux Carpates. Chaque arpent de terre qui défile sous nos pneus fut un champ de bataille, chaque tige de blé que nous croisons plonge ses racines dans une terre gorgée de cadavres. Cette partie de la Serbie actuelle a toujours été une zone de confins. La Save traçait déjà la limite entre les empires romains d'Orient et d'Occident, au niveau de Sirmium – aujourd'hui Sremska Mitrovica, qui fut promue brièvement capitale impériale. En l'an 395 de notre ère, le jour du grand partage, Belgrade, que nous avons quittée ce matin, aurait été à l'Orient de l'Empire et Novi Sad, que nous atteindrons ce soir, à l'Occident. L'établissement de la frontière militaire remonte à 1541, au lendemain du premier siège de Vienne et du partage de la Hongrie entre l'empereur et le sultan : il fallait désormais briser les offensives turques et réguler la circulation des biens et des personnes entre les terres des Habsbourg et les nouvelles conquêtes ottomanes ; les paysans serbes orthodoxes qui fuyaient la condition de *dhimmi* en terre d'Islam furent invités à s'installer dans la *Vojna krajina* croate et catholique, créant un foyer d'irrédentisme qui agirait quatre siècles plus tard comme une poudrière.

Après la *reconquista* autrichienne de la fin du XVIIe siècle et la signature en 1718 du traité de Passarowitz (aujourd'hui Požarevac), la frontière fut repoussée jusqu'à Belgrade, et tous les peuples chrétiens furent encouragés par les Habsbourg à s'installer dans le bassin du Danube ; c'est alors que les Souabes descendirent le fleuve sur leurs radeaux de fortune et que les Serbes le remontèrent dans leurs chariots ; l'empereur Léopold Ier avait décrété que les Serbes pourraient élire désormais leur propre chef de guerre, le voïvode – mot à mot *celui qui mène la guerre* –, d'où le nom que prendra plus tard la province autonome de Voïvodine. Mais les Habsbourg ne tinrent pas leur promesse, et la région fut peu à peu incorporée à l'Empire ; en 1881, la *Militärgrenze* fut abolie par décret impérial, et toute la zone des confins placée sous administration hongroise, ce que les Serbes vécurent comme une trahison.

À l'automne 2015, lorsque Viktor Orbán déroula ses barbelés le long de la frontière serbo-hongroise et déploya son armée avec ordre d'ouvrir le feu sur les réfugiés qui tenteraient le passage, il ne fit que ressusciter ce fantôme des confins militaires – seulement, c'était oublier que la *Vojna krajina* austro-hongroise ne fut jamais étanche, pas plus que ne l'était le *limes* romain : sur ces marches montagneuses de l'Empire opéraient les *graničari* croates, les *haïdouks* serbes et roumains chers à Panaït Istrati, les *uscoques* monténégrins et les *tschaïkistes* du Danube, transfuges, pirates et mercenaires qui formaient un peuple à part et fascinèrent tant les écrivains français romantiques, de George Sand à Mérimée, en passant par Nodier,

Nerval et Lamartine, qui les décrivirent comme des aventuriers hauts en couleurs, des bandits de grand chemin, des brigands sans foi ni loi.

Nous aussi, dit Vlad, nous sommes des *haïdouks* à vélo, vu que nous traversons des frontières tous les cinq jours. Vlad éprouve une passion bizarre pour ces hommes des confins – Tu sais, dit-il alors que nous laissons derrière nous la ville de Zemun, j'ai le corps parcouru de frontières, je suis né à Kiev, j'ai grandi à Odessa, Bucarest et Bakou, j'ai vécu à Paris, Strasbourg et Novi Sad, mes ancêtres étaient serbes, russes, ukrainiens, tatars, j'ai peut-être même du sang allemand, et maintenant je me sens français, complètement français, j'ai adopté cette langue et je m'y sens bien. Sur ces paroles, nous traversons un village annoncé par un panneau jaune où l'on retrouve les cinq langues officielles de la province autonome de Voïvodine (serbe, hongrois, slovaque, ruthène et roumain), les vieillards palabrant sous un tilleul causent déjà hongrois, à plus de trois cent cinquante bornes à vol d'oiseau de Budapest – plus loin, des Tziganes penchés sur des plants de tabac chantent à tue-tête dans leur langue oubliée, nous bifurquons sur la droite et nous engageons à travers les vergers et les champs moissonnés sur un sentier dévoré par l'herbe haute – à présent, nous suivons la grande courbe que décrit le Danube à travers la Voïvodine mais nous ne voyons pas ses eaux tapies en contrebas de la terrasse alluviale, le fleuve a déposé d'énormes quantités de sédiments, on croirait que la terre s'est soulevée, cela dessine une belle dune blonde et verdoyante où cohabitent le blé et la vigne, le maïs et le tournesol, nous savons grâce à notre carte que le fleuve coupe ici la route de la Tisza, le confluent mystérieux se dérobe là-bas, dans les lointains, au pied du coteau violacé du Titel Breg.

Nous grimpons vers le sommet du talus pour prendre un peu d'altitude, mais le confluent se dérobe toujours, il faudrait être à bord de cet ULM que nous entendons pétarader là-haut, dans le ciel, pour voir les eaux véloces et bleues du Danube et celles vertes et lentes de la Tisza se flairer, se faire la cour, se fuir et se dérober pour finir par s'accoupler – la Tisza, qui déroule ses méandres sur près de mille kilomètres, est le plus long affluent du Danube, elle vient comme nous d'Ukraine, prend sa source dans les Carpates, trace la frontière avec la Roumanie, irrigue le Maramureş, serpente du nord au sud dans la Puszta hongroise, pour se rendre ici au fleuve vorace qui l'a attirée depuis longtemps dans les rets de sa vaste plaine, la Tisza est la rivière magyare par excellence, une rivière écumée par les orpailleurs et chantée par les poètes – au début de l'été, nous allions nous baigner dans ses eaux verdâtres et vénéneuses, plongeant depuis un ponton de bois qui enjambait ses berges vaseuses, et nous nagions d'une rive à l'autre, parfois des renoncules aquatiques tissaient leur toile à la surface des flots, il fallait nager d'une manière bizarre en écartant des bras les plantes ligneuses s'agrippant à nos épaules, Vlad me disait toujours de revenir au printemps pour assister à la floraison des libellules éphémères au-dessus de la rivière, milliards d'imagos qui surgissent de la nymphose et copulent en quelques secondes dans un nuage vibrionnant qui signifie la vie – un jour, peut-être, je reviendrai, mais en attendant, voici que nous atteignons, Vlad et moi, le monument à la bataille de Slankamen.

Juché sur quatre pattes de pachyderme, c'est un obélisque de seize mètres de haut. Érigé par les autorités hongroises – n'oublions pas que la Voïvodine fut terre hongroise jusqu'en 1919 – pour célébrer le bicentenaire de la bataille, le monument arbore le symbole de la *reconquista* autrichienne : la croix terrassant le croissant. Des vers de louange aux valeureux guerriers tombés au champ d'honneur, signés Jovan Jovanović Zmaj, le poète national serbe, sont gravés dans la pierre. Le 19 août 1691 se déroula sur ce coteau une des dernières batailles des incessantes guerres austro-turques, nous racontent les panneaux disposés autour du monument. L'armée impériale, forte de 55 000 hommes, commandée par le margrave Louis-Guillaume de Bade, épaulée par 10 000 hommes de la milice serbe, vint à bout de l'armée du sultan, qui comptait plus de 100 000 hommes sous les ordres du grand vizir Mustafa Pacha Köprülü. Ce jour-là, l'armée ottomane, après avoir franchi la Save près de Belgrade, rassembla ses forces à Zemun. Le gros du contingent autrichien, basé près de Petrovaradin, se dirigea vers les murailles de Zemun mais dut battre en retraite devant la supériorité des forces turques. Le grand vizir poursuivit alors les chrétiens, les coupa de leur base et positionna son armée à Slankamen – cavalerie au centre, infanterie à gauche, artillerie à droite. Le margrave lança vers midi une attaque qui fut repoussée par l'infanterie et l'artillerie turques. Les Autrichiens se regroupèrent, chargèrent de nouveau, et le grand vizir fut tué dans la contre-attaque. La mort de leur chef désorienta les Turcs, et la retraite vers Belgrade se fit dans la panique.

Trêve de considérations militaires. Il est temps de mettre le turbo si nous voulons être à l'heure au rendez-vous fixé avec nos amis de Novi Sad. Alors, nous prenons notre élan en haut d'un sentier qui dévale le coteau entre les vignes et les tournesols, nous pédalons à toute vitesse dans la plaine, traversons à bride abattue des villages tous identiques et typiques de Voïvodine – petites maisons basses aux murs blanchis à la chaux qui s'écaillent et laissent percer le pisé jaune, toits de traviole aux tuiles écailles qui font courir sur les murs leur ombre festonnée, cheminées de briques aux formes féeriques, frontons baroques qui paraissent tanguer dans le vent, la vitesse et la lumière, si bien que les volutes dessinent des vagues s'envolant vers le ciel. Déboulant tels des sauvages dans le dernier patelin de la série, nous grimpons un nouveau raidard offrant un beau point de vue sur les pentes bleuâtres et vaporeuses de la Fruška Gora, l'ancienne *montagne des Francs* devenue la colline sacrée des Serbes, cet inselberg échappé du massif balkanique où nous allions souvent marcher sous les grands hêtres et méditer devant les fresques étonnantes des monastères orthodoxes – réfugiés au XVIIe siècle dans les vallons secrets de cette colline insulaire qui tire son nom du royaume franc de Charlemagne, des moines anonymes revenus d'Espagne, de Grèce et d'Italie, de Constantinople et de Jérusalem, accomplissaient la synthèse de l'Orient et de l'Occident, de la Renaissance italienne et du grand art byzantin. Trois siècles plus tard, la colline sacrée servira de refuge aux partisans communistes luttant contre le régime oustachi.

La route à présent redescend à pic vers la vallée, le bruit de mitraille des pavés sous nos pneus nous indique que nous arrivons en ville, c'est déjà Sremski Karlovci, où nous retrouvons dans un café Frank et

Iva suivis comme toujours de Zippo, leur caniche fétiche. La ville est restée célèbre dans les annales de l'Europe sous le nom de Karlowitz, nous raconte Iva, c'est ici que fut signé, en 1699, le traité de paix qui mit fin aux guerres incessantes entre les deux empires rivaux qui se querellaient sur les bords du Danube. Aujourd'hui, la bourgade vivote dans la poussière, à l'écart de la rivière, sous son coteau planté de vignes, avec ses églises et ses palais trop grands pour elle, et laisse l'impression d'une capitale déchue – Karlowitz, où se réunit en 1848 une grande assemblée serbe, aurait pu devenir, sinon la capitale du pays, du moins celle de la province autonome de Voïvodine, poursuit Iva, mais elle fut supplantée par Novi Sad, ville nouvelle surgie un beau jour des marécages danubiens et qui n'apparaîtra sur les cartes qu'au milieu du XVIIIe siècle sous le nom de *Neusatz oder Raitzen Stadt*, mot à mot *la nouvelle phrase ou la ville des Rasciens*, comme on appelait autrefois les Serbes.

Avec Frank, Iva et Zippo, lequel trottine derrière nous la truffe au ras du sol en flairant la moindre encoignure et en marquant son territoire à chaque porte cochère, nous marchons dans les ruelles pavées de la vieille ville aux façades décrépites – la vingt-quatrième étape du voyage s'effiloche dans la torpeur estivale et surannée de la Voïvodine ; à présent, tout est paisible et lent, l'ivresse de la vitesse nous a quittés, Frank et Iva sont venus nous rejoindre à vélo, le caniche jaune trimballé dans un panier, nous pédalons nonchalamment sur la levée alluviale en longeant le Danube au plus près, le paysage est typique de la plaine pannonienne, au premier plan l'herbe folle et jaune, en bas du talus la vaste étendue terraquée mêlant toutes les nuances de vert et de brun, marécages couverts de lentilles, de jussies rampantes et de nénuphars, îlots de joncs phosphorescents, roselières aux plumets roussis, bras morts ponctués de souches et de troncs piégés ; plus loin, la frange hirsute et scintillante de saules cendrés piquetés des points blancs des aigrettes ; à l'arrière-plan, les panaches des peupliers palpitant dans le vent – Iva nous désigne à main gauche l'ancien champ de bataille de Petrovaradin et l'église commémorant la dernière victoire de la croix sur le croissant, elle nous raconte la légende selon laquelle quelques flocons de neige seraient tombés dans la nuit du 5 août 1716, ce bon vieux hâbleur de Münchhausen ne combattait pas ce jour-là aux côtés des Autrichiens mais pourquoi pas, il se produisait sans doute des phénomènes climatiques étranges en ce petit âge glaciaire ; en tout cas, la légende dit que le prince Eugène y vit un signe de la Vierge et lança une attaque surprise contre des Turcs frigorifiés qu'il trucida dans leur sommeil. Dans leur retraite, les Turcs abandonnèrent l'artillerie lourde et le trésor de l'armée. Quant au grand vizir grièvement blessé, il mourut quelques jours plus tard à Belgrade.

Sous le bâton de nougat de son beffroi, voici que se dresse enfin devant nous le terminus du voyage : faisant face à la ville de Novi Sad, c'est la forteresse de Petrovaradin juchée sur son rocher, souvent surnommée le *Gibraltar du Danube*, mais c'est à l'Alcazar de Tolède peint par le Greco que je pense ce soir à mesure que nous pédalons sur les quais, sans doute à cause des couleurs castillanes que prennent les murs, les toits et les remparts dans le couchant, tout est jaune d'œuf ou rouge sang, le soleil abricot descend derrière les trémolos bleutés de la Fruška Gora, le Danube est bien plus large que le Tage, mais il se cabre et s'étrangle ici subitement, venant buter contre les parois schisteuses de cet avant-poste des Balkans. Le drapeau rouge-bleu-blanc aux trois étoiles d'or de la Voïvodine flotte sur le plus haut bastion à côté de la banderole EXIT du fameux festival de rock – Iva nous retrace l'histoire de sa ville, elle est née à Petrovaradin dans une famille croate, elle vit toujours dans la ferme familiale, autrefois Petrovaradin était un vieux village croate mentionné sur les cartes sous le nom de *Croaten Dorf*, nos origines étaient bien connues de tous en ville et pourtant nous n'avons jamais subi la moindre offense, dit-elle, même pendant la guerre, le siège de Vukovar et le blocus économique, nous étions des Yougoslaves comme les autres, la Voïvodine a toujours été la région la plus tolérante du pays.

Petrovaradin, nous raconte Iva, signifie *la ville de Pierre* en hongrois, elle fut construite autour d'une abbaye cistercienne érigée au XIIIe siècle par des moines français à l'emplacement d'un *castrum* romain – le site fut choisi car facile à défendre : ici, au pied de la Fruška Gora, la roche érodée se dresse à pic et forme un promontoire naturel contre les assaillants, cependant la cité fut conquise par les Turcs en 1526 avant d'être reprise en 1687 par les Autrichiens, on dit souvent que les Français tracèrent les plans de la citadelle actuelle, la plus vieille inscription mentionne le nom du marquis Sébastien Vauban, en fait le marquis n'a jamais mis les pieds ici, les architectes seraient autrichiens ou italiens, parmi lesquels le grand géographe Louis-Ferdinand Marsigli, auteur de la première encyclopédie du Danube en six volumes, le *Danubius pannonico-mysicus, observationibus geographicis, astronomicis, hydrographicis, historicis, physicis perlustratus et in sex tomos digestus*, publiée en 1726 à La Haye.

Achevée en 1780 par des prisonniers de guerre, la forteresse, qui pouvait endurer un siège d'un an grâce à ses 4 000 soldats postés en permanence et ses seize kilomètres de galeries souterraines, n'a jamais servi à défendre Novi Sad et l'empire contre les Turcs. Ironie du sort, la seule fois où elle servit vraiment, ce fut pour raser la ville et pilonner l'armée impériale – c'était en 1849 au lendemain de la révolution hongroise, les soldats magyars insurgés contre l'empereur s'étaient barricadés derrière les remparts, François-Joseph envoya le baron Josip Jelačić, un général croate qui lui était resté fidèle, à l'assaut de Petrovaradin avec sous ses ordres une troupe de soldats serbes et croates, les Hongrois répliquèrent à coups de canon, en quelques heures 2 000 maisons furent rayées de la carte sur les 2 800 que comptait la ville, on raconte que 14 000 civils périrent sous les obus hongrois, alors autant vous dire, poursuit Iva, que lorsque les habitants de Novi Sad apprirent, un siècle et demi plus tard, en mars 1999, qu'ils seraient de nouveau bombardés, que les avions de l'OTAN décolleraient de bases militaires hongroises – la Hongrie venait tout juste de rejoindre l'OTAN –, le souvenir des bombardements de 1849 resurgit dans la mémoire collective.

Cette fois-ci les principales victimes furent des Tziganes du quartier de Šangaj, là-bas, sur la rive nord – lorsque vous bombardez la terre depuis l'Himalaya, s'indigne Iva, les bavures sont inévitables, à 16 000 pieds du sol vous ne voyez pas les petits points noirs des civils, vous confondez un campement rom et une raffinerie de pétrole. En ces jours de mars 1999, la forteresse n'aurait pas pu défendre la ville et le pays : les avions de l'OTAN – qui menaient leurs premières opérations militaires depuis la signature du traité de l'Atlantique Nord en 1949 – étaient invisibles, intouchables, indétectables, le général américain Wesley Clark, qui commandait depuis le Q. G. de Bruxelles cette guerre vue du ciel, tenait à offrir à l'humanité le visage exemplaire d'une guerre à zéro mort, zéro mort américain mais des milliers de morts serbes et kosovars, civils et militaires. Des milliers de morts et des dégâts écologiques irrémédiables : en 78 jours de bombardements, 37 000 bombes et missiles contenant 11 tonnes d'uranium appauvri déferlèrent sur les bords du Danube ; la destruction des usines et des raffineries de Novi Sad et Pančevo répandit dans le fleuve 7 000 tonnes de pétrole, 2 000 tonnes de chlorure de vinyle, 200 à 300 tonnes d'ammoniaque, de nitrate, de phosphate et de chlorure de potassium, 8 tonnes de mercure ; un rapport de l'US Air Force déclarait alors : « La guerre aérienne contre la Serbie a offert aux aviateurs un aperçu du futur. »

Nous pédalons toujours sur les quais, laissons à main droite un entrelacs de poutrelles rouillées qui gisent lamentablement dans les eaux couleur de sang, des dragueurs s'activent pour extraire de la vase le squelette du pont ferroviaire qui s'effondra sous les bombes de l'opération *Noble Anvil*, comme les trois autres ponts de Novi Sad, le nouveau pont n'est pas encore achevé, son inauguration, initialement prévue en 2015, est sans cesse repoussée, c'est une double arche de métal qui reliera les deux rives du Danube et symbolisera l'ouverture du pays officiellement candidat à rejoindre le club de Bruxelles. À présent nous grimpons un raidillon à l'assaut de la forteresse, les pavés disjoints font riper nos pneus et nous forcent à descendre de nos bécanes. Nous poursuivons l'ascension à pied. Iva nous décrit le système sophistiqué des fortifications. Au premier niveau, ce sont deux étoiles à douze branches munies de trois contrevallations successives avec leurs glacis, leurs douves et leurs murailles de briques s'adossant à la rive abrupte. Le plan de la ville basse est un damier, avec son église, ses auberges, ses brasseries, ses commerces et l'hôpital militaire où l'on amputait les soldats blessés en 1991 lors du siège de Vukovar. Au second niveau, que nous atteignons à présent en passant sous un portail baroque, se trouvent la ville haute et ses quatre bastions aux noms d'empereurs et aux murs jaunes – c'est là, nous confie Iva, que Josip Broz, le futur Tito, fut emprisonné en 1915 pour trahison et propagande pacifiste alors qu'il ne portait pas encore la vareuse blanche de maréchal yougoslave mais l'uniforme *feldgrau* des soldats autrichiens, la Kakanie viennoise avait besoin de mater les révoltes couvant dans son armée de bric et de broc, la forteresse avait donc été reconvertie en prison militaire pour les troufions rebelles et les ennemis de l'intérieur, serbes, croates ou slovènes qui ne voulaient plus s'entre-tuer pour les favoris de François-Joseph.

Depuis le panorama dominant le Danube et la ville de Novi Sad, la forteresse qui s'enfonce dans le crépuscule évoque la forme de deux cristaux de glace emboîtés dans le réseau de leurs aiguilles et de leurs dendrites, l'air s'est rafraîchi, la nuit tombe d'un coup, le fleuve brille au clair de lune et fourmille des feux des péniches et des vraquiers, on aperçoit le sillage plus clair qu'ils laissent derrière eux dans le grand flux violet de la nuit balkanique, Frank s'est accoudé au parapet et nous décrit le Danube qui a gelé l'hiver dernier, le mercure a chuté jusqu'à –27 °C dans les derniers jours de janvier – vous avez raté un sacré spectacle, les amis, ça a commencé par de petits carreaux blancs qui défilaient à une vitesse incroyable comme dans un film en avance rapide, et puis les petits carreaux ont bleui, grossi, les icebergs miniatures s'entrechoquaient, se culbutaient, se fissuraient, venaient s'échouer contre les piles du pont reprenant en écho leurs geignements sinistres, Frank nous montre sur sa tablette une vidéo réalisée durant ces jours de gel général, si l'on se tenait sur le pont, on avait l'impression d'avancer à travers la banquise sur un brise-glace en route pour le pôle Nord, mais on ne pouvait pas rester longtemps sur place à cause du blizzard sibérien qui nous perçait les os – qui n'a pas vu le Danube gelé, poursuit Frank, qui n'a pas entendu les détonations de la glace qui craque, ne le connaît qu'à moitié car la vitesse des flots charriant leurs glaces au moment de l'embâcle est telle que tu piges enfin à quelle force de la nature tu as confié ta vie, quel est le titan qui a modelé ces paysages, au bout de quinze jours de ce défilé de formes chaotiques, le fleuve n'était plus qu'une longue coulée opaque hérissée d'épines dorsales et de molaires géantes, un long glacier bleuâtre et nacré de sa source à son embouchure, les bus ne circulaient plus, les taxis n'empruntaient plus les ponts paralysés par les congères, on aurait pu traverser cette *ligne des glaces* à pied mais une frousse idiote nous retenait, comme si nous avions peur de braver un interdit, comme si le Danube en apparence immobile, poursuivant secrètement son travail de sape, était devenu une frontière infranchissable, alors rive gauche et rive droite ne communiquaient plus, les gens restaient chez eux, ne sortaient plus, ne quittaient plus leur quartier, comme à l'époque des bombardements.

Il est tard. Iva nous propose de rentrer. Nous dormirons à la maison. Sur le chemin du retour, dans la nuit balkanique, les mots, les images, les époques se mélangent dans mon cerveau, les bombardements de 1848 et de 1999, les flocons de neige du prince Eugène et les cristaux de glace de la citadelle, les détonations de la débâcle et les déflagrations des obus – un instant je regrette, oui, de ne pas avoir vu le Danube geler, je m'interroge parfois sur ce qui me fascine dans la glace, quand on sait que le froid tue, que des centaines de réfugiés sont morts cet hiver-là aux portes de la forteresse Europe, cet attrait morbide pour le nord, c'est l'attrait de celui qui aime la saison du confort, c'est l'attrait de celui qui se réjouit quand l'hiver arrive, car, vivant peu ou pas dehors, sortant emmitouflé dans sa parka, son bonnet, ses gants, l'hiver n'est jamais un ennemi pour lui – nous autres, Européens de l'Ouest, nous avons oublié que le froid taillade les talons et les phalanges, que la glace emprisonne les corps et les recrache au dégel.

Bientôt des aboiements couvrent le vacarme de mon cerveau. Ce sont tous les chiens des environs qui se ruent contre les grilles à notre passage, car Zippo trottine toujours derrière nous et les excite en marquant son territoire. Leurs glapissements se répondent en écho, c'est un concert de *ouaf ouaf* qui annonce notre retour au bercail – le portail de la ferme est à peine entrouvert que deux autres clébards nous sautent dessus en frétillant de la queue, ce sont Blacky et Marko, ils flairent nos godasses, ils nous lèchent les mollets, ils nous tâtent les cuisses, et puis voici un chat blanc qui passe, c'est Tito, un chat noir l'attaque, c'est Franjo, trois coqs s'écharpent dans un tourbillon de plumes, un pigeon s'envole, une lapine détale, des oies battent des ailes en réveillant toute la basse-cour, des dizaines de poules et de poussins caquètent dans la nuit, une chèvre béguète et tourne en rond autour de son piquet.

– Bienvenue dans l'arche de Noé ! s'est exclamé Frank en jetant son chapeau de paille sur la table de la terrasse.

Iva a préparé un kouglof qu'elle démoule sous nos yeux. Frank rapporte quatre bouteilles de *rakija* qu'il débouche d'un geste sec :

– Buvez-moi ça, les amis, ça vous changera du Danube !

Le liquide incolore emplit nos verres. Il a la pureté de l'eau de source et l'odeur des vergers. Vlad et Frank en avalent cul sec un, deux, trois verres.

– Arrêtez-vous ici, les amis, n'allez pas plus loin ! poursuit Frank en se caressant le bouc, il n'y a rien à voir de l'autre côté, la source du Danube est ici, la vie de bohème est ici ! Chez les Teutons, le kouglof aura le même goût, la gnôle sera moins bonne mais vous coûtera trois fois plus cher, ils finiront même par vous faire payer l'air ambiant, le fleuve et le ciel seront moins bleus, ici, au moins, quand l'hiver est passé, nous avons du soleil pour le restant de l'année et les journées filent moins vite car les gens ne passent pas leur temps à lui courir après. Moi, ça fait dix ans que je me la coule douce et j'ai bien l'intention de continuer, pas question de remettre les pieds en France et de faire le tour du périph sur mon scooter, c'est ici, en Voïvodine, que la vie est un long fleuve tranquille !

Sur ces paroles, nous faisons le tour du potager et la connaissance de tous les habitants de l'arche de Noé. Puis la soirée s'épuise à siffler d'autres verres en racontant nos péripéties. Enfin, Frank et Iva nous mènent dans l'aile nord de la ferme. Malgré la canicule, les murs blanchis à la chaux ont gardé la fraîcheur du printemps. Au fond du couloir, un petit bureau m'attend devant une fenêtre avec vue sur le Danube. Frank m'y conduit et dépose mes sacoches dans un coin de la pièce :

– Tu peux rester ici tout l'été si tu veux. Comme ça, tu pourras terminer ton roman.

II

Périphériques

(Printemps)

1

Sept ans plus tôt

J'ai rencontré Vlad sur la route du Danube, il y a sept ans… C'était dans les Vosges, au mois de mars, à la veille du printemps, Vlad tentait pour la deuxième fois la grande évasion à vélo vers l'est, mais il devrait bientôt rebrousser chemin à la suite d'un sacré pépin – de mon côté, je m'étais rendu en Alsace avec une seule idée en tête : traverser le Rhin, grimper les cols de Forêt-Noire, atteindre les sources du Danube, et visiter la Zyntarie, promis, je vous raconterai plus tard l'histoire de la Zyntarie… En attendant, j'étais de passage à Colmar pour voir le retable d'Issenheim, de Matthias Grünewald, je ne le connaissais qu'en reproduction, j'en avais punaisé une carte postale au-dessus de mon lit, cette image me hantait, parfois, la nuit, je croyais que j'étais attaqué tel saint Antoine par une armée de monstres hybrides et de diablotins biscornus et bariolés, qui me piétinaient, me rouaient de coups, m'arrachaient les cheveux – l'Alsace sortait à peine de l'hiver, le temps n'était pas propice aux escapades cyclistes, une des employées du musée, pointant son doigt vers le ciel et traduisant un dicton local, avait annoncé : Attention, là-haut, *ils veulent de la neige*, *sa wann d'r Schnee* !

Alors, après quelques rasades de kirsch, j'ai décidé de défier la neige des Vosges et je me suis mis à grimper comme un forcené, zigzaguant sur la route dans un état second, sans savoir si c'était la faute au degré d'alcool ingurgité ou au degré de la pente qui s'accentuait.

J'ai cru d'abord à une hallucination quand j'ai vu tourner dans le ciel une roue. J'ai freiné, dérapé, sauté de ma bécane, l'ai jetée dans l'herbe et me suis approché. Son vélo était perché sur la cime enneigée des arbres, comme s'il avait tenté de décoller. L'accident venait d'avoir lieu. La roue arrière tournait, tournait, tournait encore sur elle-même, on entendait le *clic clic clic* du moyeu, ses rayons reflétaient ceux du soleil, la fourche s'était enfoncée dans les frondaisons d'un conifère, le guidon encastré entre deux troncs, la selle à la renverse, les pédales arrêtées net, la chaîne pendouillant dans le vide, et si la roue arrière n'avait pas continué à tourner dans le vide, si le chrome des freins et des moyeux n'avait pas accroché mon regard, j'aurais poursuivi mon chemin. Soudain, j'ai vu des branches remuer au fond du ravin, j'ai entendu le souffle d'un mammifère, j'ai pensé d'abord à un chevreuil, un blaireau, un sanglier – enfin, Vlad est apparu, les bras ballants et couverts d'ecchymoses, le maillot déchiqueté, les cuisses écorchées vives, le visage tuméfié, l'air hagard d'un revenant, son casque couvert de neige ; il a grimpé en haut des épicéas avec l'agilité d'un grizzly, a décroché sa bécane des branchages et l'a jetée à terre comme un vulgaire bagage avant de la hisser sur son épaule. À cause du retable d'Issenheim, j'ai pensé au Christ, et j'ai eu une vision, celle d'un crucifié de la route ; je comprendrais plus tard que le cyclisme était sa croix, qu'il rêvait de crever sur un vélo – Vlad pédalait sur une ligne de risque, serrant les virages à la corde, grillant les feux rouges, mordant les trottoirs, ignorant les chicanes, frôlant les bagnoles au plus près, effrayant pigeons et badauds, s'attirant les klaxons, les quolibets, les noms d'oiseaux, la rancœur des taxis captifs de leur cercueil roulant.

Je lui ai tendu la main pour l'aider à franchir le talus. Et c'est là qu'il a dit :

– Putain, je l'ai échappé belle !

Échappé belle : repris en écho par la montagne, les deux mots ont résonné de nouveau dans l'air acide de mars. *Échappé belle* : il ne croyait pas si bien dire ! *Échappé belle* : ce serait le leitmotiv de nos virées. Il devait la vie à un hêtre, un grand hêtre aux branches fourchues, à l'écorce très lisse et capitonnée de neige qui avait amorti sa chute.

– Ça va ?

– Ça va, dit-il, en tâtant sa bécane, le vélo n'a rien.

Il a rajusté la chaîne, réglé les freins et s'est remis en selle, comme si de rien n'était, malgré les roues formidablement voilées. Seulement, ses lunettes étaient brisées, de petites lunettes rondes d'intello qui lui donnaient un air de Laurent Fignon, et qu'il était allé repêcher au fond du ravin. Ce soir-là, dans le brouillard de mars et le froid bleu des Vosges, j'accepterais de lui servir de guide dans la descente du col, il s'accrocherait à mon porte-bagages, je le remorquerais jusqu'au prochain village et nous serions hébergés dans un immense chalet, au bord du lac Noir, par une colonie de jeunes allemandes qui n'avaient pas résisté à son charme de miraculé. Sans lunettes, il ne pourrait pas reprendre la route du

Danube. Il était quitte pour rentrer au bercail et filer chez un opticien.

Après cette histoire, nous avions repris, chacun de notre côté, la route de Paris. On s'était perdus de vue pendant des mois, voire des années. Je le retrouverais à Pantin, dans le sous-sol d'un garage clandestin, où il était employé comme mécanicien. Il me raconterait tous les petits boulots qu'il avait enchaînés pour payer son loyer et envoyer tous les mois du fric à sa mère qui vivait encore en Ukraine. Nous avions roulé quelquefois roue dans la roue sur les routes de banlieue. Puis plusieurs semaines s'étaient écoulées sans qu'il me donne de nouvelles. Un jour, enfin, je le croise par hasard, du côté d'Aubervilliers, sur le canal Saint-Denis – Vlad aimait longer le canal, il y reconnaissait un peu de son pays natal, il me disait Ça ressemble à la banlieue de Kiev, il aimait voir les tours du métro Crimée se dresser, rosâtres à l'arête dans le ciel gris, derrière le pont de l'autoroute, quand on revient de Saint-Denis – J'ai grandi dans une banlieue morose du même genre, avec tout un tas de barres similaires pour hacher l'horizon, mais tu sais, mon pote, la tristesse, à vélo, tu n'y penses plus, les barres, tu ne les vois plus, la seule chose qui compte, c'est l'espace, la lumière, le sentiment d'espace aéré et de lumière vive, et puis il aimait les chantiers, les grues, les péniches, les terrains vagues, tous ces *no man's land*, c'était un avant-goût de la grande steppe eurasiatique – Ici, disait-il, j'ai l'impression que quelque chose peut enfin m'arriver ; à Paris, on tourne en rond, on descend toujours les mêmes rues, les mêmes boulevards, les mêmes avenues, le pire étant ces cyclistes qui tournent autour de l'hippodrome, à Longchamp, tels des lévriers, on échoue toujours dans les mêmes bistrots, les nourrices poussent leurs landaus dans le parc Monceau, ça pue la graisse et le confort, ça pue la vieillesse prospère et calfeutrée, ça pue le bonheur rangé dans une armoire.

2

Réveil dans un hôpital

Échappé belle ! Échappé belle ! Échappé belle ! Les premiers mots qu'il avait prononcés me reviennent. Je les sens se graver dans mon cerveau tandis que le visage de l'infirmière apparaît dans la pénombre. Ses dents en or brillent comme des lucioles. Le halo blanc de ses yeux sursaute sous le verre des lunettes. Elle a ce sourire forcé des gens de son métier. Le rai de lumière que laisse filtrer la porte entrebâillée éclaire les pans de sa blouse verte. Sous ces reflets phosphorescents, c'est une mante religieuse qui se penche au-dessus de moi. Elle tient contre sa poitrine opulente un bloc-notes. Griffonne quelques mots. Coche des cases en m'assommant de questions. Elle parle en anglais. Elle a un accent de l'Est mais comment savoir de quel pays ? J'ignore où je suis. Je m'entends à peine répondre. D'une voix qui m'est étrangère. Un timbre que je ne reconnais pas. Ça doit être à cause de ce sommeil comateux. À cause de tous ces cachets qu'ils m'ont fait avaler pour atténuer la douleur et abrutir la bête.

– Name ?

– Vidouble.

– First name ?

– Samuel.
– Age ?
– Thirty-five.
– Occupation ?

Au lieu de lui répondre, je l'assomme d'autres questions. Où sommes-nous ? Quelle heure est-il ? Où est mon vélo ? Quand pourrai-je me remettre en selle ? Est-ce que je retrouverai toutes mes capacités ? Quand pourrai-je reprendre la route du Danube pour finir cette virée folle inachevée ? La réponse est toujours la même : ça dépend. Ça dépend de l'opération. Ils ne savent pas encore ce qu'ils vont faire de ma jambe. Il y aura une réunion des chirurgiens ce matin. Ils vont réfléchir à votre cas. Pour l'instant, ne vous inquiétez pas et tâchez de vous rendormir : il est 6 heures du matin.

Hier soir ils m'ont parlé de vis, de plaques, et d'une broche en titane. Pour tenir ensemble les morceaux de ma rotule écrabouillée. Éviter qu'ils ne se dispersent. Ça m'a fait frissonner, les mots vis, plaque et broche. J'ai imaginé le bruit et les vibrations d'un tournevis électrique dans mon squelette. J'ai senti toute ma carcasse trembler sous les percussions d'une perceuse mais j'ai souri intérieurement à l'idée du titane. J'ai imaginé tout un squelette en titane. Parlez du titane à un cycliste : c'est le matériau de ses rêves. La pierre philosophale qui fera de lui un ange, un archange, un séraphin. Tous les cyclistes rêvent du vélo le plus léger possible – je me souviens d'un type dont j'ai oublié le nom, un Limousin chauve d'une quarantaine d'années, ancien triathlète, qui montait un pur-sang couleur de mercure, on l'appelait Iron Man, il n'emportait jamais de gourde sur sa bécane, histoire d'être encore plus léger, ne buvait pas une goutte d'eau, nous avions gravi le mont Ventoux bien à l'abri dans sa roue, nous dépassions tous les cyclistes, les vieux et les moins vieux, les gars restaient scotchés sur leur biclou – Vlad vénérait ce type, c'était pour lui une sorte de modèle ou de gourou, lui aussi se rêvait en Iron Man, voulait toujours se dépasser. D'où cette idée folle de traverser l'Europe au grand galop. Cent cinquante bornes en moyenne par jour. Je savais que je n'aurais pas la force d'aller jusqu'au bout, mais voilà, je l'avais suivi et j'avais échoué là. Éclopé. Cloué sur un lit d'hôpital. Finie, l'aventure. Tandis que Vlad devait pédaler très loin d'ici, grimper un col, traverser une frontière avec à l'horizon, là-bas, l'image de sa petite mère rongée par le cancer qui l'attendait les bras ouverts. Clouée, elle aussi, dans son lit d'hôpital. Luttant désespérément contre la maladie.

Où es-tu, Vlad, à l'heure qu'il est, sacré Vlad, éternel adolescent, cuisses et mollets de vif-argent, arpenteur perpétuel de la rue parisienne et de la route européenne, avaleur de vodkas et de pavés, dévaleur de ravins et de binouzes, cycliste intrépide et petit truand, Robin non pas des bois mais du bitume, fuyard infatigable à la veste ailée ? As-tu déjà regagné ton Ukraine natale, là-bas, à l'autre bout du Vieux Continent tétanisé par la prétendue crise des migrants ? Serres-tu dans tes bras ta petite mère délivrée comme par miracle de son cancer ? Es-tu déjà en train de pédaler dans le petit matin ? Où vas-tu, Vlad, sacré Vlad, dans l'aurore barbare de cette Europe faite de bric et de broc ? Sur l'atlas en miettes que tu as oublié dans ma sacoche, je retrace notre itinéraire en duo écourté par notre brouille dans les rues de Prague, et j'imagine celui que tu poursuis là-bas en solo – cette longue flèche tracée par tes soins, j'imagine le macadam qui se déroule sous la gomme de tes pneus, je pointe au hasard un bled au nom bizarre sur la carte, mettons que ce serait Slavkov u Brna ou Oświęcim, Olomouc ou Pylypets, les Tatras ou les Beskides, tu grimperais un col en danseuse, dodelinant des épaules, secouant ton catogan dans le ciel bleu, les yeux rivés vers l'Orient, les oreillettes branchées dans les tympans, les doigts pianotant sur ton portable, histoire de trouver la bonne piste, celle qui s'accorderait le mieux avec le relief, le paysage, ton humeur du moment, rock, jazz ou tango, le tango, disais-tu, c'est le rythme du vélo, un rythme endiablé,

Alguna vez, talvez
volvamos a intentar
redescubrir la canción de la Tierra
Quizás la Cruz del Sur
pueda sincronizar

la verde luz del pulso de la vida, del pulso de la vida, DEL PULSO DE LA VIDA, tu chanterais les paroles à tue-tête, dans le ciel rayé de milans et d'alouettes, ta bécane tanguerait entre les ceps de vigne et les rayons du soleil, les lacets de la route zigzagueraient comme les méandres d'une rivière, le ruban d'asphalte se ramifierait à l'horizon, tu t'enivrerais de tout ce mélange de musique et de vent, de verdure et de lumière.

Réponds-moi, Vlad, sacré Vlad, que deviens-tu ? Sur quelle route pédales-tu à l'heure qu'il est ? As-tu déjà gagné l'Ukraine pour t'enrôler dans un bataillon de volontaires ? Pas de réponse. Où est-elle la promesse mille fois répétée de m'écrire ? Rappelle-toi ce que je t'avais dit. Rien qu'un petit texto que tu pourrais pianoter tous les quatre matins sur ton portable, au pied d'un col, depuis un patelin paumé des confins de l'Europe. En tout et pour tout, ça te prendrait trente secondes et je saurais où tu en es, je pourrais te suivre en pensée sur ton atlas – petit point noir à la dérive, petit point noir fuyant toujours plus loin, petit point noir ou plutôt petite virgule noire perdue dans le labyrinthe des chiffres et des lettres, des lignes et des couleurs.

La dernière image que je garde de toi : nous sommes recroquevillés dans nos duvets. Il fait nuit. Il fait froid. J'ouvre mon carnet. Impossible de me concentrer après toutes ces heures passées sur une selle. Les mots sautillent sur la page et les phrases s'embrouillent dans mon cerveau. Toi, tu as l'esprit noyé comme je l'ai moi-même à présent dans ton vieil atlas portatif. À la lueur d'une lampe torche, tu retraces l'itinéraire de la veille et de la matinée. Les pages colorées sont rayées de part en part – feutre bleu – feutre rouge – feutre vert – comme autant de pistes potentielles. J'ai l'impression que tu es en train de réécrire l'Europe. De redessiner sa géographie. Déplaçant des montagnes. Rayant des noms de villes ou de villages. Creusant le lit de nouveaux fleuves. Rectifiant le tracé des côtes. Inventant des Ithaque et des archipels. Oui, tu avais raison lorsque tu disais qu'il faudrait la remixer, l'Europe. De fond en comble. Pour changer la face du Vieux Continent, lui insuffler une nouvelle âme, il suffirait d'un peu d'imagination – l'Europe n'est pas si grande…

3

La piste européenne

L'Europe est toute petite, disait Vlad, l'Europe rapetisse à vitesse grand V et l'Orient est tout proche, infiniment plus proche que tu ne le penses ! Il faut dire qu'il venait du plus grand pays du monde puisqu'il était né en URSS, et il faut ajouter qu'il l'avait traversée d'est en ouest, l'Europe : il était venu d'Ukraine moitié en train, moitié à vélo, il avait foutu le camp un beau jour, envoyé tout balader, tourné le dos à cette carrière de cycliste professionnel qui lui tendait les bras, et sur son vieux vélo de course, avec pour tout bagage un sac à dos, il était parti vers l'ouest, son rêve était de commencer une vie nouvelle et de faire du cinéma – il aimait me raconter comment il avait grimpé les Carpates en danseuse, sauté incognito dans un train de nuit pour Budapest, sa bécane à l'épaule, remonté le Danube jusqu'aux sources, franchi la Forêt-Noire et le Rhin avant d'échouer dans un trou perdu quelque part en Alsace ou en Lorraine, à la frontière on lui volerait son vélo, ce qu'il y avait de plus cher à ses yeux – il passerait les pires mois de sa vie là-bas, dormant dans la rue, travaillant au black, vivotant de petits boulots, et c'est une vieille dame qui le recueillerait chez elle – une vieille veuve sans enfants, qui s'appelait Justine et que tout le monde surnommait Juju, Vlad l'appelait sa *grand-tante*, alors qu'il n'y avait entre eux aucun lien de parenté, mais la vieille femme finirait par l'adopter.

Pour qu'il se rende en ville et trouve un job, Juju lui prêterait le vélo de son mari, un cadeau de ses camarades syndicalistes, le jour de sa retraite, mais il était mort quelques semaines plus tard, son mari, infarctus du myocarde, le vélo ne pouvait pas continuer à moisir ainsi dans la cave – le jour où Vlad annoncerait qu'il quittait le village pour tenter sa chance à Paname, elle lui dirait d'emporter la bécane, pas moyen de refuser, elle y tenait vraiment, elle dirait : Si, si, gardez-le, je vous en prie, il vous va si bien avec vos yeux bleus et vos cheveux blonds !

Quand Vlad me racontait ça, j'avais l'impression d'assister à la scène, j'imaginais la vieille dame lui tapotant l'épaule amicalement faute de lui passer la main dans les cheveux comme elle aurait aimé le faire s'il avait été son fils, et j'imaginais Vlad jurant sur la tête de tous les saints de toutes les Russies qu'il en prendrait soin comme de son bien le plus cher !

C'était un très bel engin des années quatre-vingt, un Gitane jaune et bleu, d'allure fière et racée – cadre en acier, selle en cuir cousue main, fourche chromée, guidon chromé, jantes profilées, malgré les années le vélo paraissait flambant neuf, son premier propriétaire n'avait même pas eu le temps de l'étrenner. Quant à Vlad, il le bichonnait tous les dimanches – la scène me revient comme si c'était hier : je passe le voir un soir, il m'accueille en me tendant le poignet, ses mains sont noires de cambouis, il porte un débardeur rayé qui fait saillir ses muscles, son jean déchiré laisse dépasser par endroits les poils blonds de ses cuisses, une clé Allen va et vient comme un bâton de réglisse entre ses lèvres, un chiffon sale repose sur son épaule, je sens bien que je le dérange, je le revois s'accroupir sur son balcon délabré, je revois ses biceps frémir dans l'effort de gonfler à bloc une chambre à air. Il astiquait la moindre pièce, démontait les roues l'une après l'autre, caressait les pneus ou les boyaux, retirait à la pince à épiler les éclats de verre ou de silex, faisait briller les moyeux, les jantes, les rayons, les manivelles, les étriers de frein, nettoyait scrupuleusement chaque maillon de la chaîne à l'aide d'une vieille brosse à dents, frottait le cadre avec une éponge humide, inspectait l'état de la peinture, ce jaune et ce bleu qui lui rappelaient le drapeau de l'Ukraine, jaune des champs de blé à perte de vue, bleu des eaux du Dniepr ou du Danube.

Puis il comptait les rayures, chaque nouvelle éraflure était une entaille dans sa propre chair, s'il avait un autocollant sous la main, il masquait ces cicatrices, on pouvait lire sur les tubes en acier des preuves des courses qu'il avait disputées, des cols qu'il avait grimpés, le blason d'un canton suisse, une marque de bière belge, autant d'indices des pays traversés, autant de slogans venus de ces capitales européennes qui s'enthousiasmaient de nouveau pour la petite reine, *Paris-London by bike*, *Berlin Riding, Ride Copenhagen like your own life, Amsterdam is a cycle*, etc. : tous ces graffitis formaient la petite touche perso pour reconnaître au premier coup d'œil son vélo. Pour finir, il nettoyait le cintre qu'il avait dénudé de sa guidoline, en caressait les courbes étincelantes comme un matador effleure les cornes d'un taureau, frottait le plastique noir des cocottes et le chrome des leviers de frein, ajustait la gaine en caoutchouc du câble qui jaillissait du guidon, rouge tel un jet de sang frais.

Une fois sa bécane fin prête pour une nouvelle escapade, il s'allongeait de tout son long sur le plancher bousillé de sa piaule de spartiate. Là, il dépliait une carte routière trempée de sueur, il étalait des plans chipés dans des campings ou des offices du tourisme, il ouvrait un vieil atlas en miettes et refaisait, feutre en main, le parcours effectué dans la matinée. Je n'ai jamais osé l'interroger sur ce rituel : avait-il besoin de relier les paysages traversés, de baliser son rayon d'action ou de marquer son territoire, tel un chien errant ? Faisait-il cela pour lutter contre l'oubli, pour garder une empreinte, pour tenir une sorte d'inventaire de ses virées, en prévision d'un film à venir, le jour où il s'offrirait une de ces caméras au format 16/9 dont il rêvait depuis son plus jeune âge ? Ou pour la simple joie de situer ses impressions, de les revivre à distance, comme s'il lui fallait retracer à la force du poignet le circuit qu'il avait parcouru quelques heures plus tôt à la force de ses mollets – et l'air absorbé qu'il avait, en surlignant minutieusement chaque segment, montrait à quel point ce moment était crucial pour lui, peut-être autant que le moment initial, car je sentais bien que dans sa tête repassait en boucle le film incandescent de son échappée, je sentais bien que celle-ci ne prenait sens qu'une fois couchée sur le papier.

C'est sur ce vieil atlas en miettes que Vlad m'a montré un soir *la piste européenne*. C'était en mars, il faisait déjà chaud, une chaleur estivale inquiétante, nous avions passé la journée à zoner sur nos vélos, picolant dans des parcs, picolant sur le canal, picolant toute la nuit sur le balcon en bois de l'appart qu'il squattait à Pantin avec ses colocs – une joyeuse bande de potes qui rêvaient tous de faire de la peinture ou du cinéma mais qui passaient en attendant leur vie de bohème dans les galeries d'art ou les salles obscures, fumant des joints la nuit en pédalant comme des zombies. Une aube aux doigts livides et sales nous avait cueillis, là, face au canal, roupillant dans nos sacs de couchage, on aurait dit de gros cocons bigarrés qui n'attendaient que d'éclater – Pantin, à l'époque, changeait de fond en comble, c'était un sacré bordel : la ville entière était en chantier, on entendait toute la journée le bruit de rotation des grues, *tlouin tlouin*, le râle des pelleteuses, des bulldozers et des marteaux-piqueurs, *grrr grrr*, *broum broum*, les sirènes stridentes des camions-bennes lorsqu'ils font marche arrière. Toute la nuit, la discussion avait tourné autour des moyens de *s'échapper*, tout le monde voulait *échapper* à la mégalopole tentaculaire, à la banlieue pénitentiaire, à la camisole parisienne – *s'échapper*, oui, s'enfuir, se faire la belle, jouer la fille de l'air :

– Et si tu longes le canal de l'Ourcq, jusqu'où tu peux aller ?

– Et les quais de la Marne, vous connaissez ? J'ai croisé un cycliste du côté de Chelles, il m'a dit que si on continuait vers l'est en remontant la rivière, on pourrait rouler jusqu'à Reims…

– Mais qu'est-ce qu'on va aller foutre à Reims, mon pote ? Visiter la cathédrale ? Retrouver la Sainte Ampoule ?

– Et pourquoi pas tirer jusqu'à Strasbourg, Berlin, Moscou ?

À ces mots, Vlad se lève, il empoigne l'atlas en lambeaux trônant au-dessus d'une vieille valise qui était en tout et pour tout le seul meuble de sa piaule

– Vlad dormait à même le sol sur un matelas miteux trouvé au coin d'une rue –, il étale les feuilles sur le plancher, me fait signe de me coucher à plat ventre à côté de lui :

– Regarde-moi ça, mon pote, ça s'appelle l'Euro-Velo 4 : une piste cyclable qui va de Roscoff à Kiev ! Quatre mille kilomètres d'ouest en est !

La route sautait aux yeux. Vlad l'avait tracée au feutre bleu : elle apparaissait sur une page, disparaissait sur une autre, elle suivait un fleuve ou une rivière, elle se perdait aux abords d'une ville, aux confins d'une frontière, la masse vert sombre d'une forêt l'engloutissait, elle en ressortait en pointillé…

– Mais elle n'est même pas terminée !

– Oui, je sais, elle est prévue pour 2020, mais en attendant certains tronçons sont prêts. Imagine l'asphalte bien frais !

– On parie que…

– On parie rien du tout, pour moi, c'est tout vu, il me reste trois semaines pour me préparer, ça te donne le temps de réfléchir ! Si tu es de la virée, tu sais où me trouver !

4

Réveil en Zyntarie ?

6 h 40, 6 h 40, 6 h 40, 6 h 40. Les trois chiffres clignotent, petits cristaux verts, sur l'écran du radio-réveil. La fringale me troue le ventre et me taraude la cervelle. Des bribes de mon dernier rêve me reviennent. Vlad pédalant au fond d'un cratère dans un paysage désert. Vlad dévalant un volcan en éruption – son vélo dérivant sur la lave en fusion. Vlad, encore, portant sa bécane sur le dos – revenant des flammes de l'enfer. Vlad enfin, cycliste céleste pédalant sur un vélo volant – la pleine lune glissant en arrière-plan dans un long travelling…

Interdiction absolue de quitter votre lit, m'a dit l'infirmière. Mais c'est plus fort que moi : je veux savoir où je suis. Dans quelle ville ? Dans quel pays ? Je veux savoir ce qui se trame là-bas, derrière le grand rideau bleu nuit. Me voilà donc à la case prison de notre grand jeu de l'oie européen avec un boulet au pied. Ma jambe gauche dans son attelle m'est déjà comme étrangère. Raide, lourde, énorme, gonflée au niveau du genou, saucissonnée par les lanières de l'attelle, les pans de jean bouffant de part et d'autre. Je sautille à cloche-pied jusqu'à la fenêtre. Renverse un verre d'eau. Manque de glisser sur le lino trempé. Ouvre le rideau bleu nuit.

La vitre est embuée. De l'autre côté, on croirait l'hiver revenu. Les bouleaux nus frissonnent dans la cour. Plus loin, on aperçoit un carrefour en forme de Y. Avec ses petites maisons basses aux façades rococo qui tombent en ruine, la rue ressemble à n'importe quelle rue de n'importe quelle ville moyenne d'Europe centrale. On pourrait être en Tchéquie, en Slovaquie, en Hongrie, en Croatie ou en Serbie, quelque part au bord du Danube, dans une Mitteleuropa mentale, imaginaire. Un instant je me demande si je ne me suis pas réveillé en Zyntarie – promis, je vous en parlerai, de la Zyntarie. À moins que je ne sois resté en rade à Paris – chacun sait que Paris est un grand hôpital, un gigantesque asile de nuit.

Les panneaux sont illisibles. De vieux cyclistes moustachus qui pédalent jambes écartées passent comme pour me narguer dans leurs gilets jaunes. On entend la sirène assourdie des flics ou des pompiers suivie de l'écho d'un tramway – le roulement de tambour de ses roues sur les pavés fait trembler les vitres. L'impression dominante est celle d'un monde au ralenti. Tout se traîne dans une atmosphère atrophiée. Une drôle de torpeur hivernale, arriérée. Comme si l'hôpital se poursuivait au-dehors. Brouillard à l'aspect de beurre rance.

Bientôt 7 heures. L'heure où le jour se lève. L'heure où les villes s'éveillent. Mais l'aube et la ville sont de la même couleur de plomb. De sorte que les toits ne tracent pas de limite entre les murs et le ciel. À cause des cernes noirs des bouleaux, à cause des vélos qui glissent comme des draisiennes sur des rails invisibles, je pense à Vlad. À l'heure qu'il est, je sais qu'il est debout. Qu'il s'apprête à grimper sur sa bécane. À moins qu'il ne soit déjà en selle – pédalant là-bas vers sa pauvre mère qui l'attend dans un autre hôpital. Ou alors il est arrivé à destination : il voit la joue rouge de l'aurore caresser la coupole nervurée de Sainte-Sophie, dans la mère des villes russes. Il se penche sur sa petite maman qui dort à l'autre bout du continent – qui dort ou qui meurt tranquillement. Moi, je ne verrai pas le jour se lever sur Kiev. Et je ne reverrai pas de sitôt Liège, Mayence, Bamberg, Prague, Brno, Bratislava, Budapest, toutes ces villes traversées pour échouer ici, dans ce pays inconnu, qui ne me dit rien qui vaille… Privé de pédaler pour de vrai, il me reste à pédaler en pensée. Tous les coins d'Europe traversés à vélo défilent sans fin dans mon cerveau – Stresa, Martigny, Visby, Skien, Læsø, Tartu, Sigulda, Nida, Tourtour, Quedlinburg, Ełk, Saint-Jans-Cappel, Knokke-le-Zoute… Triste litanie de ces noms mis bout à bout dans ma mémoire encombrée comme autant de perles sans éclat d'un collier fracassé. L'Europe, j'en avais vu des bribes éparses, mais je rêvais depuis longtemps de les relier, de tisser le fil d'une ville à l'autre et d'une époque de ma vie à l'autre. C'était sans doute pour ça que j'avais accepté de suivre ce dingue de Vlad dans son pari fou de galoper l'Europe d'ouest en est.

C'était l'époque où je tournais en rond dans Paname. Voyant défiler depuis ma selle, dans la grisaille parisienne, les panonceaux bleu nuit – boulevard de Sébastopol, avenue d'Italie, rue de Liège ou d'Amsterdam, rue de Constantinople ou d'Odessa, place du Rhin-et-Danube, j'avais partout la nostalgie de ces coins d'Europe où je m'étais senti chez moi. Je voulais revoir tous ces lieux parcourus trop vite et je savais qu'il faudrait choisir. Que nous ne pourrions pas passer notre temps à bifurquer à droite à gauche. Nous accorder sur l'itinéraire à suivre ne serait pas une mince affaire. Je savais déjà que les engueulades seraient de la virée, mais je n'aurais jamais pensé que nous en viendrions aux mains, dans les rues saturées de touristes de cette ville, Prague, que tous les vieux européens veulent voir avant de crever.

Vlad tiendrait coûte que coûte à faire un détour de deux cents bornes par Vienne. Histoire de rendre visite à sa moitié, comme il disait, qui étudiait là-bas à l'université. Des années qu'ils étaient séparés. Lui, qui avait appris le français dans les vieux films des années cinquante, avait choisi la France – attiré par la Cinémathèque et le mythe de la Ville Lumière. Elle s'était retrouvée en Autriche – loterie des échanges universitaires. Ils se voyaient une fois tous les trois mois à l'occasion des vacances scolaires. Sonija serait fière de lui si elle le voyait débarquer de Paris sur son vélo jaune et bleu. Quoi ? Tu as fait tous ces kilomètres pour venir me voir ? Le panache, la gloriole, l'idéal chevaleresque du roman courtois : Vlad-Lancelot rend visite à Sonija-Guenièvre sur son destrier d'acier, et moi, bien sûr, je passerais la nuit à tenir la chandelle – moi-Keu-l'écuyer fidèle. Mais pas question de foutre les pieds à Vienne ! J'ignore pourquoi, j'ai toujours eu horreur de Vienne ! Alors, après notre brouille dans les rues de Prague, sur les rives batailleuses de la Vltava, on s'était séparés aux abords de Brno : Vlad avait pris la route de Vienne et, moi, j'avais descendu la Morava jusqu'à Bratislava où je comptais retrouver mon vieux pote Lothar, et de là poursuivre le long du Danube jusqu'à Budapest et Belgrade avant de mettre les voiles vers Istanbul !

Avant de dire tope là et d'accepter le pari, je m'étais renseigné. J'avais surfé sur des sites de mordus de la petite reine. J'avais appris qu'il y a trois pistes possibles pour aller de Paris à Kiev à bicyclette. Trois pistes potentielles. Trois variantes qui se valent à peu près. Sur la planche *Europe centrale* de mon atlas, j'avais tracé au feutre ces trois versions. Une couleur différente pour chacune. Première version : la plus méridionale. C'était la plus longue, mais la seule qui était terminée. L'EuroVelo 6 allait de l'Atlantique à la mer Noire en suivant les canaux et les rivières : la Loire jusqu'à Nevers, le canal du Centre, la Saône, le Doubs, le canal Rhin-Rhône jusqu'à Bâle, puis la piste remontait le Rhin, longeait le lac de Constance, rejoignait le Danube à Ulm et le descendait jusqu'à Constanța, sur la mer Noire, en passant par Vienne, Bratislava, Budapest et Belgrade. On suivrait la piste cyclable jusqu'à Budapest. De là, on rejoindrait les grandes routes qui traversent la plaine hongroise et franchissent les Carpates. Mais pas question, selon Vlad, de grimper dans un train – il voulait à tout prix faire toute, je dis bien TOUTE, la traversée de l'Europe à vélo. Pour quelle raison ? Je ne tarderais pas à l'apprendre.

La deuxième version, la plus nordique, était la plus fastoche, la moins escarpée, mais elle risquait d'être aussi la plus monotone et la plus froide. Pas une montagne, pas un col, pas une colline en vue. Les grandes plaines européennes à perte d'haleine : l'EuroVelo 2 allait de Galway à Moscou en passant par Dublin, Londres, Hoek van Holland, La Haye, Nimègue, Hanovre, Berlin, Poznań, Varsovie. À Varsovie, on laisserait la piste cyclable filer vers Brest-Litovsk et Moscou. Et puisqu'il n'était pas question de prendre un train, on piquerait vers le sud en descendant la Vistule. En Pologne, on va se les cailler, disait Vlad, et puis il y a peu de chances que la piste y soit terminée.

Restait la troisième solution, l'EuroVelo 4, la variante du milieu, la plus courte, la plus directe, celle qui allait de Roscoff à Kiev en passant par Le Havre, Calais, Bruges, Aix-la-Chapelle, Francfort, Prague et Cracovie. Quatre mille kilomètres d'un bout à l'autre de l'Europe. Seul problème – mis à part le fait que de nombreux tronçons n'étaient pas encore réalisés : c'était la version la plus accidentée. Sur notre chemin se dresseraient, par ordre d'apparition : les forêts de Thuringe et de Franconie, les monts Métallifères, les Tatras et les Beskides, qui dessinent la branche nord des Carpates. On n'aura pas intérêt à se charger comme des mules, disait Vlad, si l'on veut couvrir les quatre mille bornes en un mois. Faudra voyager léger. On emportera le minimum : pas de tente mais des duvets pour bivouaquer à la belle étoile. Et s'il fait trop froid, on frappera aux portes. On se fera inviter. On picolera pour se réchauffer. On dormira comme les réfugiés, dans des baraques ou des bagnoles abandonnées.

5

Roscoff-Kiev

Roscoff-Kiev ! Comme il n'avait jamais mis les pieds à Roscoff, pas plus que moi d'ailleurs, comme nous n'allions pas y mettre les pieds pour ensuite rebrousser chemin – selon son plan tout tracé, nous rejoindrions l'EuroVelo 4 dans la capitale de Charlemagne, à Aix-la-Chapelle –, je m'étais dit que c'étaient les sonorités qui lui plaisaient : Roscoff, on croirait une erreur de géographe, le nom d'une bourgade russe arrachée à l'Oural et transplantée dans le Finistère, à l'autre bout du Vieux Continent. De mon côté, c'était l'idée qui me plaisait, l'idée d'une piste étroite sillonnant l'Europe de long en large, une Europe qui irait pour de bon, j'avais appris ça à l'école, de Brest à Brest-Litovsk. J'avais donc accepté ce défi, c'était un plan tiré sur la comète, un pari complètement dingue, et pour le tenir, ce pari, nous n'étions pas du tout préparés.

Il faut dire qu'un triste événement devait hâter les choses. Un soir, je retrouve Vlad près du canal de l'Ourcq. Nous allons siffler des bières sur les quais. Le soleil de mars, un gros soleil roux, se couchait au-dessus de la Villette. Nos ombres longues et fuselées rayaient les pavés, piquaient une tête dans l'eau couleur de soufre. J'attendais qu'il me relance au sujet de cette histoire complètement cinglée de galoper l'Europe à vélo ou qu'il me propose une escapade sur la rive gauche, on devait retrouver là-bas des potes qui défiaient les flics en dévalant les rues en sens inverse à toute blinde, grillant le maximum de feux rouges sur leur passage, un vrai rodéo bien déjanté comme il les aimait, mais non, vidé de son enthousiasme et de son énergie contagieuse, Vlad buvait bière sur bière, d'un air absent, ne pipait mot, et lorsqu'il m'a dit qu'il était temps pour lui de rentrer, que ses colocs l'attendaient, j'ai proposé de le raccompagner, il a refusé, je n'ai pas insisté, je savais qu'il avait souvent besoin d'être seul.

Alors, il enfourche son vélo machinalement, pédale sans entrain – plus loin, j'aperçois sa silhouette inimitable ; penchée en avant sur son guidon, il s'appuie contre la barrière du pont de Crimée, il est dans les starting-blocks, le tablier du pont levant vient tout juste de se rabaisser, *vlaamm*, la sonnerie retentit, *driiiing*, la barrière se redresse, les grandes roues du pont levant, perchées sur leurs colonnes cannelées, tournent dans les derniers feux du soleil couchant, les taxis klaxonnent, les scooters vrombissent, la meute est lancée, Vlad ouvre le cortège, fonce tête baissée, et là, au lieu de virer sur la gauche pour remonter le canal direction Pantin, je le vois s'engager dans la rue de Crimée qui grimpe tout droit vers l'est. Allez savoir ce qui m'a pris, quelle mouche m'a piqué, mais je saute sur ma selle, me jette dans la mêlée, au corps à corps avec les motos, les bus et les bagnoles, aperçois Vlad, là-haut, remontant la rampe interminable de la rue de Crimée comme un bolide, en dodelinant des épaules sous son catogan qui vole au vent… et puis je le vois sauter de sa bécane, l'attacher à un poteau, traverser la rue, s'engouffrer dans un passage et disparaître soudain, comme happé par la pénombre…

À mon tour, j'attache mon vélo dans une ruelle perpendiculaire, emprunte le même passage, pousse un portail entrebâillé – quelle idée de le suivre à la trace, j'avais honte, j'entendais mes tempes tambouriner, mon souffle haleter, j'avais l'impression d'être à la place du flic dans un polar, c'était plus fort que moi, je ne suis pas du genre curieux mais il y a des moments comme ça où j'ai besoin de savoir. Le portail rabattu, je prends sur la gauche un chemin défoncé qui zigzague entre des bicoques en bois, j'aperçois du rouge et du vert dans le ciel, des dorures, un fronton sculpté ; à la vue des troncs scarifiés des bouleaux, à l'odeur entêtante de l'encens, au son lancinant des chants liturgiques, je me sens transporté très loin vers l'est et je comprends face à la croix byzantine que j'ai mis les pieds dans l'enceinte d'une église orthodoxe… Ébahi par la beauté insolite de ce havre de paix, les jambes coupées par l'alcool ingurgité, je mets une plombe avant de reprendre mes esprits, je savais Vlad un peu nostalgique, je savais que le moindre bouleau lui rappelait son enfance soviétique – quand on s'arrêtait pour pisser au bord du canal ou de la Seine, il me disait : Samuel, je te préviens, si tu pisses sur un bouleau, t'es plus mon pote, les bouleaux chez nous, c'est sacré, on les surnomme les filles de la forêt, mais je ne le savais pas croyant, on n'en avait jamais parlé entre nous… Dans sa piaule de spartiate, il n'y avait pas une seule trace d'icône ou de bondieuserie, ses seules idoles s'appelaient Fausto Coppi, Eddy Merckx, Jacques Anquetil, Maurizio

Fondriest, Djamolidine Abdoujaparov, Orson Welles, Ingmar Bergman, Andreï Tarkovski, Alexandre Dovjenko, Sergueï Paradjanov, saints des bobines ou saints des roues libres, posters géants placardés sur ses murs lézardés… Donc, je me revois fermant la grille derrière moi avec le sentiment d'avoir enfreint un tabou. Alors que je libère ma bécane, j'entends un bruit de pas sur le trottoir, suivi du cliquetis d'une roue libre. Je me retourne :

– Qu'est-ce que tu fous ici ? Tu me prends pour un con ou quoi ? Tu crois que je n'ai pas vu ton petit manège ? Alors comme ça monsieur m'espionne ?

Tenant son vélo à la main, il s'avançait, menaçant, mâchoires et poings serrés. Sur le moment, j'ai cru qu'il allait me foutre une beigne !

– Ça t'étonne, hein, que je sois passé par ici ? Eh oui, mon vieux, je suis venu prier. Tu veux savoir pourquoi, j'imagine ? C'est à cause de ma mère, ELLE A UN CANCER. Du poumon. À un stade avancé.

Sans me laisser le temps de répondre, il monte en selle et s'enfuit au loin, dévalant la rue de Lorraine à toute berzingue, les pans de sa veste claquant dans son sillage. Et moi, je suis resté là comme un con, les bras ballants, le fer à cheval de mon cadenas pendouillant au bout de mes doigts, les joues brûlantes de honte.

6

Nouvelle phrase

7 heures du matin. L'heure de la prise de sang. En attendant de savoir ce qu'ils comptent faire de moi, si je serai opéré ou non, je dois jeûner, m'a dit l'infirmière. Mon estomac se contracte, émet de petits gargouillis lugubres. Cela fait des heures et des heures que je n'ai rien avalé. J'ai faim. J'ai froid. J'ai soif. Je suis pris d'hallucinations. Je flotte sur une rivière étrange et sans retour, quelque part aux confins du songe et du réel. Je me demande si tout cela n'est pas un rêve.

Une nouvelle infirmière se présente. Qui n'a pas les atouts de la précédente. Mais qui a l'avantage de parler français. J'apprends enfin le nom de la ville où je suis hospitalisé :

– Bienvenue à Novi Sad, capitale de la Voïvodine.

– *Sad* comme triste en anglais ?

Le rapprochement ne lui plaît pas. Elle esquisse une grimace :

– Ça veut dire *nouveau sillon*, dit-elle, en fait ce sont les Autrichiens qui ont baptisé la ville, à l'époque elle s'appelait Neusatz, que l'on peut traduire mot à mot par *nouvelle phrase*.

Me voici donc dans une ville appelée *nouvelle*

phrase et dans un pays nommé la Voïvodine, ce que j'ignorais complètement. Je demande comment je suis arrivé jusqu'ici, et si ce pays existe vraiment. Elle ne répond pas. Je me souviens d'avoir atteint Budapest, mais après, c'est un grand trou noir.

– Vous saviez que la Hongrie est un grand trou noir ?

Elle réprime un sourire et m'explique que j'ai sans doute perdu la mémoire des dernières heures du parcours – une amnésie post-traumatique, ça arrive souvent, ajoute-t-elle, et ça n'a rien d'étonnant, vu la violence du choc.

Les médecins ne savent toujours pas ce qu'ils vont faire de moi. L'idéal serait le rapatriement. Mais bon sang, qu'est-ce que j'ai bien pu faire de mes papiers ?

– Vous êtes sûre que vous n'avez rien retrouvé ?

– Vu l'état dans lequel était votre vélo, vous devriez vous estimer heureux d'en être sorti vivant ! Votre passeport a dû tomber au fond du ravin, le Danube l'aura emporté.

Là-dessus, elle s'approche avec sa seringue à la main, comme pour couper court à la conversation. En lui tendant le bras gauche, je lui dis pour plaisanter que ça ne va pas me rendre la mémoire ni mon identité. Elle réprime à nouveau un sourire en me ligaturant et dit : *Vous avez de belles veines*. Je sens la pulpe de son index me caresser la peau. Puis je vois les vaisseaux se gonfler dans le creux du coude, se ramifier, dessiner comme des rivières sur un atlas ou de petites routes tortueuses. À la vue de l'aiguille, je détourne la tête. Je pense encore à Vlad – je lui avais demandé s'il s'était dopé dans sa jeunesse, s'il avait pris de l'EPO, des amphétamines, de la testostérone ou l'un de ces fameux pots belges. Il m'avait dit non :

à l'Est, contrairement à la légende, on ne se dopait pas plus qu'à l'Ouest, même à l'époque soviétique, toutes ces histoires de nageuses moustachues, c'étaient des inventions de votre propagande anticommuniste.

L'infirmière desserre le lien. Applique un coton sur la piqûre. Découpe une bande de sparadrap.

– Pressez bien fort en gardant le poing serré, ordonne-t-elle.

Je peux sentir le sang qui afflue sous la peau tandis qu'elle se lève en inspectant la perfusion... À ce moment-là, les cathéters plantés dans mon bras droit lâchent d'un seul coup. Mes veines vomissent du sang à gros bouillons. L'infirmière s'affole. Jure dans cette langue à laquelle je ne comprends rien. Rajuste les fils qui se sont emberlificotés. Remet le bidon de sérum en place. Éloigne le chariot. Soupire en se tenant les hanches. Cet hôpital, décidément, est bien déglingué. Rien n'a changé, j'imagine, depuis l'époque communiste. Il faut absolument que j'obtienne un moyen d'être rapatrié de toute urgence sinon ils vont m'estropier ou m'amputer la jambe après m'avoir vidé de tout mon sang.

Vlad serait mort de rire s'il me voyait ici dans mon lit médicalisé, pissant le sang et broyant du noir à l'idée que je ne pourrai peut-être jamais remonter sur une selle. Il me dirait : tu n'aurais pas dû m'abandonner et t'aventurer tout seul à l'Est, je t'avais pourtant prévenu, mon vieux, il faut avoir vécu à l'Est, il faut avoir vécu au pays des Soviets pour savoir à quoi s'attendre, tu finiras sous les roues d'un poids lourd ou percuté par un chauffard et tu pourras crever sous leurs yeux, ils n'y verront que du feu, ils croiront que tu es ivre mort, ils ont l'habitude, là-bas, de ramasser sur les trottoirs, au petit matin, des cadavres de poivrots.

Vlad n'avait pas vraiment connu l'époque soviétique. De même qu'il n'avait pas vraiment connu son père. Il aimait dire qu'il était né à Kiev, en 1986, *sous Tchernobyl* – comme s'il avait énoncé le nom d'un monarque ou d'un dictateur. Son père était un de ces *liquidateurs* envoyés bombarder le réacteur de sacs de sable. On lui mentirait longtemps sur les vraies raisons de sa disparition. On lui dirait qu'il était mort d'une cirrhose : Votre papa levait le coude trop souvent, c'est une manie nationale ! Mais il finirait par dénicher des documents contredisant cette version des faits. Et ce jour-là, il déciderait qu'il lui faudrait foutre le camp d'Ukraine. Pas question de croupir au pays du mensonge. Tchernobyl, disait-il, c'était aussi la raison pour laquelle son cœur ne battait qu'un coup sur quatre. Trente-sept pulsations par minute au repos. Comme le cœur de Miguel Indurain. Je suis né avec un cœur difforme, énorme, protubérant, un cœur d'éléphant, gros comme une pastèque, comme d'autres sont nés sans cheveux, sans bite, sans trou de balle ou avec trois pattes. Autant dire qu'avec un cœur gros comme ça, j'étais prédestiné. Ma carrière de cycliste était toute tracée. Pas moyen d'échapper à ma vocation. Vlad avait découvert sa passion à Kiev, au vélodrome d'hiver. Son oncle l'emmenait voir les courses et il avait été fasciné par l'éclat des guidons chromés, le tourbillon bariolé des maillots, les formes profilées des casques. Toutes les petites stratégies des différentes épreuves l'amusaient beaucoup : les concurrents de la vitesse qui se guettent, se jaugent, se reniflent, tels un prédateur et sa proie, font du surplace, puis le plus vif s'élance en haut du virage, l'autre répond du tac au tac et plonge dans son sillage, ils font plusieurs tours roue dans la roue, et tout à coup, celui qui s'était placé à l'abri jaillit à l'improviste et dépasse son rival dans la dernière ligne droite, bras raidis, dos tendu comme un arc – sur la ligne d'arrivée, les deux pistards, dans un dernier geste héroïque, se reculent sur leur selle et tentent de projeter leurs vélos sous leurs cuisses comme des javelots.

Vlad avait toujours su que la petite reine lui permettrait de s'enfuir. On l'avait inscrit dans un club à l'âge de douze ans. Il ne gardait pas le meilleur souvenir de ces compétitions : sorti du vélodrome, les routes étaient défoncées, les entraînements dignes de l'armée, des tyrans moustachus vous gueulaient dessus à la moindre incartade, à la moindre baisse de régime, *davaï, davaï, davaï,* grouillez-vous, bande de femmelettes, *davaï, davaï, davaï*, on y va, là, c'est trop mou, les gars, mais il n'avait jamais retrouvé cette ambiance électrique, ce mélange de rivalité et de fraternité, cette camaraderie virile qui lui manquait parfois. Il appelait cette époque-là les années de galère : tu rames ou tu pédales mais tu ne sais pas pour qui ou pour quoi et tout le monde rame ou pédale autour de toi, dans un tunnel sans fin, sans voir la lumière – le premier qui lève la tête et change de braquet, il est fichu, les autres sont prêts à lui passer dessus pour obtenir sa place…

Vlad avait raison. Nous n'aurions pas dû nous engueuler. Pas dû nous séparer. Mais je n'en pouvais plus. Avec lui, il fallait toujours aller plus vite, plus fort, plus loin. Je revois encore la route qui nous attendait, là-bas. Je revois Vlad pédaler furieusement. Il m'entraîne dans son sillage, il m'entraîne dans la spirale de ses rayons, le moyeu de sa roue libre scintille dans le soleil, le logo de la marque tourbillonne comme un petit cerceau jaune, les maillons de la chaîne défilent sur les dents des pignons, j'entends encore le petit grincement sec de l'acier qui manque de graisse, le vent nous souffle en pleine face son haleine brutale, nos pneus jouent à touche-touche, Vlad me crie RESTE DANS MA ROUE ! RESTE DANS MA ROUE, ne me lâche pas d'un pouce, tu as la frousse ou quoi, si tu t'écartes, ça sert à rien, autant pédaler tout seul – j'essaie de calquer mon braquet sur le sien, de respecter la cadence effrénée qu'il imprime à nos bécanes, j'ai l'impression que nous sommes rivés l'un à l'autre, aimantés, roue dans la roue, ombre dans l'ombre, tous nos membres suspendus au même engrenage infernal, potes à la vie à la mort, pour le meilleur et pour le pire – Vlad ne me laissait jamais finir mes relais, je n'allais jamais assez vite pour lui, il fallait tracer, toujours tracer, s'arracher de cette putain de campagne, s'arracher de cette putain de banlieue, ça ne pouvait pas continuer ainsi, indéfiniment, à fendre l'Europe en coup de vent, tels des fantômes.

7

Traverser les Alpes

Quand j'y repense aujourd'hui, je devine les raisons qui me rivaient à ma selle et m'empêchaient d'évoluer comme tout le monde en souterrain, le cul douillettement posé sur un strapontin : sorti du plumard ou du turbin, la sensation d'étouffer était si forte, qu'il fallait à tout prix que je me défoule – oublier les cris de la ville, oublier le stress et la solitude urbains, oublier nos wagons à bestiaux ; le vélo était mon gant de boxe, l'asphalte mon punching-ball, Paris mon ring infernal, et puis j'avais besoin de paysage, besoin de lumière, besoin de voir un peu d'eau se refléter sur les coques des bateaux, besoin de m'évader corps et âme dans ces reflets.

Je me souviens du jour où, pour la première fois, j'avais imaginé mon parcours. J'avais déplié sur le parquet flottant de mon quinze mètres carrés une grande carte Michelin de l'Île-de-France achetée dans un tabac-presse du boulevard Ornano et j'avais tracé cet itinéraire au feutre vert : vingt-cinq bornes à travers la banlieue, avec pour but de ne jamais m'éloigner des quais, histoire d'avoir toujours une vaguelette en vue dans le coin de ma rétine – après le canal de l'Ourcq et le canal Saint-Denis, je rejoindrais la rive gauche du grand bras de la Seine, franchirais le pont d'Épinay, contournerais le lac d'Enghien par le nord. L'idée me plaisait de faire la course avec les péniches, les pousseurs de barges, les bateaux-mouches, les avironneurs, les canots de leurs entraîneurs qui criaient des instructions dispersées par le vent, avalées par le fleuve. Faire la course avec les péniches, oui, voir défiler leurs noms chantants au-dessus de l'étrave, voir l'eau gicler sur la peinture vive et partir avec ces navires dans une ivresse de femmes fatales et de terres imaginaires – *Samoëns*, *Aïda*, *Marie-Louise*, *Nénuphar*, *Savannah*, *Ryasaka*, ma préférée s'appelait *Nerrantsoula*, coque jaune et rouge avec un fin liseré bleu qui m'envoyait en pensée, là-bas, vers le Danube de Panaït Istrati.

L'hiver venant, toutes sortes d'oiseaux migrateurs se prenaient pour des Vikings et remontaient la Seine, cherchant un peu de tiédeur dans notre grisaille parisienne : des cormorans fuyant les neiges de Norvège, des goélands repus d'océan, des oies sauvages lassées du Canada, des myriades de mouettes écœurées par la Manche. Mon meilleur compagnon était un vieux héron cendré qui se plantait jour et nuit sur la tour de contrôle de l'écluse n° 3, à Aubervilliers ; c'était son poste de guet ; en me voyant arriver, matin et soir, dans les ténèbres de la banlieue nord, il prenait son élan au-dessus du canal Saint-Denis, déployait ses ailes immenses et sombres comme deux lames acérées, hachait le ciel indigo d'un vol bref et furtif, se reposait sur le pont tournant, me toisait, me narguait, son bec jaune brillait sous les réverbères. Puis il s'envolait de nouveau tandis que je pédalais comme un forcené, atterrissait en douceur sur une passerelle, et je me demandais parfois si ce vieux héron flegmatique

que je retrouverais plus tard, à croire qu'il me poursuivait ou me devançait, sur tous les rivages d'Europe, sur les canaux de Bruges, au bord des lacs berlinois, le long du Danube, n'était pas un avatar de la grande faucheuse, ou le fantôme de Fausto Coppi – tous les cyclistes, à leur manière, se sont rêvés en échassiers, tous les cyclistes ont cru, un jour, qu'ils pourraient, tels ces grands oiseaux omnivores, survoler le marécage urbain et arpenter les vasières polluées de la vie moderne – et tous les cyclistes y ont laissé des plumes, à ce grand jeu de l'oie sauvage, vieillissant plus vite que prévu, les rides creusées par le vent, le visage buriné par le brouillard et les vagues de gaz carbonique, les jambes rongées par des varices de vieille femme, le dos voûté par les bosses mal digérées, quand ils n'avaient pas trafiqué leur propre ADN à coups de seringues, se prenant pour des sorciers, des alchimistes de la matière homme, crevant à cinquante ans dans d'atroces souffrances, victimes de cette œuvre au noir qui croyait changer le sang en gasoil, les artères en pots d'échappement et le cœur en moteur à explosion.

Vlad aussi, dans son genre, était un sacré piaf migrateur. Si je mettais tous les jours le cap au nord-ouest pour me rendre au boulot, et si je rêvais de pousser un jour jusqu'à Dieppe et de m'embarquer, là-bas, sur un ferry pour Newhaven, lui prenait tous les ans la route de l'est. Mais il n'avait jamais eu la force ni la chance d'aller jusqu'au bout, traqué par la guigne, s'étant chaque fois retrouvé bloqué en chemin à cause d'un sérieux pépin : une fourche dessoudée, une manivelle cassée, quand ce n'était pas le froid, le vieux froid européen qui l'enlisait comme il avait enlisé les plus grandes armées.

Une fois, c'était dans les Vosges. Une autre dans les Ardennes ou le Jura. Une autre encore dans les Alpes. Il aimait me raconter le jour où il avait voulu gagner l'Ukraine par la route du sud, à travers l'Italie et les Balkans. Le voyage commençait bien, c'était un soir très doux de la mi-mai, sous les réverbères de la gare d'Austerlitz. Il monte à bord d'un train de nuit pour Chambéry, ni vu ni connu, avec son vélo pour tout bagage, mais sans billet ; anticipant le passage du contrôleur, il se cache dans les chiottes, puis retourne à sa place, l'air de rien, pour roupiller jusqu'à la fin du trajet. À Chambéry, il saute dans un train pour Bourg-Saint-Maurice, et échappe de nouveau aux contrôles. De là, il comptait franchir la frontière au col du Petit-Saint-Bernard comme l'avait fait Bonaparte à cheval, et s'était retrouvé devant un panneau bleu, sur la rive de l'Isère, à la sortie de la ville, indiquant en lettres rouges : *COL FERMÉ*. Ignorant superbement l'avertissement, il poursuit l'ascension en danseuse, dans le ruissellement des sources et les gazouillis d'oiseaux, grisé par le tourbillon du soleil et des premiers lacets, avec la sensation d'être un échappé du Tour de France. C'était un printemps magistral, l'herbe était d'un vert cristallin, le torrent du Reclus débordait en cascades joyeuses. Plus loin, il verrait les premières neiges former des bourrelets gris sur les bas-côtés, verrait les piquets rouges annonçant d'autres neiges, verrait la chaussée disparaître, ça dérapait puis ça s'enfonçait carrément sous la couche à peine entamée ; partout la neige formait des congères, ensevelissait les prés alentour ; les chalets, là-bas, se tassaient sous leurs toits blancs en plein milieu du mois de mai. Mais Vlad avance, imperturbable, il trace son chemin vaille que vaille jusqu'au moment où, tombant de sa monture, dont les freins patinent en mugissant dans la neige, il la cale sur son épaule, comme un coureur de vélocross, et poursuit ainsi vers le premier chalet venu. Là, une vieille dame, intriguée par ce drôle de voyageur portant un vélo comme Ulysse portait sa rame au milieu des terres, vient à sa rencontre. Lui demande jusqu'où il compte se rendre.

Vlad (sûr de lui) : Eh bien, chère madame, je vais en Ukraine. Mais il faut d'abord que je gagne l'Italie.

La vieille dame (ébahie) : Mais n'y pensez pas, mon pauvre ami !

Vlad (n'en démordant pas) : Et pourquoi donc, chère Madame ?

La vieille dame (réprobatrice) : Vous n'avez pas vu le panneau bleu en bas du col ?

Vlad (rougissant comme Pinocchio) : Que… quel panneau bleu ?

La vieille dame (pédagogue) : Le panneau *col fermé*. Le col n'ouvre pas avant le 6 juin. Montrez-moi votre carte… Vous voyez, c'est écrit là, dans une bulle rouge, 06-06, et si vous cherchez dans la légende, vous comprendrez ce que cette bulle rouge signifie.

Vlad (effronté) : Oui, mais, d'après la carte, la frontière n'est qu'à sept kilomètres d'ici.

La vieille dame (agacée) : Et alors ?

Vlad (fanfaron, bombant le torse et brandissant sa bécane) : Chère madame, mon vélo pèse sept kilos et sept kilomètres à pied, avec sept kilos sur le dos, ça se fait…

La vieille dame (catégorique) : Non, ça ne se fait pas. Car il y aura de la neige, beaucoup de neige. Et ce n'est pas une bicyclette qu'il vous faudrait, mais des skis, des raquettes, ou un de ces scooters des neiges, vous savez, un jet-ski.

Alors, à contrecœur, disait Vlad, j'ai rebroussé chemin. J'ai déroulé tous ces lacets que j'avais grimpés pour la beauté du geste et j'ai roulé dans la vallée jusqu'à Modane. Là, j'ai pigé que mon voyage était bel et bien terminé. Pas moyen de s'engager dans le tunnel du Fréjus : les seules liaisons transfrontalières étaient assurées par le TGV ou par des minibus. Pour monter dans le train, il fallait avoir réservé sa place et les flics patrouillaient sur les quais afin d'empêcher le moindre intrus de se glisser à bord des wagons. Quant aux minibus, il aurait fallu un vélo pliable pour le caser dans leurs soutes pleines à craquer !

8

Le peuple du canal

C'était l'époque où je vivais le cul sur une selle : j'allais au boulot à vélo, cinquante bornes par jour aller et retour, soit plus de deux cents par semaine, j'étais un vrai alcoolo de la petite reine, passant toute la journée à bout de nerfs, les muscles ankylosés, la cervelle ébranlée par les pavés, j'ai longtemps tourné en rond dans Paris et ses parcs, à toute allure, comme une âme en peine ou plutôt comme une particule dans un cyclotron, et c'est grâce à Vlad que j'ai commencé à sortir de cette orbite qui nous tient dans son giron de grisaille, c'est grâce à lui que je me suis échappé, que j'ai compris qu'un périph n'est pas une frontière fermée à clé, mais que ça se franchit, un périph, pas seulement en bus, en RER, en bagnole, en TGV – gagner le bassin de la Villette à bicyclette et longer les canaux cap au nord ou cap à l'est, c'est respirer de nouveau, prendre une bonne bouffée d'Afrique ou d'Orient en pleine figure, c'est éprouver surtout la possibilité d'une solution de continuité.

Paris est un archipel dont le centre s'est vidé tel un ballon de baudruche, disait Vlad, la vraie vie, la vie bariolée, s'est réfugiée dans toutes les îles qui l'entourent, noms rendus tristounets par la chronique des faits divers mais auréolés de légendes de ces cités tumultueuses du 93 – Aubervilliers, Saint-Ouen, Les Lilas, Le Pré-Saint-Gervais, Saint-Denis, Stains, Épinay, L'Île-Saint-Denis la bien nommée, c'est grâce à Vlad que j'ai pigé que nous ne sommes pas des emmurés dans une prison dorée, que ce n'est pas le monde barbare qui commence de l'autre côté, comme voudraient bien le dépeindre nos journaux ou la télé ; c'est tout le contraire, une nouvelle ère s'invente là, des ados s'embrassent ou se bagarrent sous les ponts, des jeunes filles chialent parce qu'elles se sont fait larguer, des gamins rentrent de l'école en balançant leur cartable contre les murs, des Pakistanais jouent au cricket, des gitans trimballent à bout de bras une carcasse de bagnole calcinée comme des chasseurs porteraient la dépouille d'un cerf ou d'un sanglier, des prostituées se repoudrent en s'accroupissant sur leurs talons aiguilles, toutes sortes de slogans politiques et de déclarations d'amour se partagent les murs des voies ferrées et des tunnels, *Sonia I'm nothing without you*, *Carmen où que tu ailles, vas-y de tout ton cœur*, *les murs qui tombent sont des ponts qui naissent*, une grande fresque haute en couleurs proclame *Bienvenue à Bamako*, des fadas débarquent sur les chapeaux de roues, branchent la musique à pleins tubes en se foutant à poil, escaladent les passerelles et se jettent dans l'eau noire au son des banjos, des types pêchent pour le plaisir du geste, d'autres se baladent, fument des joints, boivent des bières, tout le peuple du canal marche, trime et se marre.

Et c'est grâce à Vlad que j'ai compris aussi qu'il fallait préférer ça, ces échappées cent fois renouvelées, à toutes nos petites transplantations bocagères, la pire expression que je connaisse, disait Vlad, est celle de *se mettre au vert*, comme s'il ne fallait pas aller le cueillir, le vert de l'espérance, dans les lieux les plus improbables, des friches industrielles, des champs en jachère, un de ces jardins ouvriers qui subsistent aux franges de nos cités, un figuier magnifique qui pousse dans une cour et déracine l'asphalte en redonnant des odeurs au béton – c'est grâce à Vlad que je me suis mis à explorer ce monde si proche et pourtant rendu si lointain par la barrière du périph, c'est grâce à lui que j'ai frappé aux portes de Paris, là où commence le Grand Est, à Montreuil, à Bagnolet, à Pantin, à Romainville, c'est grâce à lui que j'ai pigé qu'il était temps de traverser l'Europe. Non plus en train ou en avion, j'en avais ma claque de tous ces trains et de tous ces avions qui vous parachutent de gare en gare et de tarmac en tarmac sans vous faire voir du pays. Non, traverser l'Europe à vélo. Histoire d'en voir pour de bon, du pays.

9

Pédaler contre le cancer

À la mi-mars, Vlad avait reçu un appel de Kiev. Sa mère était gravement malade. Ça faisait déjà des mois et des mois que son état de santé se dégradait. Il avait fait plusieurs fois la promesse de lui rendre visite mais il était fauché, son patron l'avait viré, pas moyen de se payer un billet d'avion ou même de train – et il n'osait pas emprunter du fric, ni à sa vieille tante adoptive ni à personne. Seulement, cette fois-ci, les métastases gagnaient du terrain, les toubibs jouaient leur va-tout. Restait le bus, ou l'auto-stop. Ou le vélo. Il ne m'en a jamais parlé mais je l'avais deviné. Vlad avait fait un vœu : sa mère en réchapperait s'il lui rendait visite à bicyclette. Il était convaincu qu'elle vivrait tant qu'il pédalerait. Que tant qu'il roulerait vers elle, sa mère ne pourrait pas mourir.

10

Cogner contre les murs

J'ai toujours eu la hantise des murs. De tous les murs en général et des murs blancs en particulier. J'ignore pourquoi. Peut-être l'impression que ce sont des parois de glace qui m'entourent et que je suis captif d'un iceberg. Ce matin, vers 8 heures, l'infirmière m'a surpris en train de cogner de toutes mes forces contre les parois de ma piaule. Elle a suspendu mon geste et regardé ma main écorchée, sanguinolente.

– Vous êtes sûr qu'il n'y a rien de cassé ?

Elle m'a palpé les phalanges.

– Ça vous fait mal, là, quand j'appuie ?

– Aïe.

– Eh bien, c'est cassé. La première phalange de l'annulaire. On ne peut rien faire. Ça va être un peu douloureux mais ça se remettra tout seul. Il suffit de patienter.

Patienter : c'est le refrain des hôpitaux, mais j'ignore comment on fait pour patienter. Je n'ai jamais pu tenir en place dans une chambre. Depuis que je suis môme, j'ai toujours eu besoin de vivre au grand air. C'est l'infirmière francophone qui m'a apporté la nouvelle : d'après les toubibs, les chances sont réduites pour que je retrouve un jour l'usage complet de ma jambe gauche. Les cartilages sont bousillés. Je risque de rester infirme à vie. Et les rhumatismes vont aller se renforçant d'année en année. Je vais devenir un vieux boiteux. Comme László, mon voisin de chambrée, qui m'a montré hier soir les radios de ses genoux : des os usés jusqu'à la moelle. Tibias, fémurs et péronés pas plus larges que des bâtons de sucette – *C'est la vie*, a-t-il conclu, la seule expression qu'il connaisse dans notre langue. Rien qu'à le voir, László, avec ses petits os flottant dans son pyjama trop large, ça vous fait haïr la vie des emmurés. Vite, s'échapper pour toujours ou s'en loger une dans le ciboulot avant de finir ainsi, derrière un déambulateur, avec un squelette sucé par la vieillesse.

Quand j'ai appris la nouvelle, je me suis mis à cogner encore plus fort contre le mur, à me détruire toutes les phalanges de la main droite. László s'est affolé sur sa couchette. Il a cru que j'allais le réduire en poussière dans ma colère, alors il a décroché son téléphone et appelé l'infirmière. Elle a rappliqué illico presto avec un toubib. Tandis qu'ils me passaient la camisole de force et m'administraient un calmant, j'ai pensé une dernière fois à Vlad. Vlad pédalait pour ne pas vieillir et pour empêcher les autres de crever. Il croyait qu'en roulant vers le soleil levant, nous pourrions narguer la camarde et ressusciter sa pauvre mère, la faire se lever de sa couche comme Lazare de son tombeau. Il croyait que le vélo permet de rembobiner le temps et d'enrayer tous les cancers du monde.

11

Franchir le périph

Alors nous étions partis comme ça, sur un coup de tête, un beau matin du mois de mars. J'avais retrouvé Vlad à l'aube, au bord du bassin de la Villette, là où bifurquent les deux canaux reliant Paris aux grandes plaines d'Europe de l'Est, et nous avions démarré le long du canal Saint-Denis – Vlad hurlait *Montjoie Saint-Denis* comme un roi de France enfourchant son destrier, tirant son épée de son fourreau, partant pour la Croisade sous les vivats de ses troupes, et il pouffait de rire en pédalant pendant que le soleil se levait au-dessus de la Géode, un gros soleil vermeil et velouté comme un décor d'opéra – je connaissais bien la route, je la prenais tous les matins pour aller au boulot, c'était l'époque où je vivais sur un vélo, le cul planté sur une selle matin et soir au point que j'avais la nuit des douleurs qui me remontaient la moelle épinière jusqu'au cerveau, des douleurs qui m'empêchaient de dormir, qui me brûlaient les cuisses et les mollets sans oublier les vertèbres qui craquaient, les cervicales et les méninges congestionnées, tout le corps bourré d'acide lactique, le corps qui secouait ses frontières et s'agitait dans sa rage *like a rat in his cage* et criait, criait, bon sang, délivrez-moi !

Pour corser les choses, j'habitais alors dans un ancien bordel à côté du métro Danube, sur les cimes de Paris, derrière les Buttes-Chaumont. Je ne pouvais pas regagner ma cage à lapin sans avoir grimpé un des pires raidards de la capitale, pour me hisser sur cet îlot de calme et de verdure entre Belleville et le Pré-Saint-Gervais où Paname n'est plus qu'un village suspendu au souvenir du siècle dernier, un Paris semi-rural de carte postale encore capable de faire rêver les touristes américains, les promeneurs nostalgiques et les starlettes hollywoodiennes – petites maisons guillerettes, jardins pimpants, glycines, lilas et chèvrefeuilles, ruelles pavées dont les noms chantaient l'utopie meurtrie de l'entre-deux-guerres : Liberté, Égalité, Fraternité, Progrès, Renaissance, Solidarité, Prévoyance…

Oui, c'était l'époque où j'allais au boulot à vélo – vingt-cinq bornes aller, vingt-cinq bornes retour, cinquante au total par jour, et je remettais ça tous les jours sauf le samedi que je passais au lit tellement j'étais cuit, et le dimanche, c'était reparti, je jouais ma matinée à pile ou face et je traversais toute la capitale pour gagner le bois de Boulogne – côté pile – ou le bois de Vincennes – côté face. De là, soit je m'aventurais dans les Hauts-de-Seine ou les Yvelines, soit je remontais la Marne en direction de l'est mais on restait encore en Île-de-France : au moment même où tu te réjouissais d'avoir gagné la rase campagne et largué la pieuvre, il y avait toujours un hic, un couac, le détail qui tue, un tentacule te rattrapait, te flanquait sa ventouse gluante dans les rayons, tu retombais sur une bretelle d'autoroute, un périph, un golf, un zoo, une ville nouvelle, et la grande centrifugeuse parisienne t'aspirait de ventouse en ventouse, Paris ne voulait plus te lâcher, tous les panneaux te l'indiquaient, *Porte de Clichy*, *Porte de Saint-Cloud*, *Porte de Charenton*, *Porte de Vincennes*, porte de ceci, porte de cela, le bitume sous tes roues se changeait en rails qui te reconduisaient bien vite au bercail.

Avant de rencontrer Vlad, j'ignorais que le meilleur moyen de s'échapper de Paris, c'était par le nord, *via* le canal Saint-Denis, les quais de Seine, Épinay, Montmorency, L'Isle-Adam – direction la Picardie, l'Artois, la route des Flandres, la frontière belge, là où commence l'Europe cycliste, là où s'achèvent les grands classiques de la petite reine, Gand-Wevelgem, les Quatre Jours de Dunkerque, Paris-Roubaix, la Flèche wallonne, mais quand le vent soufflait trop fort ou quand l'averse menaçait, je n'allais pas plus loin que l'hippodrome de Longchamp. Lorsqu'il n'y a pas de course hippique, les cyclistes y remplacent les jockeys, les canassons se transforment en bécanes, seulement personne ne venait nous voir pédaler, on se prenait pendant quelques heures pour des pistards, on tournait en rond comme des cons, bien à l'abri dans les roues, avec des gars de tous les âges et de tous les genres, des vieux briscards et des petits nouveaux, des types qui avaient l'air et d'autres qui n'avaient pas l'air du tout, des papys frimeurs et des tontons flingueurs, des dingos, des cinglés, des costauds, des fiers à bras, des excités du dimanche et des forcenés de l'existence – ça causait politique, ça causait voyages, ça causait sport, ça causait nanas ; les vannes et les blagues racistes fusaient comme dans une cour de lycée à l'heure de la récré, j'avais toujours mes oreillettes à portée de main au cas où, quand je sentais que ça débordait, quand je n'en pouvais plus de leurs conneries, quand la franchouillardise me gavait et me foutait la gerbe, je quittais la piste en pensée, me branchais sur une piste étrangère, de préférence une rhapsodie de mon enfance –

Open your eyes,
Look up to the skies and see,
I'm just a poor boy, I need no sympathy,
Because I'm easy come, easy go
Little high, little low
Any way the wind blows doesn't really matter to me.

Même mon loyer je l'avais signé sur ma selle, le proprio était un fada du vélo, il m'avait donné rendez-vous un dimanche matin à 8 heures pétantes sur la piste de Longchamp, en haut du faux plat montant, là où se jouaient les sprints, et m'avait provoqué en duel : à chaque tour que je gagnerais, il rabaisserait le loyer de 15 euros, ce salaud ! Alors on se défiait dans le faux plat, à celui qui prendrait la meilleure roue, qui saurait le mieux s'abriter du vent, qui jaillirait au bon moment et clouerait l'autre sur la ligne tracée à la craie blanche, au risque de se faire faucher par un de ces chauffards qui nous fonçait dessus dans son 4 × 4 aux vitres teintées, pressé qu'il était de se rendre aux putes ou va savoir ce qu'on peut foutre un dimanche matin dans le bois de Boulogne à part tromper l'ennui sur une selle ou sa femme à l'arrière d'un fourgon ! À la fin, j'avais gagné cinq sprints sur dix, ce qui faisait tout de même un rabais de 75 euros par mois, et le proprio tiendrait sa promesse, la chose était inespérée car ce type d'une quarantaine d'années était un pignouf qui se prenait pour un dandy, mais sur une bicyclette, il devenait sympathique, débarrassé de ses petites lunettes rondes et de son foulard blanc noué autour du cou, son brushing de bellâtre dépassant des lanières du casque et froufroutant dans le vent, il y a des types comme ça, vous les croiseriez dans la rue ou dans un bar, vous ne parieriez pas un seul kopeck sur leur tête, mais dès qu'ils enfourchent une bécane, ils ont de l'allure, ça doit être le vent qui respire en eux et les fait vibrer intérieurement !

Quand j'y repense, il fallait vibrer sacrément à l'intérieur, pour remonter vers ce meublé de quinze mètres carrés loué à l'arraché ! Je devais grimper la pire des bosses parisiennes, celle qui commence au bord du canal de l'Ourcq et se termine au métro Danube : rue d'Hautpoul, rue Compans, rue de Mouzaïa ; il y a un moment, dans le virage, devant l'école de la rue Compans, où la pente est si raide que la roue avant décolle de la chaussée, on a l'impression que le vélo se cabre tel un pur-sang et qu'il va se libérer de son fardeau pour continuer sa route allégé, là-bas, dans la lumière. Après une journée de boulot ou une soirée de beuverie, le foie gavé d'alcool, tu n'es plus qu'un vieux débris zigzaguant sur l'asphalte défoncé ; parvenu à mi-pente, tu croises ton reflet presque à l'arrêt dans une baie vitrée, tu te vois grimacer, tirer la langue, tortiller des épaules, agiter les bras comme un poulet de batterie, ton blase s'allonge et se courbe sous l'effort tandis que les jambes arquées piochent dans l'air empuanti par les bagnoles qui te dépassent en te lâchant de gros jets de fumée en pleine poire – avec la fatigue, les jambes deviennent ligneuses, le dos se casse sous le gros sac bringuebalant de gauche à droite, parfois des chauffards te crient *Vas-y, Virenque !* en abaissant leur vitre et en te jetant un vieux mégot dans le museau, mais la plupart du temps les gens ne disent rien, ils se contentent de te regarder comme une bête curieuse évadée d'un zoo.

Chaque matinée était un rituel, il fallait se lever à cinq heures, descendre l'échelle branlante de la mezzanine, éteindre le radioréveil qui beuglait dans le brouillard, ne rien avaler à part un café pour ne pas tout dégobiller dans la descente, se harnacher comme un matamore, ne pas oublier, fixée sur le casque, la lampe frontale qui te donne l'air d'un mineur surgi des entrailles de la terre, vérifier la température pour savoir s'il te faut enfiler le bonnet, les gants et surtout les couvre-chausses, jeter un coup d'œil dans le miroir à ce type équipé pour la grande plongée dans la moiteur glaciale de la banlieue tentaculaire. Suivaient les gestes mécaniques, effectués dans la précipitation, les paupières entrebâillées : décrocher ton vélo du balcon, descendre l'escalier ta bécane sur l'épaule, prendre le taureau par les cornes, enfourcher la bête, foncer dans la pente, éviter les dos-d'âne, les chicanes et les nids-de-poule, dévaler Paris qui s'éveille dans la nuit glauque de l'hiver, Paris encore à demi désert, halo des réverbères, trottoirs luisants, néons rutilants, petites veilleuses rouges et vertes des taxis ramenant les moins fauchés des fêtards en dépassant les malheureux qui titubent dans la rue de Crimée ou se contorsionnent sur un Vélib aux roues voilées, aux pneus *raplapla* – *couicouicoui*, *couicouicoui*, pépie la chaîne rouillée, rendant en écho le chant des oiseaux s'égosillant dans le parc en pure perte, car sur Paname, vous pouvez chanter tant que vous voulez, les piafs, le soleil fera toujours la grasse matinée !

La descente se faisait donc avec la peur au ventre, la peur de se vautrer, de réussir le vol plané rêvé au-dessus des Buttes-Chaumont et d'atterrir là-bas, dans les branchages d'un chêne ou sur la canopée d'un pin, parmi les pigeons et les tourterelles – peur que les freins lâchent, peur que les pieds dérapent sur les pédales, peur de passer sous les roues d'un fou… Une fois traversé le canal de l'Ourcq, la peur refluait, je savais que je tenais le bon bout, je me déportais sur la gauche, tendais la main sur la droite, virais dans l'épingle de la rue de l'Aisne, le genou penché comme un motard, reprenais sur la gauche, évitais la poussette déboulant à bout de bras, longeais le canal cap à l'est.

Pédalant sur les quais de l'Oise et de la Gironde, je rêvais du Danube : un jour, j'aurai la force de relier la bouche du métro Danube aux bouches du fleuve Danube. Un jour, j'aurai la force de franchir le périph une bonne fois pour toutes et de rejoindre le boulevard de l'Europe. Mais il a fallu attendre deux ans, deux ans pendant lesquels j'ai pianoté ce roman en piétinant dans un appartement, en piétinant dans un hôpital mental, en piétinant à cheval entre Paris et le milieu du continent. Et puis, j'ai fini par comprendre qu'il me faudrait vivre le tourbillon de la route avant de me plonger dans le tourbillon de l'écriture. Oui, j'en étais là dans l'écriture de mon roman quand j'ai compris que je ne pourrais pas pianoter plus avant sans pédaler pour de bon. Celui que j'appelle Vlad n'est pas un personnage de roman. Vlad existe. Son cœur ne bat qu'un coup sur quatre, mais il bat pour de bon. Brisons la *ligne des glaces* et traversons le miroir : Samuel Vidouble, il est temps de l'avouer, c'est moi. Cette histoire que je raconte est la mienne. Le Danube est notre Rio Grande. Les Balkans sont notre Mexique. L'Europe est notre destin. Cependant, l'Europe ne se réduit pas à la fiction communautaire pour laquelle nous élisons tous les cinq ans des députés dont nous n'entendons plus parler jusqu'à la prochaine échéance. Une autre Europe existe, une Europe tissée de rivières et de vies ordinaires, et cette Europe, nous l'avons traversée.

III

Germaniques

(Automne)

0

Le désert des Khazars

Novi Sad-Čelarevo-Novi Sad (Serbie),
1er septembre, 70 km

La grande vadrouille vers le nord-ouest n'a pas encore commencé. En attendant, ce sont les fiévreux préparatifs des veilles de voyage. Aujourd'hui nous sommes partis en éclaireurs ou plutôt en chasseurs de rêves, Vlad et moi, pour découvrir le chemin que nous emprunterons demain. Et comme pour nous donner un but, nous avons décidé de labourer la terre danubienne de nos crampons jusqu'au moment où nous tomberons sur cette fameuse nécropole médiévale dont a surgi, en 1984, l'un des livres les plus fascinants de la littérature yougoslave si ce n'est mondiale : *Le Dictionnaire khazar* de Milorad Pavić. Et si mon livre commençait là, *nel mezzo del cammin* ? Ni au kilomètre zéro de l'embouchure, ni au terminus de la source, ni à Strasbourg, ni à Odessa, mais au milieu de nulle part, dans une steppe miniature qui nous rappelle étrangement, du haut de nos montures, les steppes du Boudjak et de la Dobroudja.

Il y eut jadis, ici, au Moyen Âge, une nécropole. Son emplacement est indiqué sur toutes les bonnes cartes de la région, à deux kilomètres au nord du Danube : *srednjovekovno utvrđenje i nekropola.* Un promeneur interrogé dans le parc à l'anglaise d'un manoir, à Čelarevo, le village le plus proche, nous indique la direction et nous prévient : il n'y a rien à voir. Nous avons la patience épaisse et le caprice tenace, nous voulons voir quand même. Juché sur le siège de son vieux tracteur yougoslave, un paysan taiseux nous mène sur les lieux en ouvrant la piste sablonneuse, lâchant dans son sillage d'épais nuages de poussière, au point qu'il nous faut pédaler à distance. Il sait tout ce qu'un autochtone du XXIe siècle peut savoir à propos de la fameuse nécropole, autrement dit pas grand-chose : les tombes se trouveraient au musée municipal de Bačka Palanka ; quant aux preuves qu'il y avait parmi les squelettes exhumés des hommes de confession mosaïque, elles se trouveraient au musée de Voïvodine, à Novi Sad.

Nous consultons la montre : aucune chance d'arriver à Bačka Palanka avant la fermeture du musée. Le programme de l'après-midi est fixé : de retour à Novi Sad, nous visiterons le musée de Voïvodine. En attendant, regardons ce que nous avons sous les yeux. Ici, le lieu ne conserve rien de ce qui, pourtant, a eu lieu. Ici, les Khazars, qui remontèrent le Danube de son embouchure à sa source, dans ces barques où ils enterraient parfois leurs morts, ne sont plus qu'un trou, un néant, et c'est de ce trou, de ce néant, que nous partirons. Invités au IXe siècle par un chef magyar plus hospitalier que son homologue actuel, les Khazars, vagabonds fuyant leur empire à feu et à sang, firent escale dans cette plaine écrasée de chaleur qui ressemblait aux steppes d'où ils venaient, entre la mer Noire et la Caspienne, où se trouveraient aujourd'hui les vestiges d'Itil, leur capitale légendaire des rives de la Volga. Inutile de chercher ici un lieu de mémoire. Il n'y a rien d'autre qu'une briqueterie. Au point que c'est la carrière d'argile où s'activent des machines que nous voudrions prendre en photo, pour faire croire que nous avons trouvé quelque chose, car les strates de terre taillées par les dents des pelleteuses se dessinent bien à l'horizon, et font penser davantage au site d'une fouille archéologique que ce tas de broussailles et de mauvaises herbes qui pourraient bien dissimuler un charnier comme il y en eut tant dans cette Ukraine que tout, ici, nous rappelle.

Tout à coup, un lièvre détale de son terrier : troublé par nos commentaires de chasseurs de rêves dépités de devoir rentrer bredouilles au bercail, le fantôme des Khazars s'enfuit en galopant dans le sable, sous ses longues oreilles. Les fouilles commencèrent en 1959, sous Tito, nous raconte le paysan adossé à son tracteur. Puis, un beau jour, toutes les fouilles cessèrent, malgré l'intérêt revendiqué un moment par des archéologues israéliens qui voyaient dans les Khazars leurs ancêtres : on dit que les Khazars se convertirent au judaïsme à la suite de leur khan et l'on prétend parfois que les Juifs ashkénazes seraient leurs descendants. Il y eut sans doute, autrefois, une métropole pour alimenter cette nécropole. Mais les vivants ont laissé encore moins de traces que leurs morts et plus personne ne fouille, ici, car le monde entier se fiche des Khazars et de la polémique qu'ils suscitèrent jadis : à part Shlomo Sand, lequel reprend à son compte la thèse d'Arthur Koestler – dans *La Treizième Tribu* – sur l'origine khazare du judaïsme ashkénaze, qui s'intéresserait, à l'heure des identités nationales ressuscitées partout en Europe, à un peuple nomade, hybride, bâtard, à la religion incertaine, à la capitale introuvable, aux mœurs et aux coutumes sans témoignages ? Que savons-nous des morts de Čelarevo, aujourd'hui ? Que voulons-nous en savoir ? La parole est au Dr Isaïlo Souk, archéologue, arabisant, professeur à l'université de Novi Sad et personnage imaginaire du roman de Milorad Pavić : « Ceux qui sont enterrés à Čelarevo, les Hongrois voudraient qu'ils fussent hongrois ou avars, les Juifs qu'ils fussent juifs, les musulmans qu'ils fussent Mongols, mais personne ne souhaite qu'ils soient khazars. Et pourtant ils le sont ».

Le Dictionnaire khazar est le livre dont j'ai longtemps rêvé : un roman qui reste ouvert même quand on l'a refermé, un roman que l'on peut commencer n'importe où, un roman qui se lit dans tous les sens ; un roman, enfin, que l'on relit *in extenso* dès qu'on l'a reposé, pour constater qu'on le relit toujours, comme si tout ce qui était écrit là, nous le savions déjà, nous l'avions déjà rêvé : *Le Dictionnaire khazar* est à l'image de ce qu'était la Yougoslavie, fédération plurielle, multilingue, multiethnique, multiconfessionnelle, aux populations inextricablement entrelacées ; publié en 1984, soit quatre ans après la mort de Tito, le livre faisait déjà le deuil de ce pays qui sombrerait bientôt dans l'abominable : la guerre de l'homme contre son frère.

En méditant sur les enseignements du *Dictionnaire khazar*, telle est la grande question qui se pose à nous : quelle est la forme idéale que doit adopter un livre sur le Danube ? Doit-il être un atlas, un éventail, un paravent, un millefeuille, un rouleau brut sans chapitres et sans alinéas, un flot de paroles sans queue ni tête, un dictionnaire amoureux, où l'on jetterait l'ancre au petit bonheur la chance ? En tout cas, pas un livre qui commencerait par un début et se terminerait par une fin, pas un livre se déroulant comme un long fleuve tranquille, de la source à l'embouchure. Car un tel livre ne doit pas se contenter de suivre les rives au pixel près ; il doit savoir épouser les caprices, les divagations, les fabulations du fleuve, rendre en écho sa rumeur, adopter son tempo, répercuter ses secousses et ses palpitations.

Et si un livre sur le Danube était forcément cyclique, comme est cyclique l'aventure de la goutte d'eau ? Un livre qui commencerait à Novi Sad ou à Čelarevo, dans un cimetière, dans une briqueterie, sur un terrain vague ou dans un musée, et qui finirait à Novi Sad ou à Čelarevo, quelque part en Voïvodine, dans cette Mésopotamie européenne où confluèrent tous les peuples, toutes les langues, toutes les religions du Vieux Continent. Un livre afin de cerner au plus près ce que le mot *Danube* signifie pour ceux qui ont la chance de vivre sur ses rives : une couleur, une lumière, un climat, un milieu, un état d'âme, une rhapsodie.

1

Souvenirs du siège de Troie

Novi Sad (Serbie)-Vukovar (Croatie),
2 septembre, 99 km

Le départ est sifflé à 9 heures du matin sous un drapeau bleu rouge vert qui arbore un croissant blanc, une étoile à huit branches et claque au vent. Ployant sous leurs quinze kilos de bagages, mais les chromes encore rutilants dans la lumière aveuglante du Danube, les vélos, harnachés telles des bêtes de somme, s'adossent au socle d'une statue. C'est ici que nous avons donné rendez-vous à nos amis de Novi Sad pour leur faire nos adieux : sous la bannière azérie, devant la statue du compositeur Hadjibeyov – ce nom ne disant rien à personne, nous avons posté une photo de ladite statue sur la toile. Pourquoi Uzeyir Hadjibeyov dont tout le monde ignore l'existence, en France comme en Serbie ? Pourquoi l'Azerbaïdjan ? Pour nous placer d'emblée sous le signe de l'Orient, du soleil levant qui nous attire depuis longtemps, quoique nous ayons tourné l'aiguille de notre boussole dans le sens opposé, celui du couchant, du retour au pays d'enfance. Vlad connaît bien ce pays pour avoir vécu là-bas plus de trois ans du temps où son beau-père travaillait dans les services secrets ; il me rappelle que sans l'Azerbaïdjan, qui a financé l'aménagement des quais de Novi Sad, il n'y aurait pas de piste cyclable pour suivre ici les rives au plus près, jusqu'à la base militaire qui nous détournera du fleuve et nous forcera à rejoindre la chaussée des quidams à quatre roues direction le *Boulevard de l'Europe*, lequel pourrait être le titre de ce livre et le surnom du Danube – le Danube n'est pas un fleuve, disait Vlad, c'est un boulevard, un boulevard qui dégringole de la Forêt-Noire pour finir dans la mer Noire, et qui dessert sur son passage dix pays du Vieux Continent gémissant.

Ici, les gens – avec cet humour serbe qui aide à endurer la morgue et le mépris de l'Extrême-Occident comme ses embargos ou ses bombardements – préfèrent parler de la *Gouttière de l'Europe* lorsqu'ils évoquent le Danube, oubliant qu'ils s'y baignent pendant les jours torrides de l'été, mais se souvenant que tous les égouts de la ville s'y déversent, dans cette gouttière européenne, ce qui peut s'observer depuis le ciel, comme me l'a fait remarquer Vlad hier soir, alors que nous tracions notre itinéraire. Les photos aériennes en témoignent, de tous les affluents du Danube, les égouts de Novi Sad ne sont pas des moindres, preuve s'il en est que les hommes aussi contribuent au cycle de l'eau : ce sont de vraies rivières, qui confluent avec le fleuve en deux points ; Vlad s'y connaît en matière d'égouts vu qu'il a travaillé dans des stations d'épuration ; sur l'écran de l'ordinateur, il désigne ce torrent de boue humaine qui se jette dans le fleuve et se mêle progressivement à ses eaux ; Élisée Reclus, le véritable inventeur de la géographie humaine, savait ce que tous les cours d'eau, du plus grand fleuve au plus petit pipi de chat, doivent aux hommes et décrivait à merveille cette « masse infecte, noire ou violacée qui rampe le long des quais, et reste distincte de l'eau relativement pure du courant par une ligne sinueuse nettement tracée ».

Vu du ciel, le Danube à Novi Sad est un dragon bleu qui se cabre en cognant pour la première fois contre la porte des Balkans, on le croirait dessiné par Kandinsky qui resta hanté toute sa vie par les icônes byzantines de son enfance et qui peignit jusqu'à ses derniers jours des saints Georges terrassant le dragon de plus en plus stylisés, où le chevalier réduit à la métonymie de sa lance finit par disparaître, où le dragon devient un simple ruban bleu, le lasso délié d'une rivière serpentant à travers la géométrie chaotique et bariolée d'une ville abstraite. Le Danube, ce matin de septembre, est plutôt vert-de-gris, il a endossé son vieil uniforme autrichien, sans soutaches ni épaulettes, ridé seulement de vaguelettes scintillant dans la lumière vaporeuse de l'arrière-saison, et il a sa petite odeur fétide bien à lui, reconnaissable entre toutes, et qui se retrouve dans votre assiette lorsque vous commandez au serveur d'une gargote de la carpe grillée.

Là-bas, sur les vestiges du vieux pont autrichien qui leur servent de perchoir, les cormorans, ailes à demi repliées, tiennent leur muette assemblée ; le regard noir et réprobateur, on dirait qu'ils complotent contre les mouettes se chamaillant pour un morceau de matière flottante ; pauvres mouettes qui n'ont pas la chance de pouvoir plonger dans les profondeurs du fleuve pour y puiser du nouveau ! Nous autres prosateurs, romanciers, écrivains voyagés, écrivains cyclistes, écrivains nomades, nous sommes comme ces mouettes condamnées à voleter à la surface des choses, résignés à utiliser les vieux mots de la tribu, à raccommoder les bribes d'une langue usée, incapables de renouveler le langage de fond en comble ; ou alors nous sommes comme ces pêcheurs, c'est ici qu'ils viennent s'installer, la manne humaine tombée des égouts n'attire pas seulement les volatiles mais aussi toutes les bestioles à écailles ; cette odeur écœurante, que le vent du sud disperse au loin, devient si forte pendant les jours de canicule que les riverains se plaignent de maux de tête ; Ivana, qui m'a enseigné la langue serbe et habite sur les quais, dit que le parfum putride imprègne les cages d'escalier, s'infiltre à travers les jointures des fenêtres, hante les appartements, comme le sable qui s'immisce partout, car le Danube est un immense couloir pour le vent des steppes, lequel transporte chaque jour des poignées et des poignées de sable, au point qu'il faut faire le ménage cinq fois par semaine.

Le lieu où se rejoignent les pêcheurs et les mouettes fut, il y a soixante-quinze ans, le site choisi pour l'une des pires tueries de la Seconde Guerre mondiale. Ici, oui, se déroula l'un des pires épisodes de l'histoire de la ville et de la Yougoslavie. Chaque fois que je passe par ici, je me demande ce que pensent les âmes des défunts – je me demande si elles entendent encore les cris des mouettes, je me demande si elles sentent encore ces relents d'égouts, si elles voient encore cette couleur brune, et puis je me console en me disant que les âmes des disparus sont aujourd'hui parties bien loin, que le fleuve fatal a charrié les corps très loin vers l'aval, que les os de ces hommes, de ces femmes, de ces enfants assassinés par les Croix fléchées se sont déposés depuis longtemps dans un bras mort, roumain, bulgare ou ukrainien, que leurs chairs décomposées se sont échouées sur une plage de la mer Noire, ont nourri d'autres vers, d'autres mollusques, d'autres poissons, d'autres oiseaux que ceux qui s'agitent sous nos yeux.

Érigé sur les quais en 1971, le monument aux victimes du nazisme me flanque la frousse chaque fois que je le croise. Je n'ai jamais pris la peine de m'arrêter mais hier, en revenant avec Vlad de Čelarevo, je m'y suis recueilli et j'ai pris quelques photos, sachant que nous n'aurions pas le temps d'y marquer l'arrêt le jour du départ. C'est un ensemble de quatre statues – un couple avec deux enfants, le premier dans les bras de son père, le second tenant la main de sa mère –; quatre figurines de bronze sur un immense piédestal, tristes silhouettes anonymes, longilignes, squelettiques, soudées les unes aux autres, comme un seul être ramifié, quatre spectres qui semblent surgir des flots mais paraissent si fragiles face au gros bloc jaune de la forteresse ; on les croirait sculptés par un Giacometti qui aurait baigné dans le réalisme socialiste ou regardé trop longtemps des tableaux de Chirico.

Une série de plaques de marbre informe les curieux. Sur la première plaque, on peut lire ces mots gravés en caractères cyrilliques : *À Novi Sad, les 21, 22 et 23 janvier 1942, la soldatesque hongroise et ses auxiliaires assassinèrent et noyèrent sous la glace plus de 1 300 innocents – hommes, femmes, enfants et vieillards. Gloire éternelle aux victimes de la rafle !* Sur la deuxième plaque : *Dans la Bačka méridionale, en janvier 1942, fut perpétré un génocide politique. Avec la complicité d'un certain nombre de Magyars locaux pétris de chauvinisme, l'occupant hongrois mena une rafle qui entraîna le massacre d'environ 4 000 innocents. Des Serbes, des Juifs, des Tziganes et d'autres victimes furent noyés dans les glaces de la Tisza et du Danube. De nombreuses familles furent complètement décimées.* Sur la troisième plaque sont inscrits ces mots : *La mémoire est un monument plus fort que la pierre. Si nous sommes des êtres humains, nous devons pardonner, mais nous ne pouvons pas oublier.* Quant aux noms des disparus, ils sont gravés sur une vingtaine de plaques disposées face au fleuve – à gauche, entre des croix byzantines, les noms des victimes chrétiennes ; à droite, entre des étoiles de David, les victimes juives.

Il existe une photo très floue de cette rafle – elle fait penser à ces rares clichés parvenus d'Auschwitz, *images malgré tout* –, c'est une photo en noir et blanc, la neige envahit tout le cadre, on aperçoit seulement des petites taches brunes dans cette immensité blanche, ce sont des hommes que l'on trie, que l'on fait avancer entre des congères, on devine le mouvement d'un bras qui se lève, qui frappe sa victime ou la met en joue, on distingue à peine la forme d'un corps que l'on traîne – la photo ne montre quasi rien, elle permet seulement d'imaginer le froid polaire (il faisait – 30 °C), les cris étouffés par la neige, le sang frais giclant sur la glace, le grand trou noir s'apprêtant à engloutir les cadavres. Mais c'est surtout l'impression de silence et l'absence de témoins qui frappent – cela dit, qui pouvait bien venir flâner sur les quais par ce jour d'hiver général ?

Les écrivains de Voïvodine nous ont bien documentés sur cet événement tragique et méconnu qui parcourt toute leur œuvre. Chez Danilo Kiš, né en 1935 à Subotica d'un père juif hongrois et d'une mère monténégrine et orthodoxe, le souvenir de la rafle revient sans cesse tel un leitmotiv ; *Sablier*, son quatrième roman, peut être lu comme un monument dressé à la mémoire de ces disparus, dont il énumère les noms dans une longue litanie qui prend des accents de *kaddish*. Chez Alexandre Tišma, cette tragédie est l'origine obscure de son œuvre. Presque aussi cosmopolite que Danilo Kiš, né en 1924 à Horgoš, à la frontière hongroise, Tišma est le grand écrivain de Novi Sad, nous devrions relire Tišma aujourd'hui, sa prose est un peu didactique, parfois soporifique, mais Tišma est un grand explorateur de la noirceur humaine. Toute son œuvre fait corps avec Novi Sad où l'écrivain brièvement exilé à Paris pendant la guerre civile était revenu après la chute de Milošević pour enterrer sa femme et mourir à son tour, il appartient à cette dernière génération d'auteurs qui ne fuient pas, ne voyagent presque pas, mais campent là où ils sont nés, rament dans la même galère que leurs congénères, parfois contre leur gré, car ils savent qu'il faut témoigner, décrire jour après jour les changements dans la forme d'une ville et dans la musique d'une vie, tenter d'épuiser ces lieux d'où l'on vient, où l'on a vécu.

On pourrait visiter Novi Sad avec entre les mains *Le Livre de Blam* ou *L'Usage de l'homme*, chacun de ces romans dessine un atlas historique de la ville danubienne, cependant je doute que l'office du tourisme veuille bien offrir un jour les œuvres complètes d'Alexandre Tišma aux festivaliers d'*Exit* qui déferlent tous les étés pour se shooter au rock et à l'électro, d'ailleurs il vaut mieux déconseiller Tišma à quiconque projette des vacances à Novi Sad, le tableau qu'il dresse est trop cruel, sans complaisance aucune, à chaque ligne on perçoit le dépit d'avoir vécu dans cette capitale d'une province, la Voïvodine, qui n'a jamais eu d'autonome que le nom, Tišma décrit souvent la ville comme une pâle copie de Vienne ou de Budapest – en le lisant, j'ai compris bien des sentiments que j'ai éprouvés moi-même, la brutalité des saisons, l'euphorie des ciels d'été sans nuage, l'ennui des jours pluvieux d'automne, le malaise dans la synagogue, par exemple, au milieu d'un festival d'art lyrique, quand on entend une soprano hongroise brailler du Wagner devant le Saint des saints où étaient autrefois conservés les rouleaux de la Torah – aujourd'hui Novi Sad n'est plus la ville germano-judéo-magyaro-ruthéno-serbo-slovaque qu'elle était autrefois, le cosmopolitisme appartient au passé et aux écrivains nostalgiques – Tišma, c'est le Modiano de Novi Sad, avec cette différence qu'il a vécu, lui, la guerre dont il parle : il ne s'agit pas d'un jadis légendaire et fantasmé qui empoisonne la mémoire collective, mais d'un toujours-présent qui ne cesse de le hanter, comme s'il n'était jamais parvenu à faire le solde de ces années terribles.

Nous laissons derrière nous les tristes silhouettes du monument aux victimes de la grande tuerie de 1942, car le temps file, et ce n'est pas le temps que nous avons décidé de remonter mais l'espace – ce n'est pas dans l'histoire que nous voulons puiser la matière de ce récit mais dans la géographie, la géographie qui ne sert pas seulement à faire la guerre, doit nous aider à pratiquer l'art d'oublier, à sortir de cette mélancolie de la Mitteleuropa qui empoisonne la mémoire – c'est vers l'insouciance de l'enfance que nous voulons remonter, en pédalant vers une source que nous savons d'emblée introuvable, quitter le fleuve fatal qui charrie les glaces et les cadavres de l'histoire pour retrouver le ruisseau anonyme, le Danube à l'état brut, à l'état sauvage, et pourtant je sais que ceci est un vœu pieux, qu'il est impossible d'évoquer la géographie sans l'histoire et vice versa ; la géographie est la forme la plus durable de l'histoire ; un tableau géographique de la Danubie sans légendes et sans archives se condamnerait à passer en revue les morphologies fluviales et les formations végétales, on classerait les types de méandres et de terrasses alluviales ; on dessinerait des blocs-diagrammes, on caresserait le papier glacé d'un *National Geographic* alors que ça remue encore là-dessous, que ça ne passe pas toujours, le fleuve est un système digestif complexe, un interminable intestin qui broie la pitance historique, et rien ne peut nous prémunir contre les reflux gastriques, l'Europe danubienne vire à tribord toute, la Hongrie de Viktor Orbán, la Bulgarie de Boïko Borisov, la Croatie des nouveaux oustachis, l'Autriche où l'extrême droite est parvenue, *bis repetita*, aux portes du pouvoir.

Nous laissons derrière nous les remugles d'égouts, les couleurs brunes et les dates sombres, 1942 et ses tueries… À présent, Vlad et moi, nous avons un seul chiffre en tête, un chiffre qui nous obnubile et tourne en rond dans les moyeux encore engourdis de nos cerveaux : 1 633, 1 633, 1 633 ; ce n'est pas la date d'une bataille, pourtant nombreuses ici, au siècle de la grande *reconquista* autrichienne ; c'est le nombre de bornes que le Danube a parcouru jusqu'à Novi Sad. Nous laissons derrière nous le *Zeppelin*, une péniche où je venais écrire tous les jours pour fuir la solitude calfeutrée de ma chambre et rejoindre le peuple du Danube, un peuple de mouettes et de cormorans, de joggeurs compulsifs et de vieillards flegmatiques, de promeneurs solitaires et de chiens errants. Nous laissons derrière nous le *most Slobode*, le pont de la Liberté, détruit par les bombardements puis reconstruit à l'identique, qui s'éloigne là-bas sous ses haubans accrochant les rayons obliques du soleil comme les cordes d'une gigantesque harpe. Nous laissons derrière nous *Ribarsko ostrvo*, l'île aux pêcheurs, où nous venions à vélo, pour dîner dans une guinguette au bord de l'eau. Nous laissons derrière nous les amis, la vie placide comme un long fleuve tranquille, et nous avons déjà le blues de la Voïvodine. Nous laissons derrière nous les entrelacs de la rivière : le Rhône a ses lônes, la Loire a ses boires, le Danube a ses bras vifs ou morts, qui se remplissent au moment des crues et se vident avec l'étiage, en serbe on les appelle *dunavac*.

Ce qui frappe tout d'abord, dans cette étape, c'est le contraste entre la Serbie déglinguée et la Croatie rafistolée. Entre la Bačka méridionale, lourde, sans relief, marécageuse, et la Syrmie légère, collinéenne, vallonnée, avec ses vignobles à flanc de coteau qui s'étirent jusqu'à Vukovar comme un long balcon sur le fleuve. Au programme de l'étape : les musées municipaux de Bačka Palanka et d'Ilok – le premier ferme à 14 heures, le second à 16 heures ; entre les deux, il faut franchir la frontière et nous roulons vite sur la piste sablonneuse trouée d'ornières pour avoir le temps de les visiter. À Bačka Palanka, Nikola, le jeune conservateur, frais émoulu d'une fac d'histoire, nous accueille dans un allemand obséquieux, c'est la première fois depuis le début du voyage qu'un type s'adresse à nous dans ce qui fut autrefois la *lingua franca* de la Danubie, quoique la langue officielle de la Commission européenne du Danube fût le français. Nikola revient tout juste de Bavière où il rendait visite à ses cousins exilés, s'excuse de ne pas parler anglais mais allemand et hongrois, deux langues apprises à l'école, puis à l'université où il fallait choisir parmi les cinq langues officielles de la province autonome de Voïvodine. Il s'excuse plusieurs fois de l'état de délabrement du musée – qui tombe littéralement en ruine – et nous ouvre les pièces condamnées de la collection permanente, nous conte la saga des Khazars, confirme leur origine asiatique et leur confession mosaïque, nous montre les rares témoignages de cette époque, menus objets trouvés en 1959 lors des fouilles de Čelarevo – fibules, plaques de ceintures, boucles et appliques de bronze, mors de chevaux exhibés derrière des vitrines poussiéreuses, entre les dents d'un requin préhistorique qui hantait autrefois la mer de Pannonie et les défenses d'un mammouth venu de Sibérie.

Les vaincus paient un lourd tribut à la fin des guerres, l'embargo subi par la Serbie a rudement touché Bačka Palanka, ville-frontière et ses environs, le ressentiment se lit sur les murs de la ville, où l'on croise des slogans comme *ХОЋЕМО САВЕЗ СА РУСИЈОМ* (« Nous voulons l'alliance avec la Russie »). Aujourd'hui, vainqueurs et vaincus sont candidats à l'émigration, et l'aide européenne n'y changera rien : les campagnes serbes et croates se vident, les ennemis d'hier sont devenus compagnons d'exil et se retrouvent sur les mêmes routes d'Europe, dans les mêmes villes autrichiennes, suisses, allemandes, où ils sont bien forcés de constater qu'ils parlent peu ou prou le même idiome et regrettent les mêmes paysages, les mêmes visages, les mêmes coutumes, les mêmes chansons langoureuses, les mêmes nuits de beuverie dans les *kafana*.

Nous franchissons le Danube sur le pont d'Ilok – 400 mètres au compteur. Contre les guérites des policiers serbes sont placardées des affiches à moitié déchirées invitant les visiteurs à ne pas oublier l'opération Tempête : *Oluja*, proclament ces affiches, *est un génocide contre le peuple serbe !* De l'autre côté du fleuve, la version officielle de l'histoire a été rendue publique en août 2015 par la présidente croate : *Oluja*, qui se solda par l'expulsion de 200 000 Serbes de Slavonie et de Krajina en août 1995 et par le massacre de milliers d'innocents, fut *une opération brillante, justifiée et légitime* ! Nous voilà de retour dans l'Europe communautaire, sous la bannière étoilée et le damier croate flottant dans le vent d'ouest, après une quarantaine de bornes à travers la Serbie, comme quoi, dans les Balkans, on n'est jamais très loin d'une frontière – tous ces pays sont des États-frontières, qui se sentent trop à l'étroit dans le costume taillé par les traités, tous ont rêvé d'être plus grands, d'où les délires nationalistes de Grande Serbie, Grande Croatie, Grande Bulgarie, Grande Albanie, etc., d'où découlèrent les guerres balkaniques, la Première Guerre mondiale et les guerres civiles yougoslaves. La balkanisation est un fléau qui touche chaque peuple et son voisin, une maladie contagieuse qui se transmet de siècle en siècle et de pays en pays : la maladie de la meilleure frontière. Or il n'y a jamais eu de frontière idéale, une frontière n'est qu'une vanité administrative, une ligne rouge imaginaire, qui fait toujours l'objet d'un compromis entre au moins deux forces en présence.

Dans la file d'attente du contrôle douanier, nous faisons passer le temps en taillant la bavette avec un conducteur bosniaque qui a longtemps vécu en France. Lorsqu'il entend notre projet de pédaler jusqu'à Strasbourg en remontant le Danube, il s'écrie :

– Non mais vous êtes complètement tarés, les gars ! Moi, quand je retourne en France voir mes enfants, je coupe à travers la Croatie, la Slovénie, l'Autriche et la Suisse. Vous ne croyez pas que ce serait plus rapide ?

– Oui, mais là-bas, c'est les Alpes, lui répond Vlad. Vous croyez qu'on va franchir les cols des Alpes avec tout ce barda ?

Les formalités douanières effectuées, nous reprenons la route au bord du Danube avant d'attaquer la première bosse du parcours, à l'assaut du château Odescalchi. Reconverti en musée, ce palais Renaissance abrite une riche collection permanente retraçant l'histoire de la région de l'âge du bronze au siège de Vukovar et contrastant en tout point avec le musée en ruine de Bačka Palanka. Ilok est la ville la plus orientale de Croatie. Pendant la guerre civile, elle fut occupée par l'Armée populaire yougoslave et les milices serbes, comme toute la Slavonie orientale, et ne réintégra la Croatie indépendante qu'en 1999. Evliya Çelebi, le grand chroniqueur ottoman, de passage en 1655, décrivit la ville comme un *jardin du paradis* – de Belgrade à Buda, il n'y avait pas, selon lui, de plus belle citadelle danubienne qu'Ilok, où se trouvaient deux mosquées, deux *madrasas*, douze *mahallas* et une longue muraille percée de deux portes ; de ce riche passé turc qui dura un siècle et des poussières ne subsistent aujourd'hui que quelques vestiges : un pan de remparts, le mausolée d'un pacha et un hammam décoré d'arabesques.

Sur la rive croate, il n'y a ni piste cyclable ni chemin de halage : on n'a pas le choix, il faut prendre la rue du Docteur (*sic*) Franjo Tuđman – comme s'il y avait des rues du Docteur Milošević en Serbie ! Puis il faut partager avec les bagnoles, camions, tracteurs et autres scooters une route au profil sinusoïdal qui ne longe pas vraiment le Danube mais qui coupe à travers la terrasse alluviale, sous les contreforts de la Fruška Gora, sans nous laisser un instant de répit : chaque bled s'annonce par un raidard que nous dévalons comme un toboggan, les fesses levées et la tête en avant ; chaque bled disparaît derrière un raidard symétrique et coupe-jarrets ; l'argile s'effrite sur notre passage et le temps fuit dans la lumière rasante de l'après-midi finissant ; en contrebas, le Danube apparaît par flashs, c'est déjà tout un monde lointain, où les minéraliers glissent en silence sur l'eau couleur de vin et paraissent s'enfoncer dans la forêt obscure, aspirés par des rapides imaginaires – alors je pense à la folie de Fitzcarraldo, l'homme qui voulait remonter les rivières et franchir les montagnes en bateau, et qui réussit bien malgré lui à apaiser les esprits de la jungle amazonienne : nous aussi, nous voudrions amadouer le démon du fleuve fatal qui charrie les charognes de l'histoire, réconcilier les peuples européens, cautériser les frontières du Vieux Continent par la magie du vélo – les gens racontent qu'en novembre 1991, après le siège de Vukovar, il n'était pas rare de cueillir dans les jardins alentour des restes de cadavres aux yeux crevés, ces macchabées provenaient du charnier d'Ovčara, où les miliciens serbes jetèrent les corps de 264 personnes torturées dans un hangar agricole – tache grise que nous apercevons là-bas, à main gauche – après l'évacuation de l'hôpital municipal. Parmi les victimes se trouvait un jeune Français de vingt-cinq ans né à Vesoul et engagé volontaire dans l'armée croate : Jean-Michel Nicollier.

Sur la route de Vukovar, la bien nommée *ville des loups*, je repense aux paroles de notre ami Silvio Kabiljo, qui descendait d'une des grandes familles juives séfarades de Yougoslavie. Un jour, Silvio avait tenu à nous inviter dans une gargote perchée sur la corniche danubienne, à la frontière serbo-croate ; j'ignore pourquoi il avait choisi ce lieu, peut-être pour se rapprocher de son passé yougoslave ; pour la première fois, Silvio nous racontait sa vie, nous racontait sa guerre, nous racontait la prophétie de son frère aîné parti vivre en Israël dans les années quatre-vingt ; en l'écoutant, je regardais les péniches glissant en silence dans les lointains couleur de vin. Le lendemain de la mort de Tito, nous racontait Silvio, Danilo, son frère aîné, avait prédit la ruine du pays et parié 5 000 dinars que sa prophétie se réaliserait. Silvio, lui avait dit Danilo, ce pays était l'invention d'un seul homme, il ne tenait debout que grâce à la force et au charisme d'un seul homme, et maintenant que le cœur de cet homme ne bat plus, maintenant que cet homme est mort et enterré dans sa vareuse blanche, je te parie que ce pays va tomber en lambeaux, rongé par les vers du nationalisme, ça commencera par les Albanais du Kosovo, car ce sont les plus éloignés de nous, puis ce sera le tour des Slovènes, qui sont plus proches des Autrichiens que de nous, puis les Croates et les Bosniaques qui vivent imbriqués dans le même costume que nous, nous ferons la guerre à tous ces peuples pour sauver la vareuse immaculée du dictateur mais elle sera de plus en plus tachée de sang et la guerre sera de plus en plus sale et fratricide, et les Européens aidés des Américains nous regarderont de haut, et ils finiront par nous bombarder pour réduire en poussière ce qui restera de la vareuse de Tito.

Mon frère avait raison, disait Silvio, tout s'est passé exactement comme il le prédisait, comme s'il avait écrit lui-même ce scénario, les Albanais ont été les premiers à se révolter, en 1988, puis il y eut la guérilla éclair en Slovénie, la guerre véritable en Croatie, la guerre totale en Bosnie, et après les accords de Dayton, j'ai appelé mon frère à Tel Aviv et je lui ai dit : Tu avais tout pigé, frérot, tu as bien fait de partir, mais la paix est revenue, et nous n'avons pas encore été bombardés, donc tu as perdu ton pari et tu me dois 5 000 dinars. Il m'a répondu calmement : Sois patient, petit frère, le bombardement aura lieu dans les derniers jours du siècle. Je lui ai rétorqué : Tu n'es qu'un putain de prophète de malheur mais sur ce point tu t'es gouré. Et puis les premières bombes nous sont tombées sur la gueule, en mars 1999, et je me suis demandé s'il n'avait pas appelé lui-même à Bruxelles l'état-major de l'OTAN pour gagner son pari. Et je lui ai transféré 5 000 dinars mais, à ce moment-là, 5 000 dinars ne valaient pas un kopeck et il en fallait 500 000 pour s'acheter une paire de chaussettes !

Pendant la guerre civile, Silvio était resté à Novi Sad, il était trop tard pour partir, et comme l'entreprise de chauffage industriel qu'il avait fondée fonctionnait bien malgré l'embargo, il faisait des va-et-vient permanents entre la Serbie et la Croatie, car il avait une filiale à Osijek. La frontière étant fermée, je passais par la Hongrie, ça faisait un détour de trois cents bornes au lieu des cent qui séparent les deux villes. Un jour, je suis arrêté par une patrouille croate aux abords de Vukovar. Ils m'ont fait sortir de la bagnole. J'étais immatriculé en Hongrie mais il suffisait de me faire parler pour deviner à mon accent que j'étais serbe, je savais que j'allais y passer, je tremblais de tous mes membres quand ils m'ont fait poser les mains sur le capot de la bagnole, je chiais dans mon froc, je me suis dit, ça y est c'est terminé, tu aurais mieux fait de partir avec ton frangin en Israël au lieu de rester parmi ces barbares des Balkans, toute notre famille a été exécutée par les Oustachis pendant la Seconde Guerre mondiale et notre mère est une des seules survivantes du camp de Zemun. J'avais planqué ma carte d'identité dans le vide-poches, les mecs ont fouillé la bagnole, ils m'ont insulté, ont gueulé que j'allais payer pour tous les Serbes, et puis ils ont retrouvé ma carte d'identité et l'officier l'a lue à haute voix à ses hommes. À l'époque, sur les papiers yougoslaves, il y avait une ligne précisant la nationalité, et au lieu de la mention *serbe*, il était écrit *juif*. Je me suis dit qu'avec les Croates, ce serait encore pire, j'ai cru qu'ils allaient m'arracher les yeux à vif, mais quand les mecs ont entendu *nom : Kabiljo*, *prénom : Silvio*, *nationalité : juif*, ils ont dit merde, ce mec n'est même pas serbe, c'est juste un putain de youpin ! Alors l'officier a levé le barrage et ils m'ont laissé filer en me traitant de sale youtre. C'est bien la seule fois dans l'histoire, je crois, qu'un Juif pourra dire que son origine l'a sauvé ! concluait Silvio en rigolant de toutes ses dents ravagées par le tabac.

Avant la guerre, Vukovar était le pendant croate de Novi Sad : une vieille ville fluviale et provinciale où il faisait bon vivre. Avant la guerre, Silvio aimait s'arrêter à Vukovar sur la route d'Osijek mais il nous répétait souvent cette phrase : *Aujourd'hui, les enfants, il n'y a plus rien à voir à Vukovar*. C'est la troisième fois que je prends la direction de la ville des loups avec à nouveau l'espoir insensé de voir, de piger quelque chose qui se dérobe sans cesse. C'est une des routes les plus tristes que je connaisse, une route hantée par le spectre de la guerre. De part et d'autre de la chaussée apparaissent les premières façades mitraillées. À mesure que nous approchons de la ville, les impacts sont plus nombreux, plus larges. Certaines maisons, leurs toitures éventrées, sont encore à l'abandon. L'immense cimetière qui s'étale à main gauche quand on arrive de l'est est un des lieux les plus lugubres que je connaisse. Au milieu des tombes se dressent quatre énormes mâchoires de métal oxydé symbolisant l'agression serbe (les quatre C de son blason) et creusant une croix dans le vide en guise de monument aux victimes de la *guerre patriotique*, comme on appelle en Croatie la guerre civile, et les victimes reposent là, 938 petites croix blanches, insignifiantes, alignées dans l'herbe rase, avec les mêmes noms en *-itch*, la même année 1991 et le même mois de novembre. Elles vous donnent froid dans le dos, ces petites croix alignées, ces énormes mâchoires verdâtres et cette grande croix creusée dans le vide, si bien que nous avons soudain le sentiment, Vlad et moi, que novembre est déjà là, sous les rayons rasants du soleil, que novembre plane pour toujours sur les ruines de Vukovar.

À l'entrée de la ville, le château d'eau moitié de brique et de béton, troué comme un gruyère, qui évoquait par sa forme évasée la silhouette d'un trophée, est aujourd'hui le symbole de la guerre ; une boutique de souvenirs se tient dans son ombre hérissée de broussailles ; on se demande comment il tient encore debout, sous son damier croate, et l'on s'en approche avec la crainte qu'un bloc mal tenu par l'armature de ferraille ne tombe du ciel pour vous fracasser le crâne.

Arrivés en ville, nous échouons dans une auberge de jeunesse hideuse, tenue par une armoire à glace aimable comme une porte de prison. Lorsqu'il nous tend les clés de la chambre, Vlad le remercie :

– *Hvala lepo !*

– *Don't talk like that, my friend, if you talk like that it means that you are coming from Serbia !*

– *But we are coming from Serbia !*

– *And what about that ? dit-il en montrant le drapeau français hissé sur mon porte-bagages.*

– *Yes, he's French, I'm Ukrainian, we are cycling from Ukraine to France but we live in Serbia.*

– *So you are cycling in the wrong direction ! But please, if you want to stay alive in Croatia, don't say hvala lepo. You'd better say :* hvala li-je-po !

Mouiller ou ne pas mouiller les voyelles, ékavien ou iékavien : voici le schibboleth qui différencie le serbe du croate et pouvait vous valoir, il y a vingt-cinq ans, de finir une balle dans la tête. Ça y est, nous avons franchi la *ligne des glaces* ! L'auberge de jeunesse s'appelle *Les 101 Dalmatiens* et notre colosse est originaire de Dubrovnik, en Dalmatie. À présent nous comprenons : les murs blancs parsemés de grandes taches noires – décor du plus mauvais goût évoquant davantage des trous d'obus que le pelage d'un chien – sont censés illustrer l'enseigne alors que, dans cet angle nord-est du pays, on se trouve à mille lieues de Dubrovnik et de la Dalmatie méditerranéenne, mais il faut bien appâter le chaland avec les clichés les plus évidents. Seul point commun entre Dubrovnik et Vukovar : les deux villes, qui se situaient aux deux extrémités du boomerang croate, ont été lourdement bombardées par l'Armée populaire yougoslave ; à Dubrovnik, où les toits furent éventrés, seules les tuiles sont neuves, mais à Vukovar, qui fut rasée de A à Z, il ne restait rien, pas même les vieilles arcades austro-hongroises, et il fallut tout reconstruire à l'identique. Silvio nous avait prévenus : dans la nuit balkanique qui tombe toujours aussi vite, sous les arcades sans passé, il est inutile de rechercher l'âme meurtrie de Vukovar, hier un des fleurons de l'Autriche-Hongrie et de la Yougoslavie. Cette cité cosmopolite et pluriculturelle, cette ville d'art et d'histoire, cette perle du Danube, fut la principale ville martyre de cette guerre de Troie à laquelle se livrèrent Serbes et Croates : Arkan et ses tigres assassinèrent la ville des loups sacrifiée par Tuđman qui rêvait déjà de conquérir la Bosnie-Herzégovine.

Privée de la patine des siècles – les clochers baroques ne mentent pas et portent en chiffres dorés des dates aussi inattendues que 2009 ou 2011 –, la ville est aujourd'hui l'ombre d'elle-même : une cité totalement dépourvue de charme. Silvio nous avait prévenus et les habitants que nous croisons nous le confirment : *Nema više duše u Vukovaru*, « il n'y a plus d'âme à Vukovar ». Les deux communautés – serbe et croate – ne se parlent plus ; alors c'est le silence qui règne, le silence et l'ennui. L'architecte serbe Bogdan Bogdanović, ancien maire de Belgrade, avait raison de parler d'*urbicide* à propos de Vukovar : ce ne sont pas seulement ses habitants mais la ville elle-même, mettons l'âme ou l'esprit de la ville, qui fut assassiné par les milices serbes et les raids de l'armée. *Nous reconstruirons une ville plus belle que l'ancienne !* proclamèrent les vainqueurs après leur conquête, et ils dessinèrent aussitôt les plans de cathédrales orthodoxes de style gréco-byzantin étrangères à l'architecture baroque de la Mitteleuropa danubienne. Leurs projets ne furent jamais mis à exécution : quatre ans plus tard, en août 1995, Tuđman, qui avait abandonné Vukovar pour mieux concentrer ses troupes sur Mostar, lançait avec le soutien de l'OTAN l'opération *Oluja* de reconquête de la Krajina et de la Slavonie dans le but d'en chasser les populations serbes. Et Vukovar fut reconstruite, au début des années 2000, à l'identique. Mais reconstruire est une chose, ressusciter en est une autre : aujourd'hui, Vukovar est un cadavre dans un cercueil intact, et moi qui n'ai jamais cru à toute la mythologie du génie des lieux, je suis bien forcé de constater qu'une guerre totale comme celle qui fut livrée dans les parages peut priver un lieu de tout génie : ici, c'est l'absence des disparus, des exilés, des torturés du hangar, qui se perçoit à chaque pas et qui rend irrespirable l'air de Vukovar.

2

Les grenouilles du Liberland

Vukovar-Zmajevac (Croatie), 3 septembre, 98 km

Bientôt la Drave, un des plus longs affluents du Danube, nous coupera la route. Il n'y a pas de pont ni de bac pour la franchir avant Osijek, qui se trouve à près de trente bornes à l'ouest de Vukovar, et la zone de confluence est un dédale paludéen peu propice aux randonnées cyclistes. Si nous voulions suivre le fleuve à la trace, il faudrait le traverser et regagner la rive serbe, mais le bac de Vukovar n'est plus en service depuis 1991, depuis que la Croatie a pris le large de la fédération yougoslave. Alors nous flânons à la recherche de l'âme meurtrie de la ville dans le port fluvial qui peine à reprendre son souffle. *Nema više duše u Vukovaru*, « il n'y a plus d'âme à Vukovar » – les paroles de la veille me hantent comme une litanie. En nous remettant en selle, nous éprouvons un petit coup de pompe à l'idée de devoir nous écarter du fleuve magnétique sur plusieurs dizaines de kilomètres. Le tango dans les tympans chasse le blues du Danube et nous redonne la pêche à mesure que nous filons vers le nord, vers la Baranya magyarophone, sur des routes trop droites, trop monotones, avec un vent de face à décorner les bœufs – les semi-remorques nous doublent en se dandinant, les bagnoles déboulent à toute allure, franchissent le pont d'Erdut, direction Osijek, qui demeure la plus grande ville de la région et continue à attirer les Serbes de la frontière. Nous hésitons à couper à travers champs pour emprunter le chemin de halage le long de la Drave quand je me souviens que les environs sont lourdement minés : il est vivement déconseillé de s'écarter des voies balisées.

À Osijek, nous dévorons une pastèque en visitant la vieille forteresse austro-hongroise bombardée pendant la guerre civile. Contrairement au centre-ville de Vukovar, de nombreux édifices ont été laissés en l'état – façades criblées de balles, toitures éventrées, fenêtres fracassées, vitres soufflées par les explosions, autant de stigmates exhibés par les Croates comme des preuves de la barbarie serbe. Sur les murs jaunes des casernes, les graffitis nationalistes – U latin des Oustachis, C cyrillique des Tchetniks – se mêlent aux tags des hooligans et aux déclarations d'adolescents – *Лајба волим те, Lajba volim te* (« Lajba je t'aime ») : la haine a des initiales rivales mais l'amour se dit de la même manière en serbe et en croate, seul l'alphabet a changé. En longeant les quais de la Drave, nous cherchons des vestiges du fameux pont érigé par Soliman le Magnifique au XVIe siècle, qui passait alors pour le plus long d'Europe et peut-être même du monde, mais nous ne trouvons rien, car le pont avait beau mesurer douze kilomètres de long, il était bâti en bois et fut incendié par le ban croate Nikola Zrinski.

Désormais, la Drave écoule ses flots bruns sous le pont du Docteur (*sic*) Franjo Tuđman (encore lui !).

La rivière boueuse n'a pas la couleur ni la largeur du Danube quoiqu'elle ait irrigué comme lui bien des contrées diverses : la Drave prend sa source dans les Dolomites en Italie, traverse la Carinthie autrichienne et la Slovénie, trace la frontière entre la Hongrie et la Croatie avant de se déverser tout près d'ici dans le grand fleuve européen. Une nouvelle fois, nous pensons à ce projet donquichottesque de rejoindre à vélo les sources du Danube. En fait, ce seraient les 36 000 affluents du Danube – la Drave et la Save, le Prut et la Tisza, l'Olt et la Morava, l'Inn et l'Isar, mais aussi les sous-affluents, comme la Drina, le Lim ou l'Uvac aux vertigineux méandres survolés de vautours chauves – qu'il faudrait remonter, pour parvenir aux vraies sources du fleuve : autrement dit, ce ne sont pas 2 888 kilomètres qu'il faudrait parcourir mais des dizaines de milliers de bornes, à travers les dix-neuf pays drainés par tous les cours d'eau composant le bassin-versant du Danube, lequel couvre 817 000 kilomètres carrés, soit un cinquième de l'Union européenne et un dixième de l'Europe continentale. Le Danube est une œuvre collective, un roman polyphonique, un déferlement fabuleux, baroque, échevelé, multipliant à foison les digressions et les ramifications, parlant plusieurs langues et les malaxant dans un flux tourbillonnant, non pas une cacophonie mais une rhapsodie, c'est-à-dire un très long tissage de chants divers et de rythmes variés.

Le soleil est au zénith lorsque nous déboulons à Kopačevo, un ancien village de pêcheurs hongrois et protestants situé au cœur du delta intérieur du Danube, là où le fleuve, privé des contraintes du relief, perd le fil de sa grande migration orientale et s'oublie dans l'ancienne mer de Pannonie. Kopačevo

– slavisation de Kopács, le nom hongrois du village – a connu son heure de gloire, jadis, au temps du bon roi András II, lorsqu'il suffisait, comme le dit une inscription, « de poser une seule fois ses filets dans l'eau pour attraper des milliers de kilos de poisson » ; en témoignage de cet âge d'or subsistent la grande église réformée et les belles maisons cossues alignées de part et d'autre de la rue principale – vastes cours intérieures, tuiles écailles, murs colorés, grands frontons blancs triangulaires, ornés parfois de volutes – mais aujourd'hui, Kopačevo – merveille baroque et paysanne, avant-goût de la Hongrie immémoriale – se situe à l'écart des grands axes. Et la seule raison qui peut pousser un voyageur à s'aventurer sur les routes étroites et défoncées qui slalomment entre des dizaines d'étangs, sous les poteaux couronnés de nids de cigogne si nombreux que l'on renonce à les compter, pour atteindre enfin Kopačevo, c'est de s'asseoir sous la tonnelle d'une *čarda*. Partout dans les Balkans, la *čarda* est une institution : ce mot d'origine turque a été adopté en hongrois, en serbe, en croate, en bulgare, en macédonien et en grec ; il désigne tour à tour un grenier, un entrepôt, un sécateur, un air musical ou une danse folklorique, mais ici, à Kopačevo comme ailleurs en ex-Autriche-Hongrie, la *čarda*, c'est une guinguette au bord de l'eau, où l'on peut déguster le *riblji paprikaš*, la soupe de poisson pimentée cuite au feu de bois dans un chaudron. Comme il fait trop chaud pour avaler une soupe, nous optons pour un trio de poissons – idéalement perche, carpe et sterlet, un petit esturgeon dont le bec aiguisé dépasse toujours de l'assiette.

Dans l'épicerie municipale, où nous achetons tout le nécessaire du bivouac, on parle déjà hongrois. En face, sur le monument aux morts de 14-18, on ne repère qu'un seul nom slave – Adam Stojković – perdu dans une foule de Janos, de Ferenc et d'Imre : pour les pêcheurs magyars de Kopačevo, se battre pour ce bon vieux François-Joseph contre la Serbie devait aller de soi, ce qui n'était peut-être pas le cas de leurs voisins croates ; en 1919, après le démembrement de l'empire des Habsbourg et l'absorption de cette partie de la Baranya, les autorités yougoslaves, plus tolérantes à l'égard des morts que des vivants, laissèrent les habitants ériger ce monument portant l'inscription hongroise *A hazaert hösi halottaink* (« Aux héros de la patrie ») ; cela dit, le soldat de bronze est nu-tête et ne porte aucun signe distinctif de ladite patrie.

À la sortie du village, nous quittons le mauvais asphalte et la terre des hommes ; il nous faut désormais vivre parmi les bêtes et les étangs poissonneux du Kopački Rit, dans un monde amphibie. Et pédaler à toute blinde dans les gravillons de la levée bordant un bras marécageux du Danube en évitant les longues pauses photos, à cause des moustiques qui nous pompent les mollets dès que diminue la cadence ; des centaines de grenouilles d'une agilité déconcertante sautillent sous nos pneus, aucune d'entre elles ne finit sa course écrasée alors qu'un frelon qui avait atterri par mégarde à deux pas de ma roue avant ne se relève pas sur notre passage ; nous suivons des yeux la course erratique des biches, ce déhanchement coquin dans l'herbe haute ; pour la première fois, nous entendons retentir le brame des cerfs, c'est un râle plaintif et primitif étouffé par l'épaisseur des sous-bois – quelque part entre le beuglement d'une vache et le rugissement d'un lion. À Zlatna Greda – mot à mot *la poutre dorée* –, un hameau dépeuplé par la guerre et retourné à l'ère sauvage des confins, l'auberge que nous avions désignée sur la carte est fermée, des gardes-frontières croates nous déconseillent fortement de bivouaquer dans les environs : le sanglier n'est pas connu pour être très accueillant ; quant aux cerfs, ils peuvent se montrer agressifs à l'heure du brame.

Alors, nous repartons vers le nord et longeons Liberland dans le pressentiment du crépuscule. Liberland : rien ne signale l'existence d'une micronation fantoche et farfelue, imaginée par Vit Jedlička, un hurluberlu tchèque, soi-disant libertarien, qui se prend pour un roitelet de pacotille et a profité du différend frontalier entre Zagreb et Belgrade pour planter ici, sur une *terra nullius* de sept kilomètres carrés délimitée par deux bras du Danube, la bannière jaune et noire des anarcho-capitalistes qui rappelle un peu trop les couleurs des Habsbourg. Il est peut-être nécessaire de préciser ici que, depuis la dislocation de la Yougoslavie, personne ne sait, au juste, où passe la frontière longue d'environ 145 kilomètres entre la Serbie et la Croatie, au point qu'il n'est pas rare qu'un pêcheur serbe soit appréhendé sur le territoire croate et un pêcheur croate sur le territoire serbe sans que ni l'un ni l'autre n'ait songé sérieusement à enfreindre une frontière. La raison de cet imbroglio, c'est que la limite revendiquée par Zagreb est celle du cadastre de 1878 – soit l'ancien thalweg du Danube avant régularisation –, alors que Belgrade considère que la limite se situe *de facto* sur l'actuel thalweg ; de sorte que les anciens méandres de l'actuelle rive gauche sont revendiqués par les deux pays, tandis que les anciens méandres de l'actuelle rive droite ne sont revendiqués par personne : ainsi de la petite zone inondable de Siga, où Vit Jedlička a planté l'étendard de son Liberland.

Comme n'importe quel État-nation, Liberland dispose d'un drapeau, d'un blason, d'un hymne et d'une devise officielle – *Žít a nechat žit* (« Vivre et laisser vivre ») –, mais à l'heure de la mondialisation heureuse et dématérialisée, ses seuls citoyens sont les milliers de fans de sa page Facebook et toutes les grenouilles coassant dans son marigot. Nous ralentissons la cadence dans l'espoir d'apercevoir le chef de l'État surgir de son repaire insulaire en bermuda, mais en vain : le type a été coffré par les flics croates qui se foutent bien de sa devise naïve, de son projet d'établir ici un nouveau paradis fiscal et de faire surgir des marécages, où l'eau du fleuve peut grimper de dix mètres en l'espace d'une nuit, autant de gratte-ciel qu'à Manhattan ; surtout, les flics croates se foutent bien du différend frontalier avec la Serbie voisine qui devrait leur interdire, en théorie, d'intervenir dans ce *no man's land* où les seuls vrais citoyens sont les animaux volants, rampants, grouillants, gambadants, batifolants qui semblent curieux – peut-être même amusés – de voir débouler deux mammifères à deux roues comme nous : ils nous jaugent du regard, s'écartent au dernier moment, n'en croient pas leurs yeux. Les plus farouches sont les sangliers. Ils ont quitté leur bauge, la hure au ras du sol, le groin flairant la vase, voici qu'ils galopent dans les fourrés – voici qu'ils nous serrent de plus près, nous escortent de part et d'autre de la levée, nous sentons l'odeur fauve de leurs soies, nous voyons percer dans les derniers rayons du soleil l'ivoire de leurs canines, nous percevons leurs grognements de bêtes rousses, nous savons qu'ils flairent en nous l'ennemi, nous savons que nous ne sommes pas les bienvenus : plus que les cerfs, ce sont eux les vrais rois du Liberland ; depuis que Tito ne vient plus chasser dans son manoir de Tikveš, leur royaume de ténèbres n'a cessé de croître ; aujourd'hui, il s'étend sur les ruines de la guerre civile.

La nuit tombe sur les bras morts du delta intérieur, la nuit tombe sur les marais du Liberland, la nuit tombe sur les arabesques de la frontière, la nuit tombe sur les saules et les peupliers cendrés, la nuit tombe sur les houppettes des hérons cendrés qui nous guettent depuis leur perchoir, sur les gypaètes barbus qui déchiquettent, là-bas, les restes d'un gardon, les derniers coassements et les derniers brames se font écho dans ce dédale paludéen, les essaims de moustiques et de moucherons pixélisent l'horizon, une étrange cigogne noire – rareté ornithologique et emblème de la contrée – s'envole à notre vue, ses grandes ailes s'ouvrent telles deux lames d'un immense sécateur, et voici que tous les petits fantasmes de mon enfance au bord du Rhône me reviennent en mémoire, mêlés aux souvenirs de la Zyntarie, mon Ithaque imaginaire.

Nous avons tous rêvé un jour, comme l'inventeur du Liberland, de nous tailler une petite Bordurie rien qu'à nous, nous avons tous rêvé de nous autoproclamer roi des Syldaves ou empereur d'Erewhon ; nous, les Européens, nous sommes tous de petits Kurtz en puissance, nous rêvons de régner sur le cœur des ténèbres, mais tous ces rêves sont ridicules et ne prouvent que l'étroitesse de notre imagination : s'il fallait choisir entre la Yougoslavie, ce vaste pays rayé de la carte, et Liberland, ce petit pays sans âme et sans folie qui n'est rien d'autre que la triste caricature d'un libéralisme sauvage ayant saccagé toute la planète, j'opterais pour la Yougoslavie, malgré toutes ses imperfections. Élisée Reclus, le chantre des ruisseaux et des montagnes, était anarchiste et libertaire mais il n'était pas un libertarien, encore moins un anarcho-capitaliste, oxymore idiot ; sa passion pour la Terre s'accompagnait d'une passion tout aussi grande pour les hommes qui l'habitent, et son idéal politique, martelé dans tous ses livres, était l'égalité sociale de tous les peuples, « la conquête du pain et de l'instruction pour tous les hommes » ; les anarcho-capitalistes et les libertariens se foutent de la redistribution, ce ne sont pas des utopistes mais des crétins, des nihilistes, des partisans du néant.

Il fait déjà nuit noire lorsque nous parvenons au village de Zmajevac – en hongrois Vörösmart, nous indique le panneau bilingue – où un garde forestier nous a conseillé de chercher une chambre d'hôtes. Au croisement de la rue Petőfi et de l'avenue du Maréchal Tito se trouve une auberge à la façade vert pistache, *Baranjski Dvori* ; la patronne, une femme blonde entre deux âges, nous accueille en hongrois puis nous dit en croate que nous avons de la chance : il lui reste deux chambres. La vaste cour intérieure est parfaite pour garer les vélos et faire sécher les cuissards et les maillots dans lesquels nous avons sué toute la journée. Nos voisins, Marko, Josip et Luka, sont venus de Zagreb – leurs montures sur le toit de la voiture – pour pédaler au bord du Danube ; ils nous proposent de nous joindre à eux, devant un étalage gargantuesque de victuailles – salades, fromages, charcuteries locales que la patronne regarnit sans cesse en faisant planer au-dessus de nos têtes des plateaux d'argent. Nous parlons en serbe, ils répondent en croate, et mis à part quelques mots qui ont pris la tangente depuis l'éclatement de la Yougoslavie, tout le monde se comprend aisément. Marko, Josip et Luka sont imprimeurs ; leur siège social se situe à Zagreb mais ils ont encore des filiales en Serbie, notamment à Subotica, à la frontière hongroise, de sorte qu'ils font souvent des allers et retours entre les deux pays.

– Rien n'a changé pour nous, nous vivons encore à l'heure yougoslave ! lâche Josip en avalant cul sec son verre de *rakija*. Cependant, depuis que la Croatie a rejoint le club de Bruxelles, les conditions de passage sont plus difficiles, leurs petites affaires menacées : les relations entre les deux pays sont au plus bas depuis la fin de la guerre. Les langues se délient à mesure que les verres de bière et de *rakija* se vident. Josip connaît par cœur la région, c'est ici, dans cet enfer vert, qu'il a fait la guerre, il s'est même battu à Vukovar. Mais il ne tient pas trop à s'étendre sur le sujet. Pour lui, la page est tournée, pas question de retomber dans la ratière nationaliste. Alors nous bavardons de choses et d'autres et testons de nouveau la résistance du cycliste à l'alcool après 98 kilomètres d'échappée belle.

3

Les Cyclopes de Schengen

Zmajevac (Croatie)-Baja (Hongrie),
4 septembre, 113 km

Sur les conseils de l'aubergiste, nous prenons la route des coteaux, qui grimpe dans le soleil levant à travers les riants vignobles de la Baranya et permet d'accéder sans détour au monument de la bataille de Batina, où les troupes de Tito, appuyées par l'Armée rouge, repoussèrent les nazis et leurs alliés magyars et oustachis en novembre 1944. Ici eut lieu une bataille dont le souvenir invite à relativiser le mythe titiste de la Yougoslavie libérée seulement par ses Partisans : les Soviétiques étaient bien présents à Batina, l'Armée rouge a perdu 1 297 hommes et les Partisans 648. L'imposant monument surplombe le Danube et s'élève à l'emplacement d'un ancien camp romain dont il ne reste rien ; il se compose de deux ensembles : sur un piédestal de marbre, deux soldats de bronze – nu-tête, cheveux et cape au vent, kalachnikov à la main – représentent les Partisans s'élançant vers l'est ; au sommet d'une colonne de trente mètres de haut, une statue de bronze à la poitrine généreuse représente soit la Victoire, soit la mère Russie, soit un mélange des deux. Elle tient une épée dans la main gauche et brandit dans sa dextre une étoile ; on ne voit pas son visage perdu dans les nuages mais on imagine qu'elle aussi regarde le fleuve en contrebas. Le panorama embrasse la Baranya croate, la Bačka serbe, la Petite Coumanie hongroise, tous les districts méridionaux de la plaine pannonienne – on aperçoit même au loin les clochers de Sombor, ville pourtant située à plus d'une vingtaine de kilomètres à l'est. Vu d'ici, le Danube aux eaux épaisses et rapides est une ample tresse vagabonde, couleur de plomb fondu, qui laisse dans son sillage toute une cohue d'îles cendrées, tandis que le village de Batina étire le long de la rive droite ses maisonnettes de pêcheurs aux façades fauves. Nous cherchons des yeux le point mystérieux des trois frontières, là-bas, dans cet enchevêtrement de verdure, oui, nous cherchons des yeux l'une des bordures les mieux gardées au monde mais les barbelés de Viktor Orbán – le nouveau Kurtz européen – se perdent dans ce triste fouillis de forêts, d'eaux stagnantes et de silence.

La matinée se poursuit par le franchissement de deux frontières en moins de deux heures. Le premier se fait sur le pont désert de Batina, construit en 1974 et long de 435 mètres. Vlad engage la discussion avec les gardes-frontières serbes, qui s'emmerdent copieusement, un dimanche matin, dans leur guérite rudimentaire posée comme une cabane d'enfant au milieu de la chaussée : nous sommes les premiers clients de la journée ; nous repartons avec deux petits vélos noirs tamponnés sur nos passeports. Retour éphémère en Serbie, au pays du chanteur Zvonko Bogdan et des Bunjevci, que les uns disent serbes et les autres croates. Déjà la nostalgie du pays d'adoption

– cette étrange *yougostalgie*, si contagieuse qu'elle se transmet même à ceux qui n'ont pas connu l'époque et le pays de Tito – s'empare de nous. Tels deux candidats à l'exil, nous faisons provision de produits locaux dans un boui-boui ; puis nous déboulons dans la ville de Bezdan à la fin de la messe dominicale ; ici aussi, les vieux parlent encore hongrois – ils jettent un peu de joyeuses voyelles dans ce monde d'âpres consonnes ; j'aime cette langue colorée, vocalique, au rythme saccadé, on dirait qu'ils sont encore sur leurs chevaux, lancés en plein galop, et qu'ils poursuivent entre la langue et le palais les cavalcades de leurs ancêtres venus des steppes d'Asie centrale – Magyars, Avars, Huns et peut-être même Khazars.

Après avoir dépassé un petit groupe de réfugiés marchant en colonne sur le bas-côté, nous hésitons un instant, Vlad et moi, sur la route à suivre : longer le Danube au plus près, par le chemin de halage, au risque de buter sur les barbelés hongrois, ou faire un grand détour vers l'est et se rendre bien docilement au checkpoint de la zone Schengen ? Nous optons pour la version la plus longue mais la plus prudente et repartons vers le nord. À l'approche du poste-frontière, je dégaine mon appareil photo pour mitrailler à la volée les barbelés de Viktor Orbán s'enroulant en spirale, là-bas, sur trois rangées superposées, leurs lames de rasoir scintillant dans les rayons du soleil. Les douaniers sont occupés à inspecter une camionnette aux vitres teintées qui transporte des intérimaires transfrontaliers, les nouveaux serfs de l'Europe communautaire – les travailleurs balkaniques sont une main-d'œuvre appréciée de l'autre côté, où les affaires ont repris grâce aux délocalisations. Un Tzigane bedonnant s'est fait pincer avec trois cartouches de clopes au lieu d'une seule autorisée par personne, il s'acquitte de son bakchich au douanier hongrois et retarde la camionnette, alors les autres voyageurs l'accablent de quolibets et entonnent même une petite chanson raciste. Lorsque le douanier s'approche de nous, je fourre mon appareil photo dans la poche arrière de mon maillot, ni vu ni connu. Le type jette un coup d'œil distrait sur nos sacoches et prononce dans un serbe un peu martial la formule d'usage :

– Rien à déclarer, messieurs ?

Il ne peut réprimer un sourire à la noix en nous demandant si nous ne transportons pas, par hasard, de la *rakija*. Nous mentons en répondant : Non, non.

De l'autre côté du nouveau Rideau de fer verrouillant la forteresse Europe, c'est la monotonie de la steppe qui recommence. Les patrouilles sont incessantes sur cette *Militärgrenze* ressuscitée où l'armée a été déployée avec l'autorisation d'ouvrir le feu sur les réfugiés. Quant au Danube indifférent, il se joue des limites artificielles et coule vers le sud, enfouissant tel un dieu hindou ses milliers de bras dans la plaine. En roulant à la lisière de la steppe et des marais, je repense au litige frontalier entre Zagreb et Belgrade et je me dis que le Danube est plus vivant que les pays qu'il traverse : son cours mouvant change tous les jours alors que la forme d'un pays s'agrippe à des positions perdues ; les autorités croates qui s'accrochent aux bras morts d'un ancien cadastre sont comme ces crétins qui croient encore qu'il y a des Français de souche ; d'ailleurs le mot *souche* n'est-il pas celui dont on use pour parler d'un arbre quand il est mort ? Les frontières mortes ne m'intéressent pas ; les seules que j'aime sont les frontières vives.

À l'orée du village de Budzsák, près d'une passerelle enjambant un des nombreux canaux drainant la plaine hongroise méridionale, une jeep militaire est postée en travers de la route et un soldat harnaché tel un guerrier américain en Afghanistan, fusil-mitrailleur en bandoulière, guette le *migrant* au bord d'un marigot, la main fermement cramponnée aux anciens parapets du Vieux Continent, comme s'il attendait que ça morde. Tandis qu'il a le dos tourné, je prends une photo du troufion au crâne rasé qui veille sur le Reich de Schengen. Mais ma bécane se casse la gueule car ma béquille, déjà faiblarde depuis notre départ, a lâché ; le bruit formidable, rendu en écho par la voûte de branchages, fait sursauter notre cerbère. Le patrouilleur s'approche de nous d'un air menaçant, sous ses lunettes noires, l'arme brandie, lunette et canon braqués dans notre direction, et nous demande ce que nous foutons dans les parages. Il exige nos passeports. Nous lui tendons les livrets gondolés par l'humidité. Il les examine maladroitement, empêtré dans ses gestes par tout son attirail de Playmobil.

Le type commence à emmerder Vlad à cause de son passeport ukrainien. Nous sommes forcés de lui rappeler la législation en vigueur et nous lui demandons, au passage, quelles sont les munitions de son fusil-mitrailleur.

– Vous tirez à balles réelles ?

Il exhibe une grenade lacrymogène et une balle en caoutchouc.

– Vous savez que vous pouvez crever un œil avec ça ?

– Et alors ? Les ordres sont les ordres.

– On disait ça aussi pendant la guerre.

– Vos gueules ou je vous ramène à la frontière ! Vous allez jusqu'où sur vos deux-roues ?

– Jusqu'à Strasbourg, en France.

– Ah ! La France ! Allez, circulez !

J'ignore ce que notre cyclope de l'Europe entendait par *Ah ! La France*, s'il s'agissait d'un regret de ne pas la connaître ou d'un ras-le-bol d'entendre sans cesse parler d'elle, mais nous ne le saurons pas, car nous voilà de nouveau sur le sentier qui slalome à merveille entre les bras morts. En pédalant, je pense à cette frontière où les cyclistes ne sont pas contrôlés, au nord de l'Europe, entre la Russie et la Norvège – j'ai lu un article à propos de cette bizarrerie, des réfugiés syriens qui avaient eu vent de cette brèche improbable dans la forteresse Europe tentaient l'aventure bien au-delà du cercle polaire, empruntaient une bicyclette dans le dernier village russe, l'abandonnaient à Kirkenes, la première ville norvégienne, ce qui dit combien ils étaient prêts à tout pour sauver leur peau. Ce serait un rêve de passeur : déguiser tous les réfugiés en cyclotouristes et les fournir en vieux vélos volés, pour berner les cyclopes de l'Europe. Mais il en faut bien davantage pour berner un garde-frontière hongrois.

Schengen external border ! May be crossed only at border crossing points ! Au bord du chemin de halage, un panneau blanc à liseré rouge nous confirme qu'il ne valait mieux pas tenter de remonter le fleuve par la voie buissonnière ! Voici d'ailleurs une nouvelle bagnole de gardes-frontières, derrière laquelle sont postées deux sentinelles en uniforme kaki arborant des stetsons, tels des *border rangers*, et scrutant le sud dans leurs jumelles. À l'horizon, on aperçoit la silhouette menaçante d'un mirador, comme si les barbelés à lames de rasoir ne suffisaient pas à cadenasser la forteresse. Nos cyclopes nous font signe de décamper et nous gagnons la rive de notre Rio Grande à travers les fourrés. La borne 1 433 – à l'usage des bateliers – nous apprend par déduction que la rivière a parcouru 1 455 kilomètres depuis sa source. C'est donc ici le centre de gravité de l'Europe danubienne. Et c'est encore aujourd'hui la frontière extérieure de l'Union. Comme quoi l'Europe n'a guère avancé depuis 1989 et la chute du Rideau de fer. Logiquement, si nous avions suivi le fleuve au pixel près, nous devrions avoir parcouru 178 kilomètres depuis notre départ de Novi Sad. Or nous avons déjà pédalé sur plus de 220 bornes : un cycliste navigue peut-être plus vite qu'une péniche mais se tortille davantage d'un point à l'autre – c'est la loi des fractales qui fait du Danube, comme de la côte bretonne, une démonstration de la théorie de Mandelbrot : à l'échelle de la fourmi humaine, la longueur d'une rivière est infinie.

Ici commence avec la zone Schengen la première piste cyclable en rase campagne depuis notre départ d'Odessa, le long d'un fleuve invisible, quoique nous soyons juchés sur ses digues, car de très hauts peupliers bordent ses rives. Au bout d'une vingtaine de kilomètres des plus monotones, la piste nous mène à l'embarcadère de Mohács, où le fleuve affiche une largeur de 400 mètres. Nous tentons en vain d'obtenir des informations sur les horaires du bac et sur l'emplacement du champ de bataille de Mohács : ici personne ne parle – ou ne veut parler – anglais. Après une bonne heure d'attente sous un ciel voilé qui tourne à l'orage, le bac s'approche : c'est un drôle d'engin tenant plutôt du mirador flottant que du ferry-boat, avec sa cabine perchée au-dessus des flots ; les deux mâchoires de métal permettant de décharger sa cargaison viennent de s'ouvrir, voici qu'elles raclent la rampe de béton strié qui plonge vers la berge en émettant un crissement assourdissant ; tandis que nous dévalons la rampe dans la pétarade des moteurs et les gaz d'échappement, un type en bermuda kaki coiffé d'un chapeau de paille s'approche de nous sur son vélo jaune ; féru d'histoire et de cyclisme, il nous parle en anglais, nous apprend que le champ de bataille de Mohács se situe à une dizaine de bornes au sud de la ville, tout près de la frontière croate, non loin de Batina. Dépliant une carte sous nos yeux, il nous désigne le parcours à effectuer : demi-tour vers le sud, sur l'autre rive. Notre itinéraire de la journée évoquera bientôt la figure d'un serpent se mordant la queue ! Comme les muscles se raidissent dans les cuisses et les mollets, comme la selle m'irrite l'arrière-train, l'idée de rebrousser chemin me déprime un peu. Mais Vlad tient à visiter le site où les Turcs – menés cette fois-ci par Soliman le Magnifique, en 1526 – défirent une énième fois la chrétienté, soixante-treize ans après la prise de Constantinople, cent trente ans après le désastre de Nicopolis, cent trente-sept ans après la bataille de Kosovo Polje. Alors, avant même d'aborder la rive droite, nous enfourchons nos bécanes, grillons la priorité aux poids lourds qui nous enfument et repartons dans le sens du fleuve, à contre-courant du vent.

Le mémorial de la bataille de Mohács ne se situe pas au bord du Danube, mais au milieu de nulle part. Tout diffère ici du glorieux mémorial de Batina. Dans un enclos circulaire, des statuettes en bois, disposées comme les pions fragiles d'un jeu d'échecs à taille humaine, représentent les principaux combattants ; le jeune roi Louis II de Hongrie, qui mourut noyé dans des marécages, sous son armure et son cheval, a l'air d'un freluquet coiffé d'un béret vert ; quant à Soliman le Magnifique, portant la barbe et le turban, il trimballe autour de son cou, dans un filet de pêche, sa moisson de têtes coupées. Le musée attenant au mémorial prend la forme de la fameuse couronne de saint Étienne qui connut bien des péripéties, perdue qu'elle fut plusieurs fois, mais que la république de Hongrie conserve encore sur ses armoiries. Dans ce musée se tient une exposition temporaire sur la Hongrie de l'époque ottomane : il ne resterait rien du séjour d'un siècle et demi des Turcs dans le pays, sinon quelques hammams de Budapest, une tombe de derviche et les deux mosquées converties en églises de Pécs ; sans surprise, les panneaux ne disent rien des milliers de mots turcs irriguant la langue hongroise, ni des héritages culinaires. Sur une carte des principales batailles auxquelles se livrèrent les Habsbourg et les sultans pendant les incessantes guerres austro-turques, le Danube, de Vienne à Belgrade, sert de fil conducteur.

De retour en ville, poussés par le vent du sud qui balaie la poussière des steppes et annonce l'ondée, nous faisons sur nos vélos un rapide tour de ronde, un cornet de glace à la main, en attendant l'heure du bac. Pas un seul touriste turc dans les rues de Mohács pour venir saluer les prouesses de leur sultan. En revanche, dès que nous rejoignons les quais, nous croisons les premières cohortes de touristes allemands. Ce sont pour la plupart des vieilles dames parties d'Ulm il y a deux semaines en pèlerinage sur les traces de leurs ancêtres : les fameux *Souabes du Danube* essaimèrent de nombreuses colonies dans la région, tout au long du fleuve. Comme il n'y a rien à faire en attendant notre embarcation, nous leur racontons nos pérégrinations. Mis à part ces vieilles dames, Mohács, que l'on croirait parfois sortir d'un western, est une bourgade déserte dans la triste poussière d'un dimanche après-midi : personne ne va plus loin que ce *Far East* de l'Europe communautaire, et nous faisons déjà figure d'aventuriers, en racontant que nous venons de l'autre côté des barbelés.

La rive gauche regagnée, c'est reparti plein nord dans le coucher de soleil qui fait flamber le fleuve telle une immense lampée de cognac, sous les festonnements muets des trembles et des nuages. Pédaler dans la nuit qui vient, à travers les nuées de moucherons, de moustiques et de fourmis volantes, nous constelle le visage. Au bout d'une heure de route monotone à plus de trente de moyenne, Vlad consulte la carte et m'annonce que nous approchons de notre destination. Nous devrions même être arrivés. Dans une bourgade aux maisons basses tapies dans le crépuscule comme des taupinières, nous apercevons les silhouettes de deux jeunes filles juchées sur leurs bicyclettes. C'est la preuve que nous arrivons en ville ! me crie Vlad, déjà tout émoustillé. Je me porte à leur hauteur, me penche sur mon guidon :

– *Jo estet kivanok. Baja ?* dis-je en désignant la chaussée.

– *Igen.*

– *Köszönöm.*

J'ai épuisé les trois mots de hongrois que je sais. Mais un doute me saisit à mesure que nous traversons le village assoupi : *igen* veut-il vraiment dire oui ? Dans ce cas, Baja ne serait qu'un patelin lambda étiré le long du fleuve ? Moi qui croyais qu'il y avait une gare et même un camping où nous avions prévu de passer la nuit ! Après de longues errances à travers des bleds moribonds que nous prenons tous pour elle apparaît enfin Baja la jaune : une ville ! Des lumières ! Un cycliste compréhensif nous conduit au camping situé au bord de la Sugovica – un avatar du Danube – où pullulent les moustiques et coassent les grenouilles. À la recherche d'un resto encore ouvert où nous rêvons d'avaler un goulasch ou l'une de ces fameuses soupes de poisson pimentées dont Baja s'enorgueillit d'être la championne, nous croisons dans la rue de jeunes Hongrois ; ne parlant ni anglais, ni serbe, ni russe, ni allemand, ni aucune des langues que nous baragouinons tant bien que mal, Vlad et moi, ils s'adressent à l'un des leurs en hongrois ; impossible de comprendre ce qu'ils ont dit à part le mot *cigány* ; l'intéressé nous traduit leurs paroles : « Hé, toi, le Tzigane, toi qui parles anglais et toi qui sais où bouffer, dis-leur où aller ! »

Guidés par notre Tzigane, nous échouons finalement dans une pizzeria, la seule enseigne ouverte à 9 heures du soir, où l'on nous sert sur des assiettes en carton deux portions mollassonnes ; la sauce ketchup nous poisse la langue et les doigts, la mozzarella a la texture et le goût d'un chewing-gum mâché et remâché, le salami est un assemblage de graisse et de cartilage, les poivrons sont durs comme du plastoc, la pâte caoutchouteuse. Bienvenue en Europe ! Mais les cent treize bornes à travers les trois frontières nous ont fichu la fringale et nous avalons nos parts comme des goinfres. De toute manière, il n'y a pas un chat dans les rues de la ville pour partager notre festin. Une fois le camping regagné, en me couchant sous ma tente, je médite quelques instants sur cette visite de deux champs de bataille et de deux mémoriaux que tout oppose : d'un côté, à Batina, le bronze et le béton monumental célébrant la victoire contre le IIIe Reich ; de l'autre, à Mohács, le bois humble et maigrichon commémorant la défaite contre l'Empire ottoman : c'est un peu Arno Breker *versus* Giacometti. Et pourtant, tout le monde a oublié Batina, alors que personne n'a oublié Mohács ; pire même : Mohács – qui fut aussi le lieu d'une victoire, en 1687, des armées autrichiennes – n'est connu en Europe que comme le lieu de la défaite de 1526 qui précipita la Hongrie dans le giron turc. De même, les Serbes se souviennent mieux de Kosovo Polje que de Batina, tandis qu'Alésia, Crécy, Pavie, Azincourt, Waterloo et Sedan ont servi autant voire davantage, pour coaguler l'idée d'une nation française, que Gergovie, Poitiers, Marignan ou Austerlitz. Ce qu'il y a de plus mystérieux, dans le nationalisme, c'est son besoin de glorifier les raclées.

4

Tempête sur la Puszta

Baja-Budapest (Hongrie), 5 septembre, 240 km

Au réveil, les grosses gouttes qui tambourinent sur la toile de tente et les violentes bourrasques qui font valdinguer nos fringues sur leur fil d'étendage nous annoncent une tempête sur l'Alföld, la grande plaine hongroise méridionale. Bouleaux et peupliers se tordent sous le vent. Le mercure a dégringolé de vingt degrés. On se croirait en novembre, au cœur de l'automne européen. On se réfugie avec les autres cyclistes sous le seul abri du camping ; le réchaud à gaz en équilibre instable peine à émettre des flammèches suffisantes pour faire bouillir l'eau dans sa casserole. Vlad me dévoile tous les vivres qu'il transporte dans ses sacoches depuis Novi Sad : café, confiture, jambon fumé, *kaša*, *rakija*… Après de longues tergiversations, notre décision est prise : nous rejoindrons Budapest en train.

Mais il faut d'abord trouver le chemin de la gare dans les rues inondées de Baja, sur la chaussée rendue spongieuse par ces trombes de flotte qui touillent la poussière danubienne et les débris de feuilles mortes balayées par le vent. Or nous avons consulté la carte à la va-vite, et maintenant que nos tablettes sont fourrées dans nos sacoches pour les protéger du déluge, nous n'avons aucune idée de la direction qu'il faut prendre. Merde alors, comment dit-on le mot *gare* dans cette langue agglutinante dont je connais seulement trois mots ? Et comment dit-on *voie ferrée* ? Et quel est le mot hongrois pour *train* ? Les rues sont aussi désertes qu'hier, personne ne tient à s'aventurer sous l'averse. Mon vélo jeté en travers du trottoir, je fais barrage à un passant qui se presse sous sa capuche.

– *Help ! Train station, please ? Bahnhof, bitte ? Vokzal, pojalouista ? Železnička stanica, molim vas ?*

Toutes les langues d'Europe que je baragouine y passent ! Autant pisser dans un violon. Le type veut forcer le passage. Devient menaçant. En dernier recours, j'imite le bruit du train pour qu'il pige : *Tchou-tchou !* Et de la main droite je mime le mouvement d'un piston. Il me prend pour un fou, hausse les épaules, beugle quelque chose en hongrois. Je baisse les armes et le laisse passer. Scène absolument kafkaïenne, ou mieux, karinthienne, si l'adjectif existe : Ferenc Karinthy est l'auteur d'*Épépé*, un roman racontant l'histoire d'un polyglotte érudit, Budaï, qui quitte les rives du Danube, croit s'envoler pour Helsinki afin de participer à un congrès de linguistique et se retrouve, à la suite d'une erreur d'aiguillage, dans une ville peuplée de fadas parlant un idiome improbable : je comprends qu'il fallait être né en Hongrie pour écrire une histoire pareille.

Des gens marchent, là-bas, vers un bâtiment qui a l'air important et qu'entourent des marées de bus et d'autocars ; pleins d'espoir, nous leur enjoignons le pas. Raté : ce n'est pas la gare ferroviaire mais la gare routière, où nous avons peu de chances de convaincre un chauffeur d'enfourner nos montures et tout leur barda dans une soute à bagages. Après de nouvelles errances sur la patinoire des trottoirs, nous apercevons dans la brume rayée de pluie un passage à niveau. Suivons les rails au hasard. Un édifice ocre un peu plus imposant que les autres nous donne de l'espoir. Vlad, la mine déconfite, les membres dégoulinant de boue, n'y croit plus lorsque nous voyons enfin la grosse horloge suspendue à la façade. Nous poussons la porte vitrée. Dans le hall, il n'y a pas l'ombre d'une carte. Apeurés par notre accoutrement, une colonie d'enfants trisomiques en cirés jaunes nous toisent de leurs grands yeux fixes. Personne ne parle ni anglais ni allemand, rien d'autre que le hongrois.

Au guichet, je crie à travers la fente de plexiglas : *Boudapecht ? Boudapecht ?* La guichetière – une quinquagénaire peu avenante, aux cheveux blonds frisottant sous son calot bleu marine – nous pointe de l'index à tour de rôle, Vlad et moi, pointe nos bécanes, tapote sur les touches de sa calculette, griffonne un calcul rapide sur un calepin, ajoute ceci, multiplie cela, imprime des billets interminables sur du papier de facturette pendant que Vlad se rend vers les quais dans l'espoir de glaner d'autres informations. La somme astronomique, en forints, que la guichetière me montre sur l'écran de sa calculette, me paraît un peu suspecte. Je lui glisse une liasse de billets aux effigies des plus diverses, réceptionne les facturettes, prends ma monture par les cornes, lis l'itinéraire et les horaires en rejoignant Vlad : Baja-Kiskunhalas-Kiskunfélegyháza-Kecskemét-Cegléd-Zugló. Et où est Budapest dans tout ça ? Je tourne et retourne les facturettes dans tous les sens, nulle trace de Budapest ni des quelques stations de la capitale où j'ai jadis fait escale. Mais bon sang, où se trouve ce mystérieux Zugló ? À l'autre bout du pays ? Au fin fond de la Puszta ? Je n'ai jamais entendu parler d'un bled pareil. Vlad non plus. Je rebrousse chemin. Reviens vers la guichetière qui n'a pas l'air très enchantée de revoir ma bobine. En mobilisant toutes mes facultés de mime, je lui demande de me situer Zugló sur une carte – et pour dire carte, je dis : *mappa*. J'ignore comment on dit *carte* en hongrois, ni ce que signifie *mappa* dans cette langue, mais voici le premier truc qu'elle a l'air de piger. Elle me répond du tac au tac :

– *Mappa nem !*

Je m'énerve en langue des gestes, elle me braille dessus en hongrois, le client derrière moi s'exaspère. Je décline les noms des gares de la capitale que je connais, Nyugati, Keleti, Ferencváros. Elle désigne mon vélo, et, comme si elle parlait à la machine :

– *Boudapecht, nem. Zugló, igen.*

J'en déduis que ce sont nos destriers qui posent problème. Je griffonne sur un papier : *Zugló = Budapest ?* Elle ne répond ni oui ni non et me fait signe de circuler, le client suivant me bouscule et prend ma place.

Je rejoins Vlad sur le quai. Nos tablettes sorties de nos sacoches, nous localisons enfin Zugló : tout laisse à penser qu'il s'agit d'une gare de banlieue. Mais l'itinéraire que nous allons subir s'annonce des plus erratiques, et le trajet durera plus de cinq heures, avec deux correspondances et des horaires peu rassurants pour qui connaît un peu l'état de décomposition avancée du matériel ferroviaire hongrois : la dernière fois que j'ai tenté d'aller de Novi Sad à Budapest, le train est tombé en panne au beau milieu de la Puszta et nous sommes arrivés en gare de Keleti avec plus de six heures de retard. Adieu le beau Danube bleu qui doit être déjà très sale et très gris sous toute cette pluie : nous partons d'abord plein est, direction la frontière serbe que nous avons traversée hier et que nous allons frôler de nouveau, comme si la Yougoslavie ne voulait plus nous relâcher, puis virage à 90° vers le nord, où l'on retrouvera la ligne Budapest-Belgrade ; là, au lieu de continuer tout droit, nouveau virage vers l'est à partir de la gare de Kecskemét, vers la Puszta hongroise, l'ultime prolongement de la steppe eurasiatique…

Nous avons le moral à zéro : cela fait donc trois jours que nous pédalons en pure perte au milieu de la plaine pannonienne alors qu'il suffit de trois heures d'autoroute pour faire Novi Sad-Budapest ! Dans le train, nous demandons au seul voyageur parlant anglais la raison de ce grand détour par l'est : il n'y a pas de ligne directe Baja-Budapest le long du Danube, nous dit le vieil homme, car le fleuve sauvage, qui se ramifie à l'infini, dessine tout un chapelet d'îles et s'étale tous les hivers dans la plaine ; sur la rive droite, il y a depuis peu une autoroute qui relie Budapest à Pécs à travers le plateau transdanubien, mais la rive gauche est encore dépourvue de grandes infrastructures routières ou ferroviaires qui risqueraient d'être inondées tous les hivers ; lorsque le chemin de fer de Budapest à Belgrade arriva dans la région, en 1884, toute la Puszta était un pays vide et nu, réservé à l'élevage ovin – une petite Patagonie européenne.

Ça tombe bien : je rêve depuis si longtemps de la Patagonie ! Tandis que le train tangue sous les hachures de l'orage, je me répète les fameux vers de

Cendrars dans l'espoir de m'assoupir, *il n'y a plus que la Patagonie, la Patagonie, qui convienne à mon immense tristesse*, la Pannonie a toujours personnifié pour moi la grande tristesse européenne, la Pannonie des roselières et des bosquets de bouleaux, la Pannonie interdite aux réfugiés qui sont priés d'aller voir ailleurs – à travers la vitre, je regarde défiler ce paysage vacant que je connais trop bien, ce paysage vacant que je pourrais dessiner les yeux fermés, ce paysage vacant où le poids du ciel écrase tout, qu'il pleuve ou qu'il vente, été comme hiver, et je compte les puits à balancier plantés dans l'herbe verte, on croirait des milliers de gibets dressés non pour puiser de l'eau dans les entrailles de la terre mais pour soulager un peu le poids du ciel, implorer la pluie qui tombe aujourd'hui, ricoche sur le ballast, noircit l'argile, humecte les rails, emplit les prés, trace sur la vitre des rivières imaginaires. Tandis que le train tangue de plus belle, le bourlingueur hébété qui s'assoupit voit inexorablement l'eau monter de part et d'autre des remblais, les prés s'ennoyer, la terre se transformer en boue, croit bientôt traverser la mer avant de sombrer dans le sommeil – un jour, la mer de Pannonie reviendra, la Hongrie disparaîtra, les barbelés de Viktor Orbán ne pourront rien contre la marée montante, et nous ne serons plus là pour voir l'Europe revenir à l'ère des premiers archipels.

5

Automne précoce à Budapest

Budapest (Hongrie), 6 septembre

C'est déjà l'automne à Budapest. Mais les tentes de réfugiés disséminées dans la ville, sur les trottoirs de la gare de Keleti, dans le parc de Varosliget, jettent un peu de couleurs dans la grisaille automnale. Depuis que Viktor Orbán, le concierge de Schengen, a verrouillé la frontière de la forteresse Europe, ils se sont retrouvés piégés comme des phalènes ici, dans cette ville éclectique, qui fut après Paris le deuxième pôle mondial de la révolution, et qui est aujourd'hui la capitale de la peur, de la honte et du négationnisme européen. Il pleut sur les tentes bariolées des réfugiés, il pleut sur le grand mensonge de Budapest, mais c'est une pluie rieuse car nous avons retrouvé Julia la Rouge sous les coupoles noires de la grande synagogue – Julia n'a pas changé depuis la fin du siècle dernier, elle a gardé sa voix de giboulée et son visage des jours heureux, son nez en trompette, ses grands yeux de fougère, sa bouche moqueuse aux lèvres épaisses et ses cheveux frisés d'un roux électrique ; lorsqu'elle parle, ses mains s'agitent dans l'air, ses taches de rousseur et ses grains de beauté tourbillonnent sur ses pommettes, ses petits seins hauts perchés se soulèvent dans son corsage ; Julia, c'est l'âme joviale et révoltée de Budapest, elle est toujours aussi furieuse lorsqu'elle parle de Viktor Orbán, elle nous cite la dernière connerie du petit satrape, *Je ne veux pas que Budapest devienne la Marseille de l'Europe*, a déclaré ce crétin des Carpates, la phrase malheureuse rappelle la triste époque où Lueger, le maire antisémite de Vienne, surnommait la capitale hongroise *Judapest* ; pour les fachos, Marseille est devenue synonyme de bordel méridional, métissage euro-africain, grand remplacement des races comme l'était autrefois Budapest la juive et la cosmopolite. Mais il y a encore de la marge, nous dit Julia en pédalant dans les tristes ruelles de l'ancien quartier juif, pour que Budapest ressemble à Marseille, car la mer pannonienne s'est retirée depuis longtemps, et sur le Danube, il pleut trois fois plus souvent que sur l'Estaque !

C'est déjà l'automne à Budapest et nous pédalons, Julia, Vlad et moi, dans le marécage urbain. Vue du ciel, Budapest est en forme de papillon, nous dit Julia, un grand papillon gris – son corps serait la chenille bleue du fleuve, sa tête l'île Marguerite et ses ailes l'extension des banlieues vers les quatre coins du pays. Budapest est la seule vraie métropole danubienne, et la Hongrie le seul pays qui appartienne entièrement au bassin-versant du Danube. Budapest est la seule ville dont la croissance épouse, sur ses deux rives, la forme du fleuve. Vienne se tient à l'écart du fleuve, le traite comme un étranger, ne s'en approche qu'à reculons, avec ses airs de sainte nitouche ; à Belgrade, il n'y a qu'un seul pont pour traverser le Danube enflé de la Save, laquelle trace depuis longtemps l'axe principal d'extension de la capitale serbe ; Novi Sad et Bratislava ne s'étendent que d'un côté du fleuve et laissent la rive d'en face à des faubourgs ; à Galaţi ou Brăila, la rive orientale est un monde exotique et lointain vers lequel on s'embarque à bord d'un bac pour rendre visite à des cousins ou passer le week-end dans une station balnéaire. Il faut dire, nous rappelle Julia, que Buda et Pest – aujourd'hui reliées par onze ponts et passerelles, les vrais joyaux de la métropole – étaient à l'origine deux villes distinctes et même rivales qui ne furent réunies qu'en 1873.

C'est déjà l'automne à Budapest et je pense à ma première visite – impossible de me rappeler la date exacte, mettons que c'était en l'an 2000, j'avais dix-neuf ans, c'était mon premier voyage à l'est, depuis ce jour-là, je serais venu dans ce grand carrefour de l'Europe du milieu chaque fois par un nouveau moyen de locomotion, en train depuis Bratislava, en avion depuis Paris ou Varsovie, en minivan depuis Novi Sad ; la première fois, c'était en bateau-mouche depuis Vienne, et c'était aussi ma première rencontre avec le Danube. Je n'ai jamais pédalé sur les pavés de la capitale hongroise, mais dès les premiers mètres, guidé par Julia la Rouge qui paraît sautiller entre les flaques d'eau et les rails de tramway comme une nymphe de la pluie sur sa bicyclette hollandaise, je me sens revenu à Paname, dans une ville que je connais bien, où je me repère d'instinct.

C'est déjà l'automne à Budapest et nous logeons, Vlad et moi, dans l'ancien quartier juif. Hier soir, après de longues errances, nous avons fini par dénicher un appartement vétuste au rez-de-chaussée d'un vrai *kert* hongrois, un de ces immeubles avec cour intérieure bordée de galeries de fer forgé à chaque étage. Les fenêtres de nos chambres font face au rutilant *Szimpla kert*, un capharnaüm psychédélique qui ne désemplit jamais, passage obligé de tous les jeunes touristes découvrant la ville et faisant la queue pendant des heures devant le gorille qui en contrôle l'entrée pour espérer pénétrer dans le Saint des saints, où les décibels sont au max, où la bière et la *palinka* coulent à flots – quand on est au bal, il vaut mieux danser, m'a dit Vlad, nous sortons nous mêler à la foule, c'est alors que j'ai pensé à Julia, j'ai pianoté sur mon portable et j'ai retrouvé son numéro, j'avais rencontré Julia à un concert de Radiohead du festival Sziget, sur l'île d'Óbuda, j'étais venu seul avec un sac à dos et une tente, je dormais seul dans la boue de ce Woodstock européen, et Julia m'avait arraché de la solitude et de la boue pour me faire découvrir l'autre moitié de la ville, ce Buda labyrinthique et baroque où elle vivait, les bains turcs de Király et les ruelles pentues de Rószadomb où l'herbe jaillissait entre les pavés disjoints, nous allions rendre visite au *turbe* de Gül Baba, le poète et derviche ottoman veillait toujours sur la colline des roses depuis son mausolée, nous étions transportés pendant quelques instants vers le Bosphore et la Corne d'Or, le Danube aux mille avatars qui scintillait sous nos yeux nous menait très loin vers l'est, en Turquie, en Perse, en Inde, au pays des fleuves divins, Julia disait souvent que le meilleur de la Hongrie, les bains turcs et la cuisine épicée, venait d'Orient, seulement, la plupart des Hongrois lorgnaient vers l'Occident, Julia n'était d'ailleurs pas complètement hongroise, comme on ne manquait pas de lui faire remarquer, mais germano-judéo-magyare, père allemand et protestant, mère hongroise et juive, elle était une relique vivante et joyeuse de l'Autriche-Hongrie, elle résumait à elle seule toute la saga de la Mitteleuropa.

Son héros n'était pas François-Joseph mais Bela Kun, qui n'avait plus de statue dans Budapest, Julia aimait répéter que le meilleur moyen d'apprendre l'histoire de la Hongrie, c'était de se promener dans les rues et de regarder les statues, Árpád et les guerriers magyars en cotte de mailles, saint Étienne brandissant la croix de Lorraine, Carobert d'Anjou à la couronne fleurdelisée, Matthias Corvin et son sceptre ithyphallique, Eugène de Savoie au tricorne panaché de guano, Ferenc II Rakóczi sur son cheval de marbre rose, Lajos Kossuth et son collier de barbe ringard, le comte Andrássy engoncé dans son dolman à brandebourg, et tant d'autres types dont j'ai oublié les noms. Cependant certains épisodes peu glorieux de l'histoire hongroise n'avaient pas laissé de vrais monuments, sinon quelques impacts de balles dans une façade, les bottes de bronze de Staline et les souliers de laiton des Juifs noyés par les Croix fléchées dans le Danube gelé – Bela Kun, quant à lui, s'était retrouvé exilé quelque part en banlieue, dans le cimetière des statues d'antan, György Lukács le rejoindrait bientôt car Orbán avait décidé qu'il aurait la peau de bronze de sa statue, ainsi qu'Attila József, mais pour l'instant, le plus grand poète hongrois regarde, chapeau bas, le Danube couler. Parfois, un passant vient s'asseoir à côté de lui et regarde lui aussi le fleuve opalin s'enfuir sous le pont des Chaînes, et se récite mentalement ces vers :

Sur une pierre au bord du fleuve assis,
je vis voguer l'écorce d'un melon.
À peine j'entendis, plongé dans mes soucis,

l'écume papoter, et se taire le fond.
Tel jailli de mon cœur d'un seul élan,
le Danube allait, trouble, sage et grand.

J'ai donc appelé Julia, je savais qu'elle serait toujours partante pour boire un verre ou deux, nos soirées fin de siècle me revenaient en mémoire, la Hongrie venait de rallier l'OTAN et s'apprêtait à rejoindre le club de Bruxelles, un parfum d'insouciance et d'aventures flottait encore dans l'air, nous passions des nuits entières à prendre des cuites dans les vieilles cours d'immeubles en devisant de l'avenir du continent, nous découvrions à vingt ans l'Europe cachée de notre enfance, mais les premiers signes annonciateurs du retour du refoulé se faisaient déjà sentir – quelques années plus tard, une vieille dame psychanalyste qui nous hébergeait avec une joyeuse bande de potes, dans un appartement du quartier juif, et souhaitait nous faire rencontrer Imre Kertész, nous dirait : « Si le fascisme revient un jour dans les anciens pays de l'Est, la Hongrie sera le premier sur la liste. »

C'est déjà l'automne à Budapest et je me dis que j'aime cette ville, j'ai pensé plusieurs fois que je pourrais y vivre et je me désole chaque fois que j'y retourne de voir la capitale hongroise de plus en plus orbánisée, Budapest a longtemps été un havre de tolérance dans un océan d'arriération nationaliste, mais ici aussi, les choses changent, nous a dit Julia quand nous l'avons retrouvée hier soir avec Eduardo, un réfugié angolais qu'elle nous a présenté comme son nouveau mec. Orbán imprime partout sa marque, a dit Julia, ça fait douze ans que ce despote est au pouvoir, ce sera bientôt l'homme politique qui aura régné le plus longtemps sur le pays après Kálmán Tisza et János Kádár. Hier, un directeur de théâtre a été limogé pour propos contestataires. Avant-hier, des hordes de skinheads ont attaqué un camp de réfugiés à coups de battes de baseball et de grenades lacrymogènes. La semaine dernière, des affiches antisémites insultaient *Soros et sa clique*. Il y a quelques années, un autodafé a réduit en cendres les livres d'Imre Kertész et d'autres écrivains d'origine juive, les néonazis ont appelé ça *la nuit de la purification* – oui, toute l'Europe s'enfonce dans *la nuit de la purification*, et la Hongrie plonge la tête la première, Julia la Rouge, qui passe ses soirées à distribuer des vivres dans les bidonvilles et les camps de réfugiés, n'en peut plus de ces provocations, elle songe de nouveau à fuir son pays, mais pour aller où ? Elle a déjà testé le Danemark et la Suède, mais là-bas aussi, les penchants criminels de l'Europe reviennent, la purification regagne partout du terrain.

C'est déjà l'automne à Budapest et Julia nous propose de passer cette journée de repos avec Eduardo dans les fameux *fürdő*, les bains thermaux. Quitte à passer la journée sous la flotte, autant s'y plonger pour de bon, a répondu Vlad. Nous faisons le pari de tester tous les bains de la ville dans l'espoir de nous délester des kilomètres qui nous collent encore aux basques. Ceux de Széchenyi n'ont pas changé depuis ma dernière visite. Carreaux blancs, lézardes, ondines, arabesques, odeur de soufre et voix de sirènes. Si l'on plonge la tête et si l'on ouvre les yeux, on aperçoit les particules de saleté qui tourbillonnent, on voit les jambes en jaune, le monde en jaune, on croirait nager dans un grand caniveau européen. Imperturbables, les vieux joueurs d'échecs statufiés, épaules de cire flottant sur l'eau, bonnet de latex vissé sur la tête, minuteur posé sur une marche, avancent leurs pions sous la pluie, dans les lueurs aquatiques de ce palais de Circé décati.

Le soir, à la faveur d'une brève éclaircie, nous emmenons nos montures admirer le panorama du mont Gellért, histoire de se dérouiller les cuisses et les mollets, de ne pas perdre l'habitude de pédaler et d'imaginer, là-bas, au nord, l'étape du lendemain et la suite du parcours. Là, nous éprouvons enfin le sentiment de l'espace aéré et nous regardons le Danube, au loin, surgir des Carpates et couler vers le sud, soudain très bleu sous le ciel de septembre épuré par une dernière averse. En traversant le fleuve sur le pont des Chaînes pour regagner Pest, nous regardons le ballet incessant des bagnoles, des cyclistes et des piétons dans le crépuscule indigo. Il se dégage de cette capitale européenne une fièvre électrique qui me fascine, et cette fièvre monte des profondeurs du fleuve, où sont tapies les vraies entrailles de la ville. En regagnant notre appartement à la tombée de la nuit, nous apercevons les mouettes qui tourbillonnent au-dessus du parlement, piégées par l'étrange lueur émanant de la majestueuse coupole néogothique : croient-elles qu'il fait jour même la nuit ? En regardant ce manège, comment ne pas penser aux réfugiés, ceux que nos hommes politiques appellent les *migrants*, comme s'ils étaient des oiseaux migrateurs : eux aussi sont attirés par une fausse lumière, un néon artificiel qui luit dans le ciel sans étoiles du purgatoire européen.

C'est déjà l'automne à Budapest et je me suis fait la promesse de ne pas repartir sans avoir aperçu la silhouette inquiète d'Imre Kertész sous son borsalino. La vieille psychanalyste m'avait donné son adresse, je voulais rendre visite à celui que je tiens pour l'un des plus grands écrivains européens depuis Kafka, Proust et Camus. La vieille dame m'avait appris qu'il vivait à Berlin mais revenait de temps en temps dans sa ville natale ; je m'étais dit que s'il le fallait, je roulerais jusqu'à Berlin pour le rencontrer. En tournant autour de l'immeuble d'où j'espérais voir surgir le vieil homme rescapé d'Auschwitz, je ressassais cette phrase extraite d'*Un autre*, le récit de la métamorphose de l'homme ordinaire en écrivain solitaire : « La terreur claustrophobique de l'Europe occidentale donnera naissance à un nouvel Adolf Hitler. » Dire qu'Imre Kertész écrivait cette phrase il y a vingt ans ! J'ai attendu longtemps dans la nuit hongroise, je n'ai pas vu la silhouette inquiète de l'écrivain apparaître sous son chapeau noir. J'aurais pu l'attendre encore vingt ans de plus. J'ignorais qu'il était mort depuis des mois.

6

L'esprit de Visegrád

Budapest-Esztergom (Hongrie), 7 septembre, 82 km

Le soleil est revenu sur Budapest, mais c'est déjà pour nous l'heure de partir, nous zonons dans la triste banlieue de l'époque communiste, hésitons entre les deux rives du Danube, optons pour la rive droite puis la rive gauche, roulons entre des chantiers interminables, faisons trois fois demi-tour avant qu'une charmante joggeuse puis un aimable automobiliste nous aiguillent sur la bonne voie. Bientôt nous longeons une grande zone balnéaire où je rêve de faire mon premier plongeon dans le Danube hongrois, mais la proximité d'une base militaire où croupit tout un arsenal soviétique refrène mes ardeurs.

Dans le coude de Szentendre, où les bouées sont numérotées, le fleuve vert turquoise est un gigantesque billard dont le drap se serait élimé sous l'éclat du soleil. Avec ses ruelles pavées et ses galeries de peintres du dimanche, Szentendre évoque aujourd'hui Montmartre ou Saint-Paul-de-Vence mais elle fut au XVIIe siècle une ville ouverte à tous les Slaves des Balkans fuyant l'Empire ottoman : selon les statistiques de 1720, 88 % des habitants parlaient serbe et fréquentaient une église orthodoxe. En visitant l'une de ces églises, encore ouverte aux fidèles, nous rencontrons un jeune pope volubile à la barbe broussailleuse qui semble heureux de parler sa langue natale – il est né à Mitrovica, Kosovo – et nous propose une visite guidée du musée serbe. Tandis que le pope nous commente chaque vitrine dans ses menus détails, je repense à *Migrations*, le grand livre dans lequel l'écrivain Miloš Crnjanski romance l'épopée de tous ces Serbes poussés vers le nord par les Turcs, remontant le Danube à pied, à cheval, en carriole, émigrant loin de leur terre natale – tous ces hommes-frontières placés sous le contrôle direct de Vienne, encouragés à s'installer le long du fleuve par les Habsbourg, trahis plus tard par ces mêmes Habsbourg qui les placeront sous la suzeraineté de la couronne hongroise – l'Autriche-Hongrie doit son record de longévité à cet art tout féodal de ranger les minorités comme des poupées russes, en multipliant les allégeances et en éloignant chaque jour un peu plus l'empereur de ses peuples. Aujourd'hui, les descendants des Serbes de Szentendre ont remonté le Danube et émigré plus loin encore, en Slovaquie, en Autriche, en Suisse, en Allemagne, en France, aux Pays-Bas, nous dit le pope en nous souhaitant bonne route.

Au *Petit café*, où nous faisons une pause, histoire de soulager nos montures du rabot des pavés et d'avaler un expresso, Szilvia, serveuse au teint hâlé, aux dents du bonheur et aux courbes plus baroques et plus voluptueuses que tous les clochers de la ville, nous confirme que la plupart des Serbes de Szentendre sont partis, mais on entend parfois leur langue dans les ruelles pimpantes et guillerettes de ce Montmartre danubien où les touristes allemands déferlent comme une armée de cheveux blancs, car un bateau de croisière vient tout juste d'accoster. Le *Petit café* fait face à une autre église serbe orthodoxe, qui n'ouvre ses portes qu'une fois par an, nous informe Szilvia, pour le week-end de Pâques. Et comme nous lui demandons si elle en connaît, des Serbes, car Vlad aimerait en rencontrer, Szilvia avoue qu'il n'y en a plus parmi ses clients, en revanche elle connaît des Turcs – d'ailleurs, c'est aux couleurs de la Turquie que pavoise aujourd'hui l'épicerie voisine. Szilvia nous demande de lui raconter notre voyage. Impressionnée par notre défi de remonter le Danube de la mer Noire à la Forêt-Noire, elle nous dit en souriant qu'elle aimerait se joindre à nous, mais il faudrait d'abord qu'elle se remette au sport – elle faisait autrefois son footing le matin au fil du fleuve. Quand vient l'heure de nous remettre en selle, Szilvia, qui ne connaît que deux ou trois mots de notre langue, nous salue d'un charmant *bisous* et nous souhaite une bonne route. Nous lui aurions bien proposé une place sur notre porte-bagages, mais cette belle plante aurait fait plier notre barda déjà bien bringuebalant.

De retour sur les quais, j'hésite à me baigner dans le bras de Saint-André, dont les flots fougueux et turquoise, comme ceux du Rhône de mon enfance, roulent leurs galets en roucoulant ; quelques bornes plus loin en amont, je succombe au désir de faire trempette, à la vue d'une plage de sable sur laquelle se prélasse un couple de vieillards en maillot de bain. Je ne regrette pas : l'eau est tiède et limpide. Plus loin encore, c'est sur une étroite passerelle que nous gagnons l'île bucolique et verdoyante de Szentendre – une des plus grandes îles danubiennes – où les cyclistes autrichiens sont légion. Puis il nous faut retraverser le bras droit du fleuve dans un petit rafiot à moteur, les bécanes entassées dans la cabine, les cyclistes agglutinés sur le pont. À la proue du bateau, Vlad et moi regardons devant nous le paysage qui s'annonce et tentons de deviner la suite, mais l'horizon se resserre, les rives se rejoignent, le paysage est plus vallonné, c'est la preuve que nous avons quitté la grande plaine hongroise : c'est ici que le Danube, après plusieurs tentatives de briser le fer à cheval des Carpates occidentales, tentatives qui se soldent par quelques méandres, décrit son grand virage vers le sud.

Alors, nous aussi, nous changeons de cap, direction plein ouest, soleil dans les yeux ; tandis que le fleuve poursuivra sa route vers le sud, nous roulerons de nouveau vers l'ouest, vers les pluies océanes, et c'est ainsi que nous arriverons en vue de Visegrád – au passage, je rappelle qu'il ne faut pas confondre Visegrád (Hongrie) et Višegrad (Bosnie-Herzégovine), l'étymologie est identique, *la ville haute*, pour désigner deux bourgades médiévales de quelques milliers d'habitants : la Bosnienne est restée célèbre pour avoir servi de décor à l'un des plus grands romans de la littérature yougoslave, voire européenne, *Le Pont sur la Drina* d'Ivo Andrić ; la Hongroise pour être devenue depuis la chute du Rideau de fer la capitale d'un groupe informel de dirigeants d'Europe centrale qui tentent de faire renaître ici l'alliance de 1335 entre les rois Jean Ier de Bohême, Casimir III de Pologne et Carobert de Hongrie, lequel était un descendant direct, par la branche angevine, du roi de France. L'alliance de Visegrád était alors dirigée contre Vienne qui contrôlait les points de passage et monopolisait le commerce sur le Danube ; aujourd'hui, le groupe de Visegrád est composé de gouvernements nationalistes, ultraconservateurs, animés par l'esprit de revanche et opposés à l'accueil de réfugiés syriens ; ils ne se battent plus contre Vienne mais contre Berlin, Paris, Bruxelles et contre les valeurs fondatrices de l'Union. D'un côté, donc, une ville devenue le symbole du pont entre l'Orient et l'Occident. De l'autre, une ville devenue le symbole de la politique d'endiguement de l'Europe centrale contre la Russie, les Balkans et tout ce qui vient d'Orient. La géographie physique n'est peut-être pas pour rien dans cette opposition : si la belle Drina verte, à Višegrad (Bosnie), est facile à traverser – c'était un site de pont idéal –, à Visegrád (Hongrie), il n'y a pas de pont mais un bac, et le beau Danube bleu, qui fut longtemps une barrière, est large comme un bras de mer. Cependant, l'utopie du pont célébrée par Ivo Andrić a sombré à deux reprises dans la folie meurtrière de la guerre civile, alors que la *realpolitik* du barrage tient bon ; elle a même fini par devenir la raison d'être de toute l'Union européenne, laquelle ne subsiste plus qu'en tant que forteresse.

À Visegrád, donc, avant de sauter dans le bac ralliant la rive gauche, nous visitons au pas de course les vestiges du palais blanc de Matthias Corvin, qui introduisit ici, dès la fin du XVe siècle, avant la percée ottomane, les principes architecturaux de la Renaissance italienne. Le Danube est très bleu, très large, ici – près de 500 mètres –, le vent du sud effleure sa surface et soulève de belles vagues, c'est déjà un bras de mer que domine, perchée sur sa colline, l'ancienne forteresse du bon roi Carobert. Lorsque nous reprenons, sur la rive opposée, dans la glorieuse agonie de l'été finissant, la piste cyclable longeant la berge au plus près, je regrette de ne pas avoir investi dans une caméra de poche que j'aurais pu fixer sur mon casque, comme un panache des temps modernes, pour filmer au fil de la route le fleuve hachuré de verdure, saturé de soleil, et conserver des traces de cette *émotion esthétique de la vitesse dans le soleil et la lumière* dont parlait si bien Alfred Jarry.

Seulement, l'émotion ne dure pas longtemps et notre ivresse retombe lorsque nous comprenons qu'il nous faudra bientôt changer de rive et prendre un troisième bac : il n'y a pas encore de pont pour traverser l'Ipoly qui descend des Carpates et trace la frontière avec la Slovaquie. Nous mettons le turbo pour attraper in extremis le bac de Szob qui nous ramène sur la rive droite après 560 mètres de traversée. Il n'y a pas d'autres passagers que Vlad et moi sur cette étroite plateforme pivotant autour d'un axe et propulsée par un petit ferry-boat au puissant moteur pétaradant. Avant de nous libérer, notre nautonier nous demande de le payer, ce que, dans notre empressement, nous avions complètement oublié. En égrenant pièce par pièce nos derniers forints dans sa paume tendue, nous lui demandons ce qu'il aurait fait de nous si nous n'avions pas eu le compte, à quoi il répond sans sourire :

– Dites-moi ce que vous auriez préféré : que je vous jette à l'eau ou que je vous ramène de l'autre côté ?

Épuisés par ce slalom de bac en bac sur les rives aveuglantes du grand serpent d'acier, nous marquons une pause. Et c'est là que nous rencontrons Konrad, un vieil Allemand, et son petit-fils Thomas, respectivement soixante-dix-sept et neuf ans, venus d'Ulm à vélo, ce qui nous donne une belle leçon d'humilité :

notre voyage n'a rien d'un exploit, tous les Européens peuvent le faire, de sept à soixante-dix-sept ans, l'âge pour lire des bédés, il s'agit seulement de prendre le temps, d'avoir la patience épaisse et le caprice tenace.

Perchées au-dessus du fleuve, elles se voient de loin, les coupoles vertes de la basilique, laquelle écrase la ville de toute la pesanteur de son marbre. Nous voilà en vue d'Esztergom, notre terminus de la journée, où nous sommes accueillis par Gabor – jeune quinquagénaire aux longs cheveux bruns et au profil aquilin – devant la plus grande cathédrale d'Europe centrale, que nous visitons au pas de course avant la fermeture, juste le temps de jeter un coup d'œil à la chapelle Renaissance, seule rescapée de l'invasion turque de 1543. Puis Gabor – que nous avons rencontré sur la toile – nous mène chez lui, dans un quartier résidentiel de l'époque communiste. Tous les immeubles s'y ressemblent mais il ne regrette pas ce choix fonctionnel : depuis son balcon, il peut deviner les collines de la Slovaquie voisine et la vallée du Danube – Gabor a grandi au bord du fleuve, dans un village des environs, il en buvait l'eau dans son enfance, elle était potable, sa mère y cuisinait le goulasch et faisait bouillir le poisson dans son élément vital.

Après le dîner qu'il nous a préparé, Gabor nous promène la nuit dans les ruelles d'Esztergom, sans égards pour nos cuisses et nos mollets courbaturés. C'est en amoureux transi qu'il nous raconte l'histoire de l'antique capitale des Magyars : *Eszter* viendrait d'*Ister*, dérivé du grec *Istros*, un des anciens noms du Danube, et *Gom* d'un vieux mot magyar désignant la courbe ou le coude, donc Esztergom signifierait *sur le coude du Danube* quoiqu'il existe une bonne dizaine d'hypothèses étymologiques concurrentes, car on aime se battre à Esztergom, et pas seulement pour une butte, une église, un évêque ou un roi, mais aussi pour un mensonge, un juron ou un mot de travers. Gabor est photographe, il se lève à l'aube pour prendre des clichés de biches ou de sangliers dans les brumes matinales mais il a horreur de la pompeuse basilique néoclassique autoproclamée *CAPUT, MATER ET MAGISTRA ECCLESIARUM HUNGARIAE*, comme l'indique l'inscription gravée sur son fronton ; d'après lui, il n'y a aucun moyen d'en faire de belles photos : les colonnes sont trop hautes, le fronton trop massif, les coupoles trop vertes. Il convient toutefois qu'elle est moins moche la nuit, sous l'éclairage municipal qui fait surgir des croix à tous les coins de rue, preuve que nous sommes bien en Hongrie, dans ce pays qui se pense depuis l'an mil comme le *rempart de la chrétienté*. Nous longeons le palais épiscopal – où réside le primat de Hongrie – après avoir dévalé des marches creusées dans la paroi rocheuse et salué une affreuse statue commémorant le baptême du chef magyar Vajk, devenu ici même Étienne Ier de Hongrie en 997.

Gabor nous désigne une chapelle qui sonne encore le tocsin en souvenir du traité de Trianon, où fut entérinée, le 4 juin 1920, la dislocation de la Hongrie impériale au profit des alliés de la France et de la Grande-Bretagne : Roumanie, Yougoslavie, Tchécoslovaquie. Vous imaginez, dit-il, même les Autrichiens reçurent en pâture un petit morceau de Hongrie, le Burgenland ! D'après Gabor, la plupart des Hongrois haïssent encore la France pour cette amputation des deux tiers de leur territoire et d'un tiers de leurs compatriotes. Sous le cutter d'Emmanuel de Martonne et des autres géographes français, la Hongrie réduite *a minima* constituait le prototype de l'État ethniquement pur en Europe : il n'y avait plus que des Magyars dans la petite Hongrie indépendante de 1920, mais il y avait désormais des millions de Magyars d'outre-frontières, comme on les appelle encore aujourd'hui.

Et, nous désignant l'horizon, le Danube qui coule en silence, là-bas, dans la nuit, Gabor nous rappelle qu'avant Trianon, le fleuve n'était pas une frontière, et que la bourgade aujourd'hui slovaque de Štúrovo, dont nous apercevons là-bas les lumières, n'était qu'un faubourg d'Esztergom connu sous le nom de Párkány. Au moment de l'invasion turque, de nombreux Magyars se réfugièrent là-bas, sur la rive gauche, et, Buda perdue, Pest occupée, Poszony (aujourd'hui Bratislava) devint la capitale de la Hongrie. La Slovaquie est une invention, nous dit Gabor. Même mon dernier fiston est plus vieux que la Slovaquie ! À moitié pour plaisanter, Gabor nous décline les pires slogans nationalistes hongrois. Mais il ne tient pas forcément à récupérer tous les territoires perdus depuis le traumatisme de Trianon. Sa famille maternelle venait de Munkács, en Ruthénie subcarpatique, la ville fut tour à tour hongroise, tchécoslovaque, soviétique, aujourd'hui elle se situe en Ukraine et s'appelle Moukatcheve – il s'y est rendu l'été dernier sur les traces de ses ancêtres, il n'a jamais vu un bled aussi sordide, pour rien au monde il ne retournerait vivre dans un trou pareil.

Vlad ose cuisiner notre hôte à propos de Viktor Orbán. Il prétend ne pas l'aimer, le trouver vulgaire et autoritaire, ne pas avoir voté pour lui ni pour son parti, le Fidesz, mais il considère que celui-ci n'a pas tort de montrer les muscles à propos des migrants – et Gabor de nous régurgiter mot pour mot la propagande de son Premier ministre :

– Nous, les Hongrois, nous savons ce que signifie l'invasion. Il fut un temps où l'Empire mongol s'étendait de la muraille de Chine aux Carpates et nous étions le *dernier rempart* de l'Europe. Nous avons subi les raids sanguinaires des hordes mongoles de Batu Khan, le petit-fils de Gengis Khan, nous avons connu l'occupation turque et la loi du cimeterre, nous ne voulons plus d'autres envahisseurs !

Je lui réplique que les réfugiés ne sont pas des envahisseurs mais des gens qui fuient la guerre.

– Oui, mais le problème, c'est qu'ils sont musulmans. Nous, les Hongrois, nous n'avons pas de leçon à recevoir des Français ou des Allemands ! Vivre avec des musulmans, nous en avons fait l'expérience, pendant cent cinquante ans, et nous ne voulons pas recommencer ! Vous me direz, dans cent cinquante ans, si vous avez encore envie de vivre avec tous les musulmans qui habitent chez vous et fomentent des attentats !

Bref, toujours la même rengaine, toujours le même raisonnement simpliste au long du Danube – le même que j'ai entendu dans la bouche d'Anton, le gardien du musée de Roussé, ou dans celle de Gavril, le pêcheur lipovène de Sulina. J'aimerais bien que l'Europe change de disque, mais non, décidément, c'est le tube à la mode en ce moment. Seulement, cette fois-ci, la discussion n'en reste pas là et dérive sur les dangers comparés de l'islamisme et du consumérisme, et je découvre qu'il est un pays et une religion que Gabor exècre encore davantage que l'islam et la Turquie : les États-Unis et le libéralisme ! Car, dans le fond, il comprend les fondamentalistes qui se battent pour de vraies valeurs, mais crever pour McDonald's et Coca-Cola, ça, c'est un truc qu'il ne pigera jamais ! La discussion se termine – leitmotiv du voyage – sur la fin de la civilisation européenne : rien ne viendra sauver l'Europe en péril, selon Gabor, et il ne nous reste plus qu'à guetter joyeusement l'apocalypse.

7

Les enfants d'Attila

Esztergom-Győr (Hongrie), 8 septembre, 120 km

Gabor s'appelle en fait Attila. C'est gravé en capitales d'imprimerie sur la porte d'entrée de son appartement, juste au-dessous du judas : ATTILA KOVÁCS. J'avoue qu'il était tentant de vérifier, depuis que notre hôte nous avait prévenus – hier vers minuit, entre deux pintes et deux bouffées de tabac –, que Gabor n'était qu'un pseudonyme, utilisé sur les réseaux sociaux. La question m'a taraudé toute la nuit sur le canapé du séjour, où je me retournais dans tous les sens, sous l'effet de l'acide lactique remuant dans les veines de mes mollets, tandis que Vlad ronflait à poings fermés dans la chambre du fiston, celui qui est plus vieux que la Slovaquie et qui mène déjà sa vie d'étudiant à Budapest : il faut dire que la Slovaquie, j'ai eu le temps de faire le compte dans la nuit, soufflera cette année ses vingt-quatre bougies ! J'ai remué dans mon cerveau tous les prénoms magyars que je connais – Imre, Ferenc, László – mais je n'avais pas pensé au plus ancien d'entre eux : Attila.

Je fais part à Vlad de ma découverte. Ah ! dit-il, je pige mieux pourquoi il n'a pas révélé son vrai nom !

Attila Kovács, avoue que ça sonne un peu moins cool que Gabor Kovács pour attirer des cyclotouristes en perdition sur *couchsurfing.com* ou *warmshower.org* ! Bienvenue chez Attila, le fléau de Dieu, comme nous l'apprenait au CP mon vieil instituteur – au milieu des années quatre-vingt, on nous racontait encore que les Huns se nourrissaient de viande crue chauffée au soleil sur l'encolure de leurs chevaux, et l'on récitait la longue liste de leurs conquêtes, Attila pilla Milan, prit Pavie, rasa Metz, assiégea Orléans, fit trembler toute la Gaule et tout l'Occident avant d'être battu in extremis, en 451, devant Troyes ! C'est pourtant un beau prénom, Attila, et le chef légendaire des Huns – qui fut un grand stratège – n'était peut-être pas le barbare que l'on croit. D'ailleurs, Attila n'est pas seulement le nom du chef légendaire des Huns dont on cherche encore la tombe à travers toute la Hongrie d'hier et d'aujourd'hui, c'est aussi le prénom du plus grand poète hongrois, un des plus grands rhapsodes du Danube, Attila József, lequel écrivit ces vers :

Du Danube qui est futur, passé, présent,
les doux flots ne cessent de s'embrasser.
La mémoire dissout en une paix posthume
les luttes acharnées de nos aïeux.
Régler enfin nos affaires communes,
c'est notre devoir. Et ce n'est pas peu.

… avant de se jeter sous les roues d'un train, en 1937, à l'âge de trente-deux ans.

Entre Esztergom et Štúrovo, le Danube, large de 425 mètres, est encore une frontière qu'un cycliste ne franchit pas à la légère : le prochain pont se situe à 55 kilomètres plus à l'ouest, entre Komárom la

Hongroise et Komárno la Slovaque ; sur tout ce segment du fleuve, il n'y a pas l'ombre d'un bac pour assurer le va-et-vient d'une rive à l'autre. Après de longues hésitations, Vlad décide de s'engager sous la dentelle métallique du pont, je le suis, des panneaux flanqués de la croix de Lorraine nous souhaitent la bienvenue en Slovaquie, où commence la zone euro et où se poursuit, en théorie, la zone Schengen, en théorie, vu que nous passons devant un barrage volant de la police des frontières, d'ailleurs les deux flics nous dévisagent un bref instant au cas où nos livrées de cyclistes dissimuleraient un faciès de *migrant*.

Sous ses blocs d'immeubles communistes réhabilités et peinturlurés à la hâte, Štúrovo peine à faire oublier son passé de zone industrielle ; aujourd'hui, c'est une banlieue tristounette que tout oppose à la pompeuse Esztergom et qui compte sur les délocalisations pour relancer son économie. Afin de remonter le fleuve à la trace, nous avons rejoint la levée. Dès que nous sentons nos pneus s'enfoncer dans les gravillons slovaques, nous regrettons notre choix d'avoir opté pour l'Euroland : c'est au calibre du gravier que l'on reconnaît le prix qu'un pays est prêt à investir pour attirer la manne cyclotouriste. Au bout de quelques kilomètres sur cet ersatz de piste cyclable, à jouer les funambules, les mollets endoloris par les vibrations, je jette ma bécane à terre, plonge une nouvelle fois dans le Danube et propose une tentative de remonter le fleuve à la nage, qui échoue pitoyablement dans un surplace pathétique que Vlad s'amuse à filmer. En repartant, nous regardons la rive hongroise, là-bas, s'éloigner à travers les saules comme une terre exotique et déjà regrettée – petits clochers rococo, nids de cigognes, façades aux couleurs chaudes des maisons de pêcheurs.

Arrivés à Komárno avec bien du retard sur nos prévisions, nous butons sur les remparts d'une forteresse que nous contournons en attendant l'heure d'ouverture – sur le linteau du portail, une inscription énumère les titres de l'empereur Léopold, dans le latin abrégé des clercs de notaire : LEOPOLDI : ELE : ROM : IMP : HVNG : AC : BOH : REGIS : ARCHID : AVS : & C, etc., où l'on reconnaît déjà le jargon de la Kakanie de Musil et le prototype de l'idiome truffé de sigles de notre Euroland : la langue des bureaucrates zélés qui ne se soucient guère d'être compris par le pékin moyen. D'ailleurs, quelle est la langue parlée aujourd'hui à Komárno ? Difficile de le dire : la ville déserte s'est assoupie dans la torpeur de l'arrière-été. Partis à la recherche de chatterton pour rafistoler mes sacoches qui s'effilochent et foutent le camp au moindre dos-d'âne, nous faisons le tour des quincailleries de la ville – mais mon sabir serbo-russe et l'ukrainien de Vlad, même incrustés de mots allemands, ne suffisent pas à s'approcher du slovaque, et de toute manière, c'est peine perdue : ici aussi, tout le monde parle hongrois, seulement hongrois. Heureusement, un couple de vieux touristes canadiens rencontrés sur la terrasse d'un resto folklorique nous vient en aide et se propose d'assurer la traduction : Françoise est québécoise et Imre d'origine magyare. Nous les quittons après de longues embrassades, sous la statue d'un général Klapka bombant le torse encore mieux que Viktor Orbán, à faire craquer ses brandebourgs de bronze ; il y a des jours où le commandant en chef de la révolution de 1848 doit se demander ce qu'il peut bien foutre ici, sur le sol slovaque, lui qui s'est battu toute sa vie pour l'indépendance de la Hongrie !

Histoire de frôler le fleuve au plus près, nous reprenons le chemin de halage à la sortie de la ville, traversons des sortes de bayous où l'eau d'un vert glauque stagne entre les saules, où de grandes nappes de lueur phosphorescente percent sous les feuillages, nous passons devant des fermes inhabitées, il n'y a pas âme qui vive dans ces parages, c'est toujours le même gravillon qui glapit sous nos roues, parfois il faut se mettre en danseuse pour ne pas s'enfoncer, ou rouler carrément dans l'herbe rase, ou sur l'étroit liseré de terre bordant la levée, au risque de se retrouver dans le fossé – après avoir joué les funambules de la frontière, entre la rivière à main gauche et les marécages à main droite, sur cette grande île fluviale de Žitný Ostrov comprise entre le Petit Danube (*Malý Dunaj*) et le Danube proprement dit, nous décidons de fausser compagnie au fil conducteur du voyage et de prendre une route étroite qui s'enfonce dans la campagne et dessert les villages insulaires des environs. À la sortie de Velké Kosihy, halte dans un antique *Biergarten* – façade rococo, toit de traviole et tuiles écailles. Ici, tout est écrit en allemand – et même en caractères gothiques –, on nous sert en allemand, de la bière allemande, mais il n'y a pas la moindre bouteille chiffrant au-dessous de 8° d'alcool ; je me rabats sur une canette de Pepsi ; Vlad s'autorise une petite cuite salutaire. Lorsque nous remontons en selle, je constate qu'il zigzague diablement tandis que je pédale en danseuse, pour soulager un peu mon coccyx chahuté par le gravier slovaque.

En chemin, nous méditons sur le contraste entre villes et campagne, entre rive slovaque et rive hongroise. Contrairement à l'image communément admise, il n'y a pas un gradient richesse > pauvreté entre l'ouest et l'est de l'Europe, mais la juxtaposition d'îlots de richesse annonçant la proximité d'un centre et d'îlots de misère rappelant que nous sommes encore à l'est de l'ancien Rideau de fer, dans une province reléguée, où les ruraux n'ont pas l'air mieux lotis qu'au fin fond de la Voïvodine serbe ou de la Dobroudja roumaine : ainsi de Medvedov, *le village des ours*, trou perdu où l'on espérait mettre pied à terre, fourbus que nous sommes, où l'on apprend qu'il n'y a pas moyen de se loger, pas d'hôtel, pas d'auberge, pas de gîte ni de camping, pas même une chambre d'hôtes.

Nous faisons trois fois le tour du patelin comme des âmes en peine. La seule solution, nous disent dans un allemand rugueux les villageois magyarophones attablés autour d'une bière sur la terrasse du saloon local, c'est de se rendre à Velký Meder, à dix bornes au nord-est – ce qui nous éloigne sensiblement du Danube – ou à Győr, sur la rive hongroise, à quinze bornes au sud-ouest – ce qui nous rapproche de Bratislava, où nous sommes attendus demain, seulement j'ai si mal aux fesses que je ne vois pas comment je vais pouvoir tenir en selle quinze kilomètres de plus, alors je décide de finir l'étape en danseuse : j'ai l'impression que mon coccyx va me trouer le derrière et saillir à travers ma peau de chamois…

– *Achtung !* s'exclame alors un des villageois, *Brücke kaputt !* Le pont est en travaux ! Nous échangeons un regard dépité : selon la carte routière, le pont de Medvedov est le seul moyen de franchir le Danube à des cinquantaines de bornes à la ronde… Vlad a déjà enfourché sa bécane en direction du nord, qu'un autre homme nous hèle : *Moment, bitte !* Il se retourne vers ses acolytes. Les types discutent ferme entre eux, en hongrois, se crachent au visage quelques jurons, et puis finalement, l'un d'entre eux tranche la question : *Nur für Fahrräder !* À vélo, ça devrait passer…

Le soleil se couche sur la canopée noire de la forêt rivulaire, une péniche glisse en silence sur l'eau couleur d'encre, un héron fend la frontière fantôme au moment même où nous traversons, sur les poutrelles métalliques réservées normalement aux piétons, le pont désert – 335 mètres au compteur –, dont le revêtement a été arraché. Renforcée par le chien et loup du crépuscule et par le *no man's land* de la route interdite au trafic, la sensation de pédaler dans un grand nulle part se confirme au passage d'un checkpoint abandonné : inutile pour les autorités hongroises de surveiller le versant nord du pays ; dans la mythologie magyare, les envahisseurs viennent toujours du sud ou de l'est.

Le contraste entre le bled que nous venons de quitter et la ville des lumières où nous déboulons à la nuit tombante est saisissant. Perchés sur nos montures, nous zonons tels des hussards zombies dans les rues d'une Győr opulente qui annonce déjà Vienne dont elle copie tous les thèmes et tous les motifs. Sur la place centrale, dans les brasseries déployant leurs terrasses autour d'une fontaine, les prix à quatre chiffres – forint oblige – et le service empressé, sans sourire, avec un peu de condescendance et parfois même une petite remarque désobligeante, sont des signes avant-coureurs de cette Europe suissifiée, hautaine et pleine de morgue où tout se quémande, même le sourire, même le pain, même le couvert, même le verre d'eau ; si ce brave Gogol était de retour parmi nous, me dit Vlad, je parie qu'il transposerait ses *Âmes mortes* par ici, dans cette moitié ouest de la Danubie, qui s'efforce par tous les moyens d'imiter l'Autriche et la Suisse voisines. Enfin, le dernier indice que nous approchons de l'Autriche, de la Suisse et des terres du couchant est la fraîcheur de l'herbe. Le camping municipal où nous échouons affiche quatre étoiles qu'il a glanées on ne sait où : l'herbe est trop grasse, trop haute, trop verte et se gorgera de rosée dès le petit matin, nous réveillant avant le lever du soleil, trempés, frissonnants, claquant des dents. Tandis que nous ferons sécher nos fringues et nos toiles de tente en avalant un café, nos voisins néerlandais, qui sont, comme la plupart des cyclotouristes que nous croisons, en route pour le sud-est, nous demanderont si la Serbie est un pays sûr, comme quoi les préjugés ont la vie dure.

8

Utopia danubiana

Győr (Hongrie)-Bratislava (Slovaquie),
9 septembre, 93 km

Nos jugements de la veille étaient peut-être un peu sévères et sans doute motivés par la fatigue, après une étape éprouvante de cent vingt bornes. Ce matin, le soleil radieux nous invite à quitter la ville de Győr avec une tout autre image en tête. Nous tournons en rond sur les quais et dans les ruelles pavées du centre-ville – entre les canaux qui la ceinturent, Győr tient à la fois de Vienne et de Venise, les volutes s'immiscent à tous les coins de rue, se glissent sous un balcon, se hissent sur une façade ; ici, tout est baroque, voire rococo : bulbes des clochers et œils-de-bœuf des toitures, voûtes des ponts et nymphes des fontaines, piliers des auberges et menus des guinguettes, épaules nues des Hongroises, cambrure des reins, galbe des mollets, talons aiguilles, rouge à lèvres et vernis pailleté. Mais le temps file et nous ne pouvons pas nous attarder plus longtemps parmi les reflets de cette ville-miroir, alors nous suivons le Danube de Moson (*Mosoni-Duna*), un des avatars du grand fleuve européen qui est tout à fait rococo lui aussi puisqu'il s'est échappé du bras principal, s'égare à plus de dix kilomètres vers le sud et se tortille diablement parmi les bosquets de peupliers, les héronnières et les prairies humides, formant ici, sur une superficie de 375 kilomètres carrés, le Szigetköz, la plus grande île fluviale de Hongrie, pays qui ne se consolera jamais d'avoir perdu avec Rijeka – ex-Fiume – son seul accès à la mer et aux îles de l'Adriatique, où se réfugia jadis le roi Béla IV poursuivi par les hordes mongoles, où devait s'achever, sur un mode idyllique, *L'Homme sans qualités*, le grand roman lacunaire de Robert Musil.

Comme il est impossible de suivre chaque arabesque de cet ancêtre du Danube évoquant sur les cartes la forme d'un vieux reptile disparu, sinon nous n'arriverions jamais à Bratislava avant la tombée de la nuit, nous optons pour la piste cyclable, mais celle-ci colle un peu trop à la route, alors nous bifurquons sur la droite, en direction du village de pêcheurs de Lipót, dans l'espoir de longer le Vieux Danube (*Öreg-Duna*), le bras principal du fleuve qui trace toujours la frontière avec la Slovaquie voisine. Asséché par le barrage slovaque de Gabčikovo, le Vieux Danube est triste à voir, il n'a plus beaucoup de courant, ses eaux étroites se traînent lamentablement sous l'ombre des aulnes. Quant au chemin de halage, il n'est guère plus praticable que sur la rive d'en face. Alors nous pédalons au hasard et nous nous égarons sur de mauvais sentiers dans ce monde insulaire. Tout indique que nous ne sommes pas encore complètement sortis de la zone où s'étendait autrefois la grande mer de Pannonie. Les Hongrois appellent cette région Kisalföld, *la petite plaine*, par opposition à la grande plaine méridionale. C'est un paysage de peupleraies, de bras morts et de marécages qui me ramène en pensée aux marais du Bouchage, au bord du Rhône, où j'allais pédaler enfant. Partout, l'eau douce, sous toutes ses formes, nous cerne et nous environne. Avant les grands chantiers de drainage et de régulation de l'époque moderne, la quasi-totalité de l'actuelle Hongrie n'était qu'un labyrinthe de *bucka* (buttes non inondables où paissaient les troupeaux de brebis et de buffles aquatiques) et de *heles-tö* (cuvettes toujours en eau très poissonneuses).

Comme l'écrit Élisée Reclus, « depuis les commencements de l'histoire écrite de la Danubie, la terre était restée commune », les villages se déplaçaient avec leurs habitants lorsque les zones cultivées avaient perdu leur force productive et qu'il fallait rechercher des campagnes vierges ou renouvelées par les jachères. Les Magyars furent jusqu'à une date récente un peuple nomade et archipélagique, parlant cette langue étrange, insulaire, à l'origine énigmatique et qui n'est pas dénuée de poésie : il suffit d'égrener les noms joyeux et vocaliques des hameaux que nous traversons pour en donner un aperçu, Dunaszeg, Dunaszentpál, Dunaremete, Duna-ceci, Duna-cela, Dunasziget, mot à mot *l'île du Danube*, Dunakiliti, *la serrure du Danube*, petit patelin exotique où les maisons sur pilotis plongent leurs pieds dans l'eau stagnante, où les autochtones se déplacent encore en barque, tandis que les vacanciers autrichiens préfèrent parader dans leurs coupés-cabriolets.

Histoire d'apaiser notre fringale, car nous n'avons plus un seul forint vaillant en poche et nous devinons qu'il n'y aura pas de distributeur de billets avant de repasser sur la rive slovaque, nous chapardons dans les arbres fruitiers plantés sur les bords de la route afin de servir d'appât aux oiseaux, lesquels se détournent ainsi des récoltes : aujourd'hui, le Szigetköz – qui concentre la plupart des espèces végétales et des ressources halieutiques du pays – n'est plus tout à fait le paradis dédaléen des pêcheurs et des hérons, c'est aussi le domaine des grandes propriétés céréalières, le domaine où un petit épi de blé vaut davantage qu'une poire, qu'une pomme ou qu'une prune pourtant bien juteuse.

Au terme de nos errances dans la grande île fluviale hongroise, nous parvenons à Rajka, carrefour méconnu de l'Europe médiane, où s'égarent les eaux de la Leitha, bref affluent du Danube qui donna son nom à la Cisleithanie à l'ouest et à la Transleithanie à l'est, les deux moitiés de l'empire séparé par le compromis austro-hongrois de 1867. C'est ici que finissait le Rideau de fer et que se croisent aujourd'hui les trois frontières : dans la rue principale se mêlent les plaques minéralogiques autrichiennes, slovaques et hongroises. La rue de Schengen (*sic !*) relie Rajka à Čunovo, sa voisine slovaque. Le poste-frontière a été démantelé, laissant la place à un immense terrain vague où domine la couleur des marches et des confins : ce triste vert-de-gris, comme si toutes les nuances de la palette européenne s'étaient brouillées ici.

Plus loin, nous filons vers le barrage amont de Gabčikovo ; ici, le Danube s'étale sur une largeur de plus de deux kilomètres et demi, le grand fleuve européen est une petite mer et l'on se croirait débarqué sur une île des Cyclades : des troupeaux de chèvres broutent les brins d'herbe rousse qui subsistent parmi les rocailles, des cormorans juchés sur les digues, immobiles, le bec en l'air, font sécher leur plumage comme on étend son linge ; sur le bief d'aval, où l'eau jaillit des turbines et nous gifle le visage avec la vigueur d'un torrent alpin, des rafteurs profitent des rapides artificiels qui leur donnent l'impression de dévaler les Andes ; la réverbération violente de ce monde aquatique et minéral, absolument dépourvu d'ombre, nous cuit littéralement la peau : qui dit mer dit miroir.

Nouvel état supranational dont l'empire s'étendait des bouches du Danube au Rideau de fer, l'URSS hérita de l'Autriche-Hongrie ses projets d'utopie danubienne. En 1977, la Hongrie et la Tchécoslovaquie signèrent ici, sous le patronage du grand frère soviétique, un traité prévoyant la domestication du Danube, considéré comme un fleuve-outil au service de l'homme rouge et du bloc de l'Est ; le projet pharaonique envisageait la construction d'une série de barrages, de canaux et de retenues sur un tronçon de 200 kilomètres entre les deux pays, qui permettraient non seulement de les fournir en énergie mais aussi de garantir aux convois soviétiques un accès fluvial jusqu'au giron de l'Europe ; en 1989, dans la confusion générale qui suivit la chute du Mur, les autorités hongroises cessèrent soudain les travaux et dénoncèrent le traité, arguant des risques environnementaux qu'un tel aménagement ne manquerait pas de provoquer, puisqu'il entraînerait notamment la disparition des prairies humides du Szigetköz ; la surprise fut alors générale, car on n'avait encore jamais vu un gouvernement se soucier réellement de la vie des têtards, des aigrettes et des nénuphars ; cela dit, la vraie raison du refus hongrois était davantage politique qu'écologique : le canal de dérivation formerait une barrière supplémentaire entre les Magyars des deux rives, déjà séparés par le fleuve-frontière. Après avoir saisi la Cour internationale de justice en 1993, la Slovaquie nouvellement indépendante fut contrainte de réaliser seule un projet au rabais : achevée en 1998, la variante C empoisonna durablement les relations entre les deux pays, Budapest accusant Bratislava de détourner les eaux du Danube et d'assécher la plaine hongroise.

Au bout du barrage, sur une petite presqu'île en forme de pouce, qui s'avance au milieu du lac de retenue, se dresse depuis l'an 2000 le Danubiana Meulensteen Art Museum, chef-d'œuvre architectural typique de notre univers de palais de cristal que dénonçait déjà Dostoïevski. Des affiches nous informent que se tient une exposition temporaire : Miró et les Cobras. Après la visite de l'exposition où j'ai la joie immense de retrouver deux ou trois Kirkeby d'une beauté sombre, anarchique, automnale, nous grimpons sur la terrasse pour admirer le panorama : là-bas, flottant au-dessus de la mer danubienne telle une *fata morgana*, on devine le doux trémolo des Petites Carpates et les clochers rococo de Bratislava. C'est en pressentant que nous ne verrons plus jamais, par la suite, le fleuve aussi large que nous quittons le barrage à regret en repartant vers le nord-ouest.

L'arrivée à Bratislava, à la fin de cette journée d'errance dans les anciennes tresses du Danube et du lac pannonien, nous fait l'effet d'un retour vers le futur : sportifs ou naturistes, les Slovaques que nous croisons font tout pour profiter des derniers jours d'été ou pour garder la forme avant la rentrée des classes ; les joggeurs sont équipés de bracelets informatiques et de *CamelBak* ; les cyclistes s'arc-boutent sur les guidons profilés de bolides dernier cri reléguant nos montures à l'ère de la draisienne et du vélocipède ; les ondines juchées sur des rollers sculptent leurs jambes fuselées en slalomant sur l'asphalte lisse comme une fesse de mannequin photoshopée. Bratislava, malgré sa taille modeste, est un carrefour crucial pour l'Europe médiane : nous pédalons sous les bretelles d'autoroute et les ponts ferroviaires, au bord de grands boulevards sillonnés par des tramways, avant de traverser le *most SNP* – grand pont à haubans soutenu par une espèce de tripode à tête de soucoupe volante qui enjambe les 250 mètres d'un Danube verdâtre et canalisé ; dans notre ligne de mire apparaît enfin le gros parallélépipède blanc du Hrad, le château.

Rendez-vous a été pris avec Lothar Kalters, mon vieux pote suisse et linguiste, à la fontaine de Maximilien. Lui aussi est venu à vélo, mais seulement depuis la banlieue sud, qui étage ses barres d'immeubles sur la rive droite du fleuve. Il n'a guère changé malgré les années : son visage longiligne est toujours aussi rougeaud, son grand front ridé s'est un peu plus dégarni, la touffe de cheveux blancs couronnant son crâne a gagné du terrain, la broussaille noire de ses sourcils s'est épaissie. Il parle toujours français avec un petit accent comique, s'embarque toujours dans de violentes diatribes contre la Suisse, contre l'Union, contre la *suissification* de l'Europe, mais je sens que l'âge venant, s'étant marié à quarante-huit ans, étant devenu père à cinquante, il s'est assagi et a mis de l'eau dans son vin. Il ne peut pas nous loger, dit-il – désolé, les amis, il y a du monde à la maison : c'est l'anniversaire de ma fille et la belle-famille débarque au grand complet des Carpates !

Hélas, nous arrivons au plus mauvais moment : présidence slovaque oblige, le sommet de Bratislava – officiellement sur *la défense et la sécurité en*

Europe – se tient dans quelques jours entre les vingt-sept membres de l'Union : c'est ici que la Kakanie bruxelloise espère régler définitivement la prétendue *crise des migrants*. D'une voix anxieuse, nous contactons tous les hôtels et toutes les auberges de jeunesse de l'annuaire : dans toute la ville, il ne reste plus qu'un seul lit ; Vlad s'en va dérouler son tapis de sol quelque part en banlieue dans le studio de Miloš, un ami serbe venu en Slovaquie trouver du boulot ; Lothar me conduit à mon terminus : *Hostel Folks*, rue Obchodná, où m'attend un lit superposé dans un dortoir de seize places. Lothar patiente en bas de l'auberge, tandis que je prends une bonne douche chaude et me prépare pour la nuit de Bratislava.

9

La couronne de Charlemagne et le sceptre d'Ottokar

Bratislava (Slovaquie), 10 septembre

La nuit de Bratislava, à regarder défiler les filles sans plus savoir où donner de la tête, m'a refilé un sacré mal de crâne. Une fois Lothar raccompagné devant le pont tripode qu'il a traversé sur son vélo, je n'aurais jamais dû me laisser embrigader par Vlad et Miloš dans leur tournée des boîtes de nuit les plus pourraves de la ville aux mille ambiances différentes – samba, salsa, R'n'B, disco – mais toujours avec la même clientèle. Cela dit, je dois avouer que n'importe quel prétexte était bon pour échapper à mon lit superposé, à la puanteur du dortoir, aux ronflements de quinze gaillards. Ce matin, Vlad et Miloš sont allés se baigner dans les lacs de naturistes s'égrenant tout autour de la ville, pour pouvoir continuer à mater tranquillement les sirènes slovaques sous leurs lunettes de soleil. Mes trois heures de sommeil n'ont fait que raviver mes courbatures. Après un petit déjeuner frugal à la terrasse d'un café avec Lothar et sa fille Livia (hommage à Joyce et aux Lives dont il cherchait autrefois la trace, sur les rives de la Baltique), je me retrouve en solitaire dans cette ville où je suis déjà venu mais où je n'ai pas d'autres repères que les quais du Danube et la fontaine de Maximilien. J'arpente en somnambule les rues pavées en reculant sans cesse le moment fatidique où il me faudra bien faire l'ascension de la côte menant au Hrad, le grand château blanc veillant sur la ville du haut de ses quatre tourelles octogonales aux toits saillants, couleur de sang frais.

Devant le château se dresse une statue équestre de Sviatoplouk Ier – ceci n'est pas une invention d'Hergé ! – de Nitra. Le prince de Grande-Moravie brandit vers le ciel bleu son épée de bronze comme dans une vision kafkaïenne ; son cheval se cabre à la verticale, on distingue mieux les grosses roubignoles et le membre cylindrique de la bestiole que le visage de son obscur cavalier ; sur le socle de granit, une inscription en slovaque et en latin rappelle la bulle du pape Jean VIII qui créa la province ecclésiastique de Grande-Moravie dont Méthode – le grand évangélisateur, avec son frère Cyrille, des peuples slaves – devint le premier archevêque. À l'intérieur du château, en écho au sommet de Bratislava, se tient une exposition européenne sur l'héritage de Charlemagne. Sous couvert de célébrer *l'unité dans la diversité*, devise de Bruxelles depuis l'an 2000, c'est avant tout le mythe de l'Empire qui est ici glorifié, et c'est un Saint-Empire romain germanique, exaltant les racines chrétiennes de l'Europe et les stéréotypes nationaux des différents peuples qui la constituent. D'une salle à l'autre, d'une vitrine à l'autre, l'exposition raconte ces histoires de sabres, de sceptres et de couronnes perdus, retrouvés, reperdus qui en disent long sur la nostalgie de la souveraineté dont sont affectées les petites nations européennes, du fait de leur intégration trop précoce à l'Union, après soixante-dix ans passés dans le giron soviétique. Dans une de ces vitrines, j'apprends que le roi Ottokar a vécu, qu'il ne s'agit pas d'une invention d'Hergé – une plaisanterie qu'il faudrait lire *autocar* –, mais qu'il y eut Ottokar Ier, roi de Bohême, Ottokar II, et même Ottokar III et IV, margraves de Styrie.

Il y a, depuis l'an 2000, de la part des édiles bruxellois, une volonté manifeste de nier l'héritage d'Athènes, de Byzance et de Jérusalem en faisant remonter l'Europe au temps de Charlemagne. Tout commencerait à Rome, en l'an 800, avec le couronnement du roi des Francs par le pape. Avant cette date, l'Europe ne serait pas tout à fait l'Europe. L'image d'Épinal d'une Europe romaine et germanique, que l'on nous fabrique à Bruxelles et que l'on exporte à Ravenne, à Prague, à Bratislava, sous la forme d'expositions pseudo-historiques mettant en valeur les logos de l'Euroland et de ses partenaires commerciaux est un mythe dangereux qui ravive la grande faille du Vieux Continent moisissant : le schisme de 1054. La ligne de fracture Riga-Split fut, de la Baltique à l'Adriatique, le premier rideau de fer à s'abattre sur l'Europe. C'est cette ligne de faille que les guerres civiles yougoslaves ont fait rejouer, c'est cette ligne de faille qui sépare les pays baltes de la Russie sur le grand lac gelé où s'affrontèrent, en 1242, les chevaliers teutoniques et les armées russes d'Alexandre Nevski, c'est cette ligne de faille que la *crise des migrants* – en fait, une crise des valeurs européennes – vient réveiller une nouvelle fois. *Nous ne sommes pas les enfants de Charlemagne*, répliquerait le grand médiéviste Jacques Le Goff, s'il était encore en vie.

À la fin de l'exposition, je reste longtemps interdit devant une carte de l'Europe en 814, à la mort de Charlemagne. L'Empire carolingien s'étendait du Danemark aux Pyrénées et de la Bretagne au Latium ; il allait de Brest à Rome et de Gdansk à Barcelone mais n'englobait ni Vienne, ni Bratislava, ni Budapest, car c'était là le royaume des Avars, et, le long du Danube, les *missi dominici* n'avaient guère poussé leurs explorations plus loin que Passau ; cependant, l'Empire étirait deux doigts aiguisés telles des griffes vers le sud-est, au long de la côte Adriatique ainsi qu'entre la Drave et la Save, dans une marche frontière appelée Chrobatie qui préfigurait la forme en boomerang de l'actuelle Croatie. À cet endroit, le monde de Charlemagne coïncidait avec l'Union actuelle ; en arrêtant sa frontière à la Krajina croate, l'Europe communautaire avoue qu'elle est l'héritière du roi des Francs, du Saint-Empire romain et de la chrétienté occidentale.

Je suis monté dans le grenier suffocant de la tourelle nord. Un panorama à 360° offre une belle vue sur la vallée. Le fleuve est un long ruban scintillant. Il se déroule entre les hauteurs du Burgenland à gauche et les Petites Carpates à droite. Selon les géographes, qui adorent délimiter l'espace, ici, nous sommes encore sur le moyen Danube, mais là-bas en Autriche, en amont de la porte de Devín et de la cité antique de Carnuntum, où l'empereur philosophe Marc Aurèle avait établi son quartier général dans sa campagne contre les Marcomans, commence le haut Danube – et pourtant, c'est bien la même rivière qui coule, peu importent son nom, son origine et sa race.

En descendant les ruelles reliant le château à la ville, la fatigue, le manque de sommeil, les crampes, les rhumatismes, les cartilages atrophiés de ma rotule gauche se réveillent et je me sens tout à coup très vieux, et je boite, et je ne sais plus où je suis, dans quelle ville je marche, tant j'ai le sentiment d'avoir déjà vu mille fois ces clochers bulbeux, ces remparts crénelés, ces blasons gravés, ces pavés satinés, ces tilleuls étêtés, ces bacs de géraniums, ces grandes blondes marchant d'un pas militaire, tous ces *homo turisticus* venus enterrer leur vie de garçon dans cette petite métropole qu'ils prennent pour le vagin de l'Europe – je pourrais être à Prague, à Cracovie, à Vilnius, à Tallinn, à R., capitale de la Grande-Baronnie, je pourrais être n'importe où sur *la ligne des glaces*, dans le cœur gelé de l'Europe, dans la *Grande Suisse in Ordnung* que Franz Werfel situait autrefois en Autriche-Hongrie mais qui coïncide aujourd'hui avec l'Euroland, cette zone sans passions où règne la monnaie de Francfort, l'obsession de la sécurité, la manie du confort et qui ne subsiste plus que par la force de l'habitude. En longeant le fleuve canalisé qui nous sépare des tristes banlieues de la rive sud où vit mon vieux pote Lothar, je repense à nos virées sur les rives de la Baltique, il y a douze ans. Ayant épousé une belle slovaque et adopté deux enfants slovaques, ayant engendré une petite Livia slovaque, Lothar croyait avoir définitivement coupé les ponts avec cette Suisse natale qui l'empoisonnait autrefois. Et pourtant : sur les bords du Danube, en Slovaquie, c'est une seconde Suisse qu'il a retrouvée, une Suisse à peine plus grande que son pays natal. Une Suisse d'antan, qu'il cherchait depuis tant d'années sans le savoir, une petite Suisse prénatale, qu'il n'avait pas connue mais qu'il regrettait. D'ailleurs, les flots danubiens ne proviennent-ils pas en grande partie des glaciers suisses ?

10

L'Europe au cœur rouillé

Bratislava (Slovaquie)-Vienne (Autriche),
11 septembre, 88 km

D'après les cartes consultées hier, l'étape s'annonce terriblement rectiligne et monotone, alors nous décidons, sur les conseils de Lothar, de faire un petit détour par le château de Devín, forteresse médiévale juchée sur son piton rocheux, mais que Napoléon, après la défaite d'Essling et la victoire de Wagram, en 1809, fit raser dans sa rage d'avoir perdu tant d'hommes pour faire plier l'archiduc. Seules les ruines d'un donjon et d'une tour dite de la Vierge témoignent du riche passé de cet ancien chef-lieu des confins ; une vue plongeante sur le confluent du Danube et de la Morava – qui s'appelle en allemand *March*, comme une marche frontière – nous offre le premier aperçu de l'Autriche ; ici, le fleuve aux eaux véloces et verdâtres et la rivière aux eaux brunes et paresseuses luttent un instant, mais le fleuve l'emporte finalement, étouffant dans sa nasse les sombres gargouillis de cette rivière aux berges vaseuses, qui me déçoit par son étroitesse, comme me déçoivent, depuis notre départ, bien des affluents du Danube.

Dire que pendant quarante-cinq ans, seuls quatre-vingts mètres séparèrent ici les deux blocs du continent ! On imagine qu'il était tentant, malgré la vase, de faire la traversée à la nage. Or le Rideau de fer, dont il subsiste aujourd'hui des vestiges rouillés, défendait vigoureusement l'accès aux rives de la Morava.

Remonter le Danube au pixel près, c'est explorer toutes les époques de la frontière, toutes les formes que l'Empire inventa, depuis les Romains, pour se barricader contre un ennemi réel, imaginaire ou fantasmé. *Limes* romain, *Militärgrenze* autrichienne, ligne Árpáda hongroise, Rideau de fer soviétique, murs et barbelés d'hier et d'aujourd'hui. Ici, donc, à Devín, où se dressait, de 1945 à 1989, le Rideau de fer, on a construit un monument aux quatre cents victimes de la maladie de la frontière, aux quatre cents personnes tuées pour avoir tenté de franchir le rempart barbelé séparant les deux blocs : c'est un grand portique de béton blanc perforé de coups de burin imitant des impacts de balles. Une plaque commémorative rappelle en quatre langues – allemand, anglais, tchèque et slovaque – que trente ans seulement nous séparent de cette tragédie : *Ici, 400 personnes sacrifièrent leur vie en luttant pour leurs droits d'êtres humains libres et sans entraves. N'oubliez pas que la liberté de penser, d'agir et de rêver est une valeur qui mérite bien des sacrifices.*

Plus loin, un monument de marbre noir établit la liste des quatre cents victimes, avec la date et les circonstances exactes de leur assassinat. Cadrant au hasard la stèle noire dans l'obturateur de mon appareil photo, j'arrache en silence des bribes énigmatiques de ces vies lacunaires, abrégées sous la lame des barbelés :

*... JÁN *8.9.1927 † 6.8.1956 citizen of Poland, killed by electric current in Petržalka. MOHS JAN IGNACY *29.5.1938 † 1.8.1960... UNIDENTIFIED MAN (with documents on the name Horňak) † 4... shot on the run in the... PLECHO MILAN, *12.8.1946 † 4.2... through the barrier at the passport control Petržalka/Berg. Died from injuries after two months... young lady clerk... about 45-year old † 9.12.1952... firing on a group of nineteen refugees near Jarovce, north of Bažantnica woods with... *20.1.1939 † 27.8.1967... at the confluence of rivers Danube and Morava...*

Tout à coup, Vlad m'appelle : Hé, mon pote, viens voir ! Il me désigne un troisième monument. Cette fois-ci, c'est un immense cœur de ferraille rouillée qui paraît encore tout sanguinolent sur son socle de béton. *Œuvre d'un artiste local, fabriquée avec des vestiges du Rideau de fer*, est-il gravé sur le socle. Son nom slovaque est *Pamätník Srdce Európy* : monument au cœur de l'Europe. Nous serions donc parvenus au cœur rouillé de la vieille Europe. Pourquoi pas ? À la fin du XVIe siècle, le cartographe allemand Sebastian Münster situait le cœur de la reine Europe en Bohême, mais je préfère la version de Nicolas Bouvier selon qui celui-ci se trouverait un peu plus au sud, dans la chaleur et la générosité des Balkans – d'ailleurs, qui a dit que le cœur se situe au milieu du corps ? Le cœur d'un être humain se situe en haut à gauche, nous le savons bien, ne confondons pas le cœur et le nombril. Le cœur de mon Europe bat au sud-est, quelque part entre Istanbul, Yalta, Novi Sad et Corfou, dans l'ancien empire du tsar Samuel.

En regardant cette grande sculpture rouillée, Vlad et moi, nous mesurons peu à peu à quel point il est impossible, pour les gens de notre génération, de penser qu'il y a seulement trente ans, au centre de l'Europe, des gouvernements pouvaient justifier froidement l'assassinat de ceux qui rêvaient de vivre de l'autre côté d'une rivière, dans un monde qu'ils croyaient libre – qui ne l'était pas complètement mais qui ne souffrait aucune comparaison avec la caserne enrégimentant leur vie, du matin au soir et de la naissance à la mort. Quelle était alors l'attitude de l'Europe de l'Ouest ? La lâcheté, tout simplement. La lâcheté et la trahison. Combien de fois l'Europe de l'Ouest n'a-t-elle pas trahi l'Europe de l'Est au XXe siècle ? La grande braderie de Munich, le pacte Ribbentrop-Molotov, la conférence de Yalta, l'écrasement de Varsovie, l'insurrection de Budapest, le Printemps de Prague : à chaque fois, nous n'avons pas bougé le petit doigt. Et la trahison s'est poursuivie au XXIe siècle avec le massacre récent de Maïdan, à Kiev, l'annexion de la Crimée et le soutien militaire russe aux séparatistes du Donbass. Cette lâcheté occidentale ne nous a pas quittés, ce sont aujourd'hui les peuples du pourtour oriental de la Méditerranée qui en font les frais : Libanais, Syriens, Libyens, Kurdes, Irakiens, Palestiniens, pris dans le piège de nos alliances à géométrie variable, de nos promesses déçues et de nos revirements subits. Il faut dire que les gouvernements d'Europe centrale ont fait des progrès depuis la fin de la guerre froide : primo, leurs gardes-frontières n'assassinent plus froidement leurs concitoyens mais ouvrent désormais le feu sur des étrangers fuyant la guerre et la misère ; secundo, ils ne tirent plus à balles réelles mais font un usage immodéré de ces armes dites non létales – bombes lacrymogènes, grenades pyrotechniques et balles en caoutchouc. Cependant, nous avons beau jeu d'accuser ces gouvernements de trahir l'Europe des Lumières et des droits de l'homme en menant la chasse au *migrant* : en fait, nous continuons à nous servir d'eux comme des concierges de la forteresse. Viktor Orbán est l'idiot utile qui permet à nos tartuffes de passer pour des philanthropes. C'est lui, aujourd'hui, le concierge de l'Europe. Il fait le sale boulot dont nous avons besoin, dans notre lâcheté, pour croire encore au mythe de notre hospitalité. Et c'est notre lâcheté qui continue de tuer aujourd'hui ces hommes, ces femmes et ces enfants tentant de traverser la Méditerranée, notre grand cimetière marin, pour fuir la guerre et la misère.

Il n'y a rien de plus facile à franchir, aujourd'hui, que cette frontière abolie entre l'Autriche et la Slovaquie qui s'efface sous les eaux mornes et placides de la Morava : une étroite passerelle métallique réservée aux piétons et aux cyclistes, si légère qu'elle tremble sous nos roues, matérialise ici ce rêve des transitions douces, harmonieuses. En la traversant sous les rayons veloutés du soleil de septembre, me reviennent immédiatement à l'esprit ces lignes célèbres du *Monde d'hier* de Stefan Zweig où, dans le miroir déformant du souvenir, depuis son exil brésilien, le plus viennois des écrivains regrette *l'âge d'or de la sécurité*. Étant donné les périls qui la guettent, notre génération regrettera peut-être à son tour cet âge d'or n'exigeant aucun passeport : ce matin, sur l'ancien Rideau de fer, il n'y a pas le moindre flic, pas le moindre douanier pour vérifier notre faciès ! Bref, je me demande si je n'ai pas été un peu sévère avec l'Euroland, cette nouvelle *Felix Austria* qui s'ouvre devant nous comme une avenue radieuse et nous aspire dans le sillage d'une longue couleuvre se tortillant nonchalamment sur l'asphalte aussi tendre et lisse que le tartan d'un stade olympique.

Ici, sous le plateau de Wagram, commencent les marais du Marchfeld, où Napoléon guerroya en mai 1809 contre l'archiduc. Deux siècles plus tard, c'est une plaine morne et apathique, sans châteaux, sans touristes, sans usines ; on a même du mal à croire qu'entre-temps la révolution industrielle a eu lieu et que nous sommes dans un des pays les plus développés du monde : en ce dimanche matin, nous ne croiserons pas le moindre véhicule motorisé jusqu'aux abords de la capitale autrichienne, et nous verrions tout à coup des dragons, des hussards ou des cuirassiers surgir des marécages sous leurs shakos et leurs pompons que nous ne serions pas très étonnés !

Après la Slovaquie des gravillons, l'Autriche s'annonce comme l'Arcadie de la petite reine. Des panneaux nous indiquent que se déroule une course cycliste, nous croisons des passionnés de tous les âges, fraternisons avec un couple qui nous souhaite la bienvenue, traversons les routes et les canaux sur des bretelles tracées spécialement pour les idylles à deux roues : la voici, cette petite utopie dont j'ai rêvé tant de fois ! Si j'avais su qu'il suffisait de rouler jusqu'en Autriche !

Mais pensant ainsi, je revois aussitôt le fantôme de la frontière hongroise, le cyclope guettant le *migrant* au bord de son marigot, et je comprends que si nous avons le droit, Vlad et moi, de goûter cet âge d'or, c'est que d'autres en paient le prix – qu'il n'y a pas de paradis sans enfer et pas d'utopie sans goulag. Et pour la première fois depuis notre départ d'Odessa, je ressens un profond dégoût de pédaler ici sans peine, sans bruit, sans trafic, sur cette piste aseptisée, et je me prends à regretter les vieux camions soviétiques qui nous doublaient dans la poussière de Bessarabie, je regrette la sueur, la douleur, les ornières, et je rêve de faire demi-tour et de revenir aux origines de l'aventure. Comme toute utopie, où toute chose est à sa place et où l'ordre règne, celle-ci a son revers et je n'en prendrai pleinement conscience qu'au bout d'une trentaine de bornes, lorsque je m'apercevrai que nous avons traversé toute cette zone marécageuse sur une autoroute pour cyclistes – négation même du vélo comme art de se dépayser – sans rien apprendre de cette région inconnue, sans apercevoir le fleuve s'écoulant en contrebas de la levée alluviale, sans voir à quoi ressemblent ces villages que des batailles célèbres ont fixés dans nos manuels scolaires et sur l'atlas de Paris – Wagram, Aspern, Essling, ainsi que cette fameuse île Lobau qui joua un rôle crucial dans la bataille sanglante que Balzac rêvait de romancer : un siècle avant Verdun, Essling annonçait les grandes hécatombes à venir ; avec un joli score de quarante-cinq mille hommes tués en moins de trente heures, on peut en déduire qu'un grognard y tombait toutes les trois secondes.

Les premiers signes que nous arrivons à Vienne se lisent d'abord dans le ciel : un avion pointe le nez de son fuselage, effleure la cime des peupliers, on croirait qu'il va atterrir sur notre piste cyclable ; les torchères d'une immense raffinerie crachent leurs fumées dans le bleu sans nuages ; puis ce sont, bribes par bribes, des pans de corps nus qui percent dans la verdure – tout ce qui nous manque depuis tant de jours sur la route, des épaules, des seins, des fesses accrochent la lumière et nous font saliver, alors me reviennent les paroles de Sonija qui nous avait prévenus : « Dès que vous verrez des gens tous nus qui se baignent dans le Danube, c'est que vous êtes arrivés ! » Et c'est en effet dans son plus simple appareil que la capitale autrichienne se révèle en ce dimanche de septembre, des centaines et des centaines de baigneurs et de naïades nageant nus, gambadant nus, batifolant nus, s'embrassant nus, se prélassant nus dans les herbes folles, tout le contraire de l'image que se fait de Vienne celui qui a lu trop de livres, adieu les sombres bourgeois en haut-de-forme et faux col empesé, les militaires engoncés dans leurs dolmans à brandebourgs et les duchesses souriant chastement sous leurs voilettes, vive les Viennois à poil ! Et aussitôt, je me demande ce que penseraient les chevaliers de Soliman le Magnifique ou du grand vizir Kara Mustafa s'ils revenaient galoper parmi nous – ça y est, se diraient-ils, pas besoin de les assiéger, ils se sont tous rendus, ou alors ils penseraient qu'ils se sont trompés de route, trompés de pays, que l'Europe est retombée à l'âge d'or des primitifs, et peut-être qu'ils auraient pitié de nous, qu'ils écriraient des livres sur le bon sauvage européen, lequel se promène le zizi à l'air, le pubis rasé, la fesse tatouée, le nombril percé. Il est temps, concluraient-ils, de leur construire des hammams.

Cela dit, hammam ou pas, nous ne résistons pas à la tentation de nous baigner nous aussi dans le plus simple appareil et nous dévalons la digue vers le Danube – d'ailleurs ce n'est pas tout à fait le Danube, la *Neue Donau* est un bras parallèle, artificiel, canalisé dans les années soixante-dix pour réguler les crues et sans doute filtré pour le bon plaisir du naturiste, car il n'y a pas la moindre saleté flottant à la surface de cette longue piscine à ciel ouvert. Le Danube proprement dit, nous le traversons sur la *Reichsbrücke* – le pont de l'Empire, 280 mètres de long, mais on se demande bien quel empire, quel Reich, premier, deuxième, troisième, quatrième ? – et c'est grâce à une rampe en colimaçon que nous accédons à la voie réservée aux cyclistes et que nous descendons, sur la rive droite, dans le tourbillon viennois – avec ses boulevards périphériques, ses lignes de métro aérien, son canal semi-circulaire, couronnes successives qui la ceinturent et la corsètent comme une marquise d'opéra, Vienne est l'archétype de la ville concentrique, et ses arrondissements s'enroulent en coquille d'escargot autour du noyau initial. Après la chevauchée dans le Prater, sous les grandes paluches jaunissantes des marronniers, qui annoncent déjà l'automne et jonchent les allées, nous voilà de retour dans l'air pollué de la bagnole reine – sur le Gürtel ou sur le Ring, entre les rails de tramways, les trottoirs pavés, les parkings des contre-allées, les klaxons des taxis et les sifflements du métro, on fait moins le malin, à vélo, que sur les longues pistes cyclables du Marchfeld. Résultat : il faut plus de temps que prévu pour pénétrer au cœur de Vienne, mais nous parvenons à maintenir le rendez-vous fixé avec Sonija, la future-ex-amoureuse de Vlad : 17 h 15 devant l'horloge de l'opéra.

Légère jupe rose, sandales de cuir, queue-de-cheval et lunettes de soleil, Sonija nous rejoint sur sa *Gazelle* dorée, nous salue en serbe, embrasse Vlad sur son front constellé de moucherons, lui laisse une belle trace de maquillage et nous intime de la suivre. En chemin, elle nous montre les affiches de la campagne présidentielle, une farce tragique et désopilante qui recommence suite à l'invalidation des résultats donnant vainqueur Alexander Van der Bellen, le candidat écologiste. Initialement prévues le 2 octobre, les nouvelles élections ont été repoussées au 4 décembre en raison d'un défaut de fabrication des bulletins de vote. Les deux candidats posent devant un drapeau autrichien : la fièvre nationaliste touche tous les bords de l'échiquier politique. Les slogans du candidat du FPÖ Norbert Hofer – O coché d'une croix rouge qui signifie *faites le bon choix* mais rappelle une autre croix, et même la double croix du *Dictateur* de Chaplin – ont de quoi faire frémir : *Österreich braucht Sicherheit ! Macht braucht Kontrolle !* Au centre de l'affiche, Norbert Hofer, jeune quadra joufflu aux traits poupins sous ses cheveux grisonnants, sourit de toutes ses dents bien blanches et bien rangées, fier d'être un carnassier, la veste négligemment jetée sur l'épaule mais la cravate bien droite rayée aux couleurs du drapeau national, l'alliance étincelante à l'annulaire gauche, la raie de côté bien peignée, quelque part entre Hitler et le manager en goguette – je crois que si Hitler revenait parmi nous, dit Sonija, il serait manager. Quant au brave Alexander Van der Bellen, il tente d'afficher un visage paternel et bienveillant mais apparaît plutôt comme un pauvre type un peu dépressif et carrément blasé, un brin simiesque, avec sa barbe de trois jours et ses bras ballants le long du corps ; a contrario, ses slogans se veulent rassurants : *Für das ansehen Österreichs ! Nein zum Öxit ! Gemeinsam stärker !*

D'après Sonija, l'extrême droite reviendra très prochainement au pouvoir, et, contrairement à l'époque de Jörg Haider, il n'y aura plus personne pour s'émouvoir, et pas d'accident de la route providentiel pour nous débarrasser d'elle ; en 1988, Thomas Bernhard disait qu'il y avait plus de nazis à Vienne qu'en 1938 ;

je ne sais pas s'il avait raison, nous dit Sonija, mais ce qui est certain, c'est qu'aujourd'hui, il y a plus de nazis à Vienne qu'en 1988.

– Norbert Hofer, annonce Sonija pour nous présenter le bonhomme, c'est le nouveau Jörg Haider.

– Dont le nom rime aussi avec Adolf Hitler, ajoute Vlad.

À l'avenir, nous décidons de nous méfier des noms qui commencent par H – la grande H de l'Histoire dont parlait Perec – et se terminent par ER – la finale tonitruante et martiale rimant si bien avec Führer : Hitler, Himmler, Haider, Hofer.

11

Capitale des Yougos

Vienne (Autriche), 12 septembre

Aujourd'hui Vienne est une ville plus yougoslave que danubienne. Depuis que nous sommes arrivés dans la capitale autrichienne, nous n'avons pas revu le Danube, on croirait que le Ring – le boulevard circulaire – a aspiré le grand fleuve européen dans son vortex de taxis, de tramways, de fiacres et de touristes, à moins que ce ne soit le Graben, l'ancien fossé romain traversant la vieille ville d'est en ouest – oui, le Graben a dû s'ouvrir telle une grande faille hercynienne pour avaler les eaux fluviales, les noyer dans les égouts, sous les monceaux de crottin jaillissant du cul des chevaux comme de fontaines, Vienne embaume partout le crottin de cheval, les musées à ciel ouvert que sont toutes les grandes métropoles d'Europe occidentale s'évertuent de plus en plus à imiter leur passé – à Paris tout est encore debout, les remparts de Philippe Auguste et de Charles V, les vieilles bicoques à colombages du Marais, les rotondes des fermiers généraux, Paris pue encore par endroits la pisse et les égouts mais elle ne pue plus comme elle puait autrefois, lorsqu'elle sentait le soufre et la sueur, le bois moisi et la crotte de rat, le chou pourri et la graisse de mouton. Vienne pourrait puer noblement le Danube comme Novi Sad ou Galaţi, mais non, Vienne se contente de schlinguer le crottin de cheval qui macère dans la moiteur de l'arrière-été. Elle pue aussi l'Empire et la nostalgie, mais c'est une autre histoire. Elle schlingue enfin la peste brune comme toute l'Europe médiane et danubienne, mais c'est une odeur que nous ne percevons plus, car nos narines sont extrêmement endurcies.

Et si Vienne ne sent pas le Danube, ce n'est pas que le Danube autrichien soit plus propre que le serbe ou le roumain, c'est tout simplement que Vienne ne se situe pas sur le grand fleuve européen. Car Vienne est bâtie sur la rivière qui lui a donné son nom – la Wien est un bref affluent de rien du tout qui disparaît sous le gâteau urbain, se mêle peut-être aux égouts, comme la Bièvre à Paris, et resurgit à l'est du Ring, pipi de chat tristement rectiligne, avant de se jeter dans les eaux vert olive du *Donaukanal*. Oui, nous avons perdu de vue le fil rouge du voyage. En revanche nous entendons à tous les coins de rue des gens parler serbe ou croate. Et le nom qu'ils donnent à la capitale autrichienne est le nom d'un chien, ils l'appellent *Beč*, à la suite des Turcs qui échouèrent par deux fois à mettre la laisse au cou de ce clébard autrichien. Je demande à Sonija pourquoi les Serbes, les Croates et les Hongrois utilisent encore le nom turc pour parler de Vienne. Elle n'en a aucune idée ; en revanche, elle sait qu'aujourd'hui, *Beč*, comme ils l'appellent, est la deuxième ville serbe de la planète : il y aurait plus de Serbes à Vienne qu'à Novi Sad. Et c'est sans doute aussi, ajoute Sonija, la troisième ville croate. Et ne parlons pas des Slovènes, étudiants ou salariés : on a tendance à oublier que Ljubljana et Maribor sont bien plus proches de la capitale autrichienne que de l'ex-capitale yougoslave. Une proximité non seulement géographique, mais historique et culturelle.

Vlad se sent chez lui dans cette ville qu'il connaît bien, où il venait retrouver Sonija trois fois par an, mais moi, je n'ai jamais aimé Vienne. Ma première visite, il y a vingt ans, m'avait laissé l'impression d'une pièce de théâtre au style un peu lourd, empesé, didactique. Et ce n'est pas la torpeur accablante de l'arrière-saison qui va me réconcilier avec la pierre aveuglante et l'urbanisme étouffant des Kaiser. Non, cette ville trop blanche, trop plate, trop polluée, trop muséifiée, ne me plaira jamais – il faut se faire une raison. Les files de touristes du troisième âge envahissent le centre telle une armée d'occupation prenant ses quartiers d'automne, le Graben sillonné par les calèches résonne du pas des chevaux sur le pavé ; quand on pense, nous dit Sonija, que c'est ce pavé maculé de crottin que les Juifs, après l'Anschluss, venaient récurer à la brosse à dents, quand on pense que les bourgeois viennois traînaient les Juifs par les pieds, face contre le sol, pour astiquer ce pavé, ces tonnes d'excréments qui s'accumulent chaque année sont une insulte à leur calvaire ; aujourd'hui, les Juifs ne sont plus là pour faire le ménage, mais je parie, nous dit Sonija, que lorsque les fachos seront revenus pour de bon au pouvoir, ils trouveront de nouveaux boucs émissaires pour s'en charger.

Partout, c'est la cité triomphante du congrès de 1815 qui imprime sa marque sur le paysage urbain : tout est à la gloire de cette ère postnapoléonienne qui vit la revanche de la monarchie sur la Révolution, de l'ordre austro-hongrois sur le bordel corse et la consécration des Habsbourg sur la scène internationale. Il faudra nous défaire un jour de cette diplomatie du congrès de Vienne qui a empoisonné l'Europe et qui empoisonnera le reste du monde au moment du traité de Berlin de 1885, extension du partage de l'Europe au continent africain. Sur tous les édifices les plus imposants de la ville, on trouve des globes – avant même le *Dictateur* de Chaplin jonglant avec le ballon de baudruche de la planète, les Habsbourg régnant sur un empire où le soleil ne se couchait jamais jonglaient avec la rotondité de la planète, ornant leurs façades de milliers d'orbes et de globes, ils se rêvaient en *caput orbis terrarum*, les Habsbourg si fiers de leur aigle à deux têtes et de tous leurs sigles latins proclamant que Vienne est la nouvelle Rome. SPQV : *Senatus populusque vindobonensis.* AEIOU : *Austriae est imperare orbi universo.* Le mythe de l'Empire est aujourd'hui la principale manne touristique, exploitée jusqu'à la moelle : tout est à la gloire des empereurs, chacun d'entre eux a quelque part dans la ville, sur une place, sur un fronton, au coin d'une rue, sa statue équestre ou son buste auréolé. Au palais impérial, la Hofburg, qui est une ville dans la ville, se tient une exposition sur François-Joseph, sous-titrée *der ewige Kaiser*, l'empereur éternel : sur d'immenses affiches noires on voit trôner le portrait à favoris blancs du grand-père débonnaire, du veuf inconsolé qui déclencha le carnage de la Grande Guerre pour venger l'assassinat, à Sarajevo, de son brave neveu.

Deux armoires à glace sont postées devant une ancienne synagogue convertie en musée juif. Ce sont des vigiles, et comme la plupart des vigiles viennois, ils parlent serbe ou croate. Nous leur demandons en serbe où se trouve le quartier juif. Ils nous indiquent la direction mais les nombreux sens interdits nous égarent et nous zonons dans les ruelles de la vieille ville, pédalant au hasard entre les statues d'empereurs sans trouver la moindre trace de tous ces Viennois de naissance ou d'adoption qui se sentaient plus européens que le *König und Kaiser* : ni Kraus, ni Herzl, ni Zweig, ni Freud, ni Roth, ni Musil n'ont leur statue dans le premier arrondissement de la ville où s'agglutinent les touristes. Alors nous décidons de traverser le Ring et le Gürtel et de retourner vers le Brunnenmarkt où Sonija nous a guidés hier soir. Nous déambulons sur nos vélos pendant de longues minutes, comme si nous étions revenus au pays, juste pour le plaisir d'entendre d'autres langues que l'allemand, juste pour le plaisir d'échanger quelques mots avec les maraîchers, juste pour le plaisir de lire les prix de la viande affichés en serbo-croate – *teletina, prasetina, jagnetina* (veau, porc, agneau). Mais je me rappelle soudain que j'ai fait récemment vœu de végétarisme et me contente de *simits* – petits pains ronds aux graines de sésame – arrosés d'un verre d'*ayran*, tandis que Vlad engloutit un *döner kebab*.

Sur la terrasse de la *Lokanta Oase* – le nom de ce troquet est déjà tout un programme, qui signifie dans un mélange de turc et d'allemand *restaurant oasis* –, nous retrouvons l'odeur du café turc, qu'une serveuse bosniaque nous apporte dans une *džezva*, une petite casserole en cuivre, comme à Baščaršija, la vieille ville de Sarajevo. Une diseuse de bonne aventure, Tzigane originaire de Petrovac, un village des Carpates serbes, qui parle tour à tour en allemand, en turc et en serbo-croate avec les clients habitués à ses simagrées, s'assied à notre table et nous intime de déplier sous ses grands yeux curieux les lignes de nos mains. Elle sillonne de ses gros doigts pleins de bagouses les palimpsestes de nos paumes, on dirait qu'elle y lit les zigzags de nos errances au gré du grand fleuve européen ; véritablement devineresse ou simplement perspicace, c'est-à-dire attentive à nos livrées de cyclistes, elle nous prédit une longue odyssée semée d'embûches avant le retour à Ithaque. Ma paume gauche, dit-elle, est plus rassurante que la droite : les lignes confluent vers un même point, alors que celles de droite sont tranchées net et ne mènent nulle part. Dans les mains de Vlad, elle lit un grand malheur, car il sera trop tard lorsqu'il parviendra au chevet de cette vieille personne qui se meurt là-bas, au loin. Agacé ou touché au vif par cette révélation, Vlad se lève et se dirige vers son vélo, refusant de payer cette Cassandre aux dents en or. Lorsqu'elle me tend à son tour sa main pour que j'y vide le surplus de mon portefeuille, je crois voir s'y dessiner les contours barbelés de l'Europe.

Sonija nous a rejoints sur la terrasse d'une *kafana* serbe à l'angle de la Brunnengasse et de la Thaliastrasse, dans le cœur battant de la capitale des Yougos. Elle nous raconte sa difficile insertion dans la société viennoise, pourtant cosmopolite depuis des lustres. Elle a beau être née en Autriche et donner des cours à l'école Berlitz, cet institut privé très réputé où enseignait un certain James Joyce, elle ne s'est jamais sentie vraiment autrichienne – son prénom et son nom de famille en *-itch* la cataloguent comme une étrangère : ses parents étaient des *Gastarbeiter*, ils se sont installés dans les années soixante-dix. Nous, les Yougos, dit-elle, nous étions considérés comme des métèques, mais l'extrême droite a fini par nous adopter et nous instrumentalise pour faire barrage aux Turcs ou aux Syriens. Cela dit, la plupart des Yougos vivent dans ce ghetto sans charme, de l'autre côté du Ring et du Gürtel, où il est moins cher de se loger. Le chancelier Metternich prétendait que les Balkans commencent de l'autre côté du Rennweg, la route qui traverse Vienne ; deux cents ans plus tard, il faudrait inverser le proverbe, selon Sonija, et dire que les Balkans commencent aux bouches du Danube et se terminent sur le Rennweg – plus loin vers l'ouest, c'est juste trop cher pour se loger, trop cher pour faire la fête et boire des coups.

Vlad et Sonija sont allés filer le parfait amour dans la *Neue Donau*, parmi la foule de nymphes et de baigneurs naturistes, et m'ont confié à leur amie Oksana, une étudiante ukrainienne un peu rondelette qui anime des promenades insolites dans la capitale. L'itinéraire débute sur les traces ténues de la Vienne médiévale, que les touristes ignorent. Oksana nous mène dans des ruelles charmantes et secrètes, délaissées par les hordes de touristes obnubilées par la Vienne habsbourgeoise et Biedermeier. Après une bonne heure de marche, petite halte devant une ruine rappelant que Vienne fut longtemps une ville-frontière fortifiée, corsetée dans le *Ring* de ses remparts : *Avec sa tour de guet, le* Stubentor *faisait partie de la plus ancienne muraille de Vienne, construite au* XIIIe *siècle. Reconstruite après le premier siège de la ville par les Turcs en 1529, l'enceinte sauva de nouveau Vienne de l'invasion turque en 1683. Démolie au milieu du* XIXe *siècle, elle laissa la place à la Ringstrasse*. Dans la foulée, notre guide nous raconte, alors que nous passons devant un des lycées les plus prestigieux de la ville, que les Viennois boudent l'école publique ; le slogan qui court de bouche à oreille est le suivant : *Nous ne voulons pas que nos enfants apprennent le serbe ou le turc !* Puis nous traversons le Ring pour aller visiter les folies architecturales de Hundertwasser, le Gaudí local. En chemin, Oksana nous décrit les conflits entre les différentes églises russes et ukrainiennes, orthodoxes ou uniates, en 2014, au moment des événements de l'Euromaïdan, à Kiev : tout ce qui survient à l'est du continent a bien plus de répercussions à Vienne qu'à Paris ou Bruxelles.

La visite s'achève au bord du Danube, au *Friedhof der Namenlosen*, le cimetière des anonymes, où sont enterrés tous les noyés que le fleuve et ses avatars recrachent à la sortie de la ville. Depuis le début de la promenade, une question me trotte dans la tête : Vienne a-t-elle été bombardée pendant la Seconde Guerre mondiale ? Il semblerait que non, mais personne ne veut nous renseigner sur la question. Interrogée le soir, Sonija nous raconte l'histoire de la ville et nous parle du déni autrichien : les Autrichiens, dit-elle, ont toujours su manigancer de petits arrangements avec l'Histoire ; leur plus grand tour de passe-passe, c'est d'avoir fait de Mozart – qui était bavarois, Salzbourg appartenant alors au grand-duché de Bavière – un Autrichien, et d'Hitler – qui est né à Braunau-am-Inn, du côté autrichien de la frontière – un Allemand.

12

Voyage au bout de la nuit européenne

Vienne-Krems (Autriche), 13 septembre, 90 km

Tout va très vite à présent. Plus nous roulons vers l'ouest, plus mes souvenirs sont fugitifs, plus les rencontres que nous faisons sont rares et fugaces – les Autrichiens ne sont pas connus pour être loquaces, mais hier, vers minuit, nous avons eu une petite altercation avec un vieux Viennois bedonnant répondant au nom de Peter, ancien fonctionnaire de l'OSCE qui sortait un brin éméché d'un hôtel et roulait les *r* en vitupérant dans la gouaille locale. Sonija s'interpose et nous sert d'interprète. En fait, Peter n'est pas content de nous voir arborer sur mon porte-bagages un drapeau français, même orné du slogan *#REZIST !* Nous avons beau lui expliquer qu'il s'agit d'un cadeau de protestataires roumains, que nous trimballons depuis Galaţi, Peter ne veut rien savoir et nous rappelle que Napoléon et la Grande Armée n'ont pas laissé que des bons souvenirs dans les environs – Vous feriez mieux de pavoiser aux couleurs de l'Union, dit-il, car sans Bruxelles, pas de piste cyclable ! Vlad lui rétorque que d'Odessa à la frontière serbo-hongroise, nous nous sommes bien passés des pistes cyclables de l'Euroland, mais Peter est rentré de nouveau dans l'hôtel, et il en ressort avec un de ces petits drapeaux européens servant à décorer, parfois, le guichet des réceptionnistes. Il nous explique la signification du bleu foncé – qui représente le ciel – et nous dit que les douze étoiles d'or – inspirées de la première bannière étoilée – ne symbolisent pas la couronne de la Vierge Marie, comme on a pu le dire, mais la solidarité des peuples européens. Vlad accepte de changer de pavillon. À une seule condition : éteindre les étoiles, car l'Union, dans la *crise des migrants* qu'elle croit traverser et qui n'est qu'une crise de ses propres valeurs, a renié les idéaux des Lumières et perdu ses étoiles ! Alors il sort de ses sacoches un cutter, découpe les douze étoiles d'or, fixe l'étoffe trouée à son porte-bagages et nous repartons en pédalant et en rigolant comme des galopins, laissant le pauvre Peter hébété.

Le lendemain, nous décidons qu'il est temps de nous affranchir du drapeau français et de son slogan *#REZIST!* et nous l'offrons à Sonija – nous qui aimons les confins, nous aurons désormais pour pavillon ce fanion bleu nuit au centre absent, notre seul emblème sur les rives mouvantes de la Danubie. C'est donc avec cet étendard troué qui ne manque pas d'intriguer les passants que nous paradons ce matin dans les rues minérales de Vienne. Vers 11 heures, nous retrouvons le grand fleuve après avoir longé le *Donaukanal* aux eaux d'un vert glauque – les lisières de la capitale autrichienne nous plaisent davantage que le centre-ville, avec leur petit air négligé dû sans doute aux quais couverts de graffitis – oui, tout va très vite à présent, plus nous roulons vers l'ouest, plus le fleuve s'encaisse entre les collines, l'air est plus frais, l'herbe plus verte et la vie plus chère : autant de preuves que nous sommes passés de l'autre côté de l'ancien Rideau de fer.

En me baignant dans les eaux revigorantes du Danube, à Greifenstein, sous l'Altenberg, je ne peux m'empêcher de penser à Franz Kafka, qui mourut de l'autre côté de la colline, en 1924, au sanatorium de Kierling, où il venait soigner sa tuberculose – Kafka n'était pas le type hypersensible et hypocondriaque que se plaisent à décrire les manuels littéraires, c'était même un homme joyeux, drôle, inquiet certes, mais séducteur et sportif, sa maladie était tout à fait européenne, tuberculose, stress et dépression, insomnies répétitives, malnutrition chronique à une époque d'inflation galopante – et, pensant aussi à Thomas Bernhard, que tous ses séjours en sanatorium ne suffirent pas à guérir, je me dis en frissonnant sur la berge herbue que l'Autriche, c'est ça, un immense sanatorium, le sanatorium de l'Europe, où l'on tente en vain de soigner les écrivains d'un mal rongeant toutes les âmes encore vivantes du Vieux Continent.

Quelques kilomètres plus loin en amont, une autre victime du mal européen se rappelle à notre mémoire : en 1890, à Tulln-an-der-Donau, naquit Egon Schiele, le Kafka de la peinture, qui devait mourir il y a un siècle, en 1918, à Vienne, à l'âge de vingt-huit ans, emporté par la grippe espagnole qui, comme partout dans une Europe déjà saignée à blanc par la Grande Guerre, faisait des ravages dans la capitale d'un empire en pleine décomposition. Le musée Egon Schiele est une ancienne prison située sur les quais du Danube, où l'on a réuni des œuvres de jeunesse de l'enfant du pays. Fils d'Adolf Schiele, le chef de gare de Tulln, le jeune Egon était fasciné par les trains sillonnant l'Europe d'est en ouest et passant en sifflant comme des sirènes devant la maison familiale. Parmi les quelques œuvres exposées là se trouve une petite aquarelle de 1906 – Egon Schiele avait seize ans – intitulée *Durch Europa bei Nacht* : alors que le soleil se couche derrière des collines noires, le ruban livide du fleuve apparaît au premier plan, traversé par un long train spectral et flottant, un long train funambule qui est comme un pressentiment de la catastrophe.

Dehors, sur les quais, la fontaine des Nibelungen fait écho à cette aquarelle en évoquant un autre voyage à travers le continent. Voyage de noces celui-là. C'est un ensemble de statues de bronze néoromantiques. Elles commémorent la rencontre du roi des Huns Etzel *alias* Attila et de son épouse burgonde Kriemhild, suivie du cortège nuptial où l'on devine la mitre de l'archevêque de Passau. C'est le thème hölderlinien du grand fleuve européen comme axe de la migration fécondante entre Asie et Germanie qui resurgit une énième fois ici : chaque ville danubienne aimerait prouver que c'est dans ses rues, sur ses places, sur ses quais, que l'Occident épouse l'Orient, alors que selon Hölderlin, l'écho de la Grèce et de l'Asie se fait entendre dès la source de ce fleuve qui paraît couler à reculons, *comme s'il venait de l'est*, tant il est vrai qu'avec un dénivelé moyen de vingt-cinq centimètres par kilomètre, il est parfois bien difficile de deviner le sens du courant. À Tulln, le fleuve reflétant la verdure environnante est très lent, le Danube fait la sieste, alors nous l'imitons et nous nous affalons sur l'herbe, après un pique-nique frugal et sans saveur : l'Ouest commence là où le sandwich a un goût de plastoc.

En amont de Tulln, les rives redeviennent un peu sauvages. Baignade à Zwentendorf, où des naïades aux cheveux blonds se font bronzer sur la plage de galets. Eau beaucoup plus froide. Impression de retrouver déjà les paysages préalpins du haut Rhône. La végétation est plus variée, l'horizon moins monotone. On s'éloigne des grandes plaines d'Europe médiane. Alors que nous sommes environnés de collines aux pentes douces, alors que les sommets des Alpes ne sont pas encore en vue, le pressentiment de la montagne s'annonce confusément dans l'air. Traversée du Danube au barrage d'Altenwörth – 444 mètres au compteur – après la capture de la Traisen, une rivière dévalant du cœur vert et vivifiant des Alpes autrichiennes avec un tempérament de torrent. Arrivée à Krems en longeant une muraille de conteneurs de toutes les couleurs : en Autriche, le Danube n'est pas seulement un fleuve mythologique résumant toute l'histoire du pays, des Nibelungen à Strauss, c'est aussi un axe de communication primordial, et chaque ville de quelque importance possède son port fluvial, avec la zone industrielle qui l'entoure. Nous grillons nos dernières cartouches dans les ruelles pentues de la vieille ville. Visitons l'église perchée du monastère des frères piaristes. Quand les moines entrent dans le chœur pour chanter les vêpres, je sors admirer le coucher de soleil sur le Danube. Vlad reste dans la nef et prie pour le salut de sa pauvre mère dont il vient d'avoir des nouvelles : la chimio de la dernière chance est prévue fin septembre.

Krems étant une vieille cité étudiante, une des plus anciennes universités autrichiennes, mentionnée par le grand géographe arabe Al-Idrisi dans son *Kitab al-Mamalik wa al-Masalik* (*Livre des royaumes et des routes*), on devrait voir des jeunes gens se saouler la gueule dans les rues, mais les étudiants ne sortent plus de leur campus et il y a déjà dans l'air un parfum annonciateur de Suisse qui anesthésie le centre avec ses rues piétonnes désertes et inanimées dès la tombée de la nuit. Les restos sont trop chers, alors nous rejoignons le camping situé au bord du fleuve et puisons dans nos réserves en regardant les vaguelettes scintiller sous les réverbères. Les feux des péniches disparaissent dans la brume. Perchée là-haut sur les premières collines de la Wachau, l'abbaye de Göttweig apparaît en négatif, silhouette aux contours illuminés dans le clair de lune. En plantant nos tentes dans l'herbe fraîche, nous imaginons l'étape du lendemain et nous comptons sur les doigts d'une main le nombre de personnes rencontrées aujourd'hui : nos échanges se sont bornés au regard vide d'une caissière, à la grimace d'une guichetière ou aux paroles mécaniques d'un garçon de café – comme si nous avions traversé en somnambules le pays des âmes mortes, où la langue se réduirait à cinq syllabes : *Grüß Gott* et *Danke schön*. En étudiant la carte avant de me coucher, je me souviens de l'aquarelle du jeune Egon Schiele : qui sait où nous mènera ce voyage au bout de la nuit européenne ?

13

Le fleuve et la bibliothèque

Krems-Ybbs (Autriche), 14 septembre, 66 km

Silhouette en ombre chinoise très stylisée, l'abbaye de Göttweig se détache au petit matin sur l'horizon et oriente – on devrait écrire ici *occidente* – notre désir de reprendre la route : tout au long de l'étape, le profil de l'abbaye sera notre phare dans les vallonnements voluptueux de la Wachau. L'aube aux doigts roses nous a réveillés dans un monde entièrement bleu : toutes les nuances en sont déclinées, si bien que Léonard de Vinci aurait pu inventer ici aussi, comme en Toscane, sa théorie de la perspective aérienne. Dans ce monde bleu entrecoupé par la frange verdâtre des arbres, le Danube est un miroir d'eau calme et paisible où l'on devine quelques touches d'indigo. Deux énormes bateaux de croisière ont mouillé dans le port de Stein, sous le clocher massif et austère de la Frauenbergkirche, qu'Egon Schiele, dans son angoisse, peignit de la même couleur que ce fleuve qu'il voyait toujours en gris. Dans ce monde bleu, les vieux Européens à la peau laiteuse se vautrent sur des chaises longues, buvant le soleil du matin comme s'ils étaient à Nice, à Cannes ou à Menton : la Wachau est une Côte d'Azur pour croisiéristes d'eau douce, nostalgiques de la *Felix Austria* des Habsbourg.

Plus loin, à Dürnstein, la vieillesse est un peuple qui s'agglutine dans les ruelles pavées et pittoresques, l'oreille collée à l'audioguide et l'œil fixant craintivement le dangereux cycliste lâché tel un boulet de canon depuis les pentes de la Wachau. Le bleu pâle du clocher de Dürnstein, qui se retrouve sur toutes les cartes postales, permet, par comparaison, de constater que le Danube, lui, n'est plus tout à fait bleu, comme nous l'avons cru ce matin : plutôt une sorte de bleu-gris, voire de vert-de-gris, brunâtre à l'ombre et, oui, d'un vert tirant vaguement vers le turquoise au soleil, là où le ciel se reflète au mieux dans le miroir opaque de ses eaux. Il faudrait un nuancier d'aquarelliste professionnel pour déceler le nom de la bonne teinte et l'écrire ici, mais les couleurs du Danube sont toujours changeantes et dépendent de la saison, de l'heure, de la qualité de l'air, de l'exposition au soleil, de la nature de la roche, etc., car chacun sait qu'H2O n'a jamais eu de couleur.

En 1903, l'hydrographe viennois Anton Bruszkay épia chaque matin le fleuve depuis la fenêtre de son bureau et nota la palette dominante de la journée. Verdict : « Le Danube est brun pendant 11 jours, jaune comme la terre pendant 46 jours, vert sale pendant 59 jours, vert lumineux pendant 45 jours, vert comme l'herbe pendant 5 jours, vert d'acier pendant 69 jours, vert émeraude pendant 46 jours et vert sombre le reste du temps, soit 84 jours. » Nulle trace de la couleur bleue, cette vision daltonienne attribuée par erreur à Johann Strauss II, auteur d'une valse ayant fait plusieurs fois le tour du monde mais qui s'inspire de quelques vers oubliés de Karl Isidor

Beck, un poète juif hongrois méconnu, converti au protestantisme, né à Baja en 1817 et mort à Vienne en 1879, dans la misère et l'indifférence générale :

In den Sternen stand's geschrieben
Daß ich finden Dich gemußt
Um auf ewig Dich zu lieben,
Und ich las es mit zur Lust,
An der Donau,
An der schönen, blauen Donau.

Vlad tient absolument à faire l'ascension de la forteresse de Dürnstein. La pente abrupte nous force bientôt à mettre pied à terre, à nous déchausser, et nous terminons l'assaut en claquettes dans les caillasses. Depuis les pitons granitiques rehaussés de ruines, le panorama sur le coude du Danube est splendide, les forêts s'étagent au-dessus de la marqueterie des vignobles ; à la vue de ce moutonnement infini des mamelons qui répètent et même subliment à la verticale les méandres du fleuve, je pense de nouveau à mes errances en Toscane, en Ombrie, dans les Marches, il y a quinze ans, sur les traces de *L'Arrière-pays* d'Yves Bonnefoy ; ce n'est pas la peinture du Quattrocento qui servirait ici d'arrière-plan, mais la musique autrichienne et hongroise, de Haydn à Schönberg et de Liszt à Bartók, ou la peinture de la Sécession viennoise ; Klimt, Schiele, Kokoschka étaient de grands paysagistes, et le Danube revient souvent dans leurs œuvres comme une bande sonore ; c'est un fleuve impassible qui traverse la toile en pointillé, reflète le clocher d'un village ou les festons d'un nuage et se diffracte à l'infini dans la verdure.

La saga de Richard Cœur de Lion, fait ici prisonnier

en 1192, sur ordre du duc d'Autriche Léopold V Babenberg, histoire d'arranger les affaires du roi de France, est racontée dans les menus détails, pour le bonheur des touristes et de leur marmaille. Le Danube n'était pas seulement le chemin des grandes migrations, il était aussi le vecteur des croisades, et nous avons tendance à l'oublier. Enfin, le fleuve européen traça l'axe majeur des conquêtes de la Grande Armée. Ici se déroula la guerre de la Troisième Coalition, dont se souvient un monument de pierre blanche, en style Sacré-Cœur, tour octogonale surmontée d'une pointe en forme de mitre ou d'obus, oblongue et annelée. La bataille de Dürenstein eut lieu le 11 novembre 1805. Russes et Autrichiens crurent piéger les Français, mais le Feldmarschalleutnant Johann Heinrich von Schmitt – ici représenté en bas-relief – y trouva la mort. La bataille était un prélude à Austerlitz et les deux camps clamèrent la victoire. Aujourd'hui, sur le monument, on peut lire, en allemand, en russe et en français, l'inscription suivante : *À leurs vaillants guerriers, la France, l'Autriche et la Russie*.

Aujourd'hui, la Wachau n'est plus un paysage, c'est un musée au fil de l'eau. Partout, les routes et les vignobles strient et structurent ce musée à fleuve ouvert, où tout est culture, où tout vaut le coup d'œil, où tout est touristique, tout est fléché, tout est pourléché. Les jolis villages de la Wachau offrent l'image d'une Europe suissifiée jusqu'à la moelle, pimpante et proprette, opulente et stylisée : Weißenkirchen, Spitz, Willendorf, Grimsing, ont chacun leur forteresse perchée et leurs légendes hautaines à exhiber, dans un décor d'opéra grandeur nature qui se sert du relief comme d'une estrade et du Danube comme d'un orchestre jouant toujours la même rhapsodie

– vaguelettes et bancs de sable. Dans ce vaste musée aux galeries sinueuses, le cycliste a l'impression de pédaler dans du velours, impression renforcée par le revêtement impeccable de la chaussée. Roulant à toute blinde dans la brise fluviale qui nous pousse de ses mains moites, Vlad et moi, nous sommes grisés par la lumière vaporeuse et veloutée de la Wachau, une lumière de vieille carte postale colorisée : pédaler vers les sources d'une rivière, c'est aussi remonter aux sources de l'enfance, partir à la recherche du temps perdu, d'autant que chaque jour, à mesure que nous roulons vers l'ouest, nous reculons le déclin inexorable du jour, le soleil se couchant plus tôt à l'approche de l'équinoxe. L'espace d'un instant, dans la lumière zénithale, depuis le pont menant à Melk – 295 mètres au compteur –, le Danube, entre ses berges de galets en forme de demi-lune paraît du plus beau bleu, comme dans le poème d'Isidor Beck : un bleu de manganèse qui rivalise avec le ciel.

De l'autre côté du pont, vers l'amont, surgissent enfin le dôme et les clochers baroques de l'abbaye bénédictine de Melk, feu d'artifice rococo de bulbes et de volutes qui s'élèvent dans l'air brumeux de la vallée des Nibelungen, parmi les rondeurs virtuoses des collines. Nous grimpons à l'assaut de ce monument du plus pur kitsch autrichien, et c'est en puant la sueur et en martelant le sol de nos claquettes que nous visitons l'abbaye et ses jardins. Dans la célèbre bibliothèque aux 85 000 volumes – parmi lesquels 2 000 manuscrits et 850 incunables – étagés jusqu'aux fresques du plafond, nous sommes pris de vertige et nous imaginons que rôde encore le fantôme d'Umberto Eco, qui s'inspira de ce haut lieu de la culture européenne pour écrire *Le Nom de la rose* : Adso, le héros du roman, vient de Melk. Notre guide nous montre des fragments originaux de la fameuse *Chanson des Nibelungen*, dont Wagner s'inspira pour sa *Tétralogie*. Les rivières aussi sont des bibliothèques, mais des bibliothèques en mouvement, versatiles, méandreuses, infinies : elles se composent de tous les livres que forment leurs affluents, elles se traduisent d'un pays à l'autre et changent de langue, de sexe et de nom, voire d'alphabet, Danube, *Danubio*, *Danuvius*, *Donau*, *Dunaj*, *Duna*, *Dunav*, *Дунав*, *Dunărea*, *Дунай*, *Tuna*, tous ces noms viendraient du sanscrit *dānu* qui dit le flux ou le courant ; en creusant leur lit, les rivières charrient sous la forme d'alluvions des pages et des pages de géographie arrachées aux reliefs traversés, enfouissent sous leurs remous des strates et des strates d'histoire que se disputent les peuples amalgamés sur leurs rives.

Après la visite de la bibliothèque, nous pénétrons dans l'église envahie par cet or qui dessinait de fins liserés sur la tranche des livres, et l'envie de fuir revient – fuir cette orgie de dorures et d'angelots, fuir ces crucifix incrustés de pierres précieuses, fuir les trompe-l'œil de ces fresques mièvres, fuir le couloir des empereurs et la cour des prélats, fuir les portraits de tous ces Babenberg et ces Habsbourg qui nous poursuivent comme dans un roman de Rilke, fuir les stucs de la salle des marbres, fuir les bondieuseries de l'Autriche catholique et bien-pensante, fuir les retables du XVe siècle peignant le diable sous les traits de Mahomet et Ponce Pilate sous ceux du sultan ottoman – l'Europe chrétienne s'est construite sur ce mensonge et ce déni, le déni d'une histoire antique où le Romain était à la fois le barbare et le civilisé : Jésus n'a pas été crucifié par les Juifs ou les Turcs mais par les Romains, les braves Romains, nos maîtres et nos ancêtres.

Au terme d'une course frénétique et vaine contre le soleil déclinant, nous sautons de nos selles, jetons nos maillots dans la poussière et plongeons dans la boucle d'Ybbs à cause d'un paysage romantique qui me rappelle la côte de la Baltique – grosses pierres polies par les flots, aussi lisses que des dos de baleines échouées, lumière cruelle et aveuglante, eau grise et revigorante. Le Danube miroite sous les derniers rayons du soleil. Sur la rive nord, il fait déjà sombre et la silhouette en as de pique de l'église de Metzling se dresse à contre-jour au-dessus des maisons basses comme une carte à jouer, un signe énigmatique qu'il nous faudrait peut-être déchiffrer pour savoir ce que la nuit nous réserve. Un court instant, nous regrettons, en laissant la bourgade s'évanouir derrière nous, de ne pas avoir visité le musée du vélo d'Ybbs, mais dorénavant nous avons décidé de fuir les villes et de nous vouer entièrement à la contemplation du fleuve, à l'écoute de ses pulsations, aux caprices de ses rives, recherchant le lieu idéal pour bivouaquer à la belle étoile. Qui n'a pas dormi dans le lit d'une rivière ne connaît pas l'intimité des flots, car il ignore encore la langue chatouilleuse des nymphes. Oui, cette nuit, nous dormirons littéralement au bord du Danube, sur la pelouse de Mila, en tête-à-tête avec la rivière, et nous l'entendrons ronfler toute la nuit sous l'ombre des légendes, et nous nous réveillerons avec elle, et nous ferons nos ablutions matinales dans ses eaux.

Mila, qui dut être une belle femme autrefois, une de ces sirènes slaves dont rêvent les touristes sur les plages de Split ou de Zadar, est une vieille dame croate originaire de Vukovar ; elle a les hanches larges et la poitrine opulente, mais un pli d'amertume barre son visage comme une grimace. Elle a décidé de nous ouvrir les portes de son jardin car nous lui avons parlé la langue des siens ; Vlad ayant du nez pour retrouver des traces de nos amis slaves, il avait deviné à quelques indices que la tenancière de ce *Biergarten* insolite devait venir de Yougoslavie, la carte proposant de la bière d'Apatin ainsi que des *pleskavice* et des *čevapi* – steaks et boulettes de viande hachée et épicée. Mon pays a disparu, ma ville natale a été rasée, mon mari s'est suicidé, mes enfants sont partis vivre en Allemagne, nous raconte Mila, mais il me reste le Danube, et je suis venue recréer ma petite Yougoslavie mentale au bord du Danube – contrairement à la plupart des Yougos, Mila n'est jamais retournée au pays, il lui faudrait se faire une telle violence qu'elle préfère rester ici, les Autrichiens n'aiment pas les étrangers, mais je vis comme sur une île, à l'écart de la route, mes seuls visiteurs sont le fleuve qui inonde parfois mon jardin et les cyclotouristes qui s'arrêtent pour siffler une bière et pisser un coup.

Mila nous demande à quoi ressemble Vukovar aujourd'hui, nous lui répétons le refrain de Silvio, *Nema više duše u Vukovaru*, « il n'y a plus d'âme à Vukovar », les yeux bleus de Mila s'embuent comme ceux des Troyennes de la tragédie grecque, c'est la lumière de Vukovar qu'elle cherche ici, sur les bords du Danube, c'est l'odeur de la rivière et du poisson grillé, c'est le temps des *čarda* et des *kafana*, ce sont les longues promenades sur les quais de Novi Sad – autrefois, dit-elle, les gens de Vukovar allaient faire la fête à Novi Sad, Novi Sad était la ville de la concorde et de la tolérance, quant à Vukovar, la ville aux belles arcades, c'était le paradis des artistes – en écoutant Mila, en regardant les minéraliers glissant en silence, là-bas, franchissant dans le crépuscule les écluses du barrage, nous pensons à la guerre de Troie, nous pensons à tous ces Yougos qui remontèrent le Danube sur le chemin de l'exil après la destruction de leur pays : tous les jours ou presque, nous rencontrons l'un d'entre eux ; si le pays de Tito n'était qu'en partie danubien, les Yougos en exil sont devenus le peuple errant du Danube.

Et pendant que nous buvons des bières et de la *rakija* avec Mila, pendant que nous trinquons à la mémoire du camarade Tito, dont le portrait en maillot de bain orne encore la portière de son frigo, je pense à ces dernières images d'*Underground*, le film de Kusturica, où l'on voit dans une lumière d'idylle les vivants et les morts festoyer sur les rives d'un fleuve, tandis que la terre se fissure sous leurs pieds et qu'une île – une île en forme de Yougoslavie – se détache de la berge et les emporte au loin, dérivant au gré des flots danubiens ; le fin mot de l'histoire revient alors à Jovan, l'enfant élevé dans le tunnel : « C'est avec peine, avec tristesse et joie que nous nous souviendrons de notre pays quand nous raconterons à nos enfants des histoires qui commencent comme tous les contes de fées : il était une fois un pays » – *bila jednom jedna zemlja*, c'est le titre de la version intégrale du film de Kusturica, et pour beaucoup de Yougos, le Danube est aujourd'hui tout ce qui reste de ce vaste pays que la haine fratricide a englouti.

14

Descente dans les entrailles de l'Europe

Ybbs-Linz (Autriche), 15 septembre, 95 km

Le fleuve intranquille n'a pas dormi. Le fauve n'a pas fermé l'œil de la nuit. Son souffle froid nous a réveillés dès l'aube et, comme il coule ici dans l'axe du soleil levant, sa blondeur éblouissante nous aveugle, après que sa cadence nous eut bercés tranquillement sous les librations de la lune. Un cours d'eau, c'est ce qui bouge dans le paysage. La montagne bouge mais nous ne sentons ce mouvement que les jours de séisme. Les animaux bougent, mais comme des fugitifs ou des paysans, captifs du travail ou de l'instinct de survie. Les arbres et les nuages bougent, mais sous la férule du vent. L'océan bouge sous l'influence de la lune, mais dans un va-et-vient permanent qui le ramène sans cesse au même point – et si nous voyons la marée monter et refluer, nous ne voyons pas changer le contour des côtes. La rivière, elle, bouge tous les jours, continuellement, dans un qui-vive incessant, mord sur la plaine, mord sur la montagne, mord sur la ville, et puise sa force en elle-même. Et elle ne se contente pas de se mouvoir, elle avance, elle s'en va, elle est toujours repartie, sa course est toujours recommencée, l'eau que nous voyons passer n'a jamais la même couleur. La rivière change tous les jours de style et de phrasé, de rythme et de tempo, mais malgré cela, nous la reconnaissons car elle sculpte la vallée, modèle le territoire, façonne la lumière, nourrit les villes et inspire les hommes comme nul autre élément du paysage.

Ici, le Danube trace la limite administrative entre la Basse-Autriche, sur la rive sud, et la Haute-Autriche, sur la rive nord. D'une Autriche à l'autre, la rupture est radicale dans le paysage : tout indique que nous avons dormi sur le seuil d'une frontière bioclimatique. L'herbe est luisante de rosée, l'air très frais, le vent se lève et nous avons enfilé nos tenues d'hiver pour pédaler sans craindre de choper la crève – hêtres et bouleaux surgissent sur les rives, les premiers aulnes apparaissent, il y a moins de saules et de peupliers, qui formaient jusqu'ici le gros du bataillon forestier, des rousseurs amères annonçant l'automne panachent les flancs boisés de la Strudengau, les premiers conifères, descendus des alpages, jettent leurs ombres noires sur les flots virides – le fleuve et la route s'encaissent brutalement, le panorama se rétrécit, le roc affleure, les bancs de sable et de galets disparaissent dans les remous, des péniches poussives remontent le courant à une allure de limace ; Vlad et moi roulons les premières heures au pied des montagnes et laissons derrière nous les légendes wagnériennes, les vignobles de riesling et l'ampleur mélodieuse de la Wachau – plus loin en amont, l'horizon s'ouvre de nouveau, le relief s'aplanit, nous retrouvons le paysage banal et monotone des grandes plaines d'Europe médiane – penchés sur nos guidons, nous pédalons à fond les ballons, frôlons des cyclistes montés sur des bolides et criant *Achtung !* sous leur casque profilé, franchissons une nouvelle zone humide récemment dévastée, comme l'indiquent les troncs d'arbres arrachés : cette alternance de larges espaces marécageux et de brefs défilés où le fleuve se faufile à travers les montagnes et affouille son lit, faisant affleurer la roche, c'est le tempo si particulier du haut Danube ; sa coupe géologique ressemblerait à un très long escalier à paliers successifs, la pente est généralement très faible mais elle s'accentue par endroits et, parfois, le courant paraît quasi nul : on croirait alors, comme l'écrit Hölderlin, qu'il provient de l'Orient.

Il est midi lorsqu'un panneau routier nous souhaite la bienvenue à Mauthausen. Bienvenue au pays des morts ! Mauthausen : pour la première fois, je me rends compte que ce nom me fait penser à *Maus* (souris) et *tausend* (mille) : c'est ici que les nazis parquèrent, traquèrent, piégèrent, massacrèrent, empoisonnèrent des dizaines de milliers d'êtres humains comme des rats, comme des souris. Oui, je pense à *Maus*, la bande dessinée d'Art Spiegelman. De la mer Noire à la Forêt-Noire, notre itinéraire à rebours de la rotation terrestre nous apporte chaque jour la confirmation que partout en Europe, comme l'écrivait George Steiner, le paradis côtoie l'enfer : la baroquissime abbaye de Melk, que nous avons visitée hier, et le camp de concentration de Mauthausen, où régnait le SS Standartenführer Franz Ziereis, qui autorisait son fils de onze ans à tirer sur les détenus depuis le balcon, sont voisins. En Autriche, les souvenirs des héros des Nibelungen côtoient ceux des bourreaux du IIIe Reich. De même, la vie ordinaire et bourgeoise continue de s'écouler tranquillement au fil du fleuve tandis que le mémorial aux victimes ne suffit pas à prévenir le vent mauvais qui souffle de nouveau sur l'Europe : le contraste est saisissant entre Mauthausen-ville, cette bourgade fluviale aux façades guillerettes et Mauthausen-camp, ce vaste complexe de mise à mort des intellectuels contestataires, des prisonniers de guerre et des indésirables : selon les sources, entre 120 000 et 320 000 personnes furent assassinées ici et dans les camps annexes, de 1938 à 1945, dont la moitié au cours des quatre mois précédant la libération du camp par l'US Army.

Pour accéder au plateau battu des vents sur lequel les nazis firent ériger par les détenus la forteresse de granit et ses baraquements de planches vertes, il faut gravir un long raidard à épingles, les panneaux indiquent une pente de 15 % – pour oublier la fatigue, la douleur, la chaleur et le fardeau de quinze kilos que nous trimballons, nous pensons aux souffrances de ceux qui grimpaient *l'escalier de la mort* menant de la carrière au camp : essayez un peu de gravir 186 marches sous un bloc de granit de cinquante kilos quand vous en pesez à peu près autant ! C'est la première fois que je visite un camp de concentration : j'ai traversé plusieurs fois la Pologne, frôlé des noms de lieux qui nous font encore frémir d'horreur, mais je n'ai jamais senti la nécessité ni même la curiosité – pensant qu'il y avait quelque chose de malsain dans cette curiosité et d'hypocrite dans cette nécessité – de visiter ce genre de lieux. Mais un tel périple à vélo vous place dans une disposition bizarre : vous voulez tout voir sur le trajet, accepter tout ce que le Danube vous propose dans son menu déroulant, et vous savez dès les premiers coups de pédale que le pire côtoiera le meilleur ; que tous les plus beaux lieux du Vieux Continent furent souillés par le mal européen ; que la géographie pure, ressuyée de l'histoire, ça n'existe pas ; qu'il n'y a pas de paysage indemne et innocent ; de plus, un tel périple vous place dans un état d'esprit un brin christique, une forme d'abnégation et de sadomasochisme, vous voulez porter votre croix jusqu'au bout, et vous vous habituez à cette alternance d'extase et de douleur – voire d'extase que contient la douleur, lorsque vous malaxez vos muscles gorgés d'acide lactique, lorsque vous sentez les quadriceps durs et gonflés de vos cuisses palpiter comme des mulots apeurés, lorsque vous sentez le cartilage atrophié de votre rotule gémir contre le tapis trop fin qui s'interpose entre le sol du camping et votre corps harassé de fatigue.

Mais vous savez aussi que ce que vous éprouvez ne peut en rien se comparer à ce que les hommes, les femmes et les enfants endurèrent dans ces parages ; vous savez même que rien ne vous permettra de comprendre l'étendue de leurs souffrances – alors, pour tenter d'imaginer, car il faut imaginer malgré tout, vous vous accrochez à ce qu'il reste ici de l'abomination passée : ces baraques verdâtres, ces témoignages filmés, ces esquisses du supplice que des survivants ont croquées sur le vif ou d'après mémoire, et partout vous voyez des hommes fouettés, des hommes cravachés, des hommes forcés de travailler, et vous comprenez que le camp était avant tout une immense usine exploitant des esclaves : si l'on dénombra soixante-deux méthodes d'exécution sommaire, de la pendaison à l'expérimentation médicale, en passant par la fusillade et le gazage pur et simple, la plupart des détenus furent exterminés par le travail forcé : pour la seule année 1944, quarante-cinq firmes allemandes et autrichiennes dégagèrent un bénéfice de onze millions de reichsmark, soit l'équivalent de cent cinquante millions d'euros, faisant de Mauthausen le camp le plus rentable du complexe carcéro-industriel nazi. Ces firmes ne sont pas toutes citées dans le petit dépliant distribué à l'entrée du camp, et pour cause : nous les connaissons très bien, elles s'appellent Agfa, IG Farben, Bayer, BASF, Heinkel, Messerschmitt, AEG, Sauer, Puch, Steyr, Daimler-Benz ; elles fabriquent encore nos pellicules, nos motos, nos bagnoles, nos pilules contraceptives et nos pesticides ; elles équipent en flingues la garde suisse, le FBI et, depuis un accord passé récemment entre Sauer et Sarkozy, nos propres flics.

De l'Anschluss à l'Armistice, Mauthausen, avec sa centaine de milliers de détenus, fut la capitale d'un archipel concentrationnaire essaimant ses îles à travers toute l'Autriche, les camps poussaient alors tout le long du Danube, à Hartheim, à Linz, à Vienne, à Gusen, Enns, Grein, St. Valentin, Melk, Amstetten – cet archipel concentrationnaire était en partie souterrain, creusé par les détenus, on aurait mesuré soixante-quinze hectares de tunnels qui devaient servir à fabriquer puis tester les armes nucléaires nazies, la population de Mauthausen-ville ne s'est jamais alertée de ce qui se passait à Mauthausen-camp, dans les carrières ou les galeries, les habitants se plaignaient parfois du bruit et de l'odeur mais ne grimpaient jamais la côte menant au plateau – quarante ans plus tard, à trente bornes de là, dans la ville d'Amstetten où se trouvait pendant la guerre un de ces camps annexes, les voisins de Josef Fritzl se plaindront de nouveau de bruits inquiétants et d'odeurs étranges, mais ils n'auront pas non plus la curiosité d'aller voir ce qui se tramait dans la cave où, durant 8 516 jours, du 28 août 1984 au 26 avril 2008, Josef Fritzl séquestra sa fille et la viola sans répit, lui faisant sept enfants – un mourra peu après sa naissance, trois seront séquestrés avec leur mère, trois autres adoptés par leur père.

Aujourd'hui, les Allemands et les Autrichiens ne savent plus quoi faire des camps qu'ils n'ont pas muséifiés, alors ils songent à les reconvertir – en septembre 2015, le bourgmestre de Dachau, Florian Hartmann, eut une intuition géniale : la *crise des migrants* serait pour l'Allemagne une chance unique de racheter la Shoah ; ainsi chemina peu à peu dans son esprit l'idée d'héberger les réfugiés dans le camp où périrent plus de 60 000 détenus ; comme il n'osa pas leur proposer le toit d'un baraquement, il les invita, malgré les protestations de la directrice du mémorial, à planter leurs tentes dans le potager que les juifs déportés cultivaient pendant la guerre pour nourrir la population allemande – « Bien sûr, c'est bizarre, mais j'aime mieux ça que voir les gens dans la rue », concéda-t-il à la presse. Il y a quelque chose d'étrange avec l'Autriche et la Bavière : Stefan Zweig voyait dans Vienne et l'Autriche *le cœur de l'Europe*, mais ici le cœur a souvent fini au fond d'une crypte, d'une cave ou d'un four crématoire, et je crois qu'il faut voir plutôt dans l'Autriche les entrailles de l'Europe – c'est une drôle de tuyauterie, l'Autriche, un pays plein de bile et d'acide gastrique, où les mêmes gaz vont et viennent à travers les âges, fluent et refluent dans un ressac incessant, où le déni permanent entrave le travail de la mémoire et la possibilité même de l'oubli.

15

Ostmark

Linz (Autriche)-Passau (Allemagne),
16 septembre, 105 km

Nous avons bivouaqué de nouveau au bord du fleuve, à l'écart de la ville, et c'est sous un ciel d'automne que nous reprenons la route, Vlad et moi, ce matin – nous sommes encore sous le choc de la visite de Mauthausen, nous avons encore à l'esprit les miradors, les barbelés électrifiés, les tables de dissection, les chambres à gaz, les fours crématoires et leurs cheminées de brique lorsque nous voyons se dresser dans le contre-jour, de l'autre côté du Danube, une obscure forêt de pylônes électriques et de gazoducs, de cheminées et de torchères crachant leurs vapeurs dans le ciel gris et rejetant leurs eaux usées dans les flots bruns : c'est le Chemiepark de Linz, où des firmes comme Nufarm ou ESIM Chemicals, filiales de Bayer et de BASF, élaborent, entre autres poisons, le glyphosate, l'herbicide fétiche de Monsanto. Le Chemiepark de Linz est une vaste zone industrielle d'un kilomètre carré. Elle fut fondée en 1939 par Hitler : le peintre raté gardait trop de mauvais souvenirs de sa vie viennoise mais rêvait de faire de Linz une ville idéale, une métropole grandiose et monumentale – heureusement, ses plans ne furent jamais réalisés et Linz devint la capitale industrielle de l'Autriche, une agglomération de béton, de zinc et de fumée.

Sous le pont des Nibelungen – 240 mètres au compteur – voulu par Hitler, le Danube a revêtu sa livrée d'automne, et l'on voit bien à présent, aux rapides remous tourbillonnant contre les piles de pierre, que c'est un fleuve de caractère alpin, au régime pluvio-nival : à la fin de l'été, les eaux sont encore abondantes ; la fonte des neiges est terminée, mais les orages estivaux sont fréquents en Bavière comme en Forêt-Noire. Visite de la vieille ville, sans grand charme, moins soignée, moins proprette que les cités traversées depuis notre entrée sur le sol autrichien, moins bourgeoise, moins suisse, peut-être même plus humaine, si ne planait partout l'ombre portée des délires urbains du Führer, qui fut saisi pour la ville de son enfance d'une dévotion toute filiale : il faut dire que ses parents, Alois Hitler et Klara Pölzl, reposaient dans un cimetière de banlieue, à Leonding, sous une pierre tombale régulièrement fleurie lors des pèlerinages néonazis mais qui finit par être retirée à la Toussaint 2012, après que les néonazis y déposèrent un vase portant l'inscription *unvergeSSlich* – « inoubliable » en langage SS.

Située à 266 mètres d'altitude, Linz est déjà une cité préalpine. Laborieuse et industrieuse, elle rappelle Grenoble ou Saint-Étienne. Elle n'a que faire des cyclotouristes qui la traversent en coup de vent et la jugent laide. Mais sous la grisaille, le passé baroque de la ville affleure par endroits : ainsi la façade verte de l'église jésuite, où se trouve l'orgue derrière lequel officia pendant douze ans le compositeur préféré du

Führer. Sous un médaillon de bronze à son effigie, son nom est gravé en caractères gothiques sur une plaque de marbre :

Anton Bruckner
1824-1896
Domorganist und Chormeister der
Liedertafel Frohsinn

Il est temps de repartir. Nous regagnons la rive gauche et voyons la ville rapetisser dans notre dos, comme écrasée par le gros cube blanc du château qui ressemble à une caserne, un hôpital ou une prison – la route s'élève sensiblement à mesure que la ville s'éloigne, pour la première fois depuis le départ, nous avons la sensation d'éprouver physiquement la pente fluviale – nous savons désormais que nous le remontons, le Danube, que nous atteindrons fatalement ses sources : comme quoi il y aura bel et bien une destination à cette odyssée qui dure depuis près de trois mois et nous paraît sans fin.

Passé le barrage d'Aschach, nous butons contre une falaise qui sert de rocher d'escalade. Ici commencent les gorges du haut Danube. La piste cyclable ne va pas plus loin. On a dû louper un embranchement, me dit Vlad. Nous faisons demi-tour. Un panneau nous indique qu'il faut passer sur l'autre rive. La traversée se fait sur une *Zille*, une élégante embarcation traditionnelle à fond plat, variante locale des toues cabanées ligériennes. Les vélos tiennent à peine sur l'étroit pont vernissé où je manque déraper. À la barre, Herr Knogler, polo rouge, lunettes à grosses montures noires et mâchoire crispée, ne pipe pas un mot mais pilote consciencieusement pendant que son épouse prépare les chambres de la pension *Kaiserhof*. Parvenus sur la rive droite, nous pédalons à rebours du *Drang nach Osten* et de l'Anschluss, dans un monde vert, vert comme la folie – ciel, fleuve et forêt. Nous pédalons sous les silhouettes perchées des châteaux forts, à la recherche d'une épicerie introuvable dans ces coins reculés, hors du temps, où le démon fluvial s'engouffre entre les montagnes comme un fjord et se tortille, serpent sage et fascinant, déroulant ses anneaux de lobe en lobe – les eaux sont vert émeraude, entrecoupées de reflets, des cygnes dédoublés barbotent entre les roseaux, des effluves vénéneux s'élèvent des profondeurs hypnotiques.

À Schlögen, depuis le belvédère du restaurant *Donauschlinge*, où Vlad s'offre un repas de chasse tandis que je pioche dans des spaghettis au pesto, le méandre le plus étroit du Danube évoque vraiment l'image d'un reptile se mordant la queue – les bateaux de croisière emportant tous nos vieux riches pour un ultime voyage vers l'Orient manœuvrent tant bien que mal, je regarde cette scène étrange et surréaliste, je suis le figurant d'un film mental qui pourrait se jouer sans moi, Vlad dévore son chevreuil saignant en silence, il est devenu ombrageux, le démon du fleuve s'est emparé de lui, il veut toujours aller plus vite, grimper plus haut, pédaler plus fort, visiter tous les châteaux ; l'espace d'un instant, en l'entendant rire, en voyant ses lèvres découvrir ses grandes dents de carnassier, en voyant sa mèche blonde et son catogan se secouer, j'ai l'impression d'avoir face à moi ce vieux fou de Fitzcarraldo – oui, c'est Fitzcarraldo, le conquistador de l'inutile, qui m'entraîne vers les sources du fleuve et de l'enfance, qui m'entraîne dans un voyage initiatique au cœur du mystère européen, qui m'entraîne vers le salut de l'âme ou l'origine du mal. Mais la vision ne dure qu'un temps, car il faut déjà repartir si nous voulons atteindre la frontière allemande avant la tombée de la nuit. Alors Vlad se lève, règle la note, et nous montons de nouveau sur nos bécanes malgré nos courbatures, reprenons à bride abattue la route de corniche – long travelling qui nous hisse à la hauteur des donjons couronnant la rive gauche, rive que nous rejoignons en franchissant le pont de Niederranna, où le fleuve, toujours aussi vert, opaque et vénéneux, mesure 295 mètres de large.

L'Autriche n'est devenue que tardivement un empire : *Österreich* ne signifie pas l'empire de l'Est, comme on pourrait le croire. Le nom dérive d'*Ostarrichi*, traduction vernaculaire du latin *marchia orientalis* – après l'Anschluss, le pays deviendra l'Ostmark puis, en 1942, le territoire des Alpes et du Danube – ici aussi, le fleuve trace sur une trentaine de kilomètres une frontière, la très ancienne frontière entre le grand-duché de Bavière et sa marche orientale : ça y est, nous avons quitté la Mitteleuropa qui ne commençait pour de bon qu'en amont de Belgrade ; sur la rive opposée, c'est encore l'Autriche qui se débat avec ses démons, mais nous pédalons déjà en Allemagne, nous informe Big Brother, lequel change instantanément de réseau téléphonique. Rien n'indique le passage de la frontière, pas le moindre panneau, et pourtant, *crise migratoire* oblige, les flics allemands sont postés en sentinelles : nous voyons d'abord, garée sur le bas-côté, leur Volkswagen verte et blanche, les couleurs de la *Polizei*, c'est bien la preuve que l'empire de Schengen appartient au passé – alors nous les saluons de la main, les flics teutons, *hallo ! hallo !*

mais en pédalant à toute berzingue sous leur menton, manière de les faire rager, car allez vérifier le faciès d'un cycliste filant à trente à l'heure le nez dans son guidon !

À Jochenstein, en amont des gorges, les Allemands ont construit leur dernier barrage, histoire d'exploiter jusqu'au bout le fleuve dont ils contrôlent les sources. Le passage de la frontière n'est sensible qu'à la qualité du revêtement qui se détériore : nous devinons que la traversée de l'Allemagne sera moins rapide et moins aisée que celle de l'Autriche, où les pistes cyclables sont des autoroutes. Signe de bienvenue à l'allemande, une station-service nous offre toute une panoplie d'outils – nous en profitons pour regonfler nos pneus à bloc grâce à une pompe à pied pourvue d'un manomètre, et c'est reparti dans la roue d'un cycliste moulinant sur le chemin du retour et enrageant de devoir traîner derrière lui deux boulets comme nous. En Allemagne, la piste cyclable s'appelle *Radwanderweg* : nous adhérons sous la gomme de nos pneus au mythe du *Wanderer*, personnage crucial de la culture, de la musique et de la littérature allemandes, et je pense à Schubert et au *Voyage d'hiver* ; cette virée à rebours de l'été, vers le nord-ouest, sera notre voyage d'automne. Un voyage d'automne dans le crépuscule d'une Europe qui a perdu ses étoiles en traquant des *migrants* partout sur le continent, de la mer Égée au pas de Calais.

Dans le couchant gris-rose, Passau, située au confluent du Danube, de l'Inn et de l'Ilz, se dévoile à l'horizon comme une ville slave ; avec ses façades aux couleurs vives, elle évoque les derniers paysages figuratifs de Kandinsky ; les grandes tours blanches et les gros bulbes verts de la cathédrale ont un air de Novgorod ; coincée entre la Bavière, l'Autriche et la Bohême, Passau, d'où partaient les *missi dominici* de Charlemagne, est la ville du passage à l'Est ; aujourd'hui, elle est encore tournée vers le soleil levant comme une vigie ; ses clochers russes sont des bougies veillant sur la confluence et la frontière. Pour gagner la vieille ville touffue et blottie sur sa presqu'île, cette étroite langue de terre en forme de bec de cygne, nous devons traverser la petite Ilz noire puis de nouveau le Danube qui ne mesure plus que 150 mètres de large sous le pont à haubans du prince Léopold : il a donc rétréci de moitié en l'espace d'une trentaine de bornes ; c'est bien la preuve que l'Inn pèse autant voire davantage que le Danube à leur confluence à Passau – le grand fleuve austro-hongrois, le grand fleuve chanté par les poètes et mis en musique sous les Habsbourg, le grand fleuve des Nibelungen et des valses viennoises, ce n'est pas le Danube mais l'Inn, car ce n'est qu'en atteignant la petite Mésopotamie de Voïvodine que le fleuve, grossi des eaux de la Drave, de la Save et de la Tisza, délaissant son caractère alpin et son régime pluvio-nival, se métisse des ondes slaves, tziganes et balkaniques pour devenir ce que le nom de *Danube* évoque pour la plupart d'entre nous : une longue rhapsodie bleue et bohémienne.

Faut-il inventer le terme de trifluence pour décrire le phénomène qui se joue sous les murs de Passau ? Dans la lutte aquatique et féroce que l'Ilz noire, l'Inn verte et le Danube bleu se livrent en aval de la ville, tous les indices, toutes les preuves, tous les témoignages, visuels autant que scientifiques, penchent pour l'Inn. Elle vient de plus haut (sa source se situe dans un glacier suisse, à 2 484 mètres d'altitude, contre seulement 1 078 pour le Danube), elle est plus large (200 mètres à Passau), elle est plus profonde (12 mètres par endroits), elle est plus rapide : son débit moyen est de 740 mètres cubes par seconde contre 690 pour le Danube. L'Inn, que les Suisses italophones appellent *Eno* et les Suisses romanches *En*, a beau provenir d'un glacier alpin, elle a beau avoir connu Nietzsche qui venait tremper ses bacchantes à Sils-Maria dans ses eaux où il puisa le mythe de l'Éternel Retour, elle a beau avoir traversé trois pays, façonné la vallée de l'Engadine, baigné Saint-Moritz, alimenté des dizaines de lacs, troué de part en part le Tyrol, baptisé Innsbruck, tracé les frontières austro-suisse et austro-allemande, recueilli les eaux de l'Alz et de la Salzach, dévalé les Préalpes bavaroises, en arrivant à Passau, elle a parcouru moins de kilomètres que le Danube qui s'est contenté de traverser le Wurtemberg et la Bavière ; or, comme l'écrit Bachelard dans *L'Eau et les Rêves*, c'est l'origine que les géographes vénèrent, c'est la source la plus éloignée de l'embouchure qui dicte le nom d'un fleuve et porte « la responsabilité et le mérite du cours entier. La force vient de la source. L'imagination ne tient guère compte des affluents. Elle veut qu'une géographie soit l'histoire d'un roi ».

Il suffit pourtant de s'asseoir là, sur un banc, au bout de la presqu'île, et d'assister au combat pour se ranger contre les géographes et du côté des hydrologues, qui penchent depuis longtemps pour l'Inn : la nasse verte, opaque, de ses eaux turbulentes se jette sur sa proie ; entre les deux rivières, ce n'est pas un mariage, ce n'est pas un mélange, c'est un rapt, c'est une dévoration, l'Inn est une pieuvre, elle bouscule son adversaire et l'étreint, étouffant peu à peu la couleur sombre et limpide d'un Danube auquel la maigre Ilz noire, déboulant sur son flanc gauche, ne parvient pas à porter secours. Nous comprenons enfin pourquoi, depuis Vienne, les eaux que nous suivions avaient une couleur et un aspect bizarres : l'Inn n'est pas plus bleue que le Danube, elle est bleu-vert, épaisse et limoneuse, elle a la couleur de jade, d'opale ou de turquoise des fleuves alpins, comme si elle conservait sous ses flots le souvenir des névés et des glaciers qui l'engendrèrent et elle l'emporte largement sur le Danube, qui, lui, nous le constaterons plus loin, est parfois encore un peu bleu, ou du moins bleu-gris, parfois noir comme la forêt dont il provient, et ses eaux seront souvent limpides et lentes, lentes comme les eaux de la Loire.

Bref, à Passau, c'est comme si se rencontraient le Rhône et la Loire, le fleuve de mon enfance et celui que je vois couler là, sous la fenêtre de mon bureau, en écrivant ces lignes. Et donc à Passau, sur la presqu'île, c'est de nouveau à Lyon que je pense, à ma ville natale, si cette expression a un sens, la Venise bavaroise aurait pu devenir comme Lyon, un grand carrefour au piémont des Alpes, si tout ne s'était joué plus loin en amont ou en aval, à Munich ou à Vienne, reléguant au rôle de ville-frontière cette petite cité de la trifluence, au site majestueux quoique étriqué.

Si le Danube a gagné la bataille historique, contre l'évidence hydrographique, nous pouvons nous en réjouir sur un point au moins : l'Inn n'est pas seulement le torrent de l'Éternel Retour nietzschéen, l'Inn est la rivière qui a vu naître Hitler, en 1889, à Braunau, sur la rive autrichienne, où son père était contrôleur des douanes. Vous me direz : le Danube n'est-il pas le fleuve de Heidegger – et aussi, d'une certaine manière, celui de Céline, le toubib de Sigmaringen ? Mais Heidegger et Céline ont sur Hitler un avantage majeur : celui d'avoir bâti une œuvre tantôt abstruse, tantôt géniale, qui dépasse de très loin leurs petites personnes mesquines prêtes à toutes les magouilles pour se placer du côté du pouvoir – Hitler, lui, n'était qu'un mauvais peintre, un artiste raté, mais un assassin réussi, le plus grand de tous.

16

Au pays des Cimmériens

Passau-Bad Gögging (Allemagne),
17 septembre, 164 km

Réveil à 6 h 50 avec le Danube, dans une aube grise, épaisse et grillagée. Il n'y a, entre le fleuve et moi, que l'interstice d'une moustiquaire. J'ai roupillé comme une souche et j'ai rêvé, dans la grande rivière indigo de la nuit, que j'étais un tronc d'arbre flotté par le courant, dérivant à l'aveugle à travers le Vieux Continent vieillissant. Je tâte les parois humides qui m'entourent. Après plusieurs nuits de bivouac au bord du Danube, ça fait tout drôle de se retrouver coincé entre quatre murs. Dès que je me lève, mon tibia bute contre le rebord de la table de nuit, je me dis ça y est, ils m'ont remis en cage, la liberté, c'est fini, c'était trop beau, ça ne pouvait pas durer – les murs sont jaune pisse, la piaule doit faire dans les sept mètres carrés à tout casser, la brume matinale s'introduit à travers le hublot ouvert au ras des flots, j'ignore dans la cale de quelle galère j'ai échoué, je n'ai aucun souvenir de la soirée d'hier, à part qu'il faisait froid et moche, trop froid et trop moche pour dormir sous une tente, il n'y avait pas un seul endroit décent pour se loger dans toute la ville, alors oui, ça me revient, nous avions fini par dégotter, Vlad et moi, deux chambres de *rotel* – oui, oui, ça existe, un *rotel*, ce n'est pas un hôtel où il est permis de roter, c'est un *rad-hotel*, il n'y a que les Allemands pour inventer un truc pareil, un *rotel* est un *motel* pour cyclistes ou plutôt pour bicyclettes : de fait, les bécanes ont le droit à un garage placé sous surveillance vidéo vingt-quatre heures sur vingt-quatre ; quant à ceux qui les montent, ils s'écrouleront sans demander leur reste sur le maigre futon emplissant tout l'espace de leur cabine.

Les nuages s'amassent implacablement sur la Bavière. Inutile de chercher des yeux la citadelle, là-haut, sur l'autre rive : elle est dévorée par le brouillard. Après un petit déjeuner frugal, nous risquons l'aventure à pied sous la saucée. Impossible de rouler aujourd'hui, nous ne sommes pas assez bien équipés pour affronter l'automne qui vient. À la recherche de godasses d'hiver, de K-way et d'un aérosol pour imperméabiliser tout ça, nous déambulons dans les galeries d'un immense *mall* où l'on célèbre déjà l'*Oktoberfest* un bock de bière à la main et les fesses engoncées dans des culottes de cuir à bretelles tendance jeunesse hitlérienne – après plusieurs jours en plein air et au fil de l'eau, hors du temps, nous avons retrouvé notre Europe et notre époque : le XXIe siècle est le pire alliage qui soit entre un archaïsme ultraconservateur et un consumérisme ultralibéral, ce qui devrait nous mener lentement mais sûrement au fascisme pur et dur.

Une fois trouvée la sortie vers la vieille ville, nous visitons ses ruelles pavées sous l'averse, au pas de course, en attendant le train pour Ratisbonne. Dans la cathédrale Saint-Étienne, où se trouve le plus grand orgue du monde, un concert a rameuté les bourgeois. Enfin, nous retournons sur la pointe de la presqu'île, marchons derrière des cohortes de croisiéristes en cirés jaunes, pour vérifier que l'Inn l'emporte toujours sur l'Ilz et le Danube. Sous le déluge, les différences sont abolies, les eaux des trois rivières se mêlent dans un très long chinage de tous les bruns.

Adieu Passau ! La pluie strie les vitres du wagon et le fleuve coule dans le pays des Cimmériens, sous le Walhalla du roi de Bavière et les coteaux brumeux et légendaires de la forêt de Bohême – je pense au mot fameux de Chamberlain à propos de la Tchécoslovaquie, au moment de la grande braderie de Munich : *Un pays lointain dont nous ne savons rien !* Les notions géographiques de Chamberlain devaient venir tout droit de Shakespeare : dans le *Conte d'hiver*, la *Bohemia* est un royaume imaginaire donnant sur la mer.

Dans le train, une discussion s'engage en français avec Amir, un immigré tunisien qui n'attend qu'une seule chose depuis son divorce avec sa femme bavaroise : retourner enfin au pays ! Quitter celui des Cimmériens ! Regardez comment ils aiment l'hiver qui revient : ils ont déjà sorti manteaux et capuches ! En parlant de la Tunisie, de la Méditerranée et de la révolution, nous comprenons que depuis Vienne, nous n'avons pas eu de réelle conversation avec un autochtone – il y a eu Mila, la tenancière du *Biergarten*, du côté d'Ybbs, mais elle venait de Croatie, sinon, chaque fois que nous avons causé avec quelqu'un, c'était pour une transaction commerciale, et les seuls êtres humains qui nous ont vraiment regardés, ce que l'on appelle regarder, avec une curiosité non dissimulée, ce sont ces réfugiés invisibles dans les campagnes et pourtant si nombreux dans les *Lidl* – il suffit d'entrer dans un *Lidl*, en Autriche ou en Allemagne, pour comprendre où sont passés les réfugiés.

Arrivés en gare de Ratisbonne, malgré la pluie qui tombe toujours aussi dru, nous décidons de gagner le centre et de rouler dans les ruelles glissantes. Nos pneus ripent entre les rainures des pavés, projettent des gerbes d'eau sale sur les murs médiévaux – la vieille ville de Ratisbonne, dont on se demande bien par quel miracle elle a échappé aux bombardements alliés, est un labyrinthe hérissé de clochers dentelés ou tarabiscotés, on croirait que la forme de la ville s'efforce d'imiter celle du fleuve, le Danube ici se ramifie en plusieurs branches, la Regen et le Naab le rejoignent sur sa rive nord, un canal permet aux bateaux de contourner le barrage, des ponts enjambent tous ces bras et ces îles. Le premier de ces ponts fut la *Steinerne Brücke*, le fameux Pont de Pierre, érigé au XIIe siècle, long de 310 mètres, ses treize piles de briques reposent sur des bases oblongues, vu du ciel on croirait un gros lézard qui bombe l'échine en marchant sur des pattes de canard, mais aujourd'hui, le pont est fermé, des échafaudages le drapent comme un fantôme. On raconte que pour le construire, l'architecte dut pactiser avec le Diable – le folklore germanique, bien avant les grands traités qui détruisirent l'Europe au siècle dernier, fut friand de ces récits de serments diaboliques.

Sous la pluie diluvienne, nous n'avons pas aperçu le spectre de Lucifer arpentant le pont fantôme mais nous éprouvons un soulagement, Vlad et moi, à l'idée d'avoir atteint l'Ultima Thule du monde danubien : le

Pont de Pierre est le point le plus septentrional sur le Danube. Et comme Ratisbonne se situe à la latitude de Paris (49 degrés nord), nous comprenons mieux que la flotte soit au rendez-vous en ce 17 septembre – en allemand Ratisbonne se dit *Regensburg*, mot à mot *la ville de la pluie*, mais en fait le nom viendrait du latin *Castra Regina*, le camp de la reine. N'oublions pas que le *limes* de l'Empire romain passait par ici. Le camp fut édifié par Marc Aurèle en 179 pour défendre la région contre les Barbares, une pierre porterait encore la preuve de son existence. Cela dit, avec 636 millimètres par an – soit exactement la même moyenne qu'à Paris –, on peut considérer que les précipitations ne sont pas pour rien dans la physionomie urbaine. En tout cas, aujourd'hui, c'est bien la pluie qui règne à Ratisbonne, des gouttes froides et drues venues freiner quelques heures, dans ce cap nord de la Danubie, notre longue chevauchée vers l'ouest.

Au café *Fürstenberg*, où nous avons trouvé refuge pour échapper au déluge, avaler un expresso et imaginer la suite de nos aventures, nous sommes servis par un petit homme maigre aux cheveux bruns qui ne fait pas très couleur locale. À la tristesse de ses yeux bleus, à la souplesse de ses gestes, à sa démarche fière et nonchalante, à quelque chose d'indéfinissable dans son sourire, Vlad prétend que le garçon de café vient des Balkans.

– On parie, mon pote ?

Je rappelle à Vlad qu'il n'y a pas que des Aryens en Bavière et que l'homme qui laissa le souvenir le plus indélébile dans la contrée était un petit homme brun aux yeux bleus. Vlad, que rien n'arrête jamais, demande à brûle-pourpoint au serveur comment il s'appelle et d'où il vient. Pari gagné : le type s'appelle

Faruk, il est kosovar. Nous échangeons quelques mots en serbe. Faruk se souvient très bien de Novi Sad où il a fait son service militaire, à la fin des années quatre-vingt, dans les forces fluviales du Danube – Novi Sad était d'après lui la ville la plus dynamique et la plus tolérante de toute la Yougoslavie. En 1996, Faruk est retourné au Kosovo, s'est engagé dans l'Armée de libération, convaincu que les Serbes avaient massacré des dizaines de milliers de civils – lorsque nous l'interrogeons sur l'évolution récente du pays et de son gouvernement, il nous répond que sur ce sujet il préfère se taire.

Si vous cherchez à vous loger, nous dit Faruk, il vaut mieux quitter Ratisbonne. Tous les hôtels, tous les *Gasthäuser*, toutes les pensions de la ville affichent complet : et pour cause, sept millions de buveurs de bière ont envahi la Bavière et sont attendus pour l'*Oktoberfest*, qui a commencé avec quinze jours d'avance. Après deux heures passées sur les écrans de nos tablettes à rechercher une introuvable auberge, après une vingtaine de coups de fil infructueux, nous finissons par dégotter deux chambres à la pension *Schwaiger*, dans le village de Bad Gögging, à une trentaine de bornes en amont de Ratisbonne. Bad Gögging est une petite station thermale remontant à l'époque romaine, située sur la rive droite du Danube. Pour s'y rendre, vu qu'il pleut encore des cordes, il n'y a pas d'autre solution que de reprendre le train en direction de Neustadt-an-der-Donau – les quatre dernières bornes, nous les ferons dans la nuit cimmérienne, sous des trombes de flotte. Mais, en attendant, nous regardons le Danube depuis la banquette du train : ce n'est plus qu'une rivière grisâtre et anonyme qui se traîne lamentablement, dans le crépuscule automnal, à travers les prés gorgés d'eau ! À la pension, Herr Schwaiger, le patron, ne parle ni anglais ni français, roule les *r* et claudique dans ses charentaises en maugréant sous ses lorgnons ; nous avons l'impression de déranger ce vétéran bavarois. En montant l'escalier branlant qui mène aux chambres, Vlad se tourne vers moi :

– Putain, tu crois qu'il a fait la guerre, le vieux ?

Le soir, les visions de la veille continuent et nous affectent aussi bien Vlad que moi. Au souper, un des pensionnaires, petite moustache aux poils blonds et drus, doux yeux bleus sous des sourcils paternels et broussailleux, nous regarde fixement en mastiquant son rôti de porc.

– Merde alors, me dit Vlad, on va cohabiter avec Heidegger !

17

Limes ou canal, deux visions de l'Europe

Bad Gögging-Kelheim-Bad Gögging (Allemagne),
18 septembre, 34 km

66,6, c'est le chiffre diabolique affiché ce matin par la balance de la pension *Schwaiger*, soit quatre kilos de moins qu'au départ de Novi Sad, il y a deux semaines à peine ! Me voilà donc atteint de donquichottisme aigu : un donquichottisme non seulement mental, qui consiste à prendre une vieille bécane pour un pur-sang, un casque en plastique pour un heaume de chevalier, un maillot en lycra pour une armure, une peau de chamois pour une culotte de cheval, une balade cycliste sans embûches pour une campagne militaire, chaque étape pour un nouveau tournoi, mais aussi un donquichottisme physique : mes côtes saillent sous la peau, ma silhouette s'amenuise à vue d'œil, mon ombre sur l'asphalte est de plus en plus filiforme, et sur les dernières photos de notre odyssée, j'ai des cernes noirs et les joues émaciées sous une barbe de quinze jours, ce qui confère à mon visage la triste figure des chevaliers errants. Quant à Vlad, il colle de plus en plus à l'image que je me faisais de Sancho Panza : en deux semaines, il n'a pas perdu un gramme de graisse ni de lucidité. Et tout lui est égal : le soleil ou la pluie, le brouillard bavarois ou la canicule hongroise, l'asphalte autrichien ou le gravier slovaque, rien ne l'atteint, il est inébranlable, pédale tous les matins avec le même entrain, le même enthousiasme, conserve un regard et un sourire d'enfant en toutes circonstances, ne se fatigue jamais, devient ronchon lorsqu'il a la fringale, s'assombrit dès qu'il pense à sa mère, boit son litre de bière tous les soirs sans s'enivrer, s'assoupit dès qu'il s'allonge, dort comme un bébé, ronfle comme un bienheureux, ne se laisse pas bercer d'illusions et vit au jour le jour.

Il faut dire qu'il y a une grande différence entre Vlad et moi : lui croit en Dieu et moi non. Bien qu'il soit adepte de l'orthodoxie la plus pure, il se signe dans les églises catholiques ou dans les temples protestants et prie tous les jours pour sa pauvre mère. Ce matin, comme nous n'avons pas encore atteint l'âge des cures hebdomadaires, nous avons laissé les autres pensionnaires se rendre avec le propriétaire boiteux aux bains de Bad Gögging, lesquels jouxtent le musée municipal où des archéologues auraient exhumé des vestiges de thermes datant de l'Empire romain. Il faut dire aussi que je me voyais mal faire la causette en moule-bite avec Herr Schwaiger, Heidegger et leurs charmantes épouses. Alors nous larguons nos bagages dans nos piaules, enfourchons nos montures délestées de ce poids que nous traînons depuis des mois et, malgré le ciel bas et lourd, nous descendons le fleuve et repartons vers l'est d'où nous venons. Selon Herr Schwaiger, nous avons loupé hier toutes les merveilles de la contrée : les ruines du *castrum* d'Abusina où le *limes* germanique rejoignait autrefois le Danube, l'abbaye et le défilé de Weltenbourg, la Befreiungshalle et la ville de Kelheim, où le canal Rhin-Main-Danube débouche dans le grand fleuve européen qui devient dès lors navigable.

Les vestiges d'Abusina se situent en rase campagne. Hier soir, après le souper, Herr Schwaiger nous a raconté l'histoire – traduite par le sosie de Heidegger – du *Teufelsmauer* : le mur du Diable. Une légende germanique dit qu'un beau jour, le Bon Dieu, fatigué par les manigances de Lucifer, qui voulait régner sur Terre, décida, bien avant Tordesillas et bien avant Yalta, de procéder au premier partage du monde. Le Bon Dieu, qui était malin et qui avait créé la Terre en six jours et six nuits, mit son rival au défi de dresser un mur en l'espace d'une seule nuit autour de son hémisphère afin d'empêcher les âmes errantes et non encore damnées de s'aventurer vers ce grand coin d'enfer. On raconte que Lucifer accepta les termes de l'accord. Selon la légende, le lieu qu'il élut pour descendre sur Terre et faire bouillir son chaudron se situait entre le Rhin et le Danube ; le rempart qu'il commença à dresser devait mesurer cinquante mètres de haut ; mais comme l'aube pointait à l'est, comme Satan ne finissait pas sa besogne, on dit qu'il s'énerva, s'agita en tous sens et saccagea son œuvre inachevée avant de s'enfuir en pratiquant la politique de la terre brûlée.

De sorte qu'il ne reste aujourd'hui que quelques pierres noircies. Contrairement à la muraille de Chine, dont l'histoire fascinait tant Kafka, le grand écrivain de la frontière, les vestiges du *Teufelsmauer* ne se voient pas depuis l'espace, et même sur une photo aérienne, bien malin qui pourrait discerner, dans la géométrie bariolée des champs et des routes, les pâles linéaments de son tracé. Ces légendes de mur du diable seraient fréquentes en Allemagne, selon Herr Schwaiger : il existerait même un endroit, dans le Harz, où l'on croirait vraiment que des pierres ont été dressées, puis calcinées par une force surnaturelle, alors qu'il s'agit d'un très long affleurement de grès riche en fer, oxydé par les intempéries. Ces histoires en diraient long sur notre fascination pour les frontières, selon Herr Schwaiger : l'acte fondamental de l'homme est de tracer des limites autour de lui, conclut-il, approuvé par Heidegger qui opine du chef. Romulus et Rémus. Stèle des vautours. Murs d'Hadrien et d'Antonin qui marquaient la limite septentrionale de l'Empire romain. Rideau de fer et Mur de Berlin. Lignes Árpáda, Attila ou Maginot. Barrière de protection des uns devenue Mur des Lamentations des autres. Zone Schengen. Ceuta et Melilla. Lignes vertes et lignes rouges. Trente-huitième parallèle. Frontière de cristal d'un côté, mur de la honte de l'autre. Étymologiquement, le diable – *diabolos* – est celui qui divise, pérore notre aubergiste. Conclusion : c'est donc l'homme qui est diabolique et non pas Lucifer, comme le croyaient au Moyen Âge les paysans teutons voyant se dresser dans leurs champs ces vestiges de murailles qu'ils appelaient *Teufelsmauer*.

Abusina était le maillon le plus oriental d'une chaîne de fortifications séparant la *Germania Magna* barbare des provinces romaines de *Germania inferior*, *Germania superior* et *Raetia*. Ce *limes* fortifié allait de Bonn à Ratisbonne, du Rhin (*Rhenus*) au Danube (*Danuvius*) ; sur une longueur de 550 kilomètres, il ne suivait que rarement les cours d'eau ou les lignes de crête ; ici, matérialisé par une simple palissade de bois adossée à un fossé, il était gardé par un *castrum* abritant des troupes auxiliaires ; là, c'était une vraie muraille de pierre hérissée de tours de guet – plus loin vers le levant ou le couchant, la largeur du Rhin ou du Danube suffisait à protéger l'Empire des invasions barbares : infranchissable à gué, le fleuve, avec ses crues, ses falaises et ses tourbillons, était un rempart tout trouvé. On sait aujourd'hui grâce aux historiens que le *limes* – qui désigne avant tout le *chemin de patrouille à la frontière* – n'avait pas une fonction strictement défensive : il restait ouvert à certains trafics, et il avait essentiellement pour but de rassurer les peuples intégrés à l'Empire et de marquer une limite, fût-elle abstraite et franchissable. Le *castrum* d'Abusina, qui apparaît sur la table de Peutinger, fut efficace du Ier au Ve siècle de notre ère, et connut son apogée vers 180, lorsqu'une cohorte de 1 000 hommes y était cantonnée à l'année – par la suite, les effectifs ne cessèrent de diminuer, et seule une demi-centurie gardait le *limes* lorsque la forteresse finit, comme tous les murs, comme tous les remparts, comme toutes les enceintes, par être balayée par le vent de l'Histoire.

Aujourd'hui, quoiqu'elle soit classée patrimoine mondial de l'humanité – c'est dire à quel point nous autres, Européens, nous vénérons ces vieilles bordures gravées dans notre génome –, Abusina se réduit à un réseau de fondations n'atteignant jamais plus d'un mètre de haut : il faut donc tondre la pelouse au ras des pâquerettes, tous les trois jours, pour qu'apparaissent entre les tilleuls, parmi la verdure bavaroise, ces petits tas de pierre qui en disent long sur notre manie de la conservation. Dans l'air frisquet de l'automne qui vient, nous tentons en vain d'imaginer les légionnaires romains déambulant ici dans leurs tuniques courtes, chaussés de leurs *caligae*, et Vlad en conclut que les types devaient se les peler une bonne partie de l'année !

Quelques kilomètres plus loin vers l'aval se situe l'abbaye bénédictine de Weltenbourg, une des plus vieilles de Bavière, une des plus richement décorées : avec ses fresques contant la légende de saint Benoît, la nef est un feu d'artifice baroque. Les fidèles sont venus en nombre, en ce dimanche de septembre, pour assister à la messe. Vlad est resté prier dans une chapelle pour le salut de sa pauvre mère. Je l'attends sur la berge. Un gamin blondinet jette des galets dans la rivière et compte les ricochets – *eins, zwei, drei, Polizei, drei, vier, Offizier*, je l'imite en reprenant la comptine en écho, voilà tout ce qu'il me reste de cinq ans d'allemand, *fünf, sechs, alte Hex, sieben, acht, gute Nacht*. Nous sourions d'un air complice mais le fleuve aux eaux tranquilles, lui, grimace sous le ciel gris. C'est ici qu'il se cabre vers le nord et bombe l'échine avant d'attaquer la carcasse du Jura franconien. Comme on nous dit qu'il est impossible d'aller plus loin à vélo, car les flots s'engouffrent entre des falaises, nous grimpons avec nos montures à bord du bateau faisant la navette entre Weltenbourg et Kelheim.

Nous voici sur le pont. Vlad se tient au plus près de la proue, la main agrippée au bastingage métallique. Rien n'égale la sensation de descendre une rivière au fil de l'eau : même lorsque la piste cyclable épouse au plus près la rive, le vélo ne permet pas d'ausculter la pulsation des flots. Ici, on se laisse envoûter par l'odeur de vase et d'humus, gagner par les degrés d'ombre qui descendent en cascade des hauteurs boisées typiques des paysages jurassiens, le faciès du fleuve n'est pas encore ce que suggère le seul nom de *Danube*, rien ne laisse pressentir qu'il traversera toute l'Europe, deviendra la rivière divagante ou le fleuve fabuleux que nous avons remonté jusque-là, ni qu'il se jettera dans la mer Noire, ce pourrait être un cours d'eau lambda, la Dordogne, la Saône ou le Doubs, oui, pourquoi pas le Doubs qui coule à l'autre bout de l'arc jurassien dans un modelé karstique assez semblable – le bateau s'engage dans les gorges à travers une passe étroite, l'horizon se ferme, il n'y a bientôt plus que soixante mètres d'une rive à l'autre, les hautes parois calcaires se dressent et se resserrent, plongent tout droit dans le miroir brouillé des eaux, nous pourrions pratiquement les toucher, la roche est blanche ou grise, plissée comme une peau d'éléphant, pommelée de lichen et zébrée de coulures noires ; çà et là, des arbustes ou des fougères prennent racine dans ses anfractuosités, on pourrait deviner des visages dans les pliures de la pierre mais ces visages changent sans cesse d'aspect, le défilé s'ouvre de nouveau sous les nuages, le fleuve reprend son souffle, une herbe d'un vert très vif court le long de la berge, la roche n'affleure plus que par endroits, maigres pitons perçant dans le chevelu roussâtre et brumeux de l'automne ; soudain, une brève éclaircie dissipe le brouillard et révèle un petit pan de mur jaune et le bombement turquoise d'une coupole : la *Befreiungshalle* surgit entre ciel et forêt.

Parvenus au port de Kelheim, nous faisons l'ascension du coteau sous la bruine, car Vlad tient absolument à voir de plus près ce panthéon germanique qui ressemble à un colossal gâteau bavarois planté de dix-huit bougies. Commandité par Louis Ier en 1836 pour commémorer les vingt ans de la lutte de libération des Allemands contre Napoléon, la *Befreiungshalle* ne fut inaugurée qu'en 1863, alors que le roi de Bavière avait abdiqué depuis quinze ans pour vivre avec Lola Montès, sa nouvelle maîtresse. C'est un temple circulaire de soixante mètres de haut surplombant la ville de Kelheim et les gorges du Danube ; la façade, couleur de génoise, est maintenue par dix-huit piliers surmontés de statues, le tout couronné par une galerie de cinquante-quatre colonnes et une coupole verte rythmée de dix-huit pilastres – les bougies du gâteau. Chacune des statues personnifie un des peuples qui composeront l'Allemagne idéale et régénérée par les principes hérités de la Grèce antique : le Prussien, le Saxon, l'Autrichien, mais aussi le Morave et le Bohémien – petit programme d'annexion future qui ne dut pas déplaire à Hitler lors de sa visite en grande pompe. Tous ces peuples devaient devenir de valeureux hoplites comme ce brave Othon, le fils de Louis Ier, que son papa philhellène parvint à caser sur le trône d'une Grèce nouvelle arrachée à l'Empire ottoman et déjà très endettée par cette guerre de libération. À l'intérieur du temple, trente-quatre statues de victoires ailées se tiennent la main autour de boucliers de bronze rappelant les grandes batailles contre Napoléon – Dantzig, Lützen, Bautzen, Dresde, Leipzig –, tandis que les noms des grands généraux allemands sont gravés au-dessus des piliers, sur des cartouches. Enfin, la morale de l'histoire est inscrite en grosses lettres noires sur le dallage de marbre : *Puissent les Allemands ne jamais oublier ce qui rendit nécessaire la lutte de libération ni comment ils l'emportèrent !*

Dans la boutique de souvenirs attenante au monument, il semble en effet que rien n'ait été oublié. On y trouve placardée une vieille carte du IIIe Reich : les rivières sont de gros serpents noirs qui rendent la carte illisible, la France est peinte en rose pâle et l'Allemagne en bleu de Prusse, les territoires perdus suite au traité de Versailles et revendiqués par le Führer sont entourés d'un liseré bleu : Alsace-Lorraine, Schleswig septentrional, Posnanie, corridor de Dantzig, territoire de Memel.

Depuis le perron du monument, on voit la ville de Kelheim s'étaler sur sa presqu'île au confluent du Danube et de l'Altmühl ; c'est là-bas, dans la brume, que le canal Rhin-Main-Danube débouche dans le grand fleuve européen, reliant ainsi – *via* Nuremberg, Bamberg et Francfort – la mer du Nord à la mer Noire, Rotterdam et Constanţa, Istanbul et Hambourg, Strasbourg et Odessa. Vlad regarde les eaux noires et froides de l'Europe qui se mêlent sous le chaos des nuages et les fumées des torchères ; une péniche passe en contrebas, on aperçoit son nom peint en lettres blanches sur sa coque grise, elle s'appelle *Westenwind*, elle est immatriculée à Düsseldorf.

Merde alors, dis-je à Vlad, quand je pense qu'on aurait pu faire toute cette putain de route sur une péniche en se la coulant douce, bras et jambes croisés dans un transat !

Le rêve d'un long canal reliant toutes les mers d'Europe est aussi vieux que celui d'un grand barrage contenant les Barbares. Il est possible que les édiles romains fissent parfois ce rêve, en contemplant la carte de leur Empire, mais on raconte que Charlemagne en fut le premier promoteur, de manière à doper le transport de marchandises entre ses bonnes villes de Bavière et de Rhénanie. On raconte que les travaux commencèrent en 793 de part et d'autre de la ligne de partage des eaux ; on raconte que plus de sept mille bagnards furent attelés à la tâche de relier deux rivières, l'Altmühl, affluent du Danube, et la

Rezat souabe, qui coule vers le bassin-versant du Main ; on ne sait pas quelle fut la longueur totale de la Fosse caroline, ni si elle fut vraiment navigable, à une époque où les écluses étaient inconnues et le débit du canal régulé par des étangs en cascade, mais il subsiste aujourd'hui, entre Weissembourg et Treuchtlingen, un plan d'eau de cinq cents mètres de long envahi de lentilles et de nénuphars, grouillant de grenouilles et de têtards : le *Karlsgraben*.

Un millénaire plus tard, le rêve de Charlemagne fut repris par Louis Ier de Bavière, qui ordonna le creusement du canal Ludwig, inauguré en 1845 après dix ans de travaux ; ne permettant qu'un transit d'embarcations de gabarit réduit, il fut aussitôt supplanté par l'essor du chemin de fer : l'utopie d'une Europe unie des voies navigables laissait la place à une Europe compartimentée des nations, des barbelés et des voies ferrées. Cependant, c'était sans compter sur les délires de grandeur du Führer qui se voyait bien en nouveau Charlemagne régnant sur l'Europe entière, de la mer du Nord à la mer Noire et de la Baltique à la Méditerranée.

Le projet carolingien fut repris en 1938, après l'Anschluss : y travaillèrent des cheminots, des prisonniers de guerre et des déportés. Mais Hitler perdit la guerre, et la tranchée Mindorf disparut comme la Fosse caroline sous les sapins et les neiges de Bavière. Après bien des péripéties, il fallut donc attendre la chute du Mur pour que le rêve de Charlemagne soit enfin réalisé dans une Allemagne réunifiée qui se tournait de nouveau vers l'est et ne craignait plus l'invasion des *flottes rouges* de la mer Noire. Les Verts eurent beau dénoncer les dégâts causés par le percement des biefs et le recalibrage des cours d'eau, ainsi que les menaces pesant sur la faune et la flore, le canal fut inauguré en grande pompe, à Nuremberg, le 25 septembre 1992. Après vingt-cinq ans d'exercice, le bilan est un fiasco : l'autoroute liquide européenne n'est pas parvenue à enrayer le déclin inexorable du fret fluvial ; alors qu'il atteignait quatre-vingts millions de tonnes par an dans les années quatre-vingt, le trafic danubien aujourd'hui ne dépasse pas les trente millions de tonnes contre trois cents millions pour le Rhin. Et pour cause : il faut compter une trentaine de jours pour aller de Rotterdam à Constanța en bateau ! À vélo, nous avons mis trente-deux jours pour remonter le fleuve depuis son delta !

18

Le passeur et le cerf

Bad Gögging-Neubourg (Allemagne),
19 septembre, 55 km

C'est dans la galère que notre virée vers les gorges du Danube s'est terminée hier. Vingt-cinq bornes entre chien et loup, sous une pluie battante, à pédaler dans la boue, le froid et les odeurs entêtantes de houblon. Nous avons rebroussé chemin par les hauteurs, la piste offrait de beaux panoramas sur le défilé mais il aurait fallu troquer nos vieilles bécanes contre des VTT : la descente à pic sur le coude de Weltenbourg s'est avérée des plus casse-gueule et nous avons fini la balade nos vélos sur l'épaule avant de les confier à un type robuste de deux mètres de haut vêtu d'un gilet jaune et d'une casquette militaire – le passeur de Weltenbourg – qui les a déposés tels des jouets dans un drôle de bac.

C'est un bac à traille – en allemand *Seilfähre* – comme il y en avait encore autrefois sur le haut Rhône de mon enfance. La traille est un câble qui traverse la rivière en biais, à l'entrée du méandre ; la barque à fond plat est retenue au câble par une poulie ; lorsque le bac dérive vers l'aval, il avance tout seul, poussé par le courant, mais nous, nous allons vers l'amont, alors notre passeur, qui s'appelle Friedrich et qui est une force de la nature, se campe sur ses jambes de géant, face au vent, face à la pluie, ses deux poignes énormes agrippées à la longue perche métallique, il pousse vigoureusement dans les tourbillons danubiens, Vlad et moi regardons la poulie glisser sur son câble, la pluie cribler l'eau couleur d'encre, la falaise d'en face se rapprocher lentement – Friedrich est un grand gaillard aux traits ingrats, le nez prend toute la place entre de petits yeux gris et rencognés mais un sourire large et franc illumine son visage de réprouvé, il pourrait nous porter sur ses épaules comme il a porté tout à l'heure nos vélos. C'est la première fois que nous assistons à la lutte de l'homme contre le fleuve, Friedrich pourrait se nommer Christophe, il est le géant des légendes qui aide les voyageurs à traverser les rivières de la ténèbre hivernale, et il fallait que nous le rencontrions ici, en Bavière où l'on croirait que l'hiver est arrivé – nous aimerions lui parler mais Friedrich ne connaît que sa langue maternelle et ne sait pas un mot d'anglais, alors *Danke schön* et *Tschüss*, nous prenons congé de lui et le laissons repartir là-bas, vers l'aval.

Lorsque nous remontons sur nos selles, il tombe des cordes. Il faut rentrer au bercail avant la nuit. On croirait que les rives débordent de toutes parts, comme si le Danube avait envahi toute la Bavière qui bave tel un gigantesque escargot dans la boue de l'automne, nous pédalons dans un *flic-floc* assourdissant, ça fait de grands *splashs* à chaque tour de pédale, la flotte venant d'en haut se mêle à la gadoue jaillissant d'en bas, ça ruisselle sur la chaussée, ça ruisselle entre les lames du casque, ça ruisselle dans notre nuque, dégouline sur notre front, lave la crasse et la sueur, inonde nos fringues et nos godasses, macule nos chromes et paralyse nos freins, nous chavirons tête baissée sous la tempête et nous échouons le soir devant la porte de la pension *Schwaiger*, trempés jusqu'à la moelle, grelottant dans nos maillots spongieux et les sacs plastique que nous avons noués autour de nos chevilles en guise de couvre-chausses – si le matin nous avions l'air de Don Quichotte et de Sancho Panza, le soir nous sommes deux clochards cyclistes, Vladimir et Estragon de la petite reine, qui sonnent à la porte d'une pension bavaroise. Herr Schwaiger vient nous ouvrir dans ses charentaises et nous grimpons tout penauds dans nos chambres, tandis que Heidegger et les vieux pensionnaires sont prostrés devant la télé : à la une des infos, inondations en Bavière et résultats des élections municipales à Berlin. La journaliste annonce que l'extrême droite a obtenu des scores inquiétants qui sanctionnent, dit-elle, le choix de la chancelière d'ouvrir les portes de l'Allemagne à la route des Balkans.

Ce matin, une aube aux doigts gluants nous a réveillés dans la grande maison de retraite européenne, sous un ciel puant la moiteur des lendemains de crue. Avant de nous remettre en selle, nous tentons en vain de faire sécher nos affaires qui n'ont pas dégorgé toute la flotte absorbée hier. En quittant la petite station thermale de Bad Gögging, sous le ciel bas et lourd, nous ne savons plus dans quel sens coulent les eaux dormantes du Danube, et la journée commence par tourner en rond dans la grisaille et la purée de pois bavaroise. Dans les champs de houblon, des types en ciré jaune s'agitent, parmi les odeurs entêtantes, profitant des quelques heures de répit pour récolter le précieux nectar avant que la pluie ne reprenne et fasse pourrir sur pied ces grandes tiges vertes s'entortillant comme des lianes autour de leurs tuteurs.

À midi, halte à Ingolstadt. Ingolstadt, c'est *Audiville* – le sigle aux quatre anneaux d'argent de la firme automobile se retrouve partout, sur les panneaux publicitaires, sur les brochures touristiques, sur les plans de la ville. La sinistre forteresse qui servit en 14-18 de camp de prisonniers – parmi lesquels le colonel de Gaulle et le futur maréchal Toukhatchevski – abrite aujourd'hui le musée de l'armée bavaroise. Ville de garnison, ville étudiante, ville industrielle, Audiville a été lourdement bombardée en 1945 et reconstruite à l'identique – ce qui donne à ses rues au pavage parfait et aux façades sans patine cet aspect de Disneyland macabre que l'on retrouve à Ypres, ville embaumée dans son cercueil, drapée dans le linceul factice du souvenir, ville où la sacralisation du passé et la fureur restauratrice se sont incrustées dans la pierre au point que le visiteur se demande comment on peut encore vivre dans un pareil simulacre où l'on dirait, pour parler comme Nietzsche, *que les morts enterrent les vivants*. Il est impossible de faire coïncider le passé et le présent, il y a toujours des endroits où ça jure, où ça bâille, des concordances ratées – l'histoire ne se laisse jamais reconstituer, la véritable histoire ne doit pas nous apprendre à mourir mais à rester vivants, vivants et vigilants, quand souffle sur le Danube et sur l'Europe un vent mauvais.

Mais le temps passe, inexorablement, comme les fleuves, et tous les hommes sont des fleuves qui s'en vont vers une mort certaine, et nous savons que c'est pour conjurer les flétrissures du temps que nous avons entrepris ce voyage à rebours de la rotation terrestre

– Ah ! si seulement la mère de Vlad pouvait survivre à son cancer, si seulement nous pouvions abolir la douleur et arriver à son chevet avant qu'elle meure ! Voir le Danube rétrécir de jour en jour nous rassure et nous encourage : nous savons désormais que notre périple aura une fin et que nous reverrons bientôt les rives de mon Ithaque. Il n'y aurait rien d'autre à dire sur cette morne journée nuageuse à travers la platitude agro-industrielle de la Bavière – je pourrais décrire les mâts de cocagne plantés au centre des villages, ou le goût de la tarte aux quetsches, car il n'y a rien à raconter sur les habitants : nous ne croisons que des fantômes, chaque patelin se tapit sous terre et fait le mort à notre approche. Non, il n'y aurait rien d'autre à dire sinon que nous avons croisé, à la sortie d'Ingolstadt, dans la forêt, un cerf.

Croisé, c'est peu dire. Pendant quelques instants, nous avons fait face à un cerf. Il a suspendu sa course à travers les fourrés et s'est planté devant nous sous son immense ramure. Un instant, il nous a regardés, nous, les animaux des villes, sous ses bois ramifiés comme des rivières. Et son œil a versé une larme, comme s'il avait peur ou pitié de nous, lui, le roi du Danube qui sait traverser le fleuve à la nage. Mais je ne saurais dire qui avait le plus peur ou pitié de l'autre, du cerf ou de l'homme. Il y a une terreur partagée entre tous les animaux, et c'est cette terreur que peignirent dans leur grotte, avec leurs doigts, les hommes de Lascaux. Croiser le regard d'un cerf, c'est croiser le regard d'un roi et se sentir soudain nu, tueur, animal. Alors j'ai pensé à Chambord, aux massacres de cerfs qui brament encore dans la nuit, j'ai pensé aux chasses présidentielles – à cette phrase d'un chasseur, *on ne dit pas tuer mais prélever* –, j'ai revu les biches éventrées sur un tapis de verdure : un jour, je serai peut-être végétarien comme Élisée Reclus, l'anarchisme commence par le refus d'infliger cette violence à ses congénères, le refus d'exercer le pouvoir de tuer mais aussi le refus d'être en toutes choses maître et possesseur, le refus d'exercer sur la Terre et sur les non-humains – animaux, végétaux ou minéraux – qui la peuplent un droit de propriété.

19

La Bavière de Lego et Mengele

Neubourg-Guntzbourg (Allemagne),
20 septembre, 96 km

Face au cerf, hier soir, dans la grande forêt de Bavière, j'ai pensé à Chambord et c'est encore à Chambord que je pense ce matin, dans les rues de Neubourg : le château Renaissance qui se reflète dans le Danube, avec ses grands murs blancs, ses tourelles et ses clochetons, pourrait être un château de la Loire. Stoppés par l'ondée, nous avons passé la nuit dans un authentique *Gasthaus* bavarois, *Zur Blauen Traube*. Tout ici me rappelle les jours magiques passés à Chambord, cette impression de vivre dans un autre siècle, ce sentiment de la réversibilité du temps – en novembre 1619, Descartes en exil vécut quelque temps à Neubourg, mais rien n'évoque son séjour, et Vlad est déçu car il a emporté dans ses tablettes le *Discours de la méthode*. Je lui dis qu'il ferait mieux de lire Spinoza, Nietzsche, Bachelard et Reclus, Descartes n'a jamais été ma tasse de thé, et je préfère le *cogito* nietzschéen, *je vis donc je pense*, « donnez-moi d'abord de la vie et je saurai vous en faire une culture », écrivait Nietzsche, l'homme est un animal avant d'être un cogital, c'est aussi pour cela que nous avons pris la route du Danube, pour raviver la bête et le versant animal en nous, ne plus passer des heures et des heures sur un fauteuil de bureau, devant un écran d'ordinateur, sentir la densité de l'Europe dans la pulpe de nos mollets.

Le château de Neubourg possède une belle collection de peintures flamandes témoignant de la vitalité disparue de l'Europe médiévale, cette époque où l'on faisait bamboche autour de miches de pain. À la même période florissait dans la région l'école du Danube : c'est dans les environs qu'Albrecht Altdorfer conçut les premiers paysages autonomes de la peinture occidentale. Son *Paysage du Danube près de Ratisbonne*, peint vers 1520, est une petite merveille, l'aurore aux doigts roses caresse les pics bleuâtres des montagnes, le fleuve est un petit pan de lueur blafarde qui s'enfuit sur la gauche de la toile, vers cet Orient d'où se lève le soleil, tout l'espace encadré par un haut sapin et un beau hêtre au feuillage doré s'emplit d'un grand ciel aux nuages bleus et voluptueux – avec trois siècles d'avance, Altdorfer invente les thèmes et les tonalités du romantisme allemand, c'est dans le même paysage, sous le même ciel pommelé de nuages, à travers une hêtraie aux troncs très élancés et aux branches haut perchées, que nous pédalons ce matin, tout va plus vite à présent, nous roulons vers le sud-ouest, vers la Suisse, le Danube est sorti des grands axes, il n'appartient plus à la grande histoire du continent, les monuments se font plus rares, les premières pentes annoncent la proximité des sources, le fleuve n'en mène plus très large et disparaît par intermittence, les jambes s'excitent à l'approche des montagnes et de l'équinoxe d'automne, la route déserte le lit fluvial et coupe à travers les vallons du Jura franconien, les milans et les éperviers planent dans les airs, effleurant de l'aile les clochers russes des villages bavarois.

Vers midi, nous déboulons à toute allure dans Donauworth, en dialecte souabe *l'île sur le Danube*, grosse bourgade de quinze mille habitants qui se targue d'être le carrefour de l'Allemagne du Sud car elle se trouve à cent bornes de Nuremberg, à cent bornes de Munich, à cent cinquante de Stuttgart et de Ratisbonne, autrement dit loin de tout. Sur un banc, nous retrouvons, mordant à pleines dents leur sandwich, un couple de retraités qui ont passé la nuit dans la même auberge que nous et sont partis juste avant nous : ils ont donc roulé à la même allure que nous sur leurs vélos à assistance électrique. Comme ils repartent et nous saluent, tandis que nous sommes attablés autour d'un plat de *spätzle* baignant dans la crème, nous décidons de ne pas trop tarder et de mettre les gaz. Une bonne demi-heure plus tard, nous les dépassons à vitesse grand V sur le pont de Höchstädt où le fleuve se perd entre les roseaux, avant de les retrouver tout sourire dans les rues de Dillingen, où devaient faire halte, autrefois, les diligences sillonnant la vallée : ils ont eu le temps de nous rattraper pendant que nous faisions le tour du château ; l'assistance électrique est leur pot belge ou leur fontaine de jouvence.

À la sortie de la ville, le Danube, complètement dompté, parfaitement artificiel, se réduit à un triste chenal rectiligne et bourbeux. Toujours les mêmes eaux troubles, la même couleur brune, la même absence de courant. Bientôt, les nombreuses tours de Lauingen se reflètent dans le fleuve et jettent des couleurs joyeuses dans cette tasse de café mal dilué, conférant aux alentours un petit air de Flandre ou de

Hollande. Puis revient cette pénible impression de faire du surplace, du fait de la succession des barrages recréant tous les dix kilomètres les mêmes paysages de plans d'eau peuplés de cygnes, de canards et de gallinules ; entre les feuilles de nymphéas et de renoncules pourrissent des branches mortes : on se croirait captif d'un de ces puzzles Ravensburger où le paysage a l'aspect gélatineux d'une nature morte. Mais la sensation de déjà-vu n'est jamais parfaite : dans chaque puzzle, il y a toujours un petit détail, une petite nuance qui le distingue d'un autre et nous révèle que le temps file et ne se répète jamais.

À Guntzbourg, surnommée comme tant d'autres villes danubiennes *la petite Vienne*, impossible de se loger dans les charmants *Gasthäuser*. Hôtels et pensions affichent complet. À l'époque de l'*Oktoberfest*, qui rameute toute l'Allemagne en Bavière, Guntzbourg possède un atout de poids pour occuper la marmaille tandis que les adultes s'envoient bière sur bière : ici se situe Legoland. En tournant telles des âmes en peine dans les rues de la ville et des environs, nous tombons, à l'entrée d'un lotissement pavillonnaire, devant une rue portant le nom de Karl-Mengele-Strasse… À la vue de ce nom, je sens instantanément tous les poils de mon corps se hérisser : Mengele, Mengele, Mengele, le tortionnaire d'Auschwitz, Josef Mengele, l'ange de la mort. Mais alors qui était Karl, dans la famille Mengele ?

Karl, me renseigne un site généalogique en ligne, était le père de Josef, le père du pire tortionnaire nazi, celui qui inoculait des virus pour tester la réaction des Juifs et des Tziganes, arrachait à vif les yeux de ses cobayes humains, triturait les organes génitaux, jetait au feu les nouveau-nés, violait les femmes enceintes, extirpait les fœtus de leurs entrailles pour les fracasser sur le sol… Et pour quel acte de bravoure Karl Mengele, le cher papa de ce monstre, a-t-il l'insigne honneur de posséder une rue à sa mémoire, dans sa ville natale ? Car le cher papa était… un fabricant d'outils agricoles, c'est-à-dire un bon gros notable, en Bavière, et donc un brave homme méritant que l'on se souvienne encore de lui, peu importe sa sinistre descendance ! Auschwitz naît du poulailler industriel, de la moissonneuse-batteuse, de l'élevage en stabulation et de l'abattoir, Auschwitz est le prolongement de la technique agro-industrielle, qui traite une catégorie d'humains comme une catégorie de bêtes domestiques, utiles à casser des cailloux jusqu'au moment où il faut bien se débarrasser de leurs corps squelettiques pour en extraire la graisse qui servait à fabriquer le savon du IIIe Reich.

Pas question, dis-je à Vlad, de dormir dans une ville honorant la mémoire du père d'un bourreau ! Que Guntzbourg soit rayée de la carte, avec Legoland et sa Karl-Mengele-Strasse ! Que cette brave Bavière passée maître dans l'art de recycler des nazis fasse enfin le travail de mémoire que requiert une Europe unie ! Alors nous reprenons nos bécanes et roulons dans la nuit et le froid, toujours plus loin vers l'ouest… Et c'est ainsi que nous échouons sous des drapeaux allemands, dans un immense corps de ferme reconverti en hôtel, à la sortie du hameau sans charme de Bubesheim. Le patron, large d'épaules, profil de boxeur et face rougeaude, se pointe en bleu de chauffe : il a bu un coup de trop, sent la bière à plein nez et possède plusieurs BMW ; pour un appartement de deux pièces avec salon, il nous annonce un tarif exorbitant mais nous promet un prix d'ami – promesse oubliée le lendemain, lorsqu'il viendra nous réveiller, sobre et cravaté, pour le petit déjeuner. Lorsqu'il tourne autour d'elle avec ses grosses mains velues, on sent que son employée, une jolie Biélorusse, garde ses distances.

20

Des Souabes du Danube au Rivage des Syrtes

Guntzbourg-Ulm (Allemagne),
21 septembre, 25 km

Ulm enfin ! Nom rendu glorieux en France par une bataille napoléonienne et une rue parisienne que rêve de conquérir tout hypokhâgneux qui se respecte, la dernière grande ville avant d'attaquer la Forêt-Noire ne ressemble plus guère à celle que traversèrent, en 1805, les troupes de la Grande Armée. Les bombardements alliés de 1944 n'ont épargné qu'un seul quartier : le *Fischerviertel*, le quartier des pêcheurs, des meuniers et des tanneurs, dégringolade pittoresque de maisons à colombages et tuiles écailles qui s'étagent entre des tilleuls et des saules pleureurs le long de la Blau, un bref affluent du Danube dévalant du Jura souabe avec la gaieté bruyante et saccadée d'un torrent alpin. En roulant au ralenti dans les ruelles pavées sous les façades croquignolettes ornées de lierre et de géraniums, nous pensons, Vlad et moi, à notre terminus, là-bas, de l'autre côté des montagnes : Ulm annonce déjà l'Alsace, Strasbourg et sa Petite France, nous voilà déjà de retour au bercail ;

Vlad a longtemps vécu en Alsace, et la Lorraine est le berceau de ma famille paternelle.

Ulm est restée célèbre pour avoir servi de base de départ à tous les colons souabes qui fuyaient la misère du Wurtemberg – guerres et famines à répétition dans une région au climat rude – et s'embarquaient sur le Danube au XVIIIe siècle pour aller repeupler les terres reconquises par les Habsbourg et vidées de leurs habitants suite aux incessants saccages des guerres austro-turques. Dans toutes les rues de la ville, des gravures, des fresques et des monuments commémorent la saga de ces colons germaniques de l'Europe danubienne : il leur fallait un peu plus d'un mois pour descendre jusqu'à Belgrade sur leurs radeaux de fortune ; pour nombre d'entre eux, la rivière fut longtemps sans retour ; mais en 1945, chassés par l'Armée rouge et les partisans communistes, les *Donauschwaben* durent refluer vers l'amont et la plupart revinrent au point de départ, s'installant sur les traces de leurs ancêtres, en Bavière ou en Bade-Wurtemberg, dans cette *Heimat* dont ils ne connaissaient pas toujours la langue.

Sur une façade du *Fischerviertel*, le peintre Georg Bosch réalisa en 1956 une fresque inspirée d'une *veduta* de Belgrade en 1717, portant l'inscription *Belgrad oder Grieschich Weissenburg,* autrement dit la ville blanche et grecque, c'est-à-dire byzantine, et pourtant la bourgade représentée, qui ne compte pas la moindre église mais une dizaine de minarets, n'a pas l'air très blanche : la plupart des façades sont ocre et les remparts qui la ceignent sur sa butte au confluent de la Save et du Danube sont un assemblage de briques rouges. Depuis l'an 2000, Ulm abrite un musée des Souabes du Danube ; aujourd'hui, guidés par Konrad et son petit-fils Thomas, que nous avions rencontrés le 7 septembre sur la route d'Esztergom, nous en sommes les seuls visiteurs. Konrad et Thomas sont revenus au pays en train, après avoir atteint la ville serbe d'Apatin, où Konrad est né il y a soixante-dix-sept ans. Dans les galeries désertes du musée, rien ne nous est épargné de l'épopée tragique des colons germaniques : ni les maquettes grandeur nature de leurs bicoques flottantes, ni les reconstitutions de leurs cuisines ornées d'assiettes blasonnées, ni leurs habits folkloriques et leurs métiers à tisser, ni les manuels géo-historiques tels que le *Reisetaschenbuch für Donaufahrer* publié en 1830 par le géographe autrichien Anton Johann Groß ; l'exposition rappelle qu'ils étaient environ 500 000 à quitter l'Allemagne entre 1689 et 1850 et qu'ils furent des millions à fuir l'avancée de l'Armée rouge au cours du dernier hiver de la guerre – des photos en noir et blanc illustrent leur exode à rebours du fleuve gelé, leur internement dans les camps de Tito, leur déportation vers l'Ukraine ou la Sibérie.

Il y avait sept zones de colonisation allemande en Autriche-Hongrie, nous dit Konrad en nous montrant les cartes affichées dans les vitrines du musée : collines hongroises, Turquie souabe (région de Fünfkirchen, aujourd'hui Pécs), Slavonie, Syrmie, Bačka, Banat et Sathmar (aujourd'hui Satu Mare, en Roumanie). À la veille de la Seconde Guerre mondiale, certaines villes hongroises, roumaines ou yougoslaves étaient majoritairement peuplées d'Allemands : ainsi de Temeswar (aujourd'hui Timişoara), de Pančevo dans la banlieue de Belgrade, de Weißkirchen (Bela Crkva), de Werschetz (Vršac) ou d'Apatin, trois villes de Voïvodine que nous avons traversées, Vlad et moi, au gré de nos pérégrinations danubiennes – dans l'église d'Apatin, une affiche annonçait la messe en hongrois les mercredis et samedis, en serbe les vendredis et dimanches, en allemand le jeudi ; à Sombor, une plaque de bronze dans un bel édifice Jugendstil en cours de rénovation commémorait les noms de ces *Volksdeutsche* fusillés à la libération par les soldats soviétiques, et nous avions demandé à un maçon ce que signifiait cette plaque. C'est à cause de l'Europe, a dit le type en bleu de travail, ils nous ont forcés à mettre cette plaque, parce que Bruxelles finance la rénovation, mais si vous voulez savoir mon avis, eh bien, moi, je pense que ces salauds de *Schwaben* n'ont eu que ce qu'ils méritaient !

Les descendants de colons allemands, nous apprend Konrad, furent très vite gagnés par la propagande hitlérienne, l'histoire est racontée dans un livre d'Alexandre Tišma, *Croyances et méfiances*, qui fut adapté récemment à la télévision serbe sous la forme d'un feuilleton, de nombreux *Donauschwaben* restaient branchés toute la journée sur la radio allemande, ils s'organisèrent très tôt en milices paramilitaires et accueillirent, en avril 1941, les tanks et les soldats nazis comme des libérateurs, les hommes qui rejoignaient la Wehrmacht n'étaient pas toujours enrôlés de force, toute une littérature édifiante avait cultivé la nostalgie de la mère patrie, l'esprit du sacrifice pour défendre le sol et le sang, préparant le terrain de la reconquête des tribus égarées du Reich – en 1941 fut publiée la brochure *Donau und Donauraum*, rédigée par Hans Pflug, professeur d'histoire et d'éducation civique à l'académie pédagogique de Dortmund ; le Danube, nous indique le sous-titre, est à la fois la ligne de vie (*Lebensader*) et le champ de force (*Kraftfeld*) de l'Europe ; le petit guide à destination des officiers de la Wehrmacht exaltait la mission civilisatrice du peuple allemand sur les rives de ce fleuve surgi du cœur de l'Europe : Hans Pflug, nous explique Konrad, fut aussi l'auteur de *Deutschland, das Herz Europas*, publié en 1943 à Leipzig, et d'un livre traduit en français, *Les Autostrades de l'Allemagne*, lequel vantait les mérites du réseau autoroutier conçu par le Führer ; après avoir servi dans la Wehrmacht durant toute la guerre, le docteur Pflug sera recyclé dans un institut de Wuppertal et deviendra l'un des fondateurs de l'association des professeurs d'histoire allemande.

Sous sa plume, le *Donauraum* désigne la Slovaquie, la Hongrie, la Croatie, la Roumanie et la Bulgarie, cinq alliés amenés à jouer un rôle crucial aux côtés d'un IIIe Reich soumis au blocus maritime et méditant l'opération Barbarossa contre l'URSS de Staline : le Danube est la route du blé (hongrois), du fer et de l'aluminium (serbes), du bois, du pétrole et de l'or (roumains) ; il faut donc améliorer les voies de communication et réaliser la jonction Rhin-Main-Danube pour acheminer ces matières premières vers le ventre du Reich ; surtout, le Danube est le vecteur majeur du *Drang nach Osten*, la grande artère vitale de l'Europe, c'est le sang germanique qui coule dans ce fleuve et irrigue tout l'espace danubien, Hans Pflug donne dans le pathos romantique et le lyrisme fluviatile, « toujours, dans toutes les régions danubiennes, l'influence allemande a été un aiguillon stimulant », écrit-il, les colons ne sont pas venus en conquérants mais en « paysans pacifiques », c'est « avec le labeur de leurs mains, le sacrifice de leur sueur et de leur sang » qu'ils ont repeuplé la plaine pannonienne dévastée par les Turcs, et la monarchie autrichienne a « payé un lourd tribut de sang pour la défense de l'espace danubien » ; guidé par « un fils de cette marche orientale » (*alias* Hitler), le peuple allemand se voit confier la mission de reconstruire cet empire danubien déchu.

Dès qu'il est question du Danube, mythe et propagande ont toujours fait bon ménage, nous dit Konrad en nous guidant avec son petit-fils Thomas à travers les allées du musée. Quiconque s'éprend d'une rivière et s'abandonne au lyrisme fluviatile prend le risque de diviniser l'onde et de sacraliser la source. Sur les cartes anciennes, les géographes admettaient difficilement que le Danube, issu de la confluence de la Breg, de la Brigach et de bien d'autres torrents de Forêt-Noire, était un cours d'eau bâtard, sans origine bien déterminée. Ainsi, sur une superbe carte du *Cours du Danube depuis sa source jusqu'à ses embouchures* imprimée en 1703, à une époque où la France de Louis XIV, ayant conquis l'Alsace et le pays de Bade, s'étendait sur les deux rives du Rhin et lorgnait vers les sources du grand fleuve européen, Konrad nous montre que le Danube, représenté dans le frontispice telle une divinité antique, est indiqué dans un encart sous la forme d'un fleuve indépendant qui prend sa source à Donaueschingen et rejoint plus loin les deux cours d'eau – la Brige et la Brege, écrit Nicolas Sanson, le géographe du roi. En localisant la source introuvable, en inventant un fleuve imaginaire en amont du fleuve réel, le géographe du roi apporte la preuve que le Danube est, tel un dieu, tel un roi soleil, *causa sui* : les deux sources qui l'engendrent sont niées. Et peu importe si la carte ment : sa fonction n'est pas – n'a jamais été – de dupliquer le réel mais d'exprimer l'état d'un savoir et la vision d'un pouvoir.

Pour qui a la passion des cartes anciennes, le musée d'Ulm est un vrai trésor : en errant d'une vitrine à l'autre, je relève les variations infinies dans les tracés des rivières ou des frontières, dans les noms des villes et des comtés, j'aime cette approximation des vieux atlas qui paraissent dessinés par un enfant, sans cesse au bord du trop-plein ou de l'inachèvement, comme si le géographe avouait tantôt son ignorance, tantôt son impuissance à rendre compte du réel, tantôt le pur plaisir de dessiner, inventant ici des montagnes, là des forêts, là encore des lacs, des îles – Tandra et Nanada – ou des déserts – ainsi, toujours sur la même carte du *Cours du Danube depuis sa source…*, Nicolas Sanson a répertorié un *désert de Bachmeghe*, cousin imaginaire du désert des Tartares, au nord de l'actuelle Novi Sad, ville encore inconnue sur les cartes, car en 1703 la *nouvelle phrase* n'avait pas surgi des marécages. Il y a d'ailleurs, de part et d'autre des bouches du Danube, qui ressemblent de très loin à celles que nous avons connues, le désert des *Tartares de Budziack* et celui des *Tartares de Dobruce*. Et il y a même, à l'embouchure du Dniepr, le *Passage des Tartares à la nage*.

Le nez collé contre la vitrine qui me sépare de la carte, je remonte du doigt le Danube, je retrace la route que nous avons suivie depuis Odessa, j'imagine la forme qu'aurait prise notre itinéraire s'il y avait eu des bicyclettes au XVIIIe siècle, je lis les anciens noms de nos étapes, Ismael, Galaz, Silistria, Buchoresch, Russi, Svistofo, Nicopoli, Viddin, Galombacz, Semendrie, Belgrade, Peterwardein, Valkowar, Eßeck, Mohats, Bath, Pesth, Bude, Vizzegrad, Gran, Lavarin, Presbourg, etc., et je comprends mieux les raisons intimes de ce périple à contre-courant des vents dominants, à rebrousse-poil des récits de voyage ordinaires : partir de l'embouchure et remonter vers la source, c'était aussi partir du Tatar qui est en nous. J'en suis là dans mes pensées quand tout à coup je ne peux plus décoller mon nez de la carte, je sens qu'un nom m'a harponné la rétine, ma vue se brouille, je m'écarte, de peur d'être pris d'une hallucination, me rapproche, relis ce que j'ai cru lire une première fois :

SYRFIA

Oui, le nom magique est imprimé là, en italique et en capitales, au sud du coude que le Danube fait à Galaz, entre le mot EUROPE et le mot TARTARES, imprimés tous deux en capitales. Syrfia ! Un site roumain consulté sur la toile nous renseigne : Syrfia serait une appellation géographique disparue, désignant le nord de la Dobroudja, d'après le nom grec *ΣυρΦοι*, en français *les syrphes*, une variété d'insectes entre la mouche et la guêpe, qui forment l'été des essaims sur toute la région des limans après la mue de leurs nymphes aquatiques. Mais le toponyme disparu pourrait venir aussi du mot turc *sarf* qui désigne les méandres du fleuve. Par confusion phonétique, poursuit le site roumain, il arrive que Syrfia désigne enfin sur les vieilles cartes le sandjak de Serfiyei, autrement dit la Serbie. Comment ne pas penser au *Rivage des Syrtes* ? Comment ne pas penser à Julien Gracq – je comprends mieux à présent ce sentiment de retrouver Maremma en errant dans les rues de Galaţi ou de Sulina, les paysages steppiques du Boudjak et de la Dobroudja me faisaient irrésistiblement penser à ce « désert d'herbes au bord d'une mer vide » que décrit si bien l'écrivain. J'ai toujours pensé qu'il fallait situer le rivage des Syrtes à l'est, du côté de la mer Noire, quelque part entre le Caucase, la Crimée et le delta du Danube.

Nous sortons du musée désert avec un sentiment de malaise et une faim de loup. Konrad et Thomas s'en vont de leur côté sur leurs vélos, Vlad et moi roulons vers le centre-ville en quête d'un resto. C'est tout de même étrange, dit Vlad, d'avoir consacré un musée aux colons souabes du Danube : c'est un peu comme s'il y avait en France un musée des Pieds-noirs et de la conquête du Maghreb. Je lui réponds qu'il suffit d'être patient, qu'un tel projet doit être à l'étude du côté de Béziers. Pour l'instant, en France, nous avons un Musée national de l'histoire de l'immigration, dans le palais de la Porte Dorée, à Paris, mais notre politique d'accueil laisse à désirer. Ici, au moins, les salles du musée sont vides ; en revanche, les rues d'Ulm sont ponctuées de réfugiés syriens qui frissonnent dans leurs K-way trop fins comme nous frissonnons, Vlad et moi, dans nos maillots de cyclistes – nous aussi, nous venons du sud et de l'est, et nous ne pensions pas que des températures quasi hivernales nous attendraient à la fin de l'été au pied du Jura souabe.

Comme nous n'avons pas assez pédalé aujourd'hui, comme Vlad ne tient plus en place dans cette ville de bric et de broc, où plane encore le spectre des bombardements alliés, où nous n'avons rien trouvé d'autre à nous mettre sous la dent qu'un kebab, il est parti faire un tour du côté de Neu-Ulm, sur la rive bavaroise, pour savoir si l'air est plus respirable là-bas. En errant seul, la nuit, dans les ruelles pavées du *Fischerviertel*, sur les passerelles métalliques enjambant la Blau, entre toutes ces fantasmagories à la Victor Hugo, parmi ces façades illuminées qui tremblent dans les eaux noires du Danube, j'ai l'impression d'évoluer dans un monde parallèle, imaginaire et fantastique, et je me dis non, ce n'est pas l'Allemagne ni le Bade-Wurtemberg qui m'entoure, c'est un autre pays, une bizarrerie toute hérissée d'x et de y, comme si ces maisons de lutins avaient été dessinées par un enfant, construit par un autre enfant cet hôtel au bord de la Blau qui se targue d'avoir le plancher le moins droit du monde – oui, j'imagine un enfant allongé à plat ventre sur la carte du pays, les bombardements ont rasé les villes et l'enfant contemple ces ruines pas plus grosses que des miettes de pain entre lesquelles vont et viennent les fourmis humaines – d'un geste de la main, il balaie la carte, prend son stylo, sa règle et son compas, et commence à tracer sur la *tabula rasa* de nouvelles routes, à colorier de nouveaux lacs, à noircir de nouvelles cases pour abriter toutes ces fourmis ; mais comme il est un peu maladroit, et comme son imagination n'est pas encore gâtée par le besoin d'ordre et d'harmonie des adultes, comme il est encore ignorant des lois de la gravité, il trace au hasard des rivières franchissant les courbes de niveau, des avenues si raides qu'elles donnent le vertige et renversent les autos, des ruelles tortillant tels des ruisseaux, des impasses en zigzag et des chemins ne menant nulle part, il dessine des murs et des tours penchés, des maisonnettes plus biscornues et plus bariolées que les folies d'un Hundertwasser ; sa ville est un labyrinthe habitable, dont personne ne songerait à chercher la sortie – puis viendrait un autre enfant, celui-ci découperait la carte et détruirait le labyrinthe pour construire le sien.

Il faudrait de temps en temps, disait Vlad, faire comme les enfants, raser tous ces monuments qui nous encombrent, ne plus rester captifs de ce passé qui nous empoisonne, répudier le souvenir de ces morts et de ces presque morts qui nous enterrent vivants ; oui, il faudrait réécrire l'Europe, disait Vlad, mais ne pas la réécrire comme une utopie, où tout serait bien rangé, bien ordonné, bien pensé, la réécrire comme un roman-fleuve ou un roman-archipel, anarchique, voué à l'inachevé, un roman fabuleux et divagant, avec des tourbillons d'îles flottantes, des Ithaque miniatures nichées dans des prairies verdoyantes, de petits recoins pour s'évader, des refuges où chacun serait le bienvenu, qu'importent son origine, son histoire et son nom.

21

Vues sur l'Europe

Ulm-Sigmaringen (Allemagne),
22 septembre, 95 km

Tout va de plus en plus vite à présent. Vlad a reçu des nouvelles de sa mère, les toubibs disent que la récidive est fulgurante, qu'elle n'en a plus pour longtemps, que *ses chances de passer l'automne sont infimes*, alors il n'est plus question de traîner, il nous faut atteindre au plus vite les sources du Danube, franchir la frontière, en finir avec l'Allemagne, et regagner la France. Du château d'Ulm à celui de Sigmaringen, il y a quatre-vingt-quinze bornes qui s'entortillent au fil du fleuve, et nous démarrons sur les chapeaux de roues, aiguillonnés par la brise matinale. Nous faisons nos adieux à la piste cyclable qui pique, là-bas, vers le sud et le lac de Constance. Désormais nous roulerons comme tout le monde sur les petites routes de campagne.

Moins corseté qu'en aval d'Ulm, à peine libéré de ses brumes résiduelles, le Danube songeur divague à travers les prairies gorgées de rosée, laisse derrière lui des troupeaux de brebis, de cygnes et d'îles herbues, les barrages ne sont plus de grands murs de béton mais de simples amoncellements de pierres moussues, apparaissent les premiers moulins, les champs de maïs et de tournesols ont été moissonnés – seules demeurent les fleurs de sarrasin, milliers d'yeux bleu pervenche qui perlent dans les fossés.

Nous roulons nez dans le guidon, grisés par la lumière automnale, dans ce Wurtemberg de pastorale, sur les rives hirsutes d'un fleuve sauvage aux eaux limpides : voici revenus le vert et le bleu de la vie champêtre – nous traversons à fond de train Erbach, Öpfingen, Ehingen, atteignons Munderkingen où nous pique-niquons au fil du fleuve efféminé, il faudrait parler désormais du Danube au féminin, la *Donau* souabe est très belle, très claire, avec des reflets blonds et des chevelures d'algues qui s'affolent dans le courant. Bienvenue au pays d'Ophélie, toutes les femmes noyées des légendes se sont donné rendez-vous ici, sous l'arche unique du pont de Munderkingen. Vlad songe à sa pauvre mère, il devient taciturne, mord en silence dans son sandwich, le regard aimanté par ces blondeurs onduleuses. Il y a quelque chose de pourri dans l'air de l'Europe mais nous ne sentons plus rien car ce paysage adamique de la Souabe ancestrale est nimbé d'oubli.

Passé Munderkingen, où la rivière, large à peine d'une vingtaine de mètres, dessine un méandre encaissé, la route s'élève, la pente s'accentue, le socle affleure, petits pitons calcaires rythmant l'horizon, ici commence la moyenne montagne, nous pénétrons au cœur du Jura souabe, la Suisse est toute proche, soixante bornes à vol d'oiseau nous séparent du lac de Constance, nous longeons une voie ferrée, traversons un passage à niveau, la rivière multiplie les lobes et les méandres, aucune chance de la suivre dans tous ses replis buissonniers mais elle resurgit par intermittence, on l'entend soudain gazouiller, comme à Zwiefaltendorf où tout un peloton de cyclistes sirotent des bières sur la terrasse d'un moulin, l'eau roulant ses galets en contrebas n'a pas de nom, pas de panneau pour l'annoncer, c'est le beau ruisseau anonyme et chantant d'Élisée Reclus, qui creusa jadis des gorges bien plus profondes que son lit actuel. Parvenus sur un plateau constellé de bouses de vache, nous traversons des villages souabes oubliés – voici matérialisé le rêve d'une Allemagne idyllique qui n'aurait connu ni la guerre, ni la crise, ni l'occupation, qui ne sait peut-être pas qu'elle a été découpée puis réunifiée et qui ne risque pas d'être dérangée par la prétendue *crise migratoire*. Nous rasons les murs des granges et des fermes, une vache à la robe violette traverse parfois la route, un taurillon s'est échappé, sa mère meugle à déchirer le bleu du ciel pour faire revenir le fugueur entre les barbelés du pré natal, le bitume embaume la bouse, les odeurs de fumier, le purin poétique des dimanches à la campagne, mais aussi le bon lait de ferme.

Plus loin en amont, le ruisseau se ramifie ; de l'autre côté d'une écluse et d'un barrage de pierres moussues que les flots franchissent en cascades, il y a un beau plan d'eau profonde, Riedlingen s'étage à l'horizon, dégringolade de pignons à redents et de toits pentus, poivrières à pans d'ardoises, hautes maisons bourgeoises, façades blanches à colombages, volets blasonnés, cheminées de briques couronnées de nids de cigogne – un passant francophone nous indique l'hôpital de Riedlingen et nous apprend qu'Ernst Jünger y a rendu son dernier souffle à l'âge de cent deux ans : l'anarque ermite, le soldat allemand le plus décoré de la Grande Guerre, blessé quatorze fois au front, s'était retiré dans un village des environs où il herborisait, chassait les papillons et recevait ses camarades écrivains, parmi lesquels Julien Gracq, lequel nourrissait une étrange fascination pour ce moine-soldat, sanglé dans l'uniforme impeccable de ses phrases hautaines et de sa prose héraldique, qui haïssait Hitler, le communisme et l'État démocratique.

Chez un garagiste, nous faisons dévoiler nos roues, regonfler nos pneus, graisser nos chaînes, et repartons à toute blinde vers le sud-ouest, soleil aveuglant dans les yeux, direction Binzwangen, Hundersingen, Blochingen, Scheer, Sigmaringen – à la veille de l'équinoxe, le soleil couchant jette ses derniers rayons sur le fouillis de saules cendrés et de frênes roussâtres, bouquet final d'un feu de joie annonçant le deuil de l'été et le couronnement de l'automne – nous roulons de plus en plus vite sur le plateau souabe, le ruisseau roule aussi très vite mais dans l'autre sens ; ici, le fleuve à venir n'est pas encore bleu, ne peut pas être bleu, car il ne reflète pas le fond du ciel, ce n'est qu'un gros torrent de montagne, franchissable à gué, aux flots vifs, au courant turbulent, à la voix rauque, écumant sur son lit de galets – étrangement, j'ai le sentiment de connaître ces paysages que je n'ai jamais traversés, ces villages où je n'ai jamais mis les pieds, comme si j'avais tracé dans mes rêves les contours de ce fleuve enfant, les festons de ces arbrisseaux jaunissants – Vlad pédale à contre-jour et loin devant dans le vent qui murmure à travers les feuilles mortes, il s'est mis en tête d'atteindre Sigmaringen avant la fermeture du château, mais nous arrivons trop tard au pied des falaises.

Toute la ville est déserte et fermée. Fermé le camping au bord du Danube où nous plantons la tente dans la rosée après avoir enjambé les grillages et cadenassé nos bécanes. À présent, nous partageons la popote avec Hans, un gamin candide et blond venu de Kehl sur son vieux biclou, Hans a traversé toute la Forêt-Noire et compte bien descendre le Danube jusqu'à la mer Noire, nous lui disons que l'hiver arrive, mais Hans n'a pas peur de l'hiver qui vient ni du roi des Aulnes, les noms qu'il égrène en nous montrant son itinéraire me sont tous familiers – Offenbourg, Gengenbach, Zell, Haslach, Waldkirch, Simonswald, se peut-il que je vienne, moi aussi, de ces parages, j'ai dû être allemand dans une autre vie, gamin blondinet plutôt que Tatar à la peau cuivrée, nourri aux légendes des frères Grimm, joueur de flûte de Hamelin, Till l'Espiègle aux quatre cents ruses, à moins que ce ne soit autre chose, une origine imaginaire, au fond nous ne savons pas plus qu'un ruisseau d'où nous venons, nous, les Européens, nous sommes tous orphelins de nos sources, juifs errants d'une Europe en mal de peuple et d'idéal. Il fait si froid sur les rives du fleuve étranglé, si froid dans nos corps éreintés, si froid dans nos veines gonflées par l'effort, que nous décidons de grimper dans les ruelles de la ville, marcher nous réchauffera, mais le château maléfique veille sur sa falaise et nous domine de toutes les silhouettes biscornues de ses clochetons, tourelles, cheminées, gargouilles à flanquer la chair de poule.

J'ai besoin d'alcool fort pour passer la nuit dans mon duvet trop fin, Vlad a besoin d'alcool aussi pour y noyer le cancer de sa pauvre mère, cette phrase qu'il a lue ce matin sur l'écran de son portable l'a rendu fou, *ses chances de passer l'automne sont infimes*, il lui faut un remontant, nous poussons la porte de la brasserie *Traube*, il y a toute une faune de pochetrons accoudée au zinc, les hommes jouent au rami, la seule femme est une Asiatique maquillée à mort qui s'excite sur un flipper, je me dis que Céline venait boire son schnaps ici, qu'il s'accoudait là où je suis accoudé, qu'il buvait la même gnôle dans le même verre, rigolait comme ces hommes, là-bas, rigolent. Dans la débandade du IIIe Reich, toute l'Europe collabo cherchant un refuge accourut aux sources du Danube – Français, Hongrois, Slovaques, Allemands, Autrichiens, fuyant les uns l'Armée rouge, les autres la 2e division blindée de Leclerc et la 1re armée de de Lattre de Tassigny qui franchit le Rhin le 31 mars 1945, atteignit Sigmaringen le 22 avril et fit tomber la garnison d'Ulm le 24, ce qui lui vaudra son surnom de Rhin-et-Danube.

Le barman du *Traube* est un énième réfugié des Balkans – Branimir a déserté l'Armée populaire yougoslave pendant le siège de Vukovar, nous parlons dans un mélange de serbe et d'allemand tandis qu'il pelote la jeune Asiatique pouffant de rire à ses côtés, il nous sert des rasades de *rakija* qu'il a rapportée du pays natal, les petits verres à gnôle sont blasonnés aux armes de la Serbie, avec la couronne royale, l'aigle bicéphale et la croix d'argent cantonnée de quatre briquets sur son écu de gueules, quatre briquets souvent stylisés sous la forme des quatre C cyrilliques de la devise *Samo sloga Srbina spasava* (« Seule l'union sauve les Serbes »), Branimir nous raconte comment il est parti au front la fleur au fusil – j'avais dix-huit ans, j'étais fier de faire la guerre, on pensait qu'on n'en ferait qu'une bouchée, de ces putains d'Oustachis, on partait défendre l'héritage de Tito, dit-il, mais mon régiment basé à Kragujevac a été décimé par l'artillerie croate, j'ai vu mourir à mes côtés tous mes potes, nous étions des gamins sortant tout juste du lycée, c'était une vraie boucherie !

Branimir a la gueule cabossée des guerriers sans gloire, il a pris un éclat d'obus dans la mâchoire – nous n'avons toujours pas quitté le fleuve des latitudes meurtrières, la boucle est bouclée, la dernière guerre de Troie européenne nous poursuit partout comme un remords à travers le Vieux Continent déliquescent, l'histoire d'une guerre est comme l'histoire d'une rivière, même celle que nous croyons oubliée dans la mousse des armistices et des cimetières militaires se poursuit à l'infini, rien ne s'oublie sur les rives du Danube, les vociférations pathétiques de Céline contre les Juifs, les éditeurs, les résistants, les Boches, Mauriac, les Sénégalais de Leclerc armés de leur coupe-coupe, Corpechot nommé par Pétain amiral aux estuaires d'Europe et commandant des deux Berges ; oui, les vociférations pathétiques de Céline se mêlent aux fulminations d'Hitler, aux glapissements d'Ante Pavelić contre les Juifs, les Serbes, les communistes et les Tziganes, aux invectives de Karadžić ou de Milošević contre les musulmans, les Bosniaques, les Kosovars – les mots sont des couteaux amers, même enterrés, même emportés vers l'aval, ils font des remous dans la vase et se réveillent de temps en temps, il suffit que quelqu'un fouille le limon et sache les brandir pour qu'un autre déterre à son tour la hache de guerre, je me dis parfois qu'il faut en finir avec la passion complice pour Céline, ses romans ne suffisent pas à le blanchir de ses appels au meurtre, pas plus que les intuitions philosophiques de Heidegger ne peuvent le dédouaner de ses errements politiques.

À tout prendre, s'il faut relire les fous et les exaltés, je préfère relire Suarès plutôt que Céline et Heidegger – André Suarès, le condottiere des lettres et le prophète révolté, l'homme qui, partant de Bâle, traversa toute la Suisse et l'Italie à pied, l'auteur d'un livre oraculaire, *Vues sur l'Europe* ; il y a de l'outrance chez Suarès, un côté mystique et christique, un chauvinisme d'autant plus exacerbé qu'il vient d'un métèque, d'un Juif marseillais qui se vêtait comme un vagabond et se prenait pour un barde celte ; parues dans la presse entre 1930 et 1935, ses chroniques au vitriol d'une Europe rongée par la peste brune n'inspiraient à ses contemporains que des bâillements embarrassés ; il y dissèque pourtant les racines du nazisme ; dénonce avec virulence le péril stalinien et le fascisme italien ; nous met en garde contre l'Autriche humiliée, la Hongrie revancharde, les complots croates et l'antisémitisme polonais ; vilipende les lâchetés de la France et les démissions britanniques ; annonce la Shoah et la destruction de l'Europe ; mis sous presse en mars 1936, le livre dangereux fut pilonné dès sa publication pour ne reparaître qu'en avril 1939 ; entre-temps, l'esprit de Munich l'avait emporté ; Hitler ayant franchi le Rhin, absorbé l'Autriche et annexé les Sudètes, fondrait bientôt sur la Pologne avant de s'attaquer à la France ; Suarès, réduit au silence et à la misère, n'aura plus qu'à fuir la Milice et la Gestapo pour sauver sa peau. Si certaines pages sont datées, d'autres nous font signe, à près d'un siècle d'intervalle, comme une lueur inquiète et malicieuse, dans la nuit sans fin des bibliothèques :

« L'affreux danger de l'Europe, aujourd'hui qu'elle est régie par des policiers tout-puissants et sans vergogne, des souverains à la Machiavel. Ce sont des sbires triomphants, la plus basse espèce de dictateurs que le monde ait connus depuis cent ans. Ils font des plans et ils gouvernent à la façon du *Prince*. Ils se règlent sur les maximes du Secrétaire florentin ; et leurs adversaires, les proies qu'ils guettent, sont assez niais pour ne jamais s'en souvenir. »

22

Pertes du fleuve et résurgence de l'enfance

Sigmaringen-Geisingen (Allemagne),
23 septembre, 75 km

3 °C au réveil dans ce camping à 584 mètres d'altitude au bord du Danube : pas question de traîner. Toilette furtive et petit déjeuner frugal dans le brouillard frisquet. Sous les chevelures d'algues figées et les atolls de mousse qui stagnent à la surface de l'eau, le fleuve fait le mort, inerte et dépoli comme un vieux miroir. Vlad veut renoncer à la ronde du château pour repartir au plus vite, mais je parviens à le convaincre de nous greffer sur une visite guidée. Vu de l'extérieur, l'édifice est du plus pur kitsch prussien : avec tous ses clochetons, on croirait une armée de casques à pointe juchée sur sa falaise et prête à fondre sur le fleuve pour en déloger les campeurs aventureux.

À l'intérieur, c'est bien le décor d'opérette et de carton-pâte décrit par Céline dans *D'un château l'autre*. Sauf que notre guide n'a rien de la fureur hystérique et grotesque de l'écrivain – sous son tailleur prince de galles à la coupe démodée, la vieille fille au chignon jaune nous accable de sa voix de crécelle, le commentaire est barbant au possible, objectivité zéro, tout est à la gloire des Hohenzollern-ceci, Hohenzollern-cela, pure propagande au service des aristos qui sont encore les maîtres des lieux et les premiers employeurs du district, le prince Karl Friedrich Fidelis Maria von Hohenzollern-Sigmaringen est le PDG du groupe Zollern, il pose dans la salle de réception avec son épouse, ses enfants et ses petits-enfants, beaux yeux bleus, beaux cheveux blonds, Aryens pur jus – les princes de Hohenzollern furent des héros, nous dit la Fräulein Führerin, leur méfiance instinctive à l'égard des parvenus comme Hitler, ce plouc autrichien né dans la roture, leur valut d'être spoliés pendant la guerre, depuis toujours Sigmaringen était un monde à part, un État dans l'État, le berceau de la dynastie régnant sur la Prusse et l'Allemagne durant trois siècles ; entre ces murs naquirent les rois de Roumanie Carol Ier et Ferdinand Ier ainsi que Léopold, prétendant malheureux à la couronne d'Espagne, dont la statue équestre nous accueille à l'entrée du château quoiqu'il fût à l'origine de la guerre de 1870.

Au XIXe siècle, l'Allemagne fut la plus grande exportatrice de rois d'Europe, un vrai réservoir à têtes couronnées, Grèce, Bulgarie, Roumanie, il suffisait aux nouveaux monarques de descendre le Danube en canonnière pour aller trôner dans leur nouveau royaume, en revanche pas un mot sur Pétain, Laval, Céline et Darnand, pas un mot sur la zizanie de l'État français en exil d'octobre 1944 à avril 1945 et jouissant d'un statut d'extraterritorialité, Vichy-sur-Danube est une parenthèse de l'histoire comme le fut longtemps Vichy tout court – attention, ne vous écartez pas du tapis rouge, nous prévient la Fräulein Führerin, et pensez bien à refermer les portes derrière vous, pas moyen de fausser compagnie au groupe de vieillards venus des quatre coins de l'Allemagne pour passer en revue les massacres de cerfs, les hures de sangliers, les faucons empaillés, les portraits d'ancêtres, les peaux d'ours, épées, sabres, hallebardes, cuirasses et cottes de mailles, sans oublier les blasons gravés de la devise *Nihil sine Deo* – tout cette antiquaillerie nous flanque la nausée, Vlad me déteste de l'avoir entraîné dans ce traquenard, il faudrait de temps en temps, dit-il, brûler ces vieux châteaux qui nous écrasent.

Et là, tout à coup, dans l'antichambre de la princesse, ça y est, ça me revient, les raisons pour lesquelles nous sommes là, Vlad et moi, les raisons que je suspectais déjà. Ça se passe devant une carte murale de l'Europe centrale et du bassin danubien après la bataille de Sadowa et le traité de Prague (1866). La Fräulein Führerin improvise un cours d'histoire-géographie, elle nous parle des différentes sources du Danube, nous décrit la géologie du Jura souabe, remonte de l'index le cours du grand fleuve européen, suit les contours de l'enclave prussienne des Hohenzollern, nous répète que Sigmaringen a toujours été un État dans l'État, une principauté qui faisait bande à part entre le grand-duché de Bade et le royaume de Wurtemberg, bande à part dans la Confédération du Rhin, bande à part dans les États du Sud, bande à part dans les Ier, IIe et IIIe Reich – l'enclave bleu de Prusse dessine un croissant tarabiscoté sur le fond rose de la Confédération d'Allemagne du Sud, et je me souviens soudain de la Zyntarie ; moi aussi, je m'étais taillé une petite enclave qui faisait bande à part entre la France, l'Allemagne et la Suisse – c'était le 9 novembre 1989, le soir de la chute du Mur, la veille de mon neuvième anniversaire, j'étais monté dans ma chambre et j'avais tracé au stylo rouge les contours en pointillé d'un pays imaginaire. Sur les premières cartes que je réalisais alors en barbouillant un vieil atlas routier, la Zyntarie au bord de la révolution était encore une tyrannie d'outre-Rhin, limitrophe de la France et de la Suisse, qui s'appropriait l'angle sud-ouest de la RFA, grignotant la plaine de Bade et la Forêt-Noire.

La Zyntarie ne s'étendait pas jusqu'à Sigmaringen, car j'ignorais encore, à l'époque, que la France avait eu pour tyran un certain maréchal Pétain, les seuls chefs que je connaissais s'appelaient Louis XIV, Napoléon, de Gaulle et Mitterrand, je n'avais jamais entendu parler de Vichy et je croyais au mythe gaullo-mitterrandien des Français-tous-résistants. La Zyntarie ne s'étendait pas jusqu'à Sigmaringen, mais son territoire aux contours torturés englobait une grande partie des garnisons des FFA (Forces françaises en Allemagne) : Emmendingen, Kehl, Lörrach, Offenbourg, Todtmoos, St. Blasien étaient des villes zyntariennes ; sur les cartes que je recopiais et complexifiais tous les mois, précisant sans cesse l'échelle dans un délire mégalomane d'atteindre un jour la grandeur nature, afin que la carte, comme dans la parabole de Borges, coïncide point par point avec l'empire – oui, sur ces cartes raturées, corrigées, complétées, les toponymes étaient estropiés, les villes s'étendaient ou migraient d'est en ouest et du nord au sud, des lacs et des cratères apparaissaient çà et là, les sommets gagnaient en altitude et les rivières – grâce à la multiplication des méandres – en longitude.

La Zyntarie ne s'étendait pas jusqu'à Sigmaringen mais annexait Donaueschingen, St. Georgen et Furtwangen, trois villes qui se disputent la paternité du Danube ; j'ignore s'il y avait de ma part la volonté consciente de contrôler l'origine du grand fleuve et de prendre d'assaut le château d'eau de l'Europe ; deux ans plus tard, l'annexion me fut vivement reprochée par un grand-oncle moitié lorrain, moitié allemand, très germanophile, qui connaissait bien la région pour avoir servi après-guerre sous les ordres du général Massu à Baden-Baden.

La scène est encore vive dans ma mémoire. Ça se passe à Nancy, un soir de 1991. Je revois les quatre doigts de l'oncle Ernest – il avait perdu un annulaire à la guerre – tâtonner sur la carte de la Zyntarie comme ceux d'un aveugle cherchant son chemin. J'entends encore sa voix s'élever comme un reproche :

– Mais où sont passées les sources du Danube ?

Je lui montre sur la carte une rivière qui s'appelle la Schwitz. Je ne m'étais pas contenté d'annexer les sources, j'avais renommé le fleuve, j'avais rallongé son cours de quelques méandres, et comme Nicolas Sanson, le géographe du roi, j'avais inventé une origine imaginaire en amont de l'origine réelle, si bien que la Schwitz commençait de l'autre côté des montagnes, sur le versant rhénan de la Forêt-Noire. Ce jour-là, l'oncle Ernest m'inculqua mes premières leçons de géographie humaine autant que physique : primo, il est interdit d'occuper la terre d'un autre peuple ; secundo, les rivières ne peuvent pas couler d'aval en amont au mépris de la loi de la gravitation : comme les hommes sont limités par des frontières qui régissent leurs déplacements, les ruisseaux ne peuvent pas franchir les lignes de partage des eaux ; un canal, déclara l'oncle Ernest ce jour-là, c'est le passeport d'un fleuve ; sans canal, ses eaux ne peuvent pas migrer d'une mer à l'autre.

Trêve de souvenirs car il est temps de repartir. La visite du château de Sigmaringen est terminée et nous soupirons de soulagement en franchissant la herse et le pont-levis. Dehors, l'air s'est réchauffé quoique le soleil peine encore à percer la chape de nuages. À présent, Vlad et moi, nous n'avons qu'une seule envie : retrouver nos vélos et nous barrer d'ici. J'ai hissé sur mon porte-bagages, à côté du pavillon troué de l'Europe, un drapeau de papier aquarellé – trois bandes horizontales aux couleurs d'un onzième pays danubien, la Zyntarie : bleu, blanc, vert. Bleu du Rhin et du Danube, blanc de la neige, vert des forêts. Quoiqu'il ne neige pas encore, les trois couleurs se retrouvent dans le paysage que nous traversons : en attendant l'hiver, c'est le ciel qui est blanc comme neige. Nous pédalons lentement dans ce paysage bleu-blanc-vert, pédalons à la lisière des villages déserts, pédalons sur des passerelles de bois qui ne cessent de traverser les tortillons d'un Danube étroit et silencieux – ruisseau moribond où se mirent le gris des falaises et le flamboiement fauve des arbres agglutinés sur ses rives. Pédalons dans ce bocage amorphe de la Suisse souabe et taillons la bavette avec d'autres cyclistes parmi lesquels un jeune Croate athlétique parti d'Osijek il y a deux semaines à peine : au lieu de remonter le Danube, il a filé tout droit à travers les Alpes slovènes et autrichiennes.

Il n'y a pas un souffle de vent. Là-bas, au sommet de la falaise qui tombe à pic dans le lit du fleuve, nous voyons se dresser la forteresse de Wildenstein – cette solitude hautaine mérite bien son nom de *pierre sauvage*. À Beuron, sous des chicots calcaires, nous avalons une variante souabe de la *flammeküeche* alsacienne et laissons partir sur la gauche la route de Messkirch, sans la moindre pensée pour un certain fils de sacristain nommé Heidegger qui vivait là-bas dans sa cabane, philosophant sur des chemins ne menant nulle part. À Tuttlingen, bourgade morose et sans intérêt, qui doit son développement à la base militaire française, la rivière est un lac duquel jaillit un grand jet d'eau. Les paysages sont de plus en plus mornes et les patelins rivalisent d'austérité. En amont de Tuttlingen, sur le vaste plateau incliné, les feuillus disparaissent, le vent se lève, les conifères se dressent, le noir des épicéas nous cerne quoique nous n'ayons pas encore atteint la Forêt-Noire – sombre massif qui nous barre l'horizon, là-bas où commence la Zyntarie.

Passé le village de Möhringen, nous perdons de vue le Danube. Nous le cherchons partout des yeux. Le fil bleu du voyage a disparu sans laisser de traces. Vlad s'affole. Et si nous étions déjà parvenus aux sources ? Demi-tour. Errance à travers les tourbières, entre les prés déjà humides de rosée. Le crépuscule s'annonce, le soleil disparaît derrière la grande bosse obscure de la Forêt-Noire, le froid revient, un froid vif et mordant, qui nous invite à ne pas traîner dans ces parages inhospitaliers. Nous pédalons à toute vitesse vers le couchant, nous pédalons dans la nuit qui vient avec le vent. Et c'est là, tout à coup, dans notre course à tâtons, que nous débouchons sur un sentier naturel, une coulée de pierrailles chaotique qui ressemble à la vallée sèche d'une rivière.

Des panneaux nous avertissent que pendant cent cinquante jours par an, le fleuve disparaît sur quelques centaines de mètres. À présent, nous roulons littéralement *sur* le Danube comme Jésus marcha sur le lac de Tibériade – à 652 mètres d'altitude, la rivière perd les eaux telle une femme enceinte ; douze kilomètres plus au sud et deux cents mètres plus bas, elle accouche de l'Aach, résurgence karstique qui s'en va grossir le Rhin *via* le lac de Constance : chaque année, le Rhin siphonne un peu plus le Danube, si bien que ce dernier n'a pas la même source en hiver et en été… Vers l'amont, le grand fleuve européen n'est plus qu'une flaque noire et froide. Comme un Indien guettant le passage des chevaux, Vlad s'accroupit pour écouter les petits susurrements du calcaire absorbant l'humidité.

Ce n'est donc plus tout à fait le Danube que nous remonterons à partir d'Immendingen, où le ruisselet réapparaît dans son lit de pierres sèches, mais un torrent sans descendance, un cours d'eau qui se perd non pas dans le désert, telles ces rivières endoréiques d'Afrique ou d'Asie, Okavango, Amou-Daria, Syr-Daria, mais qui s'oublie dans le *karst* : le géographe serbe Jovan Cvijić fit d'un nom propre désignant un haut plateau des Alpes dinariques un nom commun pour décrire ce mystérieux phénomène géologique – adolescent, j'étais fasciné par le karst, fasciné par les reliefs ruiniformes, fasciné par les grottes, cavernes, balmes, étroitures, cheminées de fées, poljé, lapiaz, dolines, ouvalas, fasciné par ces termes empruntés au serbo-croate, fasciné par l'idée que tout un monde invisible existait sous nos pieds, se ramifiant à l'infini dans les profondeurs de la Terre.

Si la géographie de l'Europe évoque celle d'un archipel, son histoire est pareille au karst : l'Europe est une fiction qui existe, son histoire un feuilleté de strates où se mêlent le réel et l'imaginaire, rien n'est jamais oublié, tout peut resurgir à n'importe quel moment, des actions parallèles se produisent dans des univers souterrains, comme dans le tunnel de Kusturica, le fleuve infiltré pourrait se nommer la Schwitz, le pays qu'il traverse la Zyntarie, il y a sous le Danube apparent tout un Danube insoupçonné, qui n'est pas moins réel que le Danube apparent, de même qu'il y a sous l'Europe apparente tout une Europe insoupçonnée que nous ne voyons pas, que nous ne voyons plus – une Zyntarie, mettons, qui possèderait comme dans un roman de science-fiction ses propres dimensions d'espace et de temps.

23

Un archipel dans une bouteille et une gouttière dans les prés

Geisingen-Fribourg-en-Brisgau (Allemagne),
24 septembre, 87 km

Aujourd'hui, nous avons rendez-vous. Pas seulement avec les sources du fleuve mais avec Ulrich et Vesna, mon vieux pote allemand et son épouse croate : ce soir, nous dormirons chez eux dans les environs de Fribourg. *16 heures à la source principale*, dit le message que j'ai pianoté au réveil. Personnellement, si j'ai hâte d'enfourcher mon vélo ce matin, c'est aussi que j'ai rendez-vous avec un souvenir d'enfance. Nous avons dormi sur le seuil de la Zyntarie. À la marge du pays imaginaire. Devant nous commence ce bastion chimérique et hercynien dont je cartographiais les fleuves et les frontières, traçais les routes et les canaux, inventoriais la faune et la flore, cultivais les emblèmes, chantais l'hymne officiel, chroniquais les exploits sportifs, écrivais l'histoire et narrais les légendes, rédigeais le guide touristique, confectionnais le drapeau, coloriais les blasons, organisais les élections, arbitrais les débats législatifs – un pays que j'administrais, à la manière non pas d'un monarque absolu ou d'un gouverneur colonial, mais d'un huissier de justice, d'un secrétaire perpétuel ou d'un scribe égyptien.

C'est la première fois que je troue l'écran de la carte et m'aventure pour de vrai sur le sol de cette terre inconnue que je m'étais promise enfant, il est toujours plus facile de rêver sur cartes ou dans la brume ; j'imagine, là-haut, la vieille ville de Zsyohn, la capitale hissée sur son col, là où passe la ligne de partage des eaux, comme les conquistadors imaginaient Tenochtitlán ou Cuzco, ses murailles seraient nimbées d'une lumière d'or, ses coupoles nervurées d'argent sous l'azur parfait du ciel, j'ai dessiné plusieurs fois des panoramas aquarellés de ma capitale comme j'ai dressé le portrait des grands hommes sur de faux billets de banque, mais pour l'instant le vieux monde est encore sans couleurs, nous roulons très vite pour nous réchauffer dans la pellicule d'un film en noir et blanc, le soleil n'est qu'un halo blafard qui s'élève lentement dans le brouillard et se reflète à peine dans la surface argentique du ruisseau, le petit matin frisquet harcèle nos flancs de ses banderilles de givre, la gelée blanche hérisse les poils de nos phalanges ; nos doigts frigorifiés s'ankylosent sur les poignées ; faute de gants, le givre tapisse nos mains de peau blanche.

S'il engourdit nos gestes, on dirait que le froid réveille les instincts animaux : tout le bestiaire enchanté de la Zyntarie se tient sur les bords du Danube. C'est l'heure où les bêtes ne se méfient pas encore. Nous épions leurs apparitions fugitives dans la féerie du brouillard levant, la masse sombre et trapue d'un sanglier traverse notre champ de vision – le sanglier était la mascotte de la Zyntarie, comme le coq est la mascotte de la France –, une biche gambade dans la rosée, un lièvre folâtre au fil du fleuve, une mésange fait ployer le plumet d'un roseau, une chouette hulule une dernière fois dans la nuit qui se dissipe, un épervier patiente à l'enfourchure d'un frêne, les toiles d'araignée givrées s'égouttent sur la tige des joncs, un grand cygne déploie sa voilure de plumes, navigue vers l'aval et se dédouble telle une carte de tarot sous les doigts d'un magicien, des gallinules laissent derrière elles le délicat sillage pointillé de leurs chassés-croisés.

Plus loin, un héron solitaire pêche sur la banquette argileuse, son long cou se reflète en zigzag dans le miroir nébuleux, sa houppette grise retombe sur son front, son œil jaune interroge le paysage ; en apercevant les intrus que nous sommes, il s'envole et vient atterrir sur un banc de gravier ; tendues dans l'air comme les doigts d'un funambule sur son fil, les pointes argentées de ses rémiges effleurent la surface de l'eau. De tous les animaux de la Danubie, c'est le plus fidèle, nous l'aurons vu dans tous les pays, perché sur toutes les berges, toujours aussi solitaire, si bien que ce livre pourrait s'intituler *Le Vol du héron*, car au fond, c'est peut-être lui, l'âme damnée ou le génie du Danube : voici qu'il s'envole de nouveau, disparaît sous une nappe de brume, réapparaît dans une percée de soleil, remonte le fleuve enfant, on dirait qu'il nous précède vers les sources et nous indique le terminus sous ses ailes fléchées d'argent.

Les renoncules émaillent la surface de l'eau de leurs délicates fleurs blanches, des iris sauvages gardent les berges du Danube – en Zyntarie l'iris sauvage était autrefois l'emblème du roi –, dans ce brouillard où chaque détail joue à cache-cache et se dévoile au dernier instant, le monde est un puzzle qui ne se révèle grand qu'à celui qui prend la peine de traquer l'infiniment petit. Le monde est notre imagination. Inventer la Zyntarie, c'était miniaturiser le monde pour mieux se l'approprier. Les premiers villages que nous traversons, Gutmadingen, Neudingen, Pfohren, avec leurs nids de cigogne et leurs pignons à redents pourraient être des villages zyntariens, des citoyens zyntariens les êtres humains que nous ne croisons pas, qui dorment encore ou sont déjà partis travailler.

Soudain les contours du paysage se fixent, les contrastes reviennent, les couleurs jaillissent de l'ombre, les fils de la vierge entortillés aux branchages s'envolent comme les attaches d'un cerf-volant, l'air se réchauffe, la brume se dissipe et avec elle le rêve d'une Zyntarie vivante et animée ; je dois bientôt me rendre à l'évidence que les bagnoles garées dans la rue n'arborent pas le macaron ZY de la Zyntarie mais un D qui veut dire *Deutschland*, le beffroi de l'hôtel de ville ne pavoise pas aux couleurs du drapeau bleu-blanc-vert hissé sur mon porte-bagages, la langue officielle est bien l'allemand et non l'étrange dialecte alémanique de la Zyntarie, lequel devait sans doute autant au yiddish de mes cousins maternels qu'à l'alsacien de mes ancêtres paternels. Le monde qui se présente sous nos yeux est à la fois neuf et familier, c'est le monde que nous connaissons bien, rafraîchi par le soleil du matin. Des panneaux nous indiquent que, là-bas, derrière la voie rapide, entre une gravière et une station d'épuration, commence officiellement le Danube.

Comme nous roulons trop vite à l'écart du fleuve, Vlad et moi, nous ratons le dernier kilomètre et sa borne de pierre gravée des quatre chiffres 2 779. Alors nous rebroussons chemin. À l'extrémité orientale du parc des princes de Fürstenberg, voici enfin le confluent de la Breg, de la Brigach et de la Stille Musel, les trois torrents donnant naissance au grand fleuve européen, les trois mamelles de la Danubie. Le pont de béton de la voie rapide barre l'horizon, le trafic couvre le gazouillis des eaux de son vrombissement incessant, des pylônes se dressent au bord de la route et grillagent le bleu du ciel, on devine au loin les bassins de la station d'épuration et les trémies de la gravière. Le paysage est d'une banalité déconcertante : la Breg qui déboule de l'ouest est un cours d'eau canalisé de deux ou trois mètres de large, la Stille Musel qui descend du nord une rigole que l'on peut enjamber d'une foulée, seule la Brigach conserve un peu de charme et de courant.

Au point précis de sa naissance, entre des atterrissements de vase et de graviers, le fleuve tourbillonne, bave et fait des bulles blanches – le Danube naît déjà pollué et pas bleu pour un sou. Vlad est terriblement déçu : pas question de se contenter de cette origine homologuée sur les cartes ! Alors qu'hier il m'a confié qu'il souhaitait foncer tout droit vers Strasbourg et s'épargner les cols de Forêt-Noire pour retrouver au plus tôt sa mère mourante, il décide finalement que nous remonterons la Breg ensemble vers la source la plus reculée. Pour descendre dans le lit des deux rivières et tremper les doigts dans l'eau lustrale estampillée Danube, nous avons garé les vélos sur un tapis de feuilles mortes entre les troncs écorchés de trois bouleaux. Vlad me fait remarquer que cette cépée de bouleaux n'a pas été plantée là par hasard – Vlad a la nostalgie des *filles de la forêt*, comme on les appelait dans son enfance, la simple vue d'un tronc blanc peut lui tirer des larmes ; assez rare en France, l'arbre des grandes plaines d'Europe centrale, d'Ukraine et de Russie hante notre mémoire européenne, car il fut le témoin muet de la Shoah et il indique cet Est lointain, là-bas, d'où nous venons et où s'en va le fleuve célébré par Hölderlin. Seulement, face à la cépée de bouleaux, Vlad me montre un monument qui en dit encore plus long sur l'histoire de l'Europe ou plutôt sur le mal qui nous hante.

C'est la statue d'une mère pensive avec son enfant, érigée, comme l'indique la date, le 19 juin 1939. Ces mots sont gravés dans la pierre du socle : *Irma & Max Egon, à notre ville natale et bien aimée de Donaueschingen, en souvenir de notre union dorée*. Maximilian Egon II, prince de Fürstenberg (1863-1941), landgrave de Baar et de Stühlingen, comte de Heiligenberg et de Werdenberg, fut l'ancien propriétaire des lieux, nous renseigne un passant, c'était un confident et un conseiller de Guillaume II ; l'empereur lui rendait visite fréquemment pour chasser le cerf dans ses forêts domaniales de Prusse, d'Autriche-Hongrie, et de Wurtemberg. Après sa rencontre avec Adolf Hitler, en novembre 1933, le prince déclara : « Ce fut une chance formidable de rencontrer un si grand homme », et s'affilia sans plus tarder au parti nazi avant de rejoindre les SA. En 1938, il fut nommé Standartenführer et mourut de sa belle mort, au bord du lac de Constance, pendant la guerre. C'est donc ce cher et regretté Max Egon qui possédait la source officielle du Danube, c'est lui qui fut le grand ordonnateur des lieux, lui qui aménagea le parc à l'anglaise, lui qui fit ériger en 1910 le *Donautempel* en style grec antique avec fronton triangulaire, colonnes de marbre rose et chapiteaux ioniens, lui qui fit graver sur l'architrave l'inscription latine à la gloire du Kaiser, *Danuvii caput exornavit imperator germanorum Guilelmus II Friderici filius Guilelmi magni nepos*.

La source artificielle est une résurgence karstique de la Brigach qui fut canalisée en 1876 et se déverse dans la rivière en passant sous le petit temple. Dans le parc des Fürstenberg tout est *Kultur*, mensonge, artifice, mise en scène, opérette, théâtralisation, glorification des empereurs prussiens et de leurs émules nazis. Ici, chaque héritier voudrait avoir sa source à lui, chacun a laissé sa trace et sa signature, le Danube est la seule ressource locale, un capital culturel dans lequel il faut avoir investi, comme le pétrole dans le désert, 200 000 touristes viennent s'accouder chaque année à la balustrade du puits où se reflètent l'église collégiale Saint-Jean, le château princier et la statue de marbre personnifiant *Donauquelle*, la source inventée par les hommes : une matrone vêtue à l'antique (la Breg ?) enlace une ondine aux seins naissants (la Brigach ?), tandis qu'à leurs pieds un garnement accroupi souffle dans une corne de buffle, étrange trinité où le fleuve est le rejeton de deux femmes. Voici la vasque et le bénitier des passionnés d'histoire et de civilisation germaniques venus recevoir l'extrême-onction danubienne en s'acquittant d'une des centaines de piécettes brillant au fond du puits comme autant de pépites d'or.

De retour au confluent de la Breg et de la Brigach, je me suis accroupi sous les bouleaux, au bord de l'eau noire et froide. Je découpe dans l'écorce la forme énigmatique de la Zyntarie. Je l'insère dans une bouteille vide ramassée sur la berge et je l'envoie voguer sur les flots, et je pense à toi, là-bas, mon amour, et je t'écris sur mon portable un message pour te dire que dans vingt-quatre jours, si tu vas te promener sur les quais du Danube à Novi Sad, tu recevras cet archipel dans une bouteille pour te dire que notre odyssée s'achève, que j'ai enfin retrouvé les sources de cette enfance que je traque à travers tous les pays d'Europe. *Je t'aime, je reviendrai bientôt* sont les mots gravés dans l'écorce de bouleau.

Lorsque j'ai découpé la Zyntarie, en 1991, histoire d'apaiser la colère de l'oncle Ernest qui ne tolérait pas mes appétits de conquête, j'aurais pu lui faire descendre le Danube, mais à cette époque, j'avais une attirance pour le nord et j'ai déporté la Zyntarie et ses habitants vers la mer Baltique. Si c'était à refaire, la Zyntarie descendrait le fleuve avec ses quatorze cantons ; bateau ivre, péninsule démarrée ou archipel sidéral, à la dérive, elle irait tenir compagnie à l'île des Serpents, qui doit se sentir seule dans la mer Noire, ou bien elle naviguerait un peu plus loin vers le sud, franchirait le Bosphore et les Dardanelles, voguerait dans l'*Archipelagos* chanté par Homère et Hölderlin, slalomerait parmi les Cyclades, doublerait Cythère et le Péloponnèse, et trouverait sa place dans le puzzle des îles Ioniennes, quelque part entre Ithaque et Corfou – la Zyntarie était un monde insulaire et métissé, un pays gigogne engagé dans un processus incessant de balkanisation ; tous les ans, la Zyntarie faisait des petits : île du Nord (Nordinsel), île du Sud (Südinsel), île de l'Est (Ostinsel), île rebelle de Zaga, île mythique de Taraconta, îlots Lüger et Kalachnikov, plateau sécessionniste du Zelthmark, etc. Le futur de la planète n'est pas la globalisation mais la fragmentation. L'ethnogenèse, c'est-à-dire la fabrication de communautés imaginaires, est un processus naturel : tant qu'il y aura de nouveaux êtres humains sur Terre, il y aura de nouvelles appartenances collectives. Espérons tout de même, avec Élisée Reclus, que ces tribus rivales finiront par confluer pour former le grand fleuve insurgé de l'émancipation mondiale !

À présent, nous ne remontons plus le Danube mais la Breg et nous pédalons sans forcer dans la ville qui s'effiloche au bord du ruisseau canalisé – voici bientôt que s'annonce, à la sortie de Donaueschingen, la première pente, la véritable ascension commence ici, Vlad a retrouvé son grand sourire des jours heureux, ses grands yeux bleus et candides, le visage de l'enfant ignorant encore qu'une mère peut mourir. Bloqués par une écluse dans notre tentative de suivre la Breg à la trace, il nous faut bientôt soulever nos vélos pour leur faire franchir un talus qui s'effrite sous nos pas. Un instant, nous écoutons roucouler l'eau vive tapie sous les feuilles jaunes, dans la quiétude hypnotique et lumineuse de l'été indien, puis nous reprenons l'ascension.

Nous pédalons maintenant sur un sentier d'argile rouge qui grimpe de façon régulière à l'assaut de la Forêt-Noire, pédalons sous un ciel bleu qui célèbre nos retrouvailles avec l'enfance, pédalons sous les toits vertigineux des chalets qui laissent imaginer les neiges hivernales, pédalons dans l'ombre noire et pointue des épicéas, pédalons en nous récitant les premiers vers de *La Divine Comédie* : *nel mezzo del cammin di nostra vita mi ritrovai per una selva oscura*, pédalons dans l'air pur à l'écart du torrent que nous apercevons par intermittence et que nous traversons parfois, pédalons le soleil dans les yeux car nous avançons toujours vers l'ouest, pédalons dans les ruelles en pente de Furtwangen sous les façades en écailles de pin – franchissons une dernière fois le Rubicon sur un ponton de bois, laissons derrière nous une chapelle au clocher plus acéré que toutes les cimes d'épicéas, pédalons en danseuse dans les premiers lacets, pédalons dans la roue de deux cyclistes qui tentent de nous semer en sortant le joker du grand braquet, pédalons en nous aspergeant des dernières gouttes de nos gourdes et en riant comme des enfants, pédalons parmi les prés verts où les vaches font des taches blanches sous la crinière dentelée de la Forêt-Noire, pédalons en suant à grosses gouttes car la pente augmente tous les cent mètres, pédalons en secouant nos quinze kilos de paquetage dans un ultime virage, pédalons dans le dernier raidard avec l'énergie cosmique des garçons sauvages – à la vue du clocher d'ardoises de la Martinskappelle, dont la girouette indique la direction de la source, l'allégresse de toucher enfin au but nous donne des ailes : Vlad se dresse sur ses pédales, jette un regard goguenard derrière lui, attaque le sprint final en dodelinant des épaules sous son catogan, je le prends en chasse, nous volons vers la source en pressant le dernier jus de nos mollets.

Vlad a gagné le sprint. Il plante sa béquille devant la grosse pierre de grès portant cette inscription :

Ici se situe la source principale du Danube, la Breg, à l'altitude de 1 078 m, à 2 888 km de l'embouchure du Danube et à 100 m de la ligne de partage des eaux entre la mer Noire et la mer du Nord.

Il est 16 heures. Ponctuels, Ulrich et Vesna nous attendent. Ils sont venus avec la petite Ada, vingt-sept mois, grands yeux slaves de sa mère et boucles schubertiennes de son père, nommée Ada en hommage à Nabokov et à une rivière lombarde qui se jette dans le lac de Côme, où Ulrich passait jadis ses vacances d'été. Ils se tiennent tous les trois devant un autre bloc de grès énumérant les noms des pays qu'irrigue la veine cave de l'Europe : de nous cinq, je suis le seul dont le pays natal n'est pas mentionné ; à l'époque où fut gravée la pierre, celui d'Ulrich s'appelait encore RFA ; URSS et Yougoslavie ceux de Vlad et Vesna – comme les grands fleuves européens, dit Vesna qui sait son Héraclite sur le bout des doigts, nous naissons tous dans un pays mais notre vie s'écoule souvent dans un autre, et même si nous demeurons toujours au même endroit, nous ne pourrons jamais mourir dans le pays où nous sommes nés, comme on ne peut entrer deux fois dans le même fleuve. Je vois bien qu'Ulrich pense à la RFA de son enfance, que Vlad pense à l'URSS de son enfance, que Vesna pense à la Yougoslavie de son enfance, qu'Ada pense comme tous les enfants à son pays fantastique, où l'on parle un mélange de croate et d'allemand, avec encore quelques diminutifs puérils – et je me dis que la France aussi, quoiqu'elle n'ait pas connu de tels drames, a bien changé depuis ma jeunesse, si tant est que j'ai grandi en France, car il y a des jours comme celui-ci où je me souviens que de neuf à quinze ans, j'ai été zyntarien, citoyen chimérique allongé nuit et jour sur un empire de cartes imaginaires. Un jour, peut-être, le nom de la Zyntarie sera gravé dans la pierre.

À présent nous marchons le cœur battant vers la source, encouragés par la petite Ada qui bat des mains en sautillant de caillou en caillou et parle aux libellules dans son sabir enfantin. Pour la première fois, nous allons boire l'eau du Danube. Entendre les premières pulsations du Danube. Sentir la première odeur du Danube. On a longtemps pensé, nous dit Ulrich en marchant, que le Rhin, le Rhône et le Danube avaient la même origine et provenaient d'une seule mer intérieure, *la mer des fontaines*. Car les hommes découvrirent l'Amérique bien avant les sources des grands fleuves européens et il fallut attendre, nous indique une nouvelle stèle gravée, l'expédition d'Irma et Ludwig Oehrlein, *les explorateurs du Danube* (*sic* !), pour que la Breg soit identifiée, en 1954, comme la source principale du fleuve, ce qui sera confirmé en 1981 par une lettre officielle du ministre fédéral de l'Agriculture. Le maigre filet d'eau jaillit sous une borne rudimentaire. Son premier berceau est un éboulis de grosses pierres rondes. Ada recueille l'eau vive entre ses petites menottes et nous éclabousse en se léchant les babines. Vlad et moi, nous remplissons nos gourdes et buvons enfin l'eau de ce fleuve qui nous a fait suer pendant quarante-huit jours.

Mais que se passe-t-il derrière ce rideau de pierre ? Comment l'eau vive peut-elle émaner de la roche ? Vlad n'est pas convaincu : tout ceci est de nouveau trop théâtral. Il enjambe le parapet de bois, s'aventure dans les coulisses de la source, et la petite Ada le suit en égayant le silence vert de son rire d'enfant. Le pré en pente s'incurve en éventail vers un sillon serpentin qui paraît gorgé d'eau. Là, le ruisseau ne coule pas mais les pieds s'enfoncent dans l'herbe spongieuse.

Ada sautille en imitant le bruit de leurs pas, *splash, splash, splash*, l'herbe pousse plus haut, plus vite et plus verte qu'ailleurs, deux ou trois roseaux se dressent immobiles dans l'air privé de vent, des orchidées jettent un peu de rose dans toute cette verdure humide, il y a un regard de ciment fermé par une plaque cadenassée. Vlad et Ada collent l'oreille contre la plaque, l'eau gargouille dans les profondeurs de la Terre, tout indique qu'au printemps, les prés environnants suintent, dégoulinent et ruissellent, tout indique qu'au printemps la source provient de plus haut que la borne gravée. Parvenus à l'orée de la forêt en courant main dans la main, Vlad et Ada nous hèlent en faisant de grands gestes :

– Ohé ! Venez voir !

La montagne reprend en écho leur appel. *Ohé ! Ohé ! Venez voir voir !* Nous accourons tous les trois, Ulrich, Vesna et moi. Ada nous désigne leur trouvaille. C'est un tube de plastique orange qui surgit de la terre et canalise les eaux pluviales pour éviter les débordements lors des périodes de crue. Dans notre monde voué à la marchandise et au déchet roi, tout commence par du plastique. Le Danube, comme nous l'a enseigné Claudio Magris, surgit bien d'une gouttière. Le Danube est un chat de gouttière. Un fleuve bâtard, comme tous les fleuves d'Europe. Qui ne trouve pas son origine sous une stèle de grès mais dans un vulgaire tuyau. Et pourtant, derrière la gouttière, dit Ulrich à la petite Ada, il y a encore autre chose : il y a la forêt, la montagne et la mer ; il y a les gouttes de pluie et les flocons de neige qu'elles engendrent – les sapins par transpiration, les sommets par aimantation, les vagues par évaporation. Il y aura encore un Danube tant qu'il pleuvra sur nos plaines, tant qu'il neigera sur nos cimes, tant que notre climat tempéré n'aura pas été complètement dégradé. Que l'évolution climatique se poursuive à son train d'enfer, que l'Allemagne devienne une nouvelle Mongolie, que l'Europe retourne à l'empire des steppes, et c'en sera fini du Danube.

24

Europa-Park et retour à Ithaque

Fribourg-en-Brisgau (Allemagne)-Strasbourg (France), 26 septembre, 79 km

Tel le cycle des eaux, un livre comme celui-ci ne devrait pas avoir de fin… J'ai rêvé cette nuit que les flots du Danube se retiraient, laissant derrière eux une vaste vallée morte, asséchée, poussiéreuse et jonchée de tonnes de détritus et d'immondices, milliers d'épaves de péniches et de charognes de wagons, déchets d'une Europe vouée d'abord au culte du charbon et de l'acier – quand on pense que l'Europe se suicida sous des déluges de fer et de feu, c'est toujours étonnant d'apprendre qu'elle tenta de renaître grâce à un pacte du charbon et de l'acier, disait Vlad… La journée d'hier, passée dans les rues de Fribourg avec Ulrich, Vesna et la petite Ada, avait la saveur amère et mélancolique des premiers jours d'automne. J'avais de nouveau le blues du Danube. La ville assiégée par ses montagnes, sans rivière à part l'étroit chenal rectiligne de la Dreisam, sorte d'égout à ciel ouvert, ne me plaisait guère, je me félicitais de ne pas avoir inclus dans ma Zyntarie montagneuse cette préfecture provinciale où souffla pendant plus d'un demi-siècle la philosophie du recteur nazi de l'université, un certain Martin Heidegger, lequel trahit son maître Husserl, condamna les livres d'auteurs juifs et marxistes à l'autodafé, coupa les bourses des étudiants non aryens.

Tout me paraissait d'une pesanteur extraordinaire dans cette cité en grande partie détruite par la guerre et reconstruite selon un plan géométrique : les pierres de grès rose de la cathédrale, les statues de saints, les clochers dentelés, les façades composites. Vidé de l'énergie que la présence du Danube nous communiquait tous les jours, j'errais tel un Sisyphe sans but et sans espoir, chaque geste nécessitait un effort gigantesque et surhumain ; mon vélo, pourtant délesté de ses bagages, pesait entre mes jambes comme si le cadre avait été fondu en bronze ; je cherchais sur les sommets environnants des traces introuvables de la Zyntarie ; le Feldberg – le point culminant de la Forêt-Noire, se dressait là-haut, très noir sous son antenne télé.

Vlad avait tracé sa route à l'aube vers l'hôpital de Strasbourg. La veille, nous avions banqueté dans le village de Hugstetten, au pied de l'ancien volcan du Kaiserstuhl, c'était la kermesse de la fin des vendanges, les vignerons nous abreuvaient à volonté comme si nous étions de vieux amis de retour au pays, il y avait de la soupe de potiron, des *flammeküeche* et du vin bourru – le breuvage trouble, aigre et laiteux pétillait sous la langue et nous enivrait lentement mais sûrement, nous avions dansé sur les tables, dansé sur une esplanade au bord du cimetière, dansé parmi les graves tombes germaniques ornées de leur crucifix, dansé le rock et des bourrées badoises. Notre odyssée se terminait dans la bombance joyeuse et rustique d'un tableau de Brueghel l'Ancien, nous n'avions pas de prétendants à massacrer, pas de Télémaque à reconnaître ni de Pénélope à séduire, car nous avions laissé derrière nous nos amours que nous rejoindrions bientôt en nous envolant vers l'est, mais les amis étaient au rendez-vous, et nous pensions à tous ceux que nous avions croisés sur la route du Danube, nous convoquions en pensée tous leurs visages autour des grandes tablées dressées sur tréteaux qui ne désemplissaient jamais des tartes flambées servies sur des planchettes de buis, dans les odeurs de lardons grillés, d'oignons confits et de feu de bois. Désormais, nous savions que nous aurions un ami dans chaque port du Danube, nos cuisses et nos mollets enflés d'acide lactique pédalaient encore en gigotant sous la table, nos cervelles aussi pédalaient en pensée, emplies des images de la descente vertigineuse de la Forêt-Noire à travers les troncs rouges et les aiguilles sombres des épicéas.

En quelques minutes, nous avions dévalé les mille mètres de dénivelé lentement accumulés en quarante-huit jours, recoupé les centaines de courbes de niveau franchies depuis notre départ d'Odessa, des flux d'air chaud et des reflux d'air froid se mêlaient, se percutaient, se télescopaient comme les courants marins au fond de l'océan dans la descente à pic le long de l'Elz, un torrent qui naît à deux cents mètres du Danube mais se précipite vers le Rhin, qu'il atteint au terme d'une course effrénée de quatre-vingt-dix kilomètres – à l'image de la vie, le cours d'un ruisseau peut durer quatre-vingt-dix bornes ou près de trois mille, c'est la grande roulette russe de la nature, le hasard est partout ici-bas, et c'est au hasard que nous avions pris le premier chemin descendant vers l'ouest, avec le soleil pour toute boussole.

Tandis que nos amis remontaient dans leur 4 × 4, nous plongions tout schuss vers un monde sirupeux et velouté, on aurait dit que le fond de l'air était composé de millions de mirabelles dont on aurait pressé la pulpe dans la vallée du Rhin – la ligne bleue des Vosges apparaissait enfin, perchée sur l'horizon dans cette lumière orange et enivrante de l'été indien, la France était enfin en vue, nous pouvions crier *Terre*, tels deux matelots du haut de la grande hune, et je me souvenais, en pédalant couché sur mon guidon, du jour où j'avais rencontré Vlad dans les Vosges, sept ans plus tôt – le lendemain de son accident, nous avions quitté le chalet du lac Noir au petit matin, Vlad avait rafistolé tant bien que mal les verres brisés de ses lunettes, je sentais qu'il souffrait dans chaque pente, à chaque effort, sous sa peau d'écorché vif, dans son maillot déchiqueté, sur son vélo aux roues voilées, il lui fallait rejoindre la gare de Strasbourg pour rentrer bredouille au bercail, naufragé de la route du Danube mais miraculé des ravins vosgiens ; ce jour-là, je lui servirais de guide à travers les cols et les vignobles alsaciens, c'était le premier jour du printemps – sept ans après, la boucle serait bientôt bouclée, je roule de nouveau vers Strasbourg, mais en venant d'Allemagne, en venant de l'est, avec plus de quatre mille kilomètres dans les jambes depuis notre départ d'Odessa, c'est le premier vrai jour de l'automne, penser que le Danube existe grâce à la pluie aide à endurer les jours comme celui-ci, il souffle de la mer du Nord des rafales qui me flanquent de grandes claques dans la figure, mon vélo tangue sur les rives étroites de la Dreisam et de l'Elz, les bourrasques sont si violentes qu'il faut s'agripper fermement au guidon, se dresser sur les pédales pour ne pas verser dans le fossé, soulevé tel un véliplanchiste par une vague trop brusque, les troncs des grands arbres allemands ploient sous le fléau furieux d'Éole, toutes les feuilles jaunes vibrionnent dans la poussière, la vallée du Rhin n'est pas une frontière, c'est un fossé d'effondrement, un couloir naturel, et le vent du nord-ouest l'a investi, il s'engouffre dans tous les plis de cette plaine appelée Alsace d'un côté, Bade de l'autre, vient cogner contre les parois symétriques des Vosges et de la Forêt-Noire, les sommets s'enfouissent sous les nuages, le Rhin que je longerai bientôt se hérissera de vagues écumantes, ses flots bleu-vert rugiront à chaque barrage, les truites de l'Altrhein se dandineront dans les remous en jetant des reflets d'argent, les noms de tous les villages que je traverserai sont consignés sur l'atlas de la Zyntarie : Emmendingen, Kenzingen, Ettenheim, Schwanau, Altenheim.

Bientôt, j'effleurerai l'Europa-Park élu cinq fois meilleur parc d'attractions du monde, pas question de m'arrêter, le billet d'entrée coûte dans les cinquante euros, j'ai passé l'âge des bateaux pirates et des trains fantômes, il y a des jours où je me dis que l'Union européenne est un parc à thème grandeur nature, un prospectus ramassé sur la route m'annonce qu'ici sont juxtaposés : la Grèce, son Parthénon de carton-pâte à l'échelle 1/1, sa taverne *Mykonos* et son snack *Atlantis* ; l'Autriche, son *Biergarten*, son express des Alpes et sa forêt enchantée ; le Portugal et son *Magellan Lounge* ; l'Italie, son hôtel *Colosseo*, sa pizzeria *Romantica* et sa Commedia dell'arte ; l'Espagne, son hôtel *El Andaluz*, son château *Alcázar* et ses caravelles de Colomb ; le Luxembourg, son monorail et son restaurant à loopings ; l'Irlande, ses pubs et son dancing *Dingie* ; la France, sa crêperie

Nadine, son restaurant *Mille Fleurs*, son bistrot *La Cigale* et sa réplique fidèle du Moulin-Rouge à la Belle Époque inaugurée par Luc Besson. Trois générations de démiurges se sont ici succédé autour de l'immense sphère à facettes abritant le grand huit que je vois là-bas accrocher un timide rayon de soleil, mais les touristes d'aujourd'hui n'ont plus besoin de se rendre à Europa-Park pour explorer l'Europe en miniature, l'Europe s'est miniaturisée elle-même *– l'Europe est toute petite et rapetisse à vitesse grand V*, disait Vlad.

Aujourd'hui chaque capitale européenne est un élément du parc à thème, les compagnies à bas coût relient toutes ces métropoles mieux que le monorail ou le train panoramique de Franz Mack, cinquante euros, c'est le prix d'un aller et retour Paris-Stockholm, nous vivons dans une mise en abyme permanente de nos désirs insatiables de consommation et nous sommes intoxiqués dès l'enfance, nos premiers rêves portent la trace de ce fantasme, nos premières utopies sont d'une tristesse infinie, tout a été mis en ordre et l'ordre règne : de même qu'il y a un Europa-Park dans le grand parc à thème de l'Euroland, je dois bien avouer qu'il y avait une Zyntarie miniature dans la Zyntarie imaginaire ; Eurozyntariapark se situait dans l'angle nord-ouest du pays, entre les villages de Bergsaft-Baden, Morintdorf et Grenzedorf, sur la rivière Lepra et le lac artificiel Herxhomsee, c'était un immense complexe archipélagique de centaines d'hectares consacré au culte contemporain du tourisme, des loisirs et du sport, il y avait même une ville nouvelle entièrement dévouée aux besoins du parc, Eurozyntariastadt, où étaient logés les employés permanents de ce grand village olympique européen qui recevait tous les ans des athlètes de toutes les disciplines, chaque pays d'Europe était représenté par un pavillon dont la forme, vue du ciel, représentait l'initiale de son nom : un F qui voulait dire France, un Z qui voulait dire Zyntarie ; tous les pays du Conseil de l'Europe au lendemain de la chute du Mur, de la dislocation de l'URSS et de l'implosion de la Yougoslavie étaient représentés ; à chaque nouvelle indépendance, un nouveau pavillon surgissait de terre, que je m'empressais de dessiner en suivant à la télé les images de cette naissance : L pour Lituanie (11 mars 1990), E pour Estonie (30 mars 1990), A pour Arménie (23 août 1990), G pour Géorgie (9 avril 1991), S pour Slovénie, C pour Croatie (25 juin 1991), U pour Ukraine (24 août 1991), M pour Moldavie (27 août 1991), B pour Bosnie-Herzégovine (3 mars 1992), et ainsi de suite jusqu'au jour où, l'âge aidant, je déléguai aux cloportes d'une soupente l'administration de mon archipel, la multiplication des pavillons donnait chaque année un peu plus de crédibilité à l'invention de la Zyntarie, l'ajout du pays sur la carte de l'Europe passerait inaperçu dans la prolifération des États-nations de toutes sortes, il faut dire qu'avant 1989, on comptait seulement 133 drapeaux dans mon *Memento géographique* du *Reader's Digest*, aujourd'hui il faudrait adjoindre une page entière, car l'ONU reconnaît officiellement 197 États indépendants depuis 2012.

Vingt-huit de ces États sont représentés au Parlement européen. Vlad et moi, nous en avions traversé dix en quarante-huit jours, parmi lesquels trois pestiférés qui, faute d'appartenir au club, n'envoyaient toujours pas de députés à Strasbourg : Ukraine, Moldavie, Serbie. À nouveau, je pense à la Zyntarie, le onzième pays danubien : si la Zyntarie existait, si la Zyntarie était membre de l'Union, avec un million d'habitants, elle ne compterait que six députés qui ne feraient pas le poids contre les quatre-vingt-seize Allemands – autrement dit, la Zyntarie n'existerait pas vraiment.

Bientôt, la flèche rose de la cathédrale de Strasbourg se profilera à l'horizon, bientôt je traverserai la ville de Kehl que j'avais froidement rayée de la carte, implantant face à Strasbourg la ville zyntarienne de Brethen, agglomération symétrique de la capitale alsacienne, dont elle copiait sans scrupule le plan d'urbanisme et les principaux motifs architecturaux, Brethen était elle aussi construite sur une île, lovée non pas dans les bras de la rivière Ill, mais dans ceux du Kinzig (renommé Kinz), Brethen avait elle aussi sa Petite France (ou plutôt sa Petite Allemagne), ses façades Renaissance rhénane, ses tuiles écailles, ses pignons en forme de flammes, ses colombages à croisillons, ses pots de géraniums et ses nids de cigogne, ses ruelles labyrinthiques et ses pavés résonnant sous les roulettes des déambulateurs et des poussettes.

Bientôt, je franchirai le Rhin sur la passerelle des Deux-Rives, je longerai les entrepôts du port autonome de Strasbourg, je franchirai les canaux et les voies ferrées mais je ne saurai toujours pas quoi faire une fois arrivé à destination. Prendrai-je le premier train pour Paris ? Mon amour sera-t-elle au rendez-vous ? Irons-nous flâner sur les quais de la Petite France ? Louerons-nous un tandem pour pédaler comme la bête à deux dos jusqu'à Paris ? Mettrons-nous le cap à l'ouest, suivant le canal Rhin-Rhône, le Doubs, la Saône, le canal du Centre et descendrons-nous la Loire de Nevers à Saint-Nazaire ?

Appellerai-je mon pote allemand Nils pour lui donner rendez-vous place d'Austerlitz, sur la terrasse du *Café Berlin*, où il venait écrire tous les jours ses romans kafkaïens ? Retrouverai-je la trace de Dvina qui était devenue interprète au Parlement européen ? Vlad me rejoindra-t-il, comme nous en avions convenu, sous les drapeaux du Parlement pour un dernier tour de piste avant la fin ?

Bientôt, je longerai le canal de la Marne au Rhin, bientôt j'apercevrai l'ancien Palais de l'Europe, bientôt j'entendrai les quarante-sept pavillons claquer sur leur hampe, bientôt je lirai les requêtes placardées sur les poteaux de couleur et les anciens parapets par des citoyens européens qui ont saisi en vain la Cour européenne des droits de l'homme – Jonathan Simpson, Maria et Mihai Smicala, Domenico Riso, Stefan Hladiuc. Stefan Hladiuc est celui qui crie le plus fort, en français, contre *la mafia roumaine* et *la mafia paneuropéenne* (*sic* !) qui se moquent des souffrances des *serfs de l'Europe communautaire (sic* !), *depuis cinq ans je rouille sous un pont à quelques pas du nid douillet des « défenseurs » des droits de l'homme, j'attends une révolution dans cette institution jusqu'à présent mensongère, hypocrite, parasitaire et monstrueuse, peut-être suis-je un naïf en rêvant qu'elle deviendra effectivement ce qu'elle prétend effrontément être, mais je suis prêt à crever pour ce rêve…*

Bientôt, j'arriverai devant la grande paroi courbe et vitrée du palais de cristal européen, les ombres noires des arbres et des nuages se refléteront sur les milliers de pans vitrés, je verrai tous les visages hantant mon cerveau se refléter à leur tour au-dessus des eaux, là où se croisent les canaux, Vlad me retrouvera sous les drapeaux, sa mère aura vaincu de nouveau le cancer, nous aurons pédalé plus fort que la mort, nous sentirons derrière nous la présence des hommes, des femmes et des enfants rencontrés dans le tourbillon de la route, comme si tous nous avaient suivis sur leurs vieux vélos rouillés, Anastasia, Tatiana et les nymphes d'Odessa, Taline l'Arménienne, Slava, Irina et les sirènes du delta, Viktor le nocher de Vilkovo, Baba Ira, Marian, Virgil & Oancea, Capitan Nemo, Stefan le capitaine de Sulina, Gavril, Katolin le pope de Brăila, Virgil le portier érudit, Raïssa la pieuse, Cornel & Mihail, Ruya la Turque et Magda la Sicule, Yanko, Boris, Gosho le roi du vélo, Ivan l'ex-caméraman, Bogdan le jardinier des ruines, Zanko le trompettiste tzigane, Roumen, Boïko, Tsvetan, Tchavo le brahmane du Danube, Bojan, Zora, Milica, Micha, Franz Varvaker le Calder du Danube, Tchitcha le roi de la *riblja čorba*, Zeka, Baba Jovanka, Svetlana, Zoran, Đorđe, Rade, Slobodan et Alexandru les piliers du club nautique de Smederevo, Dragan l'ex-plongeur de combat, Velimir le pope œcuméniste et Jovan le traceur de pistes, Frank et Iva, Nikola, Silvio, Marko, Josip et Luka les imprimeurs croates, Kara Deniz et Julia la Rouge, Szilvia la serveuse de Szentendre, Gabor *alias* Attila, Françoise & Imre, Lothar & Livia, les ondines de Vienne et les naïades de Bratislava, Miloš, Sonija, Oksana, Peter, Mila la Troyenne, Amir l'immigré tunisien, Faruk le serveur kosovar, Herr Schwaiger et le sosie de Heidegger, Friedrich le passeur de Weltenbourg, Konrad & Thomas, Branimir la gueule cassée, Nenad mon vieil ami yougo, Ulrich, Vesna & la petite Ada, tous les cyclotouristes et les réfugiés anonymes croisés sur la route, tout le peuple du Danube pédalera derrière nous, les *Gastarbeiter* d'hier et d'aujourd'hui, les vagabonds ukrainiens, les militants écolos, les pêcheurs lipovènes, les pédaleurs manchots et les gamins à vélo, les douaniers moldaves, les maraîchères gagaouzes, les aubergistes et les réceptionnistes d'hôtel, les camionneurs et les coursiers, les cheminots, les chauffeurs de bus et les marins perdus, les pompistes et les poivrots, les étudiants, les gardiens de musée, les vigiles et les gardes-frontières, les cochers et les moissonneurs, les postières et les éboueurs, les métallurgistes et les ouvriers agricoles, les bûcherons et les libraires, les vendeurs de *burek* et de pastèques, les caissières, guichetières, bistrotières, épicières, les vieilles veuves valaques et les orphelins tziganes, les bergers magyars et les déserteurs de l'armée yougoslave, les évacués de Krajina et de Slavonie, les popes et les curés, les travailleurs du fleuve et les chômeurs des villes, ensemble nous déboulerons dans le Parlement européen comme les coureurs de l'enfer du Nord déboulent dans le vélodrome de Roubaix, ensemble nous pédalerons sous la tour inachevée symbolisant les idéaux trahis de transparence et d'ouverture, ensemble nous pédalerons dans l'agora pavée de marbre autour du globe offert par la ville polonaise de Wrocław, ensemble nous pédalerons sur la moquette bordeaux dans les couloirs labyrinthiques, nous pédalerons devant les 1 133 bureaux vides, nous pédalerons autour des plantes grimpantes, nous pédalerons dans le Parlementarium en pensant aux beaux yeux bleus de Simone Veil, nous pédalerons sous le trombinoscope des députés en frémissant devant l'œil de verre de Jean-Marie Le Pen, nous pédalerons devant les 24 cabines des interprètes, nous pédalerons dans les rangs déserts de l'hémicycle, nous ferons valser les 751 sièges bleu nuit, nous réveillerons la poussière d'étoiles mortes et les fantômes de l'utopie, l'Europe sortira de l'Ancien Régime le jour où ses députés ne représenteront plus un parti, une nation ou une circonscription mais le tiers état de l'Europe, la société civile, les idées, les intérêts du peuple européen, le jour où nos députés ne siégeront pas seulement quatre jours par mois dans ce simulacre de démocratie mais discuteront tous les jours de l'avenir de l'Europe dans les 576 combinaisons de traduction possibles, et peut-être même qu'il faudrait des interprètes et des députés pour transcrire la langue des arbres et des animaux, des montagnes et des ruisseaux, dans un Parlement sensible où le Danube pourra se défendre contre ceux qui veulent le canaliser, le détourner, l'assécher, l'exploiter, le barricader, le bombarder, car le Danube n'est plus le fleuve des confins, l'Europe sortira de l'Ancien Régime le jour où ses capitales ne seront plus situées dans la vieille Europe rhénane du charbon et de l'acier, le Rhin n'est pas l'aorte de l'Union, c'est le Danube qui nous relie les uns aux autres, et c'est en ouvrant la route du Danube que nous pourrons enfin revoir les étoiles.

Épilogue

Réécrire l'Europe

Ce livre est le fruit d'une triple passion. Passion pour la géographie d'un fleuve roi, le Danube, passion pour un vieux sport, la petite reine, élevé au rang de genre de vie et d'art de voyager, mais aussi passion pour l'histoire d'un vieux continent, l'Europe, l'homme malade de la planète, le nouvel empire multinational candidat à l'éclatement, après l'Empire ottoman, l'Autriche-Hongrie, l'URSS et la Yougoslavie ; or nous savons que cette Europe, qui s'est suicidée tant de fois et qui meurt aujourd'hui à petit feu, n'aura pas de troisième chance si elle s'autodétruit de nouveau. Oui, autant l'avouer, le vrai sujet de ce livre n'est pas le Danube mais l'Europe.

Je m'étais juré de ne jamais commettre de récit de voyage. Mais ce livre n'est pas un récit de voyage, c'est un récit d'arpentage. À l'origine de ce texte, il y a un roman avorté. L'avorton s'intitulait Boulevard de l'Europe. *L'histoire de deux fadas qui décident de traverser l'Europe – toute l'Europe – à vélo, de l'Atlantique à l'Oural. J'ai noirci de nombreux carnets, j'ai pianoté cent mille fois sur mon clavier, mais au bout de soixante pages, mon* Boulevard de l'Europe *s'est terminé en cul-de-sac : mes deux larrons n'avaient pas franchi la porte de Pantin.*

Il faut dire que j'ignorais que l'on peut voyager – je veux dire voyager vraiment, changer de regard, changer de pays, se dépayser au sens propre – à bicyclette. Aujourd'hui je me demande comment on peut voyager autrement. Je vouais alors un culte à la vitesse et je croyais qu'écrire doit produire de la vitesse. Alors je refusais les points et voulais écrire un roman qui n'eût pour ponctuation que des virgules, oui, des virgules comme des vagues ou des coups de pédale, mais pas de points, c'était là mon credo…

À l'époque, vélo rimait encore pour moi avec turbo ; passionné de bicyclette depuis que l'on m'a retiré les roulettes, inscrit dès l'âge de seize ans dans un club, je fréquentais assidûment les vélodromes de Boulogne et de Vincennes, la vallée de Chevreuse, les boucles de la Seine, les buttes du Val-d'Oise, tous les rendez-vous des cyclistes franciliens ; de temps en temps, je m'offrais une petite escapade en province, m'inscrivais à une cyclosportive drômoise ou savoyarde, faisais l'aller et retour en TGV, le pur-sang glissé dans une housse, mais je n'avais jamais voyagé à vélo ; je préférais tourner en rond dans des pelotons ou partir en échappée belle, tant que je me levais à l'aube et revenais à midi pétant, le dimanche, avant la fermeture du marché. En dehors des courses et des entraînements dominicaux, pédaler était un moyen de me rendre le plus vite possible au boulot, chez mon éditeur ou à un rendez-vous galant : dès ma première année de galère parisienne, j'avais calculé que, intra-muros, il faut crever ou dérailler pour mettre plus de temps, d'un point A à un point B, que le métro ou le RER (surtout le C !) ; donc, encore une fois, l'argument principal pour grimper sur ma selle, c'était la vitesse.

Tout ça jusqu'au jour où je fis rue La Fayette un vol plané qui me cloua au lit un mois durant, la jambe dans le plâtre et la rotule en miettes. On fait moins le malin sur des béquilles que sur une bécane, et dans les pentes givrées des Buttes-Chaumont, au plus froid de l'hiver parisien, on danse avec moins de grâce. Après la rééducation, j'ai repris les courses et les entraînements ; les performances n'étaient pas changées ni le plaisir de la danseuse, mais il me fallait désormais compter sur une journée entière de repos, la jambe gainée dans une genouillère, le corps gavé de Doliprane, pour oublier les kilomètres de la veille. J'envisageais le jour où il me faudrait renoncer à la matrice de toutes mes passions, passion plus dévorante que l'écriture, plus dévorante que le dessin, mais passion libératrice pour l'esprit, passion inspirante – car la plupart de mes phrases dignes d'intérêt me sont venues sur une selle : on ne pense pas seulement, à bicyclette, on écrit, ça s'écrit, en continu, dans la tête.

Alors je me suis dit de deux choses l'une : soit tu lèves le pied et tu raccroches la bête ; soit tu prends le taureau par les cornes : tu pédales tous les jours pendant deux mois sans repos, au diable les comprimés et la genouillère ; si la douleur est trop forte, tu finiras l'aventure en train. Il me fallait donc trouver une route assez longue pour oser un tel pari. Trois ans plus tard, marchant sur les quais du Danube, à Novi Sad, en Serbie, où je vivais, j'ai eu une illumination, un véritable satori *: avec ses 2 888* *kilomètres, le fleuve dépliait la piste devant moi – un long ruban bleu comme une veine, tranquille comme l'idée que l'on se fait, enfant, de la vie. C'est un beau jour de juin que j'ai rencontré le vélo. Une bécane noire, robuste, en aluminium. Je l'ai achetée à un Rom sur un marché aux puces, et comme j'avais épuisé le vendeur par mes marchandages, je lui ai promis de remonter le Danube et de revenir le voir avec les preuves de mon succès. Le modèle, de la marque allemande* Pegasus, *s'appelait* Roma. *Je me suis dit qu'à défaut d'avoir des ailes, il saurait du moins me mener jusqu'à la source du fleuve barbu qui représente l'Europe sur la fontaine de la place Navone, à Rome.*

De quel droit un auteur français écrirait-il sur le Danube, ce fleuve européen dont le bassin-versant couvre une quinzaine de pays d'Europe, mais dont les eaux semblent vouloir se détourner de l'Hexagone ? Dire qu'il s'en est fallu de quarante bornes pour que le Danube ne prenne sa source en France ! Inutile de convoquer ici Jules Verne et son Beau Danube jaune *ou Élisée Reclus et son* Mississippi *– l'un comme l'autre ont épuisé l'atlas des possibles. La vraie raison de cette odyssée, la vraie légitimité de cette passion danubienne, cher lecteur, tu l'auras comprise si tu as lu ce livre en entier. Disons pour finir que si j'ai vécu quelques années au bord de la Seine, si j'habite aujourd'hui sur les rives de la Loire, je suis resté en mon for intérieur un gone – c'est-à-dire un enfant du Rhône. C'est au Rhône que j'ai consacré mon premier poème, une longue complainte larmoyante et narcissique que j'avais fait lire à ma mère en lui disant que c'était un Rimbaud retrouvé, mais au premier coup d'œil* *elle sut y reconnaître l'œuvrette de son fiston : le troisième alexandrin comptait une syllabe de trop. Tous les fleuves du monde me ramènent au Rhône de mon enfance car, comme le dit si bien Bachelard, « le même souvenir sort de toutes les fontaines ». Cependant, le Rhône a un défaut majeur : avant de piquer vers le sud, il coule d'est en ouest et ne traverse que deux pays d'Europe, alors que le Danube, qui coule d'ouest en est, est le seul fleuve pleinement européen ; après quelques années d'attirance pour le Nord, j'ai compris qu'il fallait, comme lui, fixer l'aiguille de ma boussole intime vers ce Midi ou cet Orient d'où venaient nos ancêtres.*

Aujourd'hui, après avoir longtemps vécu à l'est de l'Europe, je suis revenu poser mes valises en France. C'est donc aussi pour cela que j'ai entrepris ce voyage : ce voyage n'est pas seulement une ode à l'Europe des autres, à l'Ukraine, aux Balkans, au monde ex-, *ce livre n'est pas seulement l'inventaire à vélo d'une Europe buissonnière – en l'espace de quarante-huit jours, nous aurons traversé dix pays, vingt-trois degrés de longitude et six degrés de latitude, subi trois ou quatre climats différents et quarante degrés d'amplitude thermique, connu plusieurs végétations, entendu une douzaine de langues différentes – ; non, ce livre est aussi une tentative de retrouver le chemin de l'enfance et l'émotion de la provenance.*

Si l'on me demande quel est le plus beau coin sur le Danube, quel pays possède les plus belles rives, je réponds que c'est la Zyntarie. Alors mon interlocuteur me regarde d'un air perplexe et je vois qu'un instant il est saisi d'un doute : la Zyntarie, vous avez dit, la Zyntarie ? S'il est assez sûr de lui, il réitère sa question et me demande de ne pas le prendre pour un con. Sinon, il s'en va, tout penaud, potasser un atlas et réviser sa géographie de l'Europe non sans avoir dit son dernier mot : la Zyntarie, êtes-vous bien sûr ? Oui, oui, c'est un des pays qui composaient autrefois la Danubie. Comme dans un épilogue il faut un peu de sérieux, et comme je préfère te laisser rêver de la Zyntarie, cher lecteur, que tu auras traversée si tu lis ce livre du début à la fin, je répondrai ici que toutes les rives d'un fleuve se valent et que la Danubie est un pays mouvant, sans racines, sans mémoire, sans identité, sans idéologie, un archipel inachevé, le pays de la lenteur, de la vie cyclique, des variations infinies, des besognes et des saisons toujours recommencées ; en dehors des grandes capitales que le fleuve traverse, Vienne, Bratislava, Budapest et Belgrade, ses eaux s'écoulent souvent dans un paysage hors du temps, dans une Europe rurale et périphérique.

Chacun sait depuis Héraclite que l'on ne peut entrer deux fois dans le même fleuve. Le plus petit ruisseau est une promesse d'impermanence qui bouscule notre fade conception de la vie. Et si la vie ne commençait pas avec l'embryon, ne cessait pas avec la mort cardiaque ou cérébrale ? Et si la vie continuait après nous, comme la goutte d'eau poursuit son cycle après l'embouchure ? Les rivières ne sont jamais sans retour : les flots du Danube obéissent au cycle de l'eau ; la goutte d'eau échouée sur une berge moussue de Forêt-Noire, noyée dans un lac de barrage autrichien ou parvenue jusque dans la mer Noire, ne meurt jamais ; puisée par l'énergie solaire, la condensation, l'évapotranspiration, elle retourne aux domaines des nuages, qui la déverseront de nouveau dans le fleuve ou dans l'un de ses affluents.

Malgré tous les pays qu'il relie, le Danube est le fleuve-frontière par excellence. J'ai toujours éprouvé ce tropisme étrange pour les lisières de l'Europe communautaire ; il fallait donc, un jour, que j'effectue ce voyage et que j'en ramène un livre. Le principal argument en faveur d'une remontée à contre-courant, c'est que le Danube est le seul fleuve de la planète dont le cours est mesuré de l'aval vers l'amont : la Commission européenne du Danube a fixé le kilomètre zéro au phare de Sulina, l'une des embouchures de son delta, et non à la source, puisque l'emplacement de la vraie source du Danube a sans cesse été le sujet de controverses interminables qui révèlent l'obsession occidentale des origines et l'esprit de clocher régnant en Europe depuis la plus haute Antiquité.

La plupart des voyageurs danubiens vont de la source à l'embouchure, convaincus qu'il faut toujours se diriger vers la mer. Mais je crois surtout que s'ils choisissent cette direction, c'est qu'ils ne se sont pas tout à fait débarrassés de nos appétits de conquête et de nos rêves d'expansion coloniale ; même le grand Claudio Magris, qui cherche partout des traces de l'Autriche-Hongrie et de la culture germanique dans son Danube, *bâclant les Balkans en une centaine de pages, répète sur le plan littéraire la geste héroïque des colons souabes qui s'embarquaient en quête de terres nouvelles. Lorsque le lecteur atteint la frontière yougoslave, page 400 de l'édition de poche en français, il a déjà lu les trois quarts du livre alors que le fleuve n'a pas atteint la moitié de son parcours. Le mouvement que je voulais décrire était inverse : je voulais remonter le Danube comme Marlow, dans le roman de Conrad, remonte le fleuve vers le cœur des ténèbres, je voulais remonter le Danube dans le sens des invasions barbares et des grandes migrations, je voulais caresser l'Europe à rebrousse-poil, écrire à contre-courant de la rotation terrestre, du* Drang nach Osten *et des vents dominants. Refuser l'exotisme naïf du bourlingueur en Orient. Ne pas tomber dans le piège de l'orientalisme dénoncé par Edward W. Said. Tenter de désoxyder notre regard et de voir nos pays avec les yeux d'un Tatar, d'un Turc, d'un Ukrainien, d'un Lipovène ou d'un réfugié fuyant la guerre en Syrie ou la misère en Afghanistan.*

J'aime les confins qui servirent de refuge à des peuples en voie de disparition, des peuples privés de nation, mais conservant leurs coutumes ancestrales. J'éprouve une tendresse naturelle pour ces peuples que l'histoire a piégés dans l'avalanche des empires : Valaques et Lipovènes, Ruthènes et Gagaouzes, Sicules et Bunjevci, Tziganes de tous les pays, tous sont promis à une lente disparition, certes moins terrifiante que celle des Juifs de Danubie, mais hélas inévitable. J'aime les peuples passeurs de frontières, j'aime les peuples qui se jouent des bordures. Les grands écrivains de l'Europe danubienne sont tous des métèques et des contrebandiers de ce genre : Paul Celan, Benjamin Fondane, Panaït Istrati, Elias Canetti, Joseph Roth, Ivo Andrić, Danilo Kiš, Alexandre Tišma, Predrag Matvejević, Attila József, Imre Kertész, Herta Müller, Imre Sečabjesar, tous ont vécu entre les cultures et les religions, issus d'une union mixte, à cheval entre deux nations, détenteurs de plusieurs passeports, caméléons maniant plusieurs langues. Ce sont les plus européens de nos écrivains.

Donc, ce voyage était aussi un périple initiatique : je voulais savoir si je disais vrai, si je ne délirais pas complètement, lorsque je refusais l'étiquette d'écrivain français, préférant – s'il en faut une – celle d'écrivain européen de langue française.

Je dis JE, *je parle de moi, mais nous étions deux sur la route et je sais tout ce que je dois à celui que j'appelle Vlad, mon compagnon de roue. Sans lui, ce voyage eût été impossible, et c'est pour cela que ce livre s'écrit aussi à la première personne du pluriel : dire* NOUS, *c'est avouer sa présence à mes côtés, assumer le collectif, reconnaître ma dette à l'égard de Vlad, mon éclaireur et ma boussole sur les routes sillonnées de chiens errants. Chez la plupart des écrivains voyageurs qui s'en vont à l'aventure secouer leur ennui et la poussière des chemins, le narcissisme est toujours sous-jacent. Or, dans le Danube, on se mire rarement, ses eaux ne sont jamais assez pures ; mais, dans le Danube, on se baigne. Comme Ulysse en Hypérie, nous nous sommes baignés dans presque tous les pays, répondant à l'appel d'Élisée Reclus : « Quand on aime bien le ruisseau, on ne se contente pas de le regarder, de l'étudier, de cheminer sur ses bords, on fait aussi connaissance plus intime avec lui en plongeant dans son eau. » Oui, Vlad et moi, nous nous sommes baignés dans presque tous les pays traversés, en Roumanie, en Bulgarie, en Serbie, Hongrie, Slovaquie, Autriche ; nous avons même nagé quelque part à la frontière serbo-croate ; il suffisait de se laisser porter par le courant pour passer d'un pays à l'autre ! Il n'y a qu'au début et à la fin, en Allemagne et en Ukraine, que nous avons résisté à la tentation. Mais à la source nous avons bu l'eau du Danube, et dans le delta nous avons vu un pêcheur faire de même.*

Comme Ilia Krusch, le héros du Beau Danube jaune, *nous nous sommes alimentés des fruits du fleuve : nous avons goûté tous les poissons du Danube : du silure – le poisson-chat à la chair pâteuse – au sterlet, ce délicieux petit esturgeon, en passant par tous les types de carpes, plus ou moins grasses, fumée, grillée, bouillie, en soupe ou en ragoût, et sans oublier mon préféré : la perche à la chair blanche et ferme, dont les fibres se détachent facilement sous la lame du couteau.*

Ce livre n'est pas une encyclopédie du Danube. L'encyclopédie existe déjà, Claudio Magris l'a écrite, quoiqu'il s'en défende. Ce livre n'est pas non plus un supplément au voyage de Magris, *quoique de l'eau ait coulé sous les ponts depuis 1986, date de la parution de* Danubio *en Italie – de l'eau et même du sang : le Mur de Berlin et le Rideau de fer sont tombés, la Tchécoslovaquie a divorcé dans le velours, l'URSS a implosé dans le chaos, la Yougoslavie a été pulvérisée dans la douleur, des milliers de Serbes et de Croates se sont entre-tués pour Vukovar, des conflits larvés se sont ravivés et pourrissent aujourd'hui sur toutes les marges de l'ex-URSS, dans le Donbass, en Crimée, en Transnistrie. Ces questions géopolitiques ne sont pas absentes de ce livre, mais comme il s'agissait avant tout d'écrire un récit d'arpentage, nous nous sommes contentés, Vlad et moi, d'épouser* le cycle du Danube, *ce qui fait de ce texte un objet hybride entre le roman-fleuve, le manuel d'évasion – sorte d'usage de l'Europe à bicyclette – et l'atlas géopoétique.*

Tout au long du périple, nous avons arpenté le limes *de l'Empire romain* au pixel près. *La petite reine, qui permet de passer à peu près partout et d'emprunter les anciens chemins de halage, était pour cela le véhicule idéal. Tout au long du périple, nous sommes restés attentifs à l'infiniment petit, aux peuplades imperceptibles d'Élisée Reclus comme à l'infra-ordinaire célébré par Georges Perec. En cela, nous étions guidés par une géographie de l'instinct. Nous voulions explorer tous les lieux tus de l'Europe et leur redonner la parole. Je n'ai jamais cru dans les hauts lieux, les vrais lieux ou les génies du lieu. Je crois que tel patelin bulgare ou ukrainien, dont nous ignorons tout, peut revêtir autant d'importance que telle métropole allemande ou autrichienne, dont nous croyons tout savoir. Ce livre fait le pari qu'il y a autant à dire sur les gens ordinaires de la petite ville de Vilkovo, ou sur les habitants disparus de la petite île engloutie d'Ada Kaleh, que sur tel philosophe souabe qui croyait que les chemins ne mènent nulle part ou tel écrivain viennois qui ne fréquentait pas le peuple et vivait dans sa tour d'ivoire.*

Bergson disait que tout philosophe a deux philosophies, celle de Spinoza et la sienne. Pour ma part, comme je ne suis pas philosophe, je n'ai qu'une seule philosophie : celle de Spinoza. Le Deus sive Natura *me suffit en matière de doctrine. En revanche, si je dois compléter ce credo, c'est chez deux libres-penseurs considérés toujours un peu comme des parias que je puise mes arguments : Élisée Reclus et Gaston Bachelard. Nul philosophe n'a dit aussi bien que ces deux auteurs inclassables la fragile beauté des eaux douces. Nul philosophe n'a été aussi attentif qu'eux aux vies minuscules des éléments végétaux, minéraux, aquatiques.*

Chaque fois qu'un curieux me demandait si je prenais des notes en chemin, je répondais : oui, oui, car un écrivain se doit de tenir à jour sa légende. À présent que le livre est bouclé, je peux l'avouer : je mentais. Je n'ai pas eu le temps d'écrire une seule ligne, au cours des quarante-huit jours de cette odyssée. À chaque escale, soit je m'écroulais de fatigue, soit il fallait se ravitailler, réparer un rayon cassé, astiquer le cuissard et le maillot jaunis par la poussière et la sueur, s'étirer, se masser, soigner une plaie, visiter un musée, faire la conversation avec un hôte. Vlad, lui, trouvait la force d'écrire et je le jalousais. Parfois, j'ai ouvert mon carnet ; à la lueur de la lampe frontale, la nuit, sous la tente, l'ange du sommeil a eu raison de mes velléités littéraires. Une autre fois, c'était l'après-midi, en Bulgarie, sur une terrasse à l'ombre car nous avions roulé à toute allure et nous étions parvenus à destination plus tôt que prévu. Mais alors, la sueur poissait mes mains et les pages du carnet devenaient vite moites et crasseuses, l'encre noire bavait dans la torpeur bulgare. Cela dit, la plupart du temps, je me retrouvais face à ce dilemme : consacrer le bref instant de repos dont je disposais à coucher sur le papier ce que je venais de voir et d'entendre ou en entendre encore davantage, en voir encore davantage ? Chaque fois, j'ai choisi la seconde option : écouter, dialoguer, regarder, méditer, contempler encore et encore. Les histoires, dès lors, s'entassaient dans mon cerveau. Je devenais un dictaphone géant, un homme-tympan, après avoir passé la journée sur ma selle en homme-piston.

Pendant quarante-huit jours, j'ai fait confiance à ma mémoire. Par moments, lorsque le besoin de parler, de combler la solitude, se faisait trop grand – et si seulement l'état de la chaussée le permettait –, je me suis enregistré, j'ai dicté dans le micro de mon portable les délires encombrant la moelle de mon cerveau. Ces paroles se mêlaient aux ruminations du vent, aux rhapsodies du fleuve, au gazouillis des oiseaux, au crissement du guidon, au feulement du dérailleur, au carillon de la sonnette, au ronron des pneus sur l'asphalte, au vrombissement d'une mobylette, à la déflagration d'un poids lourd. C'est ce chant des pistes hybridé du chant du monde que je livre ici, grossi des pensées qu'il suscite et des souvenirs qu'il ressuscite. Jour après jour, le rythme effréné de notre cavale européenne m'intimait sans cesse cette injonction : vis d'abord, écoute, regarde, expérimente, approvisionne-toi en aventures, tu écriras plus tard ! J'avais emporté dans mes sacoches une boîte d'aquarelles, des pinceaux, un carnet à dessin, mais je n'ai jamais eu le temps de les sortir.

Inutile de revenir sur les liens qui unissent la littérature et le cyclisme, d'Alfred Jarry à Bernard Chambaz, en passant par Antoine Blondin. La littérature est, tout le monde le sait, une affaire d'urgence et de patience, de gravité et de légèreté, d'endurance et de vélocité. Au cours d'un tel voyage, on finit par faire corps avec sa monture, comme un escargot fait corps avec sa coquille. Chez le cycliste, le cadre du vélo, c'est le prolongement de son squelette ; les freins, le dérailleur et la chaîne le prolongement de son système nerveux ; quant à la peau, elle finit par devenir aussi tannée que le cuir de sa selle. À vélo, on ne fait qu'esquisser, on n'appuie jamais comme un marcheur, on glisse au fil du paysage, à fleur de rivage. Mon seul dieu est celui de Spinoza, qui est partout sur la route ; mon seul cogito *celui des cyclistes : je pédale donc je suis. Si vous pédalez assez fort, assez vite, assez longtemps, vous n'avez besoin d'aucune autre foi. Tant de choses se déroulent dans la tête d'un cycliste : c'est un cyclone perpétuel de pensées et de sensations – angoisses, terreurs, émerveillements.*

En partant d'Odessa, j'ai fait le serment de décrire les choses comme elles me viendraient à l'esprit, avec la plus grande spontanéité qui soit, sans éviter les digressions, en retranscrivant chaque coup de pédale par une virgule, chaque arrêt par un point, au risque d'écrire des phrases trop longues : le cyclisme, comme la littérature, est un art du détour et de la digression, mais c'est aussi un art du continu – remonter un fleuve à vélo, c'est éprouver ce continuum, car un fleuve, c'est la continuité anarchique de la nature dans la discontinuité ordonnée du monde, lequel est, ne l'oublions pas, tout entier l'œuvre de l'homme, ce que les géologues ont fini par admettre en parlant d'anthropocène.

À une journaliste roumaine qui me demandait quel personnage l'emportait, sur ma selle, du cycliste, de l'écrivain, du dessinateur ou du géographe, j'ai répondu : l'homme. *Ce voyage m'a appris ce que c'est que d'être un homme, ce que c'est que d'être mortel – c'est-à-dire fragile, vulnérable, mais têtu, obstiné, persévérant dans son être. Un homme solidaire de tous les hommes, même dans la plus grande des solitudes, et qui ne vaut pas plus qu'un autre. Cette leçon d'humanité, qui pourra paraître un peu naïve et que je revendique ici sans ruse, je l'ai puisée chez nos frères européens : car le peuple du Danube, c'est souvent, comme on l'aura vu ici, un peuple qui a souffert tout au long des siècles, et particulièrement du dernier. La même journaliste roumaine m'a demandé ce que j'avais gagné à faire une telle odyssée. J'ai répondu :* un plus grand cœur. *Chacun sait que pédaler muscle le cœur. Après quatre mille bornes à travers l'Europe, je ne suis peut-être pas un autre homme, mais je suis certain d'avoir un plus grand cœur.*

Remerciements

De l’embouchure à la source, Oksana Lychkovska, Anastasia Doroš de l’Alliance française d’Odessa, Alina Ganea de l’université de Gala¸ti, Christophe Gigaudaut, Cyrielle Diaz & Alexandru Popovici de l’Institut français de Roumanie, Elena Diaconu, Melita Logo-Milutinović, Bora Babić, Jean-Baptiste Cuzin, Sonja Filipović & Florence Kohtz de l’Institut français de Belgrade, Aurélie Pollet & Tanja Gavrilović de l’Institut français de Novi Sad, Ivana Vukelić, Pavle Sekeruš, Silvio Kabiljo, Guy Maestracci, Vlasta Pokas-Maestracci, Julia Hoffmann, Samuel Schuerer, Henning Hufnagel, Richard Delmas, Cathie Barreau, Cécile Caillou-Robert, Jean-Arnault Dérens & toute l’équipe du Courrier des Balkans, Hugues Robert, Fabien Flori, Jérôme Ferrari, Pascal Jourdana & toute l’équipe de La Marelle, à Marseille, où j’ai été en résidence en mars et en juin 2018, Émilie Colombani & toute l’équipe des éditions Payot & Rivages, Benjamin Fournier qui m’a guidé dans cette aventure et Mathias Énard qui m’a soufflé l’idée d’écrire ce livre. Enfin, que soit particulièrement remerciée Anne, ma compagne, qui a soutenu ce projet de la source à l’embouchure.

L'éditeur remercie Jean Worms qui a réalisé la carte du Danube et André Markowicz qui l'a autorisé à reproduire quelques vers de sa traduction d'*Eugène Onéguine*, d'Alexandre Pouchkine, Actes Sud, 2005.

Pour la préparation de cet ouvrage, l'auteur a bénéficié d'une mission Hors Les Murs Stendhal de l'Institut français en Ukraine, Roumanie, Bulgarie et Serbie. Que soient remerciés Patrick Deville, Sabine Audrerie, Judith Roze, Didier Dutour & Anne du Parquet.

L'auteur a bénéficié également du Prix de la Résidence d'auteur de la Fondation des Treilles[1]. Que soient remerciées Anne Bourjade, Laurence Diebold & toute l'équipe.

---

1. La Fondation des Treilles, créée par Anne Gruner Schlumberger, a notamment pour vocation de nourrir le dialogue entre les sciences et les arts afin de faire progresser la création et la recherche. Elle accueille des chercheurs et des créateurs dans son domaine des Treilles (Var). www.les-treilles.com

Table

pcа
cmb
édition pré-presse
livres numériques

44400 Rezé

Imprimé par Black Print
en mars 2020

Imprimé en Espagne